定本

たかが映画じゃないか

山田宏一・和田誠

国書刊行会

和田誠と映画を語るとき

山田宏一

一九七〇年の四月末か五月の初めごろだったと思うけれども、ひょんなことから、羽仁進監督が企画していた〝ミュージカル・コメディ〟のシナリオ作りの手伝いをたのまれた。ひょんなことから――とは言ったけれども、じつは、それよりもすこしまえ、羽仁監督が「初恋地獄篇」を撮ったときに、私は羽仁さんを知り（私はパリに三年間滞在して東京へ帰ってきたばかりだった）、羽仁さんをはじめとして羽仁プロダクションの人やら「初恋地獄篇」を配給したATG（アート・シアター・ギルド）の人やら、いろいろな人に会った結果、この映画をかついで、ということは外国販売と宣伝をひきうけて、一九六八年のカンヌ映画祭に出かけて行ったのだった。カンヌ映画祭にはすでに取材で何度か行った経験があったとはいえ、こんな大それた仕事をあえてやる気になったというのも羽仁進の映画に惚れたヨワミで、なんでも、とことんまで付き合ってやろうという気だったのだろう。実際、「初恋地獄篇」に関してだけ言えば正直のところちょっぴり首をかしげていたのだが、それ以前の羽仁進作品、「教室の子供たち」「絵を描く子供たち」から「不良少年」「彼女と彼」をへて「ブワナ・トシの歌」「アンデスの花嫁」に至るまで、どれひとつとして、心をゆさぶらない作品はなかった。そんなわけで、羽仁さんから〝ミュージカル・コメディ〟のシナリオ書きを手伝ってくれないかと声をかけられたときには、ふたつ返事で乗ったのだが、そのとき、私は病み上がりで、それも脳の手術のあとで、ボーッとしていて、頭の回転の鈍いことこのうえなかったので、〝ミュージカル・コメディ〟にかけては私に負けず劣らずの映画狂をもって自任していた渡辺武信を動員した。十人力とも言える力強い仲間だった。渡辺武信ははりきって、原稿用紙を長い巻物ふうに糊ではりつけてつなげ、シナリオふうに箱書きにして、ギャグをいっぱい書きこんで持ってきたりしたものである。

東京・三番町ホテルの一室に羽仁さんは泊まりこんでいて、私たちは一週間か十日ぐらい通って、〝ミュージカル・コメディ〟のシナリオ作りに参加した。「大失恋」という題は羽仁さんがつけたものだったと思うけれども、これはすばらしく愉快なタイトルだと思った。「大失恋」のヒロインは当時人気絶頂のピンキーとキラーズのピンキー（今陽子）――彼女のために企画された映画であった。

シナリオの構成がほぼ固まってシーン割りを始めるあたりまでこぎつけたある日、三番町ホテルの羽仁さんの部屋に行くと、私たちの知らない若い（というか、童顔の）男がひとりいて、ちょっと若き日の――寝不足気味の――ジェームズ・メイスンといった感じで、部屋の片隅にじっと、心持ち猫背にして坐っていて、ときどき、シナリオに口だしするのであった。この正体不明の男は、羽仁さんがちゃんと紹介してくれなかったので、その日仕事をしている間ずっと、何者かよくわからずじまいだったが、彼の口だしするところは、だいたいミュージカル・ナンバーが入るシーンで、そのアイデアがまた抜群に冴えていた。すくなくとも、それは一九五〇年代に封切られたハリウッドのミュージカル・コメディに狂ってきた同志にはまったくうれしくなってしまうハッピーなメッセージであった。彼が、ときどき、「たとえば、こんな感じでさ」などとそのシーンを説明しながらヒョイヒョイと鉛筆の細い線で描いてみせてくれた絵が、また、なんとも愛すべきハッピーな感覚にあふれていた。その男が和田誠であった。

退院はしたものの、医者からは交通事故に遭うのと同じ確率で再発の可能性があるという――明日そうなるかもしれないし、あるいは一生起こらないかもしれない――そんなあいまいな宣告をうけていた私は（この宣告からいまなおまぬがれてはいないものの生きつづけているのだが、実はそのことを生きることのある種のアリバイにして、あるいはまた触媒にして、ときとしては精神的・肉体的危機からなんとかうまくのがれるための口実にして、これまで私なりに緊張して生きてきたこともたしかだ)、たぶんそんなことがいつも頭のなかにあって、なかば意志的にと言っていいくらいハッピーなものに敏感であったのだ。ピンキーがスクリーンを見つめているうちに、いつのまにかスクリーンのなかの人物といっしょになって、デュエットで歌いだし、踊りだすというアイデアなど、なんでもないようだけれども、マンガ映画の大スターの一匹、大きな猫のトムと果てしない闘争に明け暮れするあの小さなネズミのジェリーとデュエットでジーン・ケリーが歌って踊った「錨を上げて」の心おどらせるナンバーから、レスリー・キャロンがメル・ファラーの操る人形とすっかり意気投合して合唱する、あの心あたたまる「リリー」のナンバー(「ハイ・リリー・ハイロー」)に至る数々の忘れがたいミュージカル・ナンバーをひきあいに出すまでもなく、まったく和田誠ならではの、映画ファンならではの、幸福感に結びついていた。結局、このナンバーはアニメーションと合成のシーンになるのだが、和田誠自身がそのときのことを、「アニメーションの河岸を歩く」(「デザイン街路図」所収)という文章のなかでつぎのように書いている。

「羽仁氏がシナリオ作成のため、こもっているホテルに行く。山田宏一、渡辺武信というふたりが手伝ってアイデアを出している。ぼくもあだこうだと口をはさむ。主人公ピンキーは田舎から出てきた女の子、カバ・ガールという仕事を貰う。彼女はカバー・ガールと思い込み、幻想シーンで美しい衣裳で歌い踊る。実はカバ・ガールというのは漫画映画のカバの声をアテレコする役だった。このへんまで、シナリオは固まっていた。ここで劇中アニメーションが必要になる。それを作らなくてはならぬ。漫画のカバとアテレコをやり終わったピンキーがデュエットするのはどうだろうとミュージカル的なアイデアを出した。アテレコをしたのだから声はピンキー。それと本人がデュエットする。ひとり二重唱である。ここは結果的にかなりいいシーンになった。」

カバ・ガールとカバー・ガールというダジャレを考えだしたのは渡辺武信だったと思うが、それはともかく、このアニメーションだけはほんとうにすばらしく（ということは映画そのもの――「恋の大冒険」という、あまりおもしろくない題名に変更されて公開された――は羽仁進監督にしてはまったく恥ずべき作品になってしまったわけだが）、植草甚一さんもその「日記」（「植草甚一読本」所収）のなかで、つぎのように書いている（「恋の大冒険」には植草甚一さんも特別出演した）。

「……四時にイイノ・ホールへ『恋の大冒険』を見に行く。ぼくの出場は失敗。全体としてスッキリいっている。和田誠のアニメーションとカバでもった。」

「恋の大冒険」は、羽仁進の映画にしては不出来なものに終わったが（人気者のタレントたちのスケジュールにふりまわされたボロボロの撮影だったから、これはだれが監督しても同じ結果になったにちがいない）、しかし、和田誠も書いているように、ぼくらにとっては忘れがたい「愛らしき小品」になった。当時の日本映画にしてはめずらしく、LPのオリジナル・サントラ盤も出た。このサントラ盤のジャケットも、もちろん、和田誠のデザインであった。デザインだけでなく、映画のなかで歌われた何曲かは和田誠の作詞で、作曲はいずみたくであったが、和田誠自身も実はいろいろな作曲をやっていることを、のちに知った。由紀さおりが歌った「さばく」（作詞・作曲）とか、寺山修司作詞の「初恋地獄篇」を作曲したLPレコードの全曲とか、実にいい唄ばかりだ。

私は、和田誠を知ったとき、彼が煙草のハイライトのデザインをやったことも、「殺人（マーダー）」というアニメーションの傑作を作ったことも、「ブワナ・トシの歌」のタイトル・デザインをやったことも、知らなかった。「週刊サンケイ」の表紙の、見ているうちに思わず顔がほころんできてしまう似顔絵を描いていたのが、和田誠だったことを確認しただけであった。しかし、彼のあのハッピーな感覚にあふれた絵が私に生きる気力を吹きこんでくれたのである――もちろん和田誠という、無類の映画好きの、だからこそ映画について果てしなく語り合える友人を得たことも手伝って。

私は、やがて、いつのまにか、ささやかながら、ずるずると、〝映画評論家〟という肩書きに呪縛され、自分でもおそろしいくらいハッピーな感覚を失ったと思う（といっても、そのこと自体をとくに後悔したり残念に思ったりはしていないけれども）。和田誠のほうは、いろいろな才能がありすぎることもあるのだろうが、映画についていよいよ書き、そしていよいよ描きながらも、もちろん、ついにけっして〝映画評論家〟にだけはならなかったし、なることはないだろう。「お楽しみはこれからだ」およびその「PART2」「PART3」…とどこまでつづくかわからないけれども和田さん自身によるイラスト入りのシリーズは和田誠の映画ファンとしてのハッピーな感覚の結晶であり、その感覚を彼は永遠に失うことはないだろう。私がインタビュアーになって話を仕掛けるというスタイルで和田誠式映画の観かたや、語りかたの楽しさを私なりにまとめてみようと思い立ったのは、私としては和田誠と出会った時代からひきずってきている、あのハッピーな感覚に、私なりに心をこめて、ある種のオトシマエをつけるということでもあったのだ。

和田誠と会えば、いまでも、映画の話だ。映画の話だけだ。映画の話だけでも、時間が足りない。そして私は、彼の語る映画の話のなかに、失われたハッピーな感覚を見いだすのだ。人生がそんなにハッピーであるはずがないのに――。

定本　たかが映画じゃないか　**目次**

和田誠と映画を語るとき　山田宏一　3

たかが映画じゃないか　9

文庫版あとがき対談　255

大いに苦しみながら楽しんで翻訳した「ヒッチコック／トリュフォー」　山田宏一　和田誠　267
観客の椅子・監督の椅子　和田誠　山田宏一　301
最新の技術と名人芸がかみあった映画、それが「怖がる人々」だ　和田誠　前田米造　山田宏一　337
ジャズと映画と…　和田誠　山田宏一　367

定本版あとがき――残る思い出は映画だけ　山田宏一　385

たかが映画じゃないか*

*これは「山羊座のもとに」を撮影中のアルフレッド・ヒッチコックがイングリッド・バーグマンに言った言葉。フランソワ・トリュフォーによるインタビュー集「映画術　ヒッチコック／トリュフォー」（晶文社）の中で、ヒッチコック自身がこう語っている。

「彼女はこういうハリウッド的な撮影方式が気に入らなかった。わたしは議論をしても始まらないと思ったから、彼女にこう言ってやったんだよ――イングリッド、たかが映画じゃないか！

イングリッド・バーグマンは傑作にしか出たがらない女優だった。しかし、一本の映画が傑作になるかどうかなんてわかるはずがないではないか。彼女はどんなに自分の気に入った作品に出ても『次はもっといいものをやりたいわ』などと言っていたものだった。それもジャンヌ・ダルク以外に立派な役はないと思いこんでいたんだよ」

Y（山田）「スター・ウォーズ」は出だしがすごく映画的興奮があるね。

W（和田） 最初にあらすじが出て、もうお話の途中から映画が始まって、いきなりクライマックスみたいにやってる。

Y 文字で長々と前置きというかストーリーを語っちゃって、途中から唐突にドラマを始めたような感じがすごくいいと思った。

W 連続活劇の感覚なんだね。途中から観ても楽しめるっていう。

Y それに文字が画面の奥へずっと流れていって、だんだんロングになって、「大平原」のタイトル*みたいに…

W 遠近法で。

Y それから文字で画面がいっぱいになって、一斉にブワーッと散るでしょう。すると文字のかけらが無数の星屑になって、画面全体が星雲になる。まるでプラネタリウムみたいに。それから宇宙船が飛んでいく。ここは仰角で撮って、宇宙船がこっちから画面の中に入りこんでいくような感じで、しかもダアーッと長いショットじゃない、あれはかなり興奮したな。これがものすごく長い。

W えんえんと続くのな。あれでいきなり映画のスケールを見せたみたいね。

Y やはり、うまいなあと思った。コケオドシにしてもね。監督のジョージ・ルーカスは子供の頃、コミックの「フラッシュ・ゴードン」**を読みふけって、非常に興奮してたんだって。だから、そんなような無邪気なSF活劇を作りたかったんだと…

W 「フラッシュ・ゴードン」も映画になってるでしょ。

Y 連続活劇。それを一本にまとめたみたいなやつが日本でも公開されてるらしい。戦後

以下の脚註は、註というよりはむしろインタビュアーとしての私なりのささやかな覚え書きです。（山田）

* 「大平原」は、アメリカ大陸横断鉄道の建設を描いた大西部開拓史。はるかかなたまで一直線に続く線路の上をゆるやかに滑ってゆくように、遠近法でえんえんと遠ざかってゆくクレジットタイトルが印象的だった。

** 「フラッシュ・ゴードン」はアメリカのコミック作家アレックス・レイモンドが34年に創造した同名のスーパー・ヒーローが登場する人気劇画で、フェデリコ・フェリーニも熱狂的な愛読者だったという（フェリーニ「私は映画だ」フィルムアート社）。36年にバスター・クラブ主演の連続活劇として映画化され、日本では「超人対火星人」の題で一本にまとめられて公開された。「火星地球を攻撃す」「フラッシュ・ゴードン宇宙を征服す」という続

も公開したらしいけど、観てる?

W 観てない。「フレッシュ・ゴードン」は「フラッシュ・ゴードン」のパロディなんだね。

Y うん、ポルノ版なんだね。「フラッシュ・ゴードン」の方は知らないんだけど、とにかく「スター・ウォーズ」の原点はそれだということらしいね。

スペースオペラ

W 「スター・ウォーズ」はSFに時代劇の要素や西部劇の要素を取り入れたところが新しい、なんて解説する人もいるけど、「スター・ウォーズ」はサイエンスフィクションというよりスペースオペラだよね。スペースファンタジーなんていってるけどさ。スペースオペラでは、星へ行っても騎士道が生きてて、お姫様を助けたり、バーへ行くといろんな動物が人間と一緒に酒飲んでたりみたいなことは、むしろ日常茶飯事なわけだ。ジョージ・ルーカスとしては、スペースオペラの要素をそのまま生かして自分流にやればこうなるってのを見せたわけでしょう。

Y 要するに、ルーカスの夢とメルヘンの記憶の映画化ということなんだろうね。

W 模型がすごくいいだろう。特撮とか。「スター・ウォーズ」のいいところはスタッフのよさだって思うな。* セットとか、メーキャップとか。

Y 音響効果もいいし、音楽も心おどらせるし。

W それと、機械と機械のぶつかり合うタイミングのよさとかね。ただし、人間同士のシ

篇もある。「スター・ウォーズ」のもうひとつの原点は「バック・ロジャーズ」で、39年にやはりバスター・クラブ主演で連続活劇として映画化、「原子未来戦」の題で総集篇が公開された。80年、「フラッシュ・ゴードン」はSF超大作として甦ったが…。

* 「スター・ウォーズ」の特殊視覚効果監督はジョン・ダイクストラで、コンピューター制御のカメラ・システム〝ダイクストラ・フレックス〟の成果によって、第50回アカデミー視覚効果賞を受賞。その他、それぞれのスタッフによる特殊音響効果、美術、衣裳デザイン、編集、音楽、録音の各部門でアカデミー賞を獲得。

ーンになると、たとえば最初の方で、若いのが空飛ぶ自動車みたいなので遠出しているあいだにおじさんやおばさんが殺されるだろう。

Y うん。

W 西部劇なんかで、主人公がちょっとほかの場所に行ってるあいだに幌馬車隊がインディアンにやられる、なんていうシーンを、ものすごくうまく作るだろ。B級西部劇でもね。

Y リズミカルなカットバックの連続で。

W それがちょっと弱いんだよね。帰ってみたら殺されてた、みたいなことでね。それと、スリルとリスペンスってのがわりとない。最後の方で、変な割れ目に爆弾落としに行くと、うしろから戦闘機が追いかけてくる、なんてところは相当迫力あったけど、ああいう迫力がもっと随所にあったらなあと思うのね。

Y そうだな。もっと面白くなるはずのシーンがいくつもあるなあ。

W 宇宙船のなかの、変にグジュグジュした…

Y 船底のごみ処理の部屋。

W なんで宇宙船の中にあんな泥沼があるのかよくわからないんだけど、ワイダの「地下水道」って感じで…

Y アハハハ、「地下水道」か。

W そのグジュグジュのところへ行くと、変なタコみたいなのがヒュッと出てくるじゃない。あのあたりだって、もっと怖く作ってくれてもいいんだけど、わりと怖くないんだよね。当然もっと面白くなるはずのシーンじゃないかと思うんだけど。映画づくりのうまさでいうと、「未知との遭遇」のスピルバーグが上じゃないかと思うんだ。

W もっともスピルバーグの方も、あの素晴らしい円盤を作ったのは「2001年宇宙の旅」を作ったスタッフの一人で…

Y ダグラス・トランブル。* でも、あの円盤のデザインはスピルバーグ自身がやったらしいよ。クレジットタイトルにも出ていた。

W あ、そう。

Y ヤマギワ電気みたいだって悪口言うやつもいたけど…

W アハハハ…

Y もちろん、UFO目撃者の証言や、いろんなデータを集めて作ったんだろうけどね。しかし、それにしてもスピルバーグはすごいなって気がするね。

W すごいな。データ集めたっていえば、あれはなんとか博士** っていう人が、自分の持ってる資料、全部提供したらしいんだな。で、スピルバーグはその面白い要素を全部ひとつにぶちこんじゃったわけね。だから、円盤の専門家に言わせると…円盤の専門家って何だかわからないけど(笑)、ま、たとえば平野威馬雄とか、横尾忠則とか、そういう人に言わせると、つじつまが合わないんだって。

Y つじつまが合わない？

W つまり、円盤にもいろんなタイプがあって、それぞれにある種のつじつまがあるわけよ。「エクソシスト」みたいに物をガタガタ揺らすのは地球人に対して攻撃的であって、

* ダグラス・トランブルはスタンリー・キューブリック監督「2001年宇宙の旅」の特撮で第41回アカデミー特撮賞を受賞した人で、「未知との遭遇」の特殊視覚効果監督を担当。

** UFO研究の第一人者といわれるJ・アレン・ハイネック博士が「未知との遭遇」のテクニカル・アドバイザーおよびコンサルタントである。

地球人をさらって行ったらさらって行ったきりになっちゃうとか、友好的な宇宙人だったらものすごく静かで、ただ握手してさよなら、とか、それぞれ系列があるわけ。

Y それを、各種ごたまぜにしているというわけか。

W 全部、一緒くたにしたんだね。そこが、UFOに詳しい人たちに言わせると、非常に不満である、と言いますな。(笑)

Y アパッチとナヴァホが一緒くたになっているみたいな…

W (笑)そうそう。

Y どっちもインディアンには違いないけど、別種族だから一緒にはならない、みたいなことがあるわけだな。なるほど。(笑)

W だから「未知との遭遇」は相当よく出来ているけど不満である、と連中は言うね。ただ、専門家の一致して認めるところは…なぜ専門家がそうなのかよくわからないんだけど、多くの専門家は宇宙人性善説なんだよ。

Y え?

W 宇宙人というのはいい人だ。(笑)

Y あ、性が善ということね。なるほど。

宇宙人性善説

W 宇宙人は地球人に対して好意を持っている、というのが、円盤愛好家の衆目の一致するところなんだよ。物をガタガタいわせたり、地球人を怖がらせたりする例証はほとんどないと。SF作家なんかはもうちょっとクールで、なんで宇宙人が友好的だと決めちゃうのか、もしかしたら攻撃してくるかも知れないじゃないかって言うわけだけど、円盤愛好家はほとんどの人が宇宙人性善説をとっているから、あそこで宇宙人が攻撃してこないってことを非常に買うんだな。これは矛盾はあってもメッセージとしては素晴らしい映画である、っていうふうな言い方を、たとえば横尾忠則なんかはするわけ。

Y なるほどね。そういえば、われわれが観た50年代あたりのSF映画っていうのは、宇宙人がきまって攻撃してきたね。

W H・G・ウェルズの時代は、宇宙人はまず敵なんだよね。「宇宙戦争」なんか、牧師が聖書の文句をとなえながら近づいていくんだけども…

Y 全然、受けつけない。

W 牧師だろうが何だろうが、殺人光線で焼き殺しちゃうんだから。

Y 宇宙人は危険な野蛮人だった。

W そう。だからね、昔のアメリカ映画に共通することだけど、土人は全部、襲ってきて人を食っちゃう、インディアンはみんな襲ってきて頭の皮を剝いじゃう、日本人や支那人は…

Y 凶暴でな。東洋の蛮族というわけだ。

W 凶暴で、悪魔的で、呪い殺してしまうみたいな…

Y 同じように、宇宙人も、地球人には考えられないような、野蛮というか、凶暴というか、そんなイメージだった。

W そうそう。そういう考え方が昔は自然だったわけ。それが近年は性善説に変ったの。

昔の宇宙人性善映画は「地球の静止する日」だね。あれは円盤の出てきた最初の映画なんだそうだ。

Y　あ、そう。

W　うん。円盤というものを目撃したと証言する人が実際に現われたのは47年頃で、それから、三、四年してあの映画が出来たんだから。

Y　なるほどね。

W　で、その「地球の静止する日」で、マイケル・レニーが宇宙人をやったわけだけれども、この宇宙人が非常に友好的でね、地球人の方が友好的じゃなくて、いきなり鉄砲射って殺しちゃうのね、よその惑星から来たというだけで。そうすると、円盤の中に蘇生装置があってさ……

Y　ああ、蘇生装置ね。

W　忠実な下僕のロケットがさ、マイケル・レニーを抱きかかえて蘇生装置に入れるんだよね。で、また生き返って出てくるわけだけども、そのときにマイケル・レニーが言ったのは、地球は無駄に戦争を繰り返してばかりいる、平和になりなさい、と。それを言うために来た宇宙からの使節なんだよね。当時としては、そういう友好的な宇宙人が出てきたのはちょっと珍しくて、ほとんどの映画は宇宙人が征服しに来るわけ。「遊星よりの物体X」もそうだし、「宇宙戦争」は典型的にそうだし、「空飛ぶ円盤地球を襲撃す」とか、あと「人類SOS」、スティーヴ・マックイーンが出た「絶対の危機」、それから「怪獣ウラン」。

Y　どれも、宇宙人は人間を皆殺しにして、地球を征服するために来るわけだ。*

＊スーザン・ソンタグは、一九六五年に書いた空想科学映画をめぐる有名な論文「惨劇のイマジネーション」（「反解釈」竹内書店）の中で、空想科学映画の核心は破壊の美学であり、惨劇の描写だと分析する。

「……一五五〇年代の空想科学映画の取り上げるテーマはごくありふれたものだ。有名な一九三〇年代のフラッシュ・ゴードンとバック・ロジャーズの続きものや冒険喜劇は、もっと最近の大流行である漫画本の主人公、地球の外からやってきた超人的英雄（最も有名なのがスーパーマンで、彼は今のところ核爆発の爆風で炸裂したとされている惑星クリプトンの孤児である）とともに、さらに最近の空想科学映画とそのモチーフは同じである。とはいえ、一つ重大な違いがある。昔の空想科学映画、それに漫画のほとんどは、惨劇に対する態度が本質的にはいぜんとして無邪気である。これらの作品は物語のなかでも最も古いロマンスの焼き直しなのである——悪を滅ぼし善を救うためにやって来た無双無敵の謎の英雄の物語。最近の空想科学映画には容赦ない冷酷さがあり、しかもそれが視覚にもっともらしく訴える力ははるかにまさっていて、この点で昔の映画と強い対照をなしている」（河村錠一郎訳）。

W　だから「地球の静止する日」は特別なんだね。当然スピルバーグは観ているんじゃないかな。

Y　観ているだろうな、きっと。いろんな映画を観た上でちゃんと作っているな、という安心感を与えてくれたものね。バーミューダ沖に消えた飛行士たちが戻ってくるエピソードなんかにしても、そういう映画あったな、という感じだったしね。*

W　天国から飛行士が帰されたというような感じだな。

Y　感動させる。

W　感動させるね。

Y　ジーンとくるんだよね。迎える連中がまたいいじゃないですか。何も言わずに、お帰りなさい、みたいなね。それを、あいつら宇宙人に洗脳されたんじゃないかとか、つじつまが合うの合わないのと、あまり考える余裕ないと思うんだ。

W　そうそう。でも、言われてみるとね、なんであの円盤が攻撃してこないとわかったのかという説明はないんだよね。こっちがそう思いこんでるだけなんだ。

Y　そういえば、そうだな。とにかく、フランソワ・トリュフォーの演じる博士がそう信じているわけだ。宇宙人とは五音階で話ができるはずだと、音程を合わしてコミュニケーションを試みるわけだ。このトリュフォーが圧倒的にいいんだな。演技がうまいというんじゃなくて…

* 具体的にどの映画だったかと自問してみたのだが、正直のところ、これという一本が思い浮かばないのは妙だ。もし自分がこの世に生まれていなかったら愛する妻や友人たちはどうなっていたのかという世界を天使に見せられて、自殺を思いとどまりこの世に帰るという「素晴らしき哉、人生！」や、百年に一日だけ出現する不思議の村の娘に恋をした主人公が、愛の記憶で消えた村を甦らせて娘と結ばれる「ブリガドーン」や、天国から地上に出張している霊魂収容所で肉体を焼却されてしまった男が、宿かりの肉体を探しまわるうちに恋をしてしまうという「幽霊紐育を歩く」や、幽霊に恋をした美しい未亡人が最後にあの世で幽霊と結ばれる「幽霊と未亡人」といったような作品が、漠然と私の脳裏をかすめたのに違いない。

フランソワ・トリュフォー

W　なんていうか、存在感ね。ほんとにフランスにああいう学者がいるんじゃないかって錯覚起こすよね。

Y　そういう感じ。コミュニケーションは絶対可能だと信じてるみたいなね、あれはまさにトリュフォーのテーマそのものだし、スピルバーグもあの博士の役をトリュフォーのために書いたと言ってる。

W　あ、あの役を。

Y　そう。トリュフォーが出演もしている「野生の少年」と「アメリカの夜」を見てあの博士の役を決めたとスピルバーグは言ってるんだね。トリュフォーは「野性の少年」のときから、ああいう役をやっているんだよね。「野性の少年」というのはさ、狼少年を文明へ引き戻そうという話で、つまりは自閉症児の教育がテーマなわけだ。* ちょうど「未知との遭遇」の博士がUFOから出てきた宇宙人と、あれ、手話っていうの？　五音階を手話に直して対話するところがあったでしょう、ちょっと自閉症児に話しかける「野性の少年」の博士の感じなんだね。

W　「野性の少年」では、コミュニケーションは成功してるわけ？

Y　事実としては失敗してるらしいよ。たとえば狼少年は「ミルク」とは言えるようになったけど、「ミルクをください」というところまでは言えなかったんだそうだ。つまり、言葉としてはコミュニケーションは成り立たなかったわけね。だけど、映画は希望を持た

* 長篇第一作「大人は判ってくれない」以来、フランソワ・トリュフォー監督の作品が不幸な少年時代をテーマにした自伝的な要素に深く彩られていることはよく知られているが、「野性の少年」あたりからその少年期の暗い思い出が明確に〝自閉症児〟の問題として追求されるようになり、最近の「恋愛日記」などにはブルーノ・ベッテルハイムの「自閉症・うつろな砦」からのテクストの引用が見出される。

CLOSE ENCOUNTERS OF THE THIRD KIND
François Truffaut

せるところで終る。トリュフォーの博士が無言で少年とやさしく微笑みを交わすというのがラストだった。

W　そうすると、そうだねえ。宇宙人とのコミュニケーションということにもつながるねえ。

Y　うん。で、つながるといえば、もうひとつ、これは前からそんな気がしてたんだけど、スピルバーグは、ハワード・ホークスがすごく好きなんじゃないかと思うんだ。ハワード・ホークスがスピルバーグとトリュフォーをつなぐカギじゃないかと。というのはね、「ジョーズ」で、リチャード・ドレイファスの扮する海洋学者がサメを退治に行くでしょう。で、サメがバーッと現われたときに、突然カメラに向って、「タイガー・シャーク！」って叫ぶんだよ。

W　そうだったっけ。

Y　字幕には、ただ「サメだ！」って出ただけだと思うけど、「タイガー・シャーク」っていうと、こりゃどうしたって、ハワード・ホークスが戦前に作った「虎鮫（タイガー・シャーク）」を思い出すわけ。で、これはきっとファンへの目くばせというやつで、スピルバーグって、すごいホークス・ファンなんじゃないかと思った。

W　うん、うん。ほんとはタイガー・シャークって虎鮫じゃないんだってね。日本の虎鮫は英語でいうと別の名前になるの。これは映画の話じゃなくて、動物学的にいえば、の話だけどさ。虎鮫ってのは小さいんだって。チョウザメだってバタフライ・シャークじゃないでしょ。（笑）

Y　「虎鮫」は海洋映画なわけだけど、ホークスが製作したＳＦ映画…

W　「遊星よりの物体X」*。

Y　そうそう。あの映画に出てくる博士がね、これまた「未知との遭遇」のトリュフォーの感じにすごく似てるような気がするんだ。スピルバーグは、この「遊星よりの物体X」がものすごく好きなんだそうだけどね。この中に「ウォッチ・ザ・スカイ！」**っていうせりふがあるんだよね。「空を注意して見ろ！」という。物体Xをやっつけたあと、でもほんとにこれで大丈夫だろうかと、キッと空を見上げて博士か誰かが言うせりふなんだ。で、このせりふがね、実は「未知との遭遇」の最初の題だったんだって。これ、トリュフォーから教えてもらったんだけど、いい話でしょう。

W　なるほど、そりゃいいね。あれは、物体Xを飛行機で運ぶんだっけ。

Y　円盤が落っこちてきて北極の氷に埋もれているので、爆弾で氷をふっとばして掘り起こそうとする。すると、円盤も一緒に爆発、四散するわけ。で、残ったのが妙な物体X。

W　ところが、中の生物は動物でなく植物で、人を食いながら繁殖していくんだったかな。最後はまた北極へ持っていくんだよね。氷詰めにしておこうっていうようなことだったんじゃないかしら。

Y　そうだったっけ。そこまでよく憶えてないんだけど、火炎放射器かなんかで物体を焼き殺そうとしたりするんだよね。とにかく、最後にはその物体Xを絶滅させるわけだけど、それでも一抹の不安を感じて空を見上げるんだ。

W　Xのつく映画がさ、だいたい似たような時期に続けて来たと思うんだ。「遊星よりの物体X」があって、「放射能X」があって、あ、「人工衛星X号」というのがあったよ、これは観てないけど。……「フレッシュ・ゴードン」でさ、なんか赤い光線がピュッピュッ

* ハワード・ホークス製作、クリスチャン・ナイビー監督作品。ジョン・カーペンター監督「遊星からの物体X」（82年）はそのリメーク。

** スティーヴン・スピルバーグ製作の「グレムリン」（84年）のなかに、《Watch the Skies》という題の映画のポスターが貼られてあるシーンがある！

と来て、みんな狂っちゃうだろ。

フレッシュ・ゴードン

Y　ああ、「フレッシュ・ゴードン」ね。スーパーインポーズでは、エキサイト光線とか訳してあった。

W　うん、原語で〝セックス・レイ〟って言ってた。これ〝エックス・レイ〟のもじりだよね。

Y　アハハハ、そうだね。

W　「フレッシュ・ゴードン」っていう題名も、「フラッシュ・ゴードン」を茶化してポルノにしてるわけだね、〝フレッシュ〟って〝肉〟だから。

Y　あれ、日本では〝SFブーム〟に乗っかって変にお子様向きにしちゃったから、乱交のシーンなんか、画面の下を半分近くカットしちゃって、そのかわり上があいちゃうので、空なんか入れたりしてる。下が見えなきゃいいってわけなんだろうけど、女の上半身は丸見えで、変な博士がやたらに女のオッパイを揉んだりするのな。

W　ロボットなんかオチンチンをガーッと出して…機械ならボカさなくてもいいらしいな。

Y　変にえげつない映画だけど、ぼかしやトリミングのしてないオリジナル版を見たら、結構面白かったろうね。

W　そうだろうね。特撮がチャチで、糸で吊ってあるのが見えちゃう。でも、それもご愛嬌でね。

Y　うん。ロケットが星雲圏を突破していくところなんか、いろんな星屑がバチバチあたるんだけど、これが段ボールとか発泡スチロールで…
W　コルゲートとか。
Y　コルゲートだっけ。煙草の空き箱とか歯磨き粉の空き罐とかが宇宙塵(ごみ)みたいに飛んできたね。
W　ああいうシーンは、安手を逆用してるんで、かえって洒落た感じが出て面白いのね。で、そのあと変な惑星が出てきて、その惑星にでっかい目玉がついてて、ギーッと見るのな。
Y　ときどき充血したりしてね。変な映画だな。あれ、映画館では子供連ればかりだったね。子供はキャアキャア笑って喜んでるけど、親がむしろオロオロしちゃってた。
W　親は子供連れてって後悔してるんじゃない。子供はわりと平気だろ。
Y　「少年マガジン」のマンガなんかもけっこうすごいからね。「まことちゃん」*って、あれ「少年サンデー」の方かな。あれなんか…
W　あれ、さわだまことっていうんだよ。
Y　？
W　胸につけてるだろう、名札を。ときどき、絵によっては「さ」が隠れて、「わだまこと」って書いてあるの。
Y　アハハハ。そりゃ、おかしい。
W　うん。参ったね。
Y　アハハハ…

* 「まことちゃん」は「少年サンデー」連載中（78年夏現在）の楳図かずお作の〝エネルギッシュギャグ〟マンガ。80年には監督・芝山努、作画監督・小林治でアニメーション映画化された。

W 何の話してたんだっけ。

Y ええと……うん、「未知との遭遇」から話がそれたんだ。「未知との遭遇」と「スター・ウォーズ」が中心になって、異常なSFブームなんだけど…

W ほんとのブームは昔あったと思うのね。SF映画の出来のいいものは50年代にたくさんあったでしょ。俺、SFが好きになったのはあの頃だったな。

Y 特にSFファンでなくても、こんどの二本、「スター・ウォーズ」と「未知との遭遇」にはハリウッドの底力みたいなものを感じたな。観ていて文句なしに楽しかった。ちょっと忘れかけていたアメリカ映画の快感が、また戻ってきたという感じがしない？

W うん。それは「未知との遭遇」や「スター・ウォーズ」だけじゃなくてね、たとえば「タワーリング・インフェルノ」にもそういう感じがあったし、「ポセイドン・アドベンチャー」にしてもね。ただ、その、そういう大作じゃなくてもね、ハリウッドの小味のきいたサスペンス物には、小品だけどものすごくハラハラさせるとか、非常にうまいというやつが何本もあったよね。

Y そうだね。スピルバーグだって、初めはそうだったな。「激突！」とか、「続・激突！カージャック」とか。

W そうだよね。だから、金をかけなくてもシナリオがとてもうまかったり、話が面白かったり、その話の作り方、語り方が面白かったりするために傑作になる、というのが、むしろハリウッドの得意とするところだったと思うんだね。

Y うん、うん。

W 「ザッツ・エンタテインメント」に断片がでてくる、ものすごく金のかかった、セッ

＊ヒッチコックは映画のすべての秘密は完璧なシナリオの構成→カット割り→コンテ（コンティニュイティの略。連続の意から転じて撮影台本のことで、場面ごとに登場人物、アクション、せりふ、音響、カメラの位置や撮影角度、カットのフィート数まで細かく指定してあるもの）にあると考える。

ヒッチコックが、撮影台本を詳細に図解したいわゆる絵コンテを完璧なかたちで作成することはよく知られている。一本の映画を完全にワンカットで撮った「ロープ」の場合について、彼はこんなふうに語っている。

「この映画の実験はまちがっている、映画的じゃない、と批判されたけれども、これこそ純粋に映画的な試みなんだよ。なぜなら、まず頭の中で正確なカット割りができてなければならないし、そのカット割りをもとにして、俳優の動きやカメラの動きを決めて、その両方の動きの緊密な絡み合いによってアクションに切れ目のないコンティ

トの大がかりなやつをハリウッド映画の代表みたいに思っちゃうけど、必ずしもそうじゃなくてね、セットや役者に金をかけなくても、シナリオの段階で練り上げられているために面白かった映画ってあると思う。俺、ハリウッド映画のものすごく好きな点はね、アドリブをほとんどやってないということなんだよ。シナリオの段階で、あるいはコンテ、ヒッチコックだったら絵コンテだけど、その段階でしっかりしてれば、編集なんか誰がやっても同じだって、これはヒッチコックが言ってるわけ[*]。

Y うん、うん。ストーリー・テリングのうまさこそ、アメリカ映画の特質というか、ハリウッドの最高の美徳だったわけだよね。それを、一時ニュー・シネマ[**]が忘れかけていたと思うんだ。

W あのね、アルフレッド・E・グリーンなんていう誰も知らないような監督が「ジョルスン物語」やったとき、ほんとによく見てないと気がつかないような技法をものすごく使ってる。そういうことがいいんだね。

ジョルスン物語

Y 「ジョルスン物語」のことになると、和田さんの話はつきないからな[***]。

W うん。「ジョルスン物語」は、ファースト・シーンから逐一語りたい。(笑)二時間八分の映画だけど、喋るとなるとそれでは済まない。四時間くらいかかると思うよ。(笑)職人としてね、あたりまえの技法でアルフレッド・E・グリーンがやってることを、最近の人はあんまりやらないみたい。たとえばね、エイサ・ヨルスンというのがジョルスンの本名

ニュイティ(連続性)をあたえるという作業が絶対に必要なわけだからね……」(「カイエ・デュ・シネマ」誌第44号所載のインタビューより。インタビュアーはフランソワ・トリュフォーとクロード・シャブロル)。

** "ニュー・シネマ"という表現が初めて使われたのは、「俺たちに明日はない」を特集したアメリカの「タイム」誌67年12月8日号においてであった。「ニュー・シネマ、暴力、セックス、芸術! 自由にめざめたハリウッド映画の衝撃」というのがその特集記事のセンセーショナルなタイトルであった。以後、60年代末から70年代にかけてのアメリカ映画は、ニュー・ロックとヒッピーと麻薬のアメリカを代表するような、ニュー・シネマ(その頂点のひとつが「イージー・ライダー」であった)一色に染められた観があった。

*** 和田誠の「お楽しみはこれからだ」は「ジョルスン物語」の中のジョルスンの名せりふ You ain't heard nothin' yet. の日本語字幕スーパーの名意訳をタイトルにしたもの。

なわけ。マネージャーがもと芸人でね、少年時代のジョルスンを引き立てて、一緒に組んで興行して歩いてるわけ。そのときに、お前はいままでは客席で歌ってたけど、こんどは舞台でやれって言うのね。「舞台でやるには名前がいるな。エイサ・ヨルスンじゃちょっと弱いな。エイサ・ヨルスンか…」って首をひねるところで、画面がパッと変る。次はさ、興行先から両親に絵葉書がくるわけ。それを両親が読んでる。で、〝ぼくはいまこんなことしてます。アル・ジョルスン〟と書いてある。ふつうの感覚だったら、「お前はエイサ・ヨルスンじゃ弱いからアル・ジョルスンにしよう」っていうとこまで撮ると思うんだ。それが中途で次のカットに変って、絵葉書がアル・ジョルスンになってるという、考えてみりゃ何でもないんだけど、そういう省略というか、映画的な技巧をふんだんに盛りこんだ映画なんだ。あんなに盛り沢山なのはないよ。だからふつうだったら、アル・ジョルスンが好きだから「ジョルスン物語」が好きだっていうことになるんだろうけど、俺はそうじゃなくて、映画的にものすごく好きだったから、ジョルスンが好きになったんだ。そういうこと言っていくと、きりがなく出てくるの。その絵葉書にしても、そのシーンで突然出てきたんじゃなくて、しょっちゅう巡業先から絵葉書がきてるんだ、エイサ・ヨルスンって名前で。そのうち、これまた省略がうまいんだけど、絵葉書がどんどんたまっていって、両親の家ではそれを壁に貼ってる。最初の一枚がきた、すると次のシーンでは何枚か貼ってある。絵葉書だから、ボストンとかフィラデルフィアとか発信地が書いてあるわけね。それをカメラがパンすると、あ、ここへ巡業してるなってわかるわけ。それにオーヴァラップしてさ、少年時代のエイサ・ヨルスンが歌ってるシーンが、ワーッとかぶさるわけ。で、もっと詳しく言うと、そうやって歌ってるうちに声変りするんだ。途中で歌えなくなるわけ。そこでとっさに指笛を吹く。〝グッバイ・マイ・ブルーベル〟を歌ってる最中にね。そうやって、その場を切り抜ける。と、次のカットでは、楽屋でエイサ・ヨルスンが泣いてる、少年時代のジョルスンが。一緒にやってた芸人が慰めて、それは声変りだから仕方がない、もう数年すればもっと声がよくなる、いまはその指笛だけでも立派な芸人だって言うんだよね。それまでは少年ジョルスンはさくらでね、客席でしか歌わせてもらえなかったんだけど、つまり、こちらで芸人がチェロ弾いてさ、客の中に歌のうまい少年がいて歌うっていうふうな、さくらで興行してるわけ。だけどさくらでやってるのがいやで、舞台に出して歌わしてくれって、少年ジョルスンは言うんだよな。舞台でも客席でも歌は同じじゃないかって言われると、「客の顔を見て歌いたい」って言うんだよ、スティーヴ・マーティンに――これ役名ね――「客席は暗いし、自分にはスポットがあたってるから客の顔は見えないんだ」と言われると、「客席の電気をつければいいじゃないか」って、少年ジョルスンは言うわけ。それが、いい伏線になってるのね。で、指笛だけでこんど舞台に出させてやる、それには芸名が必要だなと言って、さっきの話になるんだけども。それからまた絵葉書がバァーッと出てさ、少年時代のジョルスンが指笛でピーピー吹いてると、大人のジョルスンになるラリー・パークスが指笛吹いてるのにオーヴァラップするわけ。少年時代の子役と違う役者だから当然声が違うだろ、声も顔も。ところが指笛だから同じ音を出しても不自然じゃない、うまくつながるわけ。それからラリー・パークスが初めて出す声が、ジョルスン本人の声なわけ。もう大人になった、そろそろ指笛やめて歌ってみようってんで、ベッドで歌を歌ってるシーン。これが歌だから、ジョルスン自身の声なんだな。歌は全篇ジョルスン本人の吹き替えだからね。だから、ラリー・パークスの声よりも、あ、これが主人公の声だなってことを先に印象づけちゃうわけだ。これはものすごい計算だと思うんだ。で、もう夜なんだけど、スティーヴ・マーティンのとこへ行って、「俺は歌えるようになった。聴いてくれ」って、ラリー・パークスの声になるわけだけどね。それから随分たって、映画でいえば何十分もたって、ジョルスンが舞台で成功してスターになってから、「客席の電気をつけてくれ」って言うんだよ。彼はもう大スターだから、みんな言うことをきくわけよ。少年時代に、電気をつければ客の顔を見ながら歌えるって言ったことを実現するわけだから、彼は感激して歌うわけね。見てる俺たちも感激よ。そのときの歌が〝ユー・メイド・ミー・ラヴ・ユー〟。で、客が喜んで聴いてる顔が、ジョルスンの顔のアップにオーヴァラップして流れるわけ。片っぽのカメラがジョルスンの歌ってるのを写していてね、もう片っぽのカメラは客席をパンしてるわけ。ものすごく感動的なシーンだよ。これがあとで二重三重の伏線になってることがわかるんだけども、とにかく、それからいろいろ曲折があって、引退してしまう。引退したけれども歌が捨てきれないで鬱々としているところに、ちょっとしたきっかけがあって、これまた話すと長くなるから省略すると(笑)、ナイトクラブに招待されて行くわけ。すると、彼はもう引退してるんだけど、人々は忘れてなくて、ジョルスンが客で来てるから是非一曲歌ってもらいましょうということになって、初めは、やだやだって言ってるんだけど、一曲歌うわけだ。いやいや歌うんだけど、客がものすごく沸くんで、もう一曲歌うんだよ。そのもう一曲歌うときに、それは〝ラカバイ・ユア・ベビー・ウィズ・ア・ディキシー・メロディ〟って歌だけどね、ナイトクラブに来てる人の顔を、またバァーッと流れるようにパンしてさ、歌ってるジョルスンの顔にダブるわけだ。だから、少年時代と、初めて成功したときと、引退した後また歌いたくなるときとが、全部つながってくるのね。そういう映画的話法のうまさみたいなの、何でもないことのようだけど、ちょっと最近の映画にないんだよね。かなり優秀な監督もそういうことやってくれないのよね。だから、アルフレッド・E・グリーンなんて、名もなき、「魔法のランプ」[*]なんていうのを撮った人が、そういう文法を踏まえてやってくれたってことが、たいそう嬉しいわけ。

Y　へえ、そうだったのか。和田さんが「ジョルスン物語」を好きなのは、ミュージカルとして特別の面白さがあるからなのかと思ってた。

W　でもさ、「ジョルスン物語」ってのはミュージカルじゃなくてね、そりゃ音楽映画ではあるけど伝記映画なんだね。ジョルスンが舞台で歌うのはゲーリッグが野球場で野球するのと同じだし、パスツールが実験台で顕微鏡覗くのと同じだという説なのね、俺は。だから「ジョルスン――」をミュージカルと考えるのは、ちょっとおかしいんじゃないかって思うんだ。

Y　なるほど。「ジョルスン物語」は、むしろ芸人の伝記映画としての面白さなわけだ。

ミュージカル

W　ミュージカルの面白さっていうのはさ、恋人同士が恋を語ってると突然歌になって、道ばたで歌ったり踊ったりしちゃうわけだろ。そんなこと現実にやったら気違いじゃない。(笑)それがミュージカルでは当然のこととして許されるっていう、約束事みたいなものがあってね。絵描きがパリに絵を習いにいってます、そこで香水屋の売り子と知り合って恋

*「千一夜物語・魔法のランプ」のこと。

をしましたっていうのはさ、主人公たちは音楽と関係ないわけだろ。それがセーヌ河のほとりで歌ったり踊ったりしちゃう。いまのは「巴里のアメリカ人」の話なんだけど、そういう面白さっていうのは、「雨に唄えば」もそうだし、「踊る大紐育」もそうだし…水兵が一日だけの休暇を貰ってニューヨークを見物します、上陸したとたんに〽ニューヨーク、ニューヨーク、って歌いだしますったってさ、彼らはなにも歌ったり踊ったりする専門家じゃないわけだ。

Y　だけど、その嬉しい気持を踊って歌って表現しちゃうわけだ。

W　うん。ところが伝記映画は、歌手や作曲家や、「巨星ジーグフェルド」みたいにプロデューサーの伝記まであるよね、そういうのは、彼らが千九百二十何年にブロードウェイに出ましたと、あるいはミュージカルを作りましたと、そのステージを再現して撮ってる。中には舞台ではこんなことできっこない、映画じゃなきゃこうはいかないって特殊なのもあるけど、まあ基本はリアリズムなわけよ。だから、ミュージカルと音楽家の伝記映画っていうのは、まったく別のもんだと思うのね。アメリカの文献なんかでも一緒くたになってるけれどもね。それと、その中間みたいなので、「ジプシー」とか「ファニー・ガール」なんかがあって、これは舞台ミュージカルの映画化だからもともとミュージカルなんだけど、「ジプシー」はジプシー・ローズ・リーの、「ファニー・ガール」はファニー・ブライスの伝記でもあるわけだ。だから彼女たちは舞台で歌ったり踊ったりする。同じように道ばたでも歌ったり踊ったりする。そのへんがちょうど中間点だろうと思うんだけどさ。とにかく道ばたで歌ったり踊ったりしても気違い扱いされないどころか、コミュニケーションが成立しちゃうところがミュージカルのよさだと思うね。

Y　そもそも歌ってものがさ、ま、音楽が世界をつなぐ、なんて言っちゃうとはずかしいんだけど、流行歌なんかも含めてね、歌ってのは世界を一挙に表現できるという気がするんだ。

W　少くとも、人間をつなぐわな。

Y　うん。それはもうミュージカルでなくてもね、マキノ雅弘の映画なんかでも、すぐ歌っちゃうじゃない。例の「次郎長三国志」でさ…

W　次郎長一家がやたら歌うもんな。

Y　歌っちゃうと、なんかもう、それだけで気持が通じちゃうみたいなところがあるでしょう。ほら、森繁が久慈あさみを口説くところがあるじゃない、石松がお仲さんを。* あそこなんか、お仲さんが三味線を弾いて歌ってると、森の石松が急に吃りが直って歌いだしてさ、そうすると、もう二人は気持の上で出来ちゃうんだ。

W　そうそう。

Y　それから「恐怖の報酬」でさ、故郷の歌を口笛で…

W　シャルル・ヴァネルとイヴ・モンタンが初めて会うところ。

Y　二人とも、警戒してうさん臭そうに見ながらさ、お前どこの国のもんだ、と言うかわりに故郷の歌を、あれ、もしかしたら〽ラララーラララーラって歌じゃなかった?

W　そこまで憶えてないねえ。

Y　とにかく、故郷の歌だったと思うな。** そうすると、片っぽもね、口笛で同じ歌を吹くんだな。とたんに意気投合して、ニンマリ笑う。もう、せりふなんか要らないんだ。

W　「さすらいの航海」という映画でさ、船の中でドイツの歌を歌うと、*** ユダヤ人たちが

* 「次郎長三国志第三部・次郎長と石松」のエピソードで、投げ節お仲（久慈あさみ）と森の石松（森繁久彌）のデュエットまがいの歌のやりとりの名場面。お仲は酒に酔って、石松は恋に酔って、投げ節を歌う。

** モーリス・シュヴァリエが歌って大ヒットした「ヴァランティーヌ」というシャンソンで、24年に発表されて以来、戦中、戦後と、パリジャンなら誰でも知っているほど愛された歌だった。ヴァランティーヌという名のお針娘への恋心を歌ったもの。「恐怖の報酬」では、イヴ・モンタンとシャルル・ヴァネルがこのメロディを口笛で合唱(?)したあと、「おまえさん、パリっ子だね」と言って友だちになる。中米の山奥で食いつめた男同士が久しぶりに故郷の人間に会えた歓びがこみあげてくるという印象的なシーンだった。

*** 「夢の都ウィーン」という歌。映画ではイナ・スクリヴェールが歌う。

LE SALAIRE DE LA PEUR
Yves Montand
Charles Vanel

涙をこぼすところがあっただろ。で、ナチの水兵の一人がさ、あいつらユダヤ人のくせしてドイツの歌を聴いて泣いてるって言うと、もう一人のドイツ兵が、だって彼らもドイツ人じゃないか、って言う。

Y ああ、あそこ、唯一、泣かせる場面だった。なんか、いい歌でね。ほんとにすごいな、歌ってのは。ただ、それが日本で、県人会みたいになって民謡歌ったりすると、なんかちょっと違うんだよね。あまりスカッとしないんだなあ。なぜだろう。男だけのコンパなんかで、手拍子うって春歌を歌ったりするのも、そうなんだよね。心が昂揚しないんだよ。民謡も、歌そのものはとてもいいんだけど…

W 県人会で民謡というからそうなるんだけど、まったくおんなじ感じが「わが心に歌えば」でさ、ジェーン・フローマンがアメリカ各州の歌を歌うだろ。そうすると、その州出身のやつらが熱狂するじゃない。〝カリフォルニア・ヒア・アイ・カム〟なんて歌うと、カリフォルニアのやつが、もう前に出てきて、ジョルスンの真似したりして…

Y うん、うん。ジョルスンばりに歌うやつがいるんだよね、ひざまずいて、胸に両手を当てたりしてさ。

W テキサスの連中がいて、テキサスの歌をなかなか歌わないもんだから騒ぎだす…

Y もう、頭にきちゃってね。

W 彼女はわざと最後に歌うのな、〝ディープ・イン・マイ・ハート・オヴ・テキサス〟。あれはやっぱり民謡だろ、いうなれば。ただ、日本の民謡のヤッコラサというのとは、ちょっと違うんだよな。

Y 湿っぽいんだ、なんとなく、日本の民謡は。ドイツの歌にも、そういう感じがあるんだよね、「地獄に堕ちた勇者ども」の親衛隊のコンパの合唱なんか。

W でも、ドイツの歌でも、たとえば、ほら、「突撃」でさ、ドイツ女にむりやり歌わせるんだけど、そのうちフランス兵も一緒になって泣きながら歌うという…それから〝リリー・マルレーン〟なんてのは連合軍もドイツもつないじゃった歌だろ。

Y そうだな。気持わるいのは、たぶんドイツでもナチの親衛隊の歌なんだな。

W 「キャバレー」でいちばん感心したシーンは、ヒットラー・ユーゲントの少年がきれいな声で歌いだすと大合唱になるところね。美しいシーンなんだけど非常に不気味なんだな。

Y うん、そうそう。いろいろあるけど、やっぱり歌を聴くと、もうこれにはかなわん、ということはあるね。男と女の話なんて、演歌一曲で、たった三分何十秒かでさ、どんな恋愛小説もかなわないという気がすることがあるな。

W たとえば「幸福(しあわせ)の黄色いハンカチ」という映画がありましたねえ。あの映画を二時間見せられるよりさ、「幸せの黄色いリボン」*を一曲聴く方が百倍くらい感動するじゃない。

Y ほんと。

W 俺なんか、絵を描く商売してくやしいのはさ、どんな偉い絵描き、ピカソなんかを見ても、背中がゾクゾクッとする絵にはお目にかかったことないのね。でも、なんてことない流行歌でも、歌聴いてると背中がズズズッとなる瞬間があるんだね。

Y 和田さんなんかでも、そうなの？　絵が描けるだけで、もうすごいと思うんだけどな。

W 絵だって国際的に通じるんだけど、でも音楽の方が、より官能をくすぐられるというか…

* 「幸せの黄色いリボン」Tie a Yellow Ribbon Round the Old Oak Tree はアーウィン・レヴィンとL・ラッセル・ブラウンが72年に作詞作曲した歌で、世界的にヒットした。歌詞の内容は「刑期を終えて私は帰る。もしまだ私を愛してるなら古い樫の木に黄色いリボンを結んでおいてくれ、と手紙を出してある。リボンがなければバスを降りない。私は怖い。運ちゃん、代りに見てくれ。やがて、バス中の人が歓声を上げた。百の黄色いリボンが樫の木に結んであった」というもので、「幸福の黄色いハンカチ」のシナリオはこの歌を下敷にしている。

Y　エロチックなんだよなあ、そういう意味で。

W　古臭い言葉でいうとさ、心の琴線に触れる、というやつな。（笑）

Y　だから、俺、バカみたいにいつも思うんだけどさ、ピアノが弾けたらなあ、と…（笑）

W　「七年目の浮気」のトム・イーウェルね。

Y　あれは、ほんとによくダメな男の気持を表わしてると思うな。女が訪ねてきたときにさ、ラフマニノフを弾くことを夢見るわけだけど、ラフマニノフでなくても、ピアノさえ弾けたらどんな口説き文句よりも雄弁で…

W　俺もピアノ弾きたいと思うねえ。

Y　だって、弾けるじゃない。

W　持ってるだけで、弾けないもん。

Y　そうなの？　でも、たとえ持ってるだけでも、俺、和田さんに嫉妬するね。しかも、長椅子まである、女の子が隣に坐れる…

W　アハハ、持ってるだけじゃだめよ。

Y　アハハ、持ってるだけじゃだめか。……ほんとに俺、場末のピアノ弾きになりたいと真剣に考えたときがあるもんね。なんか、巡業ばっかりしてるようなさ。

W　「ガルシアの首」のウォーレン・オーツな。

Y　うん。あんなふうにちょっとニヒッててね。いまはああいう独り者の方がかっこいいと思うけどさ、昔はどういうわけか、女房連れのピアニストを夢見たんだよ。大きな行李なんか持って旅をしてさ。中学生ぐらいのときにあこがれたもんだよ。

W　家族で巡業するんじゃないの。「ショウほど素敵な商売はない」。

Y　いやいや、家族じゃないの。あんな、ガキがいっぱいいるのはだめだ。女房だか情婦だかわかんない、そういう女と一緒にね、たぶん歌手だと思うのね、売れない歌手。

W　アハハハ。俺だって、いつかデューク・エイセスと一緒に旅したときさ、俺、グレン・ミラー気どりでさ、列車の車輪にオーヴァラップして新聞の見出しが出てくるの。そんな気分で真冬の北海道を旅してたわけよ。

Y　アハハハ。〝グレート・サクセス・アット・カンザス・シティ!!〟なんてね。あのパターン*は変えないでほしいね。

W　近頃ないじゃない。50年ぐらいで終っちゃったね、あの手法は。近頃の新しい人は、ああいうの、バカバカしくてやれないんだろ。ところで、ティムズ・バー**てのがありまして。

Y　え？　ああ、「いつも上天気」？　あれはいいなあ。

ティムズ・バー

W　「いつも上天気」を観た帰りにさ、俺たちもああいうバーがあればいいなあって、六本木のどこかへ行ったんだ。

Y　どこか行ったねえ。

W　違うんだけどさ、現実は。

Y　あれもアメリカ映画なればこそのよさだよね、ティムズ・バーなんて。

W　バーテンがわかってるやつで、変に出すぎないんだけど必要なときだけピッと出てきてさ、友情をつないでくれたりするという…

* 走る列車（きまって画面のこっち側に向って走ってくる）のショットにダブって、フィラデルフィアとかボストンとかシカゴとかいった巡業先の地名が画面に出（これも、しばしば、列車と同じように、画面の奥から前面にワッと大きくなって出てくる）、そして巡業先での公演の成果を伝える新聞の見出しや切抜きが出てくる。そんなカットがオーヴァラップで連続するのがハリウッドの音楽映画の〝巡業〟のイメージのパターンであった。

** ティムズ・バーは「いつも上天気」に出てくるニューヨーク三番街のバーで、看板にはTIM'S BAR-GRILLとある。主人のティムを演じるのはデヴィッド・バーンズ。ジーン・ケリー、ダン・デイリー、マイケル・キッド扮する三人の親友同士が戦争が終ってすぐ、軍服姿のまま、ティムズ・バーに集まって、凱旋を祝福し合い、永遠に変らぬ友情を誓って同じバーで十年後に再会することを約束して別れる。だが、十年たったその日、三人三様に夢破れた境遇で、再会はしたものの、おたがいに話がチグハグ。三人とも会わなければよかったと後悔するが、やがて三人力を合わせて悪徳ボス（ジェイ

・C・フリッペン）をやっつけるといった事件をへて、昔日の友情が甦り、最後はまたティムズ・バーに行って主人のティムをまじえて、永遠の友情に対して乾杯する。三人が元気いっぱいに明日への希望を抱いて去ったあと、主人のティムがひとり静かに歌を口ずさみながらバーのテーブルや椅子を片付け始めるところが映画のラストシーンになる。

Y　ふだんは奥でニコニコしてるだけで…

W　「失われた週末」のハワード・ダ・シルヴァなんかだって…

Y　よかったねえ、心意気のあるオヤジでさ。

W　レイ・ミランドが小説家でさ、バーで飲んで金払わないんで、借金のかたにタイプライター取っちゃうんだよね。でも、最後に返してやる。

Y　一度は取るのね、見せしめのために。バーに限らず、アメリカ映画ってのは、お節介やきで実に人間的ないいやつが出てくるでしょう。「素晴らしき哉、人生！」でさ、ジェームズ・スチュアートとドナ・リードがダンスパーティでチャールストンを踊るとき、なんかあれ、床が開くと下がプールという仕掛けで、それ知らないで踊ってて落っこっちゃうんだよね。で、そのあと、二人ともガウンを着ただけの姿で外を歩きながらさ、キスしたいんだけどきっかけがなくて、話ばかりしてると、そのへんの二階で夕涼みしてるオヤジが「早くキスしろ！」って怒鳴るんだ。それで決心して…というのがあったけどさ、そういうさりげない、気のきいたお節介やきの男が、アメリカ映画にはよく出てきたよね。

W　そうだね。傍役で、ワンショットしか出てこなくて、すごく気のきいたやつってのがいたね。

Y　アメリカ映画が好きになったのには、俺、そういうのがひとつあったのかも知れないね。日本映画にはなかったよさだったと思うな。現実にも、あんなタイプの洒落たお節介やきのオヤジさんなんてのはあんまりいないよな。たぶん、アメリカにはいるんだろうな。

W　そうそう。アメリカの町歩いてるとね、すぐ話しかけてきたり、写真撮ってると「何を撮ってんだ。そっちよりこっち撮ったほうが景色がいいぞ」なんて（笑）、お節介なんだけど善意の固まりね。

Y　イタリアになると、それがやりすぎでね、間違った道でも平気で教えるんだ。（笑）とにかく、いいなあ、そういうの。俺「素晴らしき哉、人生！」ってのは、最高に好きだな。あれでジェームズ・スチュアートが決定的に好きになったんだ。

W　あの映画でね、ジェームズ・スチュアートは片っぽの耳がわるいんだよ。

Y　うん、子供のときに川で溺れかけてる弟を助けようとして、耳に水が入っちゃって…

W　で、ドナ・リードが、そのわるい方の耳に「好きよ」って言うんだよな。こっちは聞こえないんだよ、ジェームズ・スチュアートは。だけど、ドナ・リードは「聞こえなくてもいいの」って言う、あのシーンはよかった。なぜ、それを言うかっていうと、俺が片っぽ聞こえないから。

Y　そうか、それで和田さん、カウンターなんかで人と話をするとき、こっち側にこないんだ。

W　俺、小さいときに中耳炎やって、右耳が聞こえないからさ、右側に人をおけないんだよ。だから、タクシーに乗るとき困るわけよ。自分が先に乗らないと話ができないから。女の子とタクシーに乗ったときにさ、それで嫌われちゃったことあるもんね。

Y　そういう女の子には「素晴らしき哉、人生！」のドナ・リードを見せてやりたいね。（笑）フランク・キャプラって、ほんとによかったな。現実がせち辛くなって、キャプラの人情喜劇は古くなったなんて簡単にいうけどね、俺、いま観ても泣いちゃうね。

W　泣くね。割合最近でも「ポケット一杯の幸福」なんて、よかったでしょ。

Y　説得力もあったな。別にあれによって人間の善意を信じろって映画じゃないと思うんだ。そういうふうに短絡すると面白くない。

W 「毒薬と老嬢」作ったことだけでも、キャプラは素晴らしいね。キャプラはミュージカルっぽいものは作ってないの？ 「恋は青空の下(もと)」ってのはビング・クロスビーだったけどミュージカルじゃなかったよね。でも作ってもおかしくないんだ。ジンネマンやワイラーが作るよりは、キャプラの方がよっぽど…

Y うん。ビリー・ワイルダーだって「皇帝円舞曲」はあるけど…

W あれも、クロスビーが歌ってるけど、ミュージカルじゃないもんね。「イルマ・ラ・ドゥース」なんて、元がミュージカルなのに、普通の芝居にしてるほどだからね。

Y 「あなただけ今晩は」ね。もしかしたら、そういうの、反骨精神なんじゃない。

W そうだろうな。

Y とにかく、ミュージカルとはいわなくても、歌は…

W そうだな。歌が人間をつなぐのは、ハワード・ホークスがばっちりやってる手なんだよね。

Y うん。ホークスの映画は、歌でグループが結束するんだよね。「リオ・ブラボー」でも「ハタリ！」でも。

リオ・ブラボー

W 「リオ・ブラボー」ではディーン・マーティンとリッキー・ネルソンが…

Y 出てて歌わせない手はないってんで、バッチリ聴かせてくれるし。

W　二曲続けてな。
Y　ウォルター・ブレナンまで、つられて歌った。
W　ウォルター・ブレナンはハーモニカ吹いたっけ。
Y　ハーモニカ吹いた。
W　〝シンディ・シンディ〟ってやつ。あれ、ラオール・ウォルシュの「たくましき男たち」の主題歌で、「もしも私が桃の木に…」って訳で日本でも少しはやった。
Y　もとは民謡なんでしょ。
W　そうかな。で、もう一つの〝ライフルと愛馬〟が…
Y　「赤い河」のテーマ。
W　それは知らなかった。
Y　ディミトリ・ティオムキン作曲で。だから、これもファンに対する目くばせってやつだと思うんだ。それをディーン・マーティンに歌わせたってのがにくいね。
W　あの頃のディーン・マーティンは「底抜け」コンビを解消して、どうするのかって言われてたんだよね。「若き獅子たち」に出たけど…
Y　モンゴメリー・クリフト、マーロン・ブランドの蔭でかすんでたし。
W　ま、シロウトが頑張ったって感じ。それが「リオ・ブラボー」で、ああ、いい役者が誕生したって気がした。
Y　あれは、やっぱりホークスのすごさだな。それと、リッキー・ネルソン*はあれがデビューでしょ。デビューどころか、多分あれだけじゃないか。実にうまく使いこなしてたね。あれ、ハワード・ホークスの映画だから観たっていう感じ？　なんか、それだけじゃない

＊リッキー・ネルソンはエルヴィス・プレスリー、パット・ブーンとともにハイティーンたちの間で絶対の人気を持っていたロカビリー歌手だし、戦前人気のあったバンドリーダーのオジー・ネルソンと女優のハリエット・ヒリヤードの息子ということもあって、レコードやラジオやテレビでは大成功したが、映画では「南太平洋ボロ船作戦」などにも出演してはいるものの、やはり「リオ・ブラボー」だけが印象的だ。

って気がしない？

W　ハワード・ホークスの映画だってことはもちろん知ってたけどね、これがヒッチコックだと、こんどはどんな手を使うかなっていう期待で観るんだけど…ビリー・ワイルダーもそうだね、キューブリックもそうだよね、だけどハワード・ホークスってそういうことを思わせない人だよね。

Y　そうなんだよ。

W　「リオ・ブラボー」は、話がまず面白いね。サスペンスの作り方がうまいだろ。しかも、ジョン・ウェインが主人公だけど、若造を立ててね、例の有名なシーン。

Y　すごい早射ちの見せ場。あの宿屋、〝ホテル・アラモ〟っていうんだよね。ジョン・ウェインが珍しくライフルを手から離して、たばこを巻いてすおうとしてると、そこへディーン・マーティンをやっつけたジョン・ラッセルの子分たちが馬でやってくるのな。一人が病気のふりしてさ。

W　ジョン・ウェインが、ライフルをそのへんに立てかけて、道の真ん中に出てくると、三人組が正体を現わす…

Y　一呼吸おいてリッキー・ネルソンがホテルの中から出てくるわけだ。中で、アンジー・ディッキンソンと打ち合せをしといて、植木鉢を投げて窓ガラスを割らせて…

W　あんときのリッキー・ネルソンはさ、片手でライフルをジョン・ウェインに投げながら、片手で拳銃を抜いて、で、投げた瞬間、もう一方の拳銃も抜くのな。ジョン・ウェインはライフル受け取った瞬間…相手は三人だろ、だから、どっちかが一人、どっちかが二人斃すんだ。

Y　そうそう。で、ここがいいんだけど、町の入口で見張ってたやつがあわてて馬に乗って逃げだすところを、ジョン・ウェインがライフルで狙う。すぐは倒れないんだよね、オヤッと思ってから、馬から落ちるんだよ、すごく遠くで。

W　それ、あのシーンだった？　あのときはディーン・マーティンがそばにいたと思うんだ。

Y　いやいや、あのシーンですよ。ディーン・マーティンは、もう町の入口のとこで縛られてる。そこでさっきの、若造を立てる話にもなるんだけど、リッキー・ネルソンがちょっとジョン・ウェインをからかうわけだよね、射ち損じたなって感じで。で、ジョン・ウェインがもう一度ライフルを構えたときに、向うで倒れるんだ。

W　そうか。

Y　あの映画で、ホークスはディーン・マーティンとリッキー・ネルソンをうまく立ててたね。アメリカ映画には、いつもオヤジが偉い、キャリアのある先輩が偉い、というランクづけがあるんだけど、ホークスの映画では同格だね。そこがいいんだよね。だから、若い連中も、若くてキャリアがないからといって甘えたりしないんだ。

W　うん。ディーン・マーティンなんてアル中でだらしない男だと思ってると、犯人を追いかけるシーンで天井から血がポタッと垂れてきたら、振り向きざまに撃って、一発でやっつけるとかさ。逆に、歌を歌うシーンなんか、ジョン・ウェインはもうすることなくてね。（笑）

Y　「ハタリ！」でもそうじゃない。エルサ・マルティネリがピアノ弾いてさ、レッド・バトンズがハーモニカ吹いてさ、みんなが団欒してるときに、ジョン・ウェインはただニコニコしてるだけ。(笑)大した役者だと思ったな。

W うん、普通のやつだったら俺にも歌わせろって…

Y アハハハ、そうだよね。アップもあまりなくてね、人の蔭になって…

W そのシーンではかすんでるわけね。

Y 自分が主人公なのにね。監督の意図だけでなく、若い者を立ててやろうというジョン・ウェインの気持が出てるみたいでね、それがよかった。

W そうね。

Y 俺、ああいう感じのオヤジっていいと思ったね。アメリカ映画のオヤジって、いつも自分が立てられるじゃない。スペンサー・トレイシーのオヤジなんて、あまりにも立派でさ。

W 最後に演説ぶつ。(笑)

Y そうそう。そういうアメリカのオヤジの理想像ってのは、実をいうとしんどかったね。「リオ・ブラボー」「ハタリ!」のジョン・ウェインはそこが違うね。いいんだな。ま、ほんとのオヤジじゃないけど、一家をかかえて、いわばオヤジ格の存在なんだけど、ぶらないんだよね。

W それは「エル・ドラド」でも「リオ・ロボ」でも、ホークスの映画全部に言えるだろ。

Y 「赤い河」ですら、そうだ。

赤い河

* ハワード・ホークス監督は「赤い河」でジョン・ウェインとモンゴメリー・クリフトが共演したときの模様をこんなふうに語っている。(Patricia Bosworth: Montgomery Clift)
「ジョン・ウェインはモンゴメリー・クリフトを初めて見たとき、こう言ったもんだった――ハワード、あんな小僧を相手に俺がなにかできるとでも思ってるのか、ってね。で、わたしは、ああ、あんたならできるとも、と答えた。二シーンばかり撮ったあとで、ウェインは言った――あんたの言う通りだ、たしかに彼は自分のものをきちんと持ってるよ、だけど、俺と殴り合いをやるのは無理じゃないか。そこで、わたしはこう言ってやったんだ――デューク、もしあんたが転んだとき、わ

W　そう。「赤い河」は、あれ、モンゴメリー・クリフトでなかった方がよかったんじゃないかな。

Y　モンゴメリー・クリフトって、西部の男っていう気がしないんだよね。なぜだろう。

W　インテリだからじゃないかな。(笑)

Y　そうかもな。どうしても信じられないとこがあるね。

W　最後にジョン・ウェインと殴り合うだろ。あのときジョン・ウェインは、一発弾を食らってるからね。ジョン・アイアランドに射たれて。あれで、かろうじて互角になる。そうでなかったら、勝負にならないね。*

Y　ジョン・アイアランドはちょっと可哀相だったよ。

W　あっさりやられちゃう。

Y　モンゴメリー・クリフトと空き缶射って腕くらべするとこがあるけど、どう考えたってジョン・アイアランドが上のはずだもんな。

W　あれはさ、実はモンゴメリー・クリフトはぜんぜん当たらなくてさ、蔭でジョン・ウェインが射ってたんじゃないかね。

Y　アハハハ…「リバティ・バランスを射った男」** みたいに。「赤い河」のモンゴメリー・クリフトは拾いっ子で、実の親子じゃないわけだけど、だいたいホークスの映画って、親子とか家族は出てこないね。女が出てきても女房じゃなくて、ガールフレンドって感じでさ。相棒って感じでさ。同じジョン・ウェイン使っても、そこがジョン・フォードと違うところだな。

W　ジョン・フォードは家庭が好きだもんな。

たしがすかさずあんたのあごを蹴とばしたら、どうだ？　そんな喧嘩のやり方だってあるだろ？　どうかね？　ウェインは、よし、わかった、と言った。それだけのことだったよ。わたしたちはそんなふうにして撮影した。しかし、モンゴメリー・クリフトがジョン・ウェインを相手に堂々とやり合うのがちゃんとサマになるようにうまく型をつけるまでには三日間もかかった。なにしろ、モンゴメリー・クリフトは、リハーサルのときにはどうやって殴ったり動いたりしたらいいのかさえ知らなかったんだ」。

「赤い河」は、舞台では天才少年のほまれ高かったお坊っちゃん俳優モンゴメリー・クリフト（当時すでに二十七歳ではあったが）の映画デビュー。ジョン・ウェインとは年齢、身長ともに13（歳およびセンチ）の差があった。

** 「リバティ・バランスを射った男」では、ろくに拳銃も射てない軟弱なジェームズ・スチュアートが無法者のリー・マーヴィンに勝ち目のない決闘を挑んだとき、最後の一瞬、かげからこっそりジョン・ウェインがライフルでリー・マーヴィンを斃すのだ。

RED RIVER
John Ireland
Montgomery Clift

Y　ホームという感じだもんね。家庭的団欒とか優しさとかが常にあって、それがしみじみしていいわけだね。ホークスには、それがないんだ。みんな集まって団欒するといっても、それは家庭じゃなくて…

W　仲間なんだね。

Y　男も女も、年寄りも若いのも、みんな仲間なのな。みんな対等でさ。ピアノを囲んだりして。「コンドル」だってそうだ、ジーン・アーサーがピアノを弾いて…「ハタリ！」のエルサ・マルティネリみたいに。

W　「コンドル」あたりから始まったのかな、それをうんと徹底的にやったのが「ヒット・パレード」だ。

Y　あれは、初めから終りまで、それだけだもんな。「脱出」もそうでしょ、深夜のジャムセッションのシーンなんか。あそこでみんなの心が結ばれる。

W　そういえば、ホークスと音楽は関係ないみたいで、非常に結びついてるわけだな。

Y　大変な結びつきようだと思うよ。音楽なしには考えられないくらいだよ、ホークスの映画ってのは。

W　だから、「紳士は金髪がお好き」みたいなミュージカルも撮れるんだろうね。

Y　これ、ちゃんと訊いたことないんだけど、和田さんにとって最高のミュージカル映画は何？　ズバリ言って。

バンド・ワゴン

W 俺がミュージカルでいちばん好きなのは「バンド・ワゴン」なんだけどね。

Y うん、うん。文句なしだね。あれは。

W 「巴里のアメリカ人」も相当評価されたけどね、当時。しかも、「ザッツ・エンタテインメント」の中ではさ、最後の…

Y トリになってる。

W で、シナトラなんかが解説して、これが最高のミュージカルなんていうふうに言うけどさ、そうでもないと思うんだなあ。

Y やっぱり「バンド・ワゴン」のナンバーの〝ザッツ・エンタテインメント〟で終ってほしかったね、せめて。

W そうだよ。当然そうだろ。「巴里のアメリカ人」で終るのは、ジーン・ケリーがMGMに貢献したってことなんだろうね。

Y 「巴里のアメリカ人」は、オスカーもたくさん取ってるしな。* さすがに「PART2」では、あのナンバー** をたっぷり使ってたけどね、これもジーン・ケリーの演出が中心になってる。

W フレッド・アステアは、どっちかっていうとRKOでスターになって、それからMGMへ来たっていう人だからね、どうしてもジーン・ケリーが尊重されちゃうんだろうね。で、まあ、俺のミュージカル・ベスト3は「バンド・ワゴン」「イースター・パレード」

* 「巴里のアメリカ人」は51年度（第24回）アカデミー賞の八部門で受賞。作品賞、オリジナル脚本賞（アラン・ジェイ・ラーナーの初のスクリーンプレイである）、色彩撮影賞、色彩美術デザイン賞、色彩衣装デザイン賞、ミュージカル音楽賞、アーヴィング・タルバーグ記念賞（アーサー・フリード）、特別賞（ジーン・ケリー）。

** 「バンド・ワゴン」の中のミュージカル・ナンバー〝ザッツ・エンタテインメント〟。

「雨に唄えば」。それから「踊る大紐育」「いつも上天気」なんてとこかな。気分によって変るけどね。結局、人でいうと、フレッド・アステアがトップで、次がジーン・ケリーということになるな。

Y ところで、舞台のヒット・ミュージカルを映画化したものがたくさんあるわけだけど、どうなんだろうね、ものにもよるけど、どこか無理があるんじゃない？

W 舞台ミュージカルの映画化では「アニーよ銃をとれ」なんか大好きなんだけどねえ。ぼくらが観始めた頃のミュージカルは、どっちかっていうと映画のためのオリジナル・ミュージカルが多かったんだね。舞台があっても、映画のためにうんと変えちゃうとかね。「イースター・パレード」「雨に唄えば」「巴里のアメリカ人」あたりはシネ・ミュージカルだろう。「踊る大紐育」は舞台があるんだけど、映画のために歌をつけ加えたりしてるから、かなり違ったものになってるんじゃないかと思うんだ。ロケーションを主体にしたミュージカルの最初だから、当時としては実験だったわけだよね。映画としての。

Y 「バンド・ワゴン」は？

W 「バンド・ワゴン」っていう舞台はあったけど、映画の「バンド・ワゴン」はオリジナル。

Y 全然違うわけ？

W 同じアステアが出てるんだけど、話はまったく違うらしいよ。話というより、舞台はバラエティショーのようなものだったらしい。題名だけ貰ったんだよね。* 「ファニー・フェイス」もそうだな。** 俺の好きなミュージカルはどうもオリジナル・スクリーンプレイが多いの。「絹の靴下」はブロードウェイだけどさ。

* 「バンド・ワゴン」は31年にブロードウェイでアデルとフレッドのアステア姉弟が出演したミュージカルの題名で、53年に映画化されたときには、ベティ・コムデンとアドルフ・グリーンが新しくシナリオを書き下ろした。名曲「ダンシング・イン・ザ・ダーク」(当時は「黄昏に踊る」の題で知られた)など四曲が舞台の「バンド・ワゴン」から映画の中に取り入れられているが、いずれも、映画のための新曲(「ザッツ・エンタテインメント」など)と同様、ハワード・ディーツとアーサー・シュワルツの作品。

** 「ファニー・フェイス」も27年にアデルとフレッドのアステア姉弟主演で上演された舞台ミュージカル。作詞・作曲はアイラ&ジョージ・ガーシュイン兄弟。57年に映画化されたときは、レナード・ガーシーがシナリオをあらたに書き下ろした。日本公開題名は「パリの恋人」。

Y　「絹の靴下」、うん。それと「ブリガドーン」も舞台でしょ。なんだかわかるような気もするな。

W　「ブリガドーン」になると、真面目すぎる感じがするでしょ。

Y　話はすごくいいけどね。センチメンタルだけど、愛のメルヘンって感じで。あれ、音楽がアイルランドかスコットランドの民謡を基調にしていて…

W　スコットランド。作詞作曲はラーナー＝ロウ。「マイ・フェア・レディ」のコンビだよね。ラーナー＝ロウは「ブリガドーン」があって「ペンチャー・ワゴン」から「マイ・フェア・レディ」「キャメロット」。で、映画のための書き下ろしが「ジジ」。

Y　「ジジ」というのは、「恋の手ほどき」だな。あれはよかったけど。

W　いいね。どうもシネ・ミュージカルの方がいいような気がする。映画としてはね。あれはヴィンセント・ミネリ？

Y　そう。

W　あと、あの頃「カンカン」があったね。これはコール・ポーターの舞台ものだけど、「カンカン」は好きだった。

Y　シャーリー・マクレーンの。

W　もう一人、ジュリエット・プラウズがよかった。

Y　そろそろ出てくると思った。（笑）

ジュリエット・プラウズ

W　ジュリエット・プラウズは、俺、ラスヴェガスで見てんの。
Y　もう、だいぶオバさんになってたでしょ。
W　オバさんになってたはずなんだけど、よかったよ。背中がセクシーなのよ。若い頃の「GIブルース」なんかもいいね。
Y　彼女のために観たからな、あの映画。プレスリーだからというんじゃなくてね。
W　そう。俺も完全にジュリエット・プラウズのために観たね。
Y　レスリー・キャロンとか、パスカル・プティとか、そんなおきゃんなフランス娘といったイメージだったな、感じとしては。あまりヤンキー娘という感じがしなかった。
W　だから「カンカン」でカンカン踊るのが似合ったね。「GIブルース」はドイツ娘だったかね。でね、ミュージカルも大型スクリーン時代になるとき、もちろん好きもしいものもあるんだけど、全体の傾向としては大作主義っていうのかな、舞台のミュージカルを、大監督がさ、シリアス・ドラマを得意としてた大監督が撮るようになってつまんなくなったんだね。「オクラホマ！」がフレッド・ジンネマンだろ。「野郎どもと女たち」がマンキウイッツ、「南太平洋」がジョシュア・ローガン、「回転木馬」がヘンリー・キング、「ポギーとベス」がプレミンジャー。「ウエスト・サイド物語」と「サウンド・オブ・ミュージック」がロバート・ワイズで、ウィリアム・ワイラーが「ファニー・ガール」と。それぞれ立派な作品にしてくれたには違いないんだけど、立派も結構ですがもっと楽しいのを観せてちょうだい、というのが俺の気持ね。特に「ウエスト・サイド――」の大成功はさ、ミュージカルには主義主張が盛り込まれてないといけないみたいな印象を、若いファンやこれからミュージカルを作ろうという人たちに与えちゃったんじゃないかね。

Y　こんなに金をかけて大がかりなセットをこしらえて、ただ無邪気にはしゃいでるのは恥ずかしいみたいな…テーマもストーリーも演出も振付も俳優の演技も、なにもかも立派な大人になってしまったような感じでね。ジョージ・キューカーあたりからかな、そんなふうにミュージカルを理知的なものにしてしまったのは。「魅惑の巴里」はよかったけど。

魅惑の巴里

W　「魅惑の巴里」っていえばさ、俺たちと渡辺武信と三人で観て…

Y　そうそう。あの映画に出てるミッツィ・ゲイナー、タイナ・エルグ、ケイ・ケンドールの三人を…

W　俺たち三人で分けようという馬鹿な話をしたことがあったっけな。*

Y　渡辺武信は絶対タイナ・エルグだって言うんだ。ぼくはケイ・ケンドールがいいって言って、残ったミッツィ・ゲイナーを和田さんに押しつけた。(笑)

W　いや、押しつけられたんじゃなくて、進んでミッツィ・ゲイナーだったんだよ。ミッツィ・ゲイナーで何がいいかっていったら、「南太平洋」じゃなくてね、「ショウほど素敵な商売はない」。このときの彼女はほんとによかったね。マリリン・モンローも出てるんだけど、踊ったりすると実力がまるで違うからさ。「ショウほど素敵な商売はない」はミュージカルとして傑作ではないんだけど、エセル・マーマンとかダン・デイリーとかちゃんとした芸人が何人も出てるのがよかったな。50年代後半あたりからのミュージカルの傾向はね、歌ったり踊ったりできる人も出てはいるけど、主なキャストはそうじゃない役者

* 東京12チャンネルで「ミュージカル劇場」が放映されていた頃（72年か73年だったと思う）、「キネマ旬報」に私は和田誠のイラストレーション入りで「シネ・ブラボー」という連載をしていて、その〝ミュージカル篇〟の原稿を書くこともあって、詩人で映画評論家でミュージカル狂の渡辺武信をまじえてよく三人いっしょに「ミュージカル劇場」を観たものだが、これはその頃の話。
「魅惑の巴里」のジーン・ケリーをめぐる三人の美女たちは、三人三様に魅力的で、それが映画そのもの以上にファンの胸をわななかせたものだった。

を使うことが多いんだな。歌は吹き替えでやっちゃう。歌えることより演技力を、ってことなのかね。「マイ・フェア・レディ」に舞台であれだけ当てたジュリー・アンドリュースを使わなかったのもその現われでさ。歌えることや踊れることの素晴らしさを捨てちゃうのは、ミュージカルの存在まで否定することじゃないかねえ。どうも大監督たちはミュージカルを作ることより〝作品〟を作ることで頑張っちゃったような気がする。「掠奪された七人の花嫁」や「ファニー・フェイス」なんかはいいんだね。あれはスタンリー・ドーネンか。

Y うん、そう。

W スタンリー・ドーネンがやるとね、まあ「星の王子さま」は大失敗だと思うんだけど、「パジャマ・ゲーム」なんかいいんだよな。それから「くたばれ!ヤンキース」。

Y そう、そう。ワーナーへ行って作ってもMGMミュージカルにひけをとらないもんな。*
もっとも、ワーナーでも、このあと「7人の愚連隊」という傑作が作られるわけだけど。あれは、MGMミュージカルの全盛期が終ってミュージカルが大作化して、ミュージカル本来の無邪気さを失ったときに、異色の楽しいミュージカル・コメディだったね。

7人の愚連隊

W 「7人の愚連隊」が異色だっていうのはさ、近頃のミュージカルは、ブロードウェイでヒットしたものを映画化してるんだよね。ま、そうじゃないのもないわけじゃなくて、「メリー・ポピンズ」とか「チキ・チキ・バン・バン」とかはあるけども、大勢はブロー

* 「ザッツ・エンタテインメント」にその粋が集約されたミュージカル・コメディの軽快で洒落たセンスは、アーサー・フリード製作のMGMミュージカルの特許かと思われたものだが、スタンリー・ドーネンの場合はパラマウントで「パリの恋人」を撮っても、ワーナーで「パジャマ・ゲーム」「くたばれ!ヤンキース」を撮っても、粋で洒落たMGMミュージカルの香りを失わなかった。
ミュージカル・コメディ以外のジャンルでも、明らかにヒッチコックのいただきではあるけれどもケイリー・グラントを相手にオードリー・ヘプバーンが実に魅力的にふるまうサスペンス・コメディ「シャレード」、あるいはソフィア・ローレンとグレゴリー・ペックを組み合わせた「アラベスク」などでは軽快で洒落たセンスをうまく生かして成功していると思う。オードリー・ヘプバーンのしわがちょっと目立ったとはいえ、「いつも2人で」だって快調なリズムの映画だった。いずれもヘンリー・マンシーニの音楽の軽快で甘美な旋律が手助けになっているには違いないのだが。

ROBIN AND THE 7 HOODS
Frank Sinatra
Bing Crosby
Dean Martin

ドウェイのヒットを大作ミュージカルにするっていうふうでさ。

Y　それとさ、ＭＧＭミュージカルというのは、必ず男と女なんだよね、ボーイ・ミーツ・ガールなんだ。それがパターンというか鉄則だったよね。ところが「７人の愚連隊」は、ギャングの話じゃない、男同士の世界をミュージカルにしてるというのが異色だったね。

W　そういう意味ではミュージカルの定石からはずれてるっていう見方もあるけど、別の言い方をするとね、役者が自分で歌わないミュージカルが主流を占めてきたところで、フランク・シナトラ、ディーン・マーティン、サミー・デイヴィス・ジュニア、ビング・クロスビーという人たちをあれだけ集めてね、ま、それはシナトラの力なんだけれども、なんかあれ、ミュージカル・ルネッサンスていう気がするんだよ。だから異色じゃなくて、あれが本筋ね。後が続かなかったんだけどもね。

Y　ピーター・フォークも自分で歌ってるんでしょ、たしか。

W　うん。でも日本で公開されたときはなぜかカットされてて、ピーター・フォークが歌いだそうとしてカメラがバーッと寄っていったところで、パッと切られてた。

Y　いまリバイバルすれば、ピーター・フォークの歌を売りものにするところだな。

W　「コロンボ*」以後ならね。

Y　ミュージカルは昔から大作というのがあったでしょう。「ザッツ・エンタテインメント」でチラッと紹介された「ジーグフェルド・フォリーズ」とか。会社の顔見世興行みたいなのが。

W　「ジーグフェルド・フォリーズ」は日本ではやんなかったけど、観たいね。昔の大作では「ショウ・ボート」はしんどかったけど、監督誰だった？

＊テレビの人気シリーズ「刑事コロンボ」。

Y　あれはジョージ・シドニー。

W　え？「ショウ・ボート」が？

Y　ジョージ・シドニーにしては妙に大作すぎて、大味なミュージカルだったね。*

W　俺、「ショウ・ボート」はものすごく何度も観たのね。どうしてかっていうと、「ジョルスン物語」と二本立てでやったの。

Y　なるほど。（笑）

W　すっかり嫌いになっちゃった。（笑）ジョージ・シドニーはもっといいはずなんだがな。

Y　「錨を上げて」がジョージ・シドニーだからね。

W　「錨を上げて」といえば、あの中にホセ・イタービっていうピアニストが出てくる。

Y　ピアニスト？　それは本名？

W　うん、本人の役で出てくるのね。彼はセミ・クラシックのピアニストなんだよな、でチャイコフスキーを弾いてるんだよ。そこでシナトラがね、「あんた、フレディ・マーティン弾いてるね」って言うの。フレディ・マーティンていうポピュラーのオーケストラがあって、それがこの曲をテーマにしてたんだな。** ホセ・イタービのほうはチャイコフスキー弾いてるつもりなんだけど。

Y　なるほど。

W　で、そんな話はまあ、くだらないことなんだけどね、ホセ・イタービがピアノをバーッと弾くシーンがあるのね。それが、なぜかね、ワンショットだけピアノの鍵盤の下から撮ってるわけよ。

Y　鍵盤の下から？

* ジョージ・シドニーは「錨を上げて」や「アニーよ銃をとれ」といったミュージカル・コメディのみならず、「三銃士」（ジーン・ケリー主演）や「血闘」といったチャンバラ映画でも、ファンの心を躍らせた軽快で洒落たスタイルの監督だったのだ。

** チャイコフスキーの「ピアノ協奏曲第一番」。

W　ガラスの鍵盤を作ってさ、下から撮ってるのね。それがさ、「刺青一代」だったよね、鈴木清順の。河津清三郎が槍持ってさ、こっちは高橋英樹がドスでさ、パッと襖開けると真赤な襖があってさ、パッと開けて次の間へ行くと青い襖があってさ、またパッと開けると黄色い襖でさ、非常に馬鹿馬鹿しい（笑）、とっても様式的な、鈴木清順らしいシーンがあるんだけど、そこで槍とドスでチャンバラになって、俯瞰で撮ったりしてるんだけど、突然、下から撮るわけだ。だから、ガラスだよね。ガラスの上に乗って、それを畳の下から見てるという感じで撮ってる。俺、あれ観たときに、それより十数年前に見た「錨を上げて」を思い出したわけ。

Y　なるほどね。そのガラス越しに下から撮るってやつだけどね、たぶんそれ、ヒッチコックが最初にやったんじゃないかと思うんだ。「下宿人」っていう…

W　フィルムセンターで観た。

Y　殺人鬼らしい謎の下宿人が二階の部屋で歩き回ってるんだね。それを下の部屋からさ、つまり不安と恐怖にかられた下宿の主人たちの目から撮ってみせるんだけど、そのとき、シャンデリアなんか吊り下ってる天井を透明なセットにして、靴の裏を撮るんだよ。あれ、一九二五、六年の映画だから、サイレントだよね。でも、その靴音が聞こえるような気がした。あれが最初じゃないかと思うんだ、その手法は。

W　そうかも知れないね。

Y　とにかく、突然すごい仰角とか、すごい俯瞰ってのは、相当視覚的なショックを与えるな。

W　ミュージカルでもさ、バスビー・バークレー*なんか、すごい俯瞰で撮ったりするやつがあるけどさ。それから、ほら、「雨に唄えば」でジーン・ケリーだけがバーッと手前に来てさ、バックがワーッと向うへ行っちゃう場面があるだろ。

Y　あれはすごかったなあ。〝ブロードウェイ・メロディ〟のナンバーのラスト。

W　あれはジーン・ケリーをクレーンに乗っけてるんだね。スクリーン・プロセスじゃないんだよね。そういうんでは、アステアがとってもそういうことをやるんだけど、「イースター・パレード」でアステアだけがスローモーションで踊るところ、パッと跳ぶのもさ、ムワワワーンと、ポオオオーンと跳ぶのね。

Y　あれは不思議でしかたがなかったな。バックのダンサーたちは普通のテンポで踊ってんだから。

W　あれ、考えてみると、バックにものすごい早い回転でね、スクリーンに映しているんだと思う。アステアは普通に踊ってさ。それを高速度で撮ってるから、映すとバックは普通に動いて、アステアはグニャーとなるわけだ。それから「恋愛準決勝戦」で、アステアが踊りながら天井までのぼっていくだろ。あれなんかも、ものすごい工夫だよね。

Y　うん、うん。あれは、何かの雑誌**でスタンリー・ドーネンのインタビューを読んだんだけど、セットとカメラをうまく回転させながら撮ったらしいね。

W　セットとカメラがくっついてて、それを一緒にまわしたんだね。こういう工夫は、ミュージカルにはいっぱいあるねえ。

* バスビー・バークレーは「俳優から振付師になり、とくに群舞が得意だった。トーキー発生とともに映画界に招かれ、ワーナー・ブラザースにおける33年の「四十二番街」以下の多くの作品で歌舞場面を監督、舞台の制約を離れて空間的に拡大した群舞場面を真上からのカメラなどを使って立体的に演出、ミュージカルに一時代を画した」(双葉十三郎／「世界映画人名事典」キネマ旬報別冊)。

** たしか「カイエ・デュ・シネマ」誌だったと思うけれども…。

Y　ただ、ミュージカルの場合、あんまり映画的なテクニックだけで遊びすぎてもだめになったりするでしょ。芸人の芸っていうものが、なんといっても魅力の中心だから。

W　そうそう、「星の王子さま」がつまんないのはね、ボブ・フォッシーが、せっかくあれだけの芸を持ってる人が蛇の踊りをして見せてるのに、カットをバチバチバチバチ変えてさ、せっかくやってる芸がどんどんどんどんブツ切りになっちゃうわけだ。

Y　あのスネーク・ダンスはすごかったからなあ。ちょっと惜しいという気がした。

W　昔はね、エリナー・パウエル*なんかを撮るとすると、ほとんどカメラ据えっぱなしって感じでじっくりその人の芸を見せてくれたでしょう。最近は芸人が少なくなったってこともあるんだけど、撮り方もよくないんだね。

Y　ジーン・ケリーがこんなことを言ってるんだ。** ミュージカル映画で踊るときの秘訣は、絶対にカメラから逃げないでひたすら前進して、カメラにぶつかって踊っていくことだって。芸の根性みたいなものが感じられて感動した。それだけ自分の踊りに自信があったということなんだろうけど…

W　ジーン・ケリーの「三銃士」ね、ミュージカルじゃないけど、俺たちあのチャンバラをダンスナンバーと同じように楽しんで観てたと思うんだ、今考えると。あれを観たのはミュージカルを知る前だったけどね。

Y　「三銃士」を観て、もう熱狂して、ジーン・ケリーが大好きになって、それでジーン・ケリーを追っかけて、俺、ミュージカル・コメディを観るようになったんだ。そもそも和田さんが、これこそミュージカルだと初めて感動したのは何？

* 30年・40年代のタップダンスの名花といわれたエリナー・パウエルの息をのむような見事な踊りに、ファンは「ザッツ・エンタテインメント」で初めてお目にかかった。「ロザリー」(未)のソロ、「踊るニュウヨーク」のフレッド・アステアとのデュエット…まさに目のくらむような美しいタップダンスだった。

** これは、ジーン・ケリーが「ザッツ・エンタテイメントPART2」に新しく挿入するシーンを撮影するためにパリに行ったときにフランスの週刊紙「レクスプレス」(75年8月11—17日号)のダニエル・エイマン女史にインタビューを受けて語っている。

イースター・パレード

W 「イースター・パレード」を、ミュージカルとしてはいちばん最初に観てるんだよね。もっと前に「銀嶺セレナーデ」とか「ブロードウェイ」とか「姉妹と水兵」とか「スイング・ホテル」とか、まあいろいろあったわけだけれども、戦後まもなくで、俺も小学生だったから観てなくて、中学のときに「イースター・パレード」を観たの。これが病みつきかな。初めて観たミュージカルがかなり傑作だったんでね、これからファンになるかも知れない中学生にとってはラッキーだったと、今にして思うね。一回しか観ないのに、ずいぶん曲を憶えたよ。あの頃、三木鶏郎がまだ番組やっててね、ラジオで。

Y 「日曜娯楽版」。

W うん。で、「イースター・パレード」の訳詞をしてるわけよ、三木鶏郎ふうに。それはねえ、〽美人とアベックで鼻が高いです　楽しい今宵はイースター・パレード。(笑)滑稽な訳なんだけど…

Y ちゃんと歌える。

W 歌えるし、そういうこと言ってるのね、実は、あれ。

Y なるほどね。

W 〝ボタンとリボン〟と〝イースター・パレード〟とが、俺の憶えた歌としてはほとんど同時なのね。だから「腰抜け二挺拳銃」と「イースター・パレード」は、ほぼ同時に観てる。初めて買ったレコードが〝ボタンとリボン〟なんだ、ダイナ・ショアの。それからちょっとたってからよく観たのがダニー・ケイなんだよね。

Y　ダニー・ケイといえば、なんといっても、まず…

W　「虹を摑む男」だな。そのあと、「牛乳屋」とか「新兵さん」* なんかが入ってくるんだけど。「虹を摑む男」を観たときは、ほんとにこれが都会的というもんだと思ったね。

Y　なるほど。

＊正確には「虹を摑む男」以外は「ダニー・ケイの牛乳屋」「ダニー・ケイの新兵さん」の邦題で公開された。その他「ダニー・ケイのあの手この手」「ダニー・ケイの黒いキツネ」などがあった。

虹を摑む男

W　都会的って言葉をさ、誰かが書いたんで憶えたんだと思うんだ、都会的な映画っていうふうに。だって、こっちは中学生だからね、都会的なんて言葉知ってたかどうか。でも、ほんとにこれは都会的。俺は当時、世田谷に住んでたけどさ、世田谷に住んでて初めて銀座へ行ったたっていうような気分で「虹を摑む男」は観たなあ。ほんとに洒落てたもんねえ。タイトルバック憶えてる?

Y　透明な美しい色彩がクルクルと回るような感じのタイトル…

W　回るんじゃなくてね、プラスチックの…材質はプラスチックだと思うんだ、当時はそんな材質も文明の先端という感じでね、ともかく透明な板にザ・シークレット・ライフ・オヴ・ウォルター・ミティ…

Y　そうか、そうか。

W　…ダニー・ケイ　ヴァージニア・メイヨ　イン　サミュエル・ゴールドウィンズ　ザ・シークレット・ライフ・オヴ・ウォルター・ミティ　コスターリング　ボリス・カーロ

フ…とかさ。(笑) まあ、そういうふうになってたんだろうと思うんだけどさ、それがひとつずつね、めくれるんだ、プラスチックの板が。派手な色着いてないよ、モノトーンよ。透明なものに白か黒で書いてあるだけなんだから。それがパーッとめくれる瞬間、キラッ、キラッとね、光るの。どっかからライトが当たっててね。ある角度にくるとキラッと光るの。それだけ。

Y それがすごく華やかに見えたな。記憶の中では綺麗に色が着いてる。

W 綺麗なんだよ。パステル・カラー。映画全篇、中間色なんだよね。最初ダニー・ケイが自動車で、母親と一緒に駅まで来て、駅の駐車場に車を入れて、で、汽車に乗ってニューヨークまで行くわけよ。その駅まで行く途中で、〝漂流印石鹼〟ていう広告を見るんだよな。その広告には船の絵が描いてあるの、帆船が。で、それを見てるあいだにさ、顔がバーッと青くなって、照明で青くなってさ、ポケタポケタポケタっていう音が聞こえてくる。

Y そうそう、ポケタポケタ!

W で、「南支那海を香料を積んで運んでいるなんとか号の船長ウォルター・ミティは…」っていうナレーションが入るのな、自分の声で。バーンと波をかぶってさ、この積み荷はなんとしても届けなければ…なんて言ってるわけよ、ダニー・ケイが。ほんとにだめな、気の弱い平凡なサラリーマンなんだけど、幻想の中ではものすごくかっこいい男になっちゃうのね。で、片腕で操航舵を握って、バーンと波かぶって、漂流してる。するとヴァージニア・メイヨがそばへ来て、「腕から血が出てるわ」とか言うとさ、「なんの、腕の一本ぐらい!」って操縦してるわけね。(笑)

Y　かっこいいわけだ。

W　すごく、かっこいい。そのとき、うしろからバババッてクラクション鳴らされて、我に返ると、自動車を運転しているわけね。

Y　どっかへ乗り上げちゃうんじゃなかったかな。

W　そういえば歩道へ乗り上げたな。で、汽車に乗って会社へ行くと、その会社はペーパーバックの出版社なんだ。当時はペーパーバックなんて日本になくてさ、よくわかんなかったんだけどさ。で、会社には社長がいて、会議してる。自分は編集部員なんだよな。いや、校正係かな。校正で本をいっぱい読んでるうちに、その出版社はミステリーや冒険もの専門だから、そういう夢を見るようになっちゃったんだろうね。表紙をセンセーショナルに描いてる絵描きがいる部屋があるんだよな。その前を通りすがりに、ダニー・ケイが「もうちょっと血をつけて」なんて言うんだよ。気の弱い男なのに、それは仕事だから平気なのね。で、編集会議で、どういう本を出そうかって、病院ものをやろうっていう話になるんだよ。「ベン・ケイシー」*みたいに病院もののジャンルがあるんだね。そこで照明が変って、またポケタポケタっていう音が聞こえてさ、それは病人に血液かなんか送る機械の音なの、ポケタポケタポケタ。看護婦がまたヴァージニア・メイヨでさ。そうそう、手術中に一人の医者が「南無三、球根が芽を出した！」って言うんだよ。(笑) 南無三っていう字があるじゃない。あれが、ちゃんとスーパーインポーズに出ましたね。

Y　ハハハ…

W　それはね、現実ではその日の朝、おっ母さんにニューヨークへ行ったら何と何と何を買ってきてくれって言われてるの。金魚の餌とモップと如露と何かの球根と何番の毛糸と

＊テレビ・ドラマのシリーズ「ベン・ケイシー」（ヴィンセント・エドワーズ主演）が大ヒットした。

Danny Kaye
THE SECRET LIFE OF WALTER MITTY

…って、その頼まれた品物が幻想の中の手術に出てくるんだな。幻想の中ではダニー・ケイは優秀な外科医でさ、ゴムの手袋をバリバリッとかっこよくはめてさ、手術にとりかかるの。なぜか如露で患者に水をかけたり、毛糸で縫ったりね。そのうちポケタポケタっていっている機械が急に止まっちゃうの。「どうしましょう！」ってヴァージニア・メイヨの看護婦が言うと、ダニー・ケイは沈着にな、「万年筆を」って言うんだよ。看護婦が白衣のポケットから万年筆を出す、ダニー・ケイがそれを機械へピッと差し込むとさ、またポケタポケタって動きだすの。で、看護婦が「先生は天才ですね」って。(笑) そのへんで「ミティ君」て社長に呼ばれて目が覚めるとね、「君も、なんかアイデアを出したらどうかね」って言われるのよ。でも、今まで幻想の中だったからさ、会議がどう進行してるかわかんないわけね。で、とっさにね、ポケタポケタっていうのが頭にあったから「ポケット・ブック！」って言うの。(笑) すると、社長は「ん！　これはいいアイデアだ」って言うんだ。「わが社はポケット・ブックをやる。これは私のアイデアだ」って、全く無視しちゃうのね、ウォルター・ミティを。(笑) それから、変な殺人事件に巻き込まれたりするんだけど、幻想だけを言うとね、家に帰るとおっ母さんがしょっちゅう客を招いてブリッジをしているわけね。で、彼はブリッジしてても幻想になっちゃうわけだ。また、あなた変なカードを出しちゃった、なんてみんなにブーブー言われながらゲームしてるとさ、またポケタポケタって音が聞こえて、「ミシシッピーのリヴァー・ボートの上のゲイロード・ミティは…」って、ナレーションが言うの。(笑) なぜだか、そこだけゲイロード・ミティって名なの。シルクハットかぶって、かっこいい博奕うちなのね。カードをさ、俺、あれずいぶん真似してやったんだけど、サーとやってピッ、サラサラサラってね、サー、ピッ、サー（笑）ってやるの。で、相手は悪い南部の男で、それが現実でもカードやりに来ている客の一人で、現実ではブリッジだけど幻想ではポーカーなんだな。ブリッジは家庭的で、ポーカーはやくざっぽいんだね。で、ゲイロード・ミティは強いからさ、どんどん勝つわけだよ。相手は家屋敷まで賭けちゃうの。それも捲き上げちゃうと、相手はパッとピストルを出すのね。で、ダニー・ケイがステッキで相手の肘をポンと叩くと、ポーンと拳銃がとびあがってさ、それをパッと受け取る。

Y　かっこよく。

W　うん。それで、賭博部屋から外へ出ると、デッキがあって—船の上だからね—ヴァージニア・メイヨが海を眺めてるの。彼女は博奕の相手の男の婚約者で、男は彼女の持物まで賭けちゃってたわけ。ゲイロード・ミティは「これは貴女のものだからお返しします」なんて言って土地の権利書を渡すのよ、かっこよく。川からはさ、なぜかシャボン玉がブワーッと（笑）一面にあがってるんだねえ。それはほんとに幻想的で綺麗だったね。ヴァージニア・メイヨがうっとりダニー・ケイを見つめるとさ、「私は南軍に加わります。もうカードはやりません」とか言って、シャボン玉のあがってくる河の中へカードをパラパラパラとこうかっこよくとばすんだね。で、現実ではカードを切ってて、早くやんなさいなんて言われてるんだ。夢から醒めて、カードをブワーッとみっともなく撒いちゃうの。（笑）それで、あんたカードはだめだから、煖炉に火をつけてきてちょうだい、なんておっ母さんに言われるわけよ。で、新聞紙に火をつけて煖炉にくべてると、その新聞に「イギリス空軍の英雄帰還」なんて記事が、写真と載ってるわけ。その写真がボーッと燃えてる中から、またポケタポケタポケタ…。飛行機のエンジンがポケタポケタポケタってさ。メッサーシュミット*を撃ち墜とすイギリスの空軍の兵隊になって、ババババッと空中戦やってさ、敵が墜ちると自分の飛行機の胴体にハーケンクロイツ**のマークをペタッと貼る。いっぱい貼ってあるのね。そいで帰還してくるわけだ。そこに将校のレジナルド・デニーっていう昔の役者がいてさ、なんか演芸やってくれって言われて変な芸を見せるんだけど、そのシーンはストーリーとは関係ないんだね。ダニー・ケイの演し物を見せるっていうだけの場面なの。そいから、また自動車に乗ってるとさ、ロデオに行くカウボーイとすれ違うんだよ。それを見てると、自分が西部の男になる幻想になるわけね。これがいいセットでね。西部の街が。全部、書き割りみたいな平べったい、酒場も柱とスイングドアだけあるっていうふうな、様式的なセットなんだよねえ。ウォルター・ミティには婚約者がいて、その婚約者に惚れてる男が幻想の中では悪役にされちゃうんだけど、こいつが西部でも女をいじめてるんで、西部の男のウォルター・ミティになぐられちゃう。ウォルター・ミティは現実の婚約者はどうでもよくて、幻想の中に出てくるヴァージニア・メイヨに恋い焦がれてるんだよね。それが現実に出てきちゃう。

Y　まず夢に出てくる。

W　夢の女とそっくりなのが現実に出てきて大騒ぎになるんだけどね。

Y　いつ観たんだったかな。秋田大映あたりのような記憶があるな。

W　俺は日劇で観たの。笠置シズ子の実演と一緒にね。(笑)俺が持ってる「虹を掴む男」のプログラムの表紙は笠置シズ子なんだ。笠置シズ子が何やったか全然憶えてないけど、「虹を掴む男」はほんとによく憶えてるね。

Y　いや、まいったなあ。(笑)ファンは好きな映画については何度も何度も喋るし、何度

*ドイツの航空機設計者およびその空軍機の名称。

**　19年以来ナチ党の党旗に、35〜45年にはドイツの国旗にも用いられた右鉤すなわち卐のマーク。

も何度も共感するし、何度も何度も興奮するけど、和田さんの繰り返し繰り返しの興奮ぶりはすごい。細部の記憶ぶりもすごい。

W　うん。

Y　ほんとに嬉しそうに喋るしさ。

W　うん。

Y　金井美恵子の小説に、映画ファンの男が出てくる話があってね。同じ映画を何度も何度も観るのが好きで、「子供というのは、いつもそうだ」って、彼女は書いてるんだよ。* 子供が寝る前にお伽噺を聞かせてもらうでしょう、毎晩同じ物語を。ちょっとでも違っちゃいけないんだ。間違えると直したりするじゃない、子供の方が。そんな子供っぽさが、映画ファンの本質的な…

W　本質的かどうかわからないけど、まあ俺、小さいときから映画観てて、ちっちゃいときに映画を楽しんだ感じと、いま四十になって楽しむのと、自分の中で変ってないと思うのね。やっぱり、どっちがいい人でどっちが悪い奴だとか、騎兵隊が助けに来ると拍手するとか…ま、いまは恥ずかしいから実際には拍手しないけど、その程度の違いでね。わりとストーリーのはっきりした映画に愛着がある。だから、幼稚なファンなんじゃないかな。（笑）

Y　和田さん自身がストーリーを作ってしまってるんじゃないかと思うこともあるなあ。映画よりも面白く語るわけだよ。極端にいうと、映画を面白くしてしまう…

W　自分が面白いと感じたところを抽出して喋っているんじゃないかと思うね。

Y　だから、結局、和田さんのストーリーになる…

W　そんなことないよ。ストーリー変えるわけじゃない。

＊金井美恵子「単語集（六）／フィクション」（文芸展望77年秋の号所載）。

Y　でも、相当デフォルメしてるよ。

W　そうかね。

Y　そこが面白いわけだけど。ディテールがぐっと拡大されたり…

W　デフォルメはしてないんだけど、ストーリーにからまってくる演出の問題があるだろ、表現のしかたが、ほかの人だったらしないのに、ヒッチコックだとワッとアップにしたっていうような。そういうところは強調して喋るから、バランスは違ってくるよね。デフォルメといえば、そこがデフォルメだろうけど…

Y　そのデフォルメのしかたに、和田さんの論理とか感性とかがからまってくるんだと思う。それが和田さんの映画の話の面白さだと思うな。話がうまいってのは、つまりデフォルメの魅力だと思うわけ。でも、最近は喋りたくなるようなストーリー・テリングな映画がすごく少くなったでしょう。

W　そこんところが、いまもの足りないところで、そのへん、ちょっと俺、古くなっちゃったかな、という気もするけども。もちろん映画にはいろいろあってさ、面白い映画でもストーリーだけ話すと全然面白くなかったりすることがあるし、ストーリーかいつまんで喋っただけでものすごく面白いっていう映画もある。意外なシチュエーションがあって、意外な展開をして、意外な結末を迎えるってのが。

Y　イギリス映画に特に多かったね、スパイ映画にしろ、スリラー映画にしろ。

W　すごいのあるからね。シドニー・ギリアットの「絶壁の彼方に」。あれなんか、ざっと喋っても…

Y　一時間は優に喋れる。(笑)　いや、映画そのものよりも長く喋っちゃう。(笑)　ダグラス

・フェアバンクス・ジュニアだったな、あれ…

絶壁の彼方に

W　「絶壁の彼方に」っていうのはさ、State Secret っていうのが原題ですね。で、ヴォスニアという架空の国がありますね。そのヴォスニアにはニヴァという将軍がいるのよ。独裁者なんだよね。ところで、架空の国となると、その国の言葉が要るわけね。で、この映画のために言語学者を集めて、その国の国語を作っちゃったんだ。* まるっきり架空の国の言葉を、一カ国語作っちゃったってのはすごいね。電話帳から切手から、全部その国の言葉で作っちゃうんだ。

Y　看板とか道標（しるべ）とか。

W　主人公は外科医で、映画が始まると、なんだかわかんないんだけど、ワイシャツ姿でいるわけよ。そばに軍服着た男がいて、「そろそろですな」なんて言ってるんだよね。そこで「悪夢のようだがこんなふうになってしまった」みたいなナレーションが入って、そこからワッと回想になるな。で、回想になると、しばらく一人称なんだよ。自分は、朝、メシ食ってる。そこへ聞いたこともないような国から手紙が来る。見たこともない切手が貼ってあるわけ。ヴォスニア国のニヴァっていう大統領の顔なんだ、その切手が。これからメシ食おうという皿の上に、その手紙がポンと置かれるんだよ。それをナイフでピッピッと開封するんだ。「あなたは、外科手術のなんとかかっていう新しい方法を、なんとかっていう病気のために開発した。ついては、わが国で表彰したいから授賞式においで願いた

* この映画のためにヴォスニア語を考案したのは、ロンドンの国語学院の教授ジョージナ・シールド女史で、エストニア、チェコスロヴァキア、ハンガリー、フィンランドの各国の言葉を基礎にし、文法、単語全体の50パーセントは完全に創作したという。映画の中ではそのヴォスニア語が五千語以上使われているとのこと。さらに郵便切手、新聞記事、地名、町名、商店の看板、電話帳などに至るまで使用されている。
　ヒッチコックの「バルカン超特急」の冒頭で、バルカン某国のホテルの主人や女中が架空国語を使っているが、「バルカン超特急」のシナリオライターは「絶壁の彼方に」のシドニー・ギリアットとフランク・ローンダーのコンビであり、その言葉はヴォスニア語の母体とも考えられる。

い」っていうふうに書いてあるわけね。だけど、聞いたこともない国だから、どうしようかなあ、と思うわけだ。そのへんまでが、主人公の見た目で展開する一人称ね。それからパーティへ行くんだ。医者の集まってるパーティへ。ここで一人称じゃなくなる。で、こんな招待状が来たんだけどどういうもんだろう、なんて言うと、仲間が、それも国際親善だから行っといた方がいいよ、てんで、行くわけ。行くと、ちゃんと授賞式があって、賞をもらう。そのとき、例の手術をその国の医者たちに見せたいからやってくれって言われるわけだ。で、公開手術の前の日に患者に会うんだけど、当日になってみると、どうも患者が違うんだよね。患者はマスクして繃帯なんかで顔を蔽われてるんだよ。で、ちょっと顔色見たいから顔を見せてくれって言うと、まわりの医者だとかなんとかだかが見せないようにする。だけど、医者の立場上どうしても見なくっちゃってんで、無理にパッと見るとさ、案の定、昨日の患者と違うんだ。それがニヴァ将軍なわけだ。その国の独裁者ね。で、まあ、手術はうまくいって、もうこれで快方に向うからって、飛行機を手配していよいよ帰るっていうときに、急に容態が悪化して死んでしまうんだよ。ジャック・ホーキンスが国務大臣かなんかで、いつも軍服着てそばにいるんだけど、もうすぐ選挙なんで独裁者が死んだことを絶対国民に知らせたくないわけだ。死んだことがわかると、主人公はその国を生きて出られなくなるわけ。それからが逃げる話なんだ、な。こまかく話すとまた長くなっちゃうから、とにかく逃げるとさ、街の人が話してるのはヴォスニア語で…

Y　全然英語が通じない。

W　ただ、なんとなく似てるんだよな、英語と。そのへんがヴォスニア国をヨーロッパに設定した面白いとこなんだけど、レストランとかテレフォンとかがさ…

Y　リストラントとか…

W　テレフロンティとかね。（笑）だから、ある程度わかるのね。アメリカ人のことはアメリカーニなんて言うわけだ。

Y　あれ、アメリカ人ていう設定だったっけ、ダグラス・フェアバンクス・ジュニアは。

W　アメリカ人。

Y　それで、ダグラス・フェアバンクスをわざわざイギリスへ招いたわけか。

W　あの人はイギリスが好きで、住んでたんだ。映画も、イギリスに住んでるアメリカ人の医者っていう設定だったな。とにかく逃げて、逃げて、ミュージックホールに逃げこむ。みんなヴォスニア語で芸をやってんだけど、次に出てきた歌い手がヴォスニア語と英語とチャンポンで歌った…

Y　そうそう。これは英語できるってんで楽屋へ…

W　その歌手がグリニス・ジョーンズで、歌ったのは〝ペーパー・ドール〟っていう歌なんだけどさ。（笑）

Y　よく憶えてるなあ。

W　楽屋へ行って話すと、果して両親のうちの片一方がイギリス人だって言う。その彼女に手をかしてもらうんだけどさ。うまい映画だったねえ、伏線のはり方がよくて…

Y　伏線が次から次へと生きてきて、サスペンスを生んで…

W　それからハーバート・ロムの闇屋が可笑しいんだよね。

Y　彼も英語がしゃべれるわけだ。密輸なんかやってるから。

W　医者は大統領官邸から逃げだすときにさ、ワイシャツひとつで独裁者を診てたわけだ。

その場で独裁者が死んだんで、上着着る暇もなくて、コートだけひっかけて逃げるわけ。市電に乗ったりいろいろあるんだけど、その恰好のまま床屋へ逃げこむの。散髪が終ってから他人の上着を着せられちゃうのね。違うって言いかけるんだけど、言葉が通じないし、床屋がどんどん着せちゃうんで、それを着て外に出る。その上着のポケットには大金が入ってる。名刺もある。パスポートと飛行機の切符もある。イギリス行きの。で、あ、イギリスへ行くんなら彼に頼もうってんで名刺を頼りに行くと、その家は留守で、先に入って待ってると、闇屋のハーバート・ロムがいっぱい買物して、でっかい紙袋を抱えて帰ってくるの。ハーバート・ロムはびっくりする。ダグラス・フェアバンクス・ジュニアはピストル向けて、実は頼みがあるって言うんだよね。この手紙持ってイギリスへ行ってくれって頼む。闇屋の方は、そういえばパトカーが指名手配の男のことをスピーカーで町じゅう言って走ってる、お前かって言うわけね。逆にピストルをとって、つき出してやる、なんて言うんだね。医者はこの手紙を読んでみろって言う。闇屋は読んじゃうわけだ。手紙には真相が書いてある。医者は、自分がどうして狙われているかというと、大統領が死んだことを知ってるからだ、いまお前も知っちゃった、だからお前も同じ立場になったって言うんだ。(笑) しょうがなく、闇屋はつきあわされちゃう。そのとき、「床屋へ行っても二度と上着は脱がない」って言うわけ。

Y　それが「お楽しみはこれからだ」の名せりふの一つになった。

W　とにかく苦心惨憺して逃げるんだけど、ついにつかまっちゃうんだよね。で、殺される運命になるわけ。死刑ってんじゃなくてさ、監禁してたのが不法に逃げ出したので射殺するっていう名目なの。だから、この小屋から出てってくれって言われるんだよね。そこは国境の監視所かなんかなんだね。そこが最初に話したファースト・シーンなんだ。回想の始まりのシーン。

Y　回想が終ったあとで結末が…

W　そう、そのあと、さらに結末があるわけだ。ラジオから実況放送が聞こえてるの。大統領の影武者が演説してて、「ニヴァ！　ニヴァ！　ニヴァ！」って、大群衆が大統領の名前を呼んでる。それを聞きながら、ここから出ろ、と。外には兵隊が大勢、銃を持って立ってる。彼はしかたなく、小屋を出ていく。ラジオからは「ニヴァ！　ニヴァ！」って聞こえてて、そのとき銃声がバン！　ババババーン！って鳴る。観客は、ダグラス・フェアバンクスがまわりにいる兵隊に射たれたな、と思うんだけど、彼は倒れない。それはラジオから聞こえてきた銃声だったんだ。大統領が暗殺されたの、大群衆が見ている前で。だからさ、ほんとの大統領が死んでるということを知ってる人間を殺す必要がなくなるわけ。ハッピーエンド。ほんとによくできてるよね、あれ。

Y　意外なシチュエーション、意外な展開、意外な結果で。意外な結末といえば、よく宣伝文句なんかに、この映画の結末はまだ観てない人には話さないでくださいってやつがあって…

W　ほんというとさ、そういうことは言わないでほしいんだよね。意外な結末、あっと驚くどんでん返し、というような広告があると、それでもうオチまでわかっちゃうことがある。

Y　観る前に。少くとも、意外な結末やどんでん返しがあるということがわかっちゃうわけだから。

W 「スティング」なんてバラバラわかっちゃったし、このあいだの「ドクター・モローの島」もそうなんだ。「猿の惑星」のオチもわかったしね。びっくりする結末があります、なんて言われると、ああ、このへんでこうやってるからラストはああなるんだなって、オチを読みながら観ることになっちゃうからつらいとこなんだ。それをもう一回騙すぐらいのところまで、なかなかやってくれないからね。

Y でも、オチがわかっていながら、何度観ても快く騙される映画があるでしょう。

W 一回目は、まず騙される楽しみっていうのがあるわけだ。その次からは、なんで騙されたのかな、と思いながら観る楽しみがある。観客を騙すための準備を向うはやってるわけで、思いがけないところでフッとその解答があるわけだな。あ、ここで気がついていれば、もうちょっと騙されずにすんだ、っていうようなショットがあったりする。

Y 和田さんはやっぱり演出家だなあ。(笑)で、いちばん騙された映画は何だった?

W 騙されたのは「生きていた男」が最高じゃないかな。「悪魔のような女」も相当騙されたけど。

Y 「生きていた男」、これが言いたかったんだ。完全に騙されたからなあ。

生きていた男

W まずダグラス・フェアバンクス・ジュニアが出てきて、「私は製作者のダグラス・フェアバンクス・ジュニアです」って自己紹介して、「この物語の結末は誰にも話さないでください、たとえあなたの親友にも」とか言って、それで始まる。

Y あれ、最初に出てきたかな。

W 最初だろ。

Y 最後だったよ。最初は、ジャワ人形っていうのかな、薄っぺらの金属製の人形がグルグル回ってる。その腰の曲がった影が壁に映って走馬燈みたいなタイトルバックなんだよ。*

W それは憶えてないなあ。

Y ダグラス・フェアバンクス・ジュニアは最後に出てくるんだ、エンドマークが出たあとで。ドラマが終ってフェイドアウトしてから出てくるんだ。間違いない。

W ところで、この話はルールとしては、しない方がいいんじゃないの。

Y でも、これ、ストーリーを話さないと、なぜ騙されたのかわからない。(笑)

W 古い映画だし、名作でもないから、もう観るチャンスはないということで喋っちゃうか。

Y あれは地中海のほとりだったかな、南仏かな、海辺の崖っぷちの別荘なんだよ、たしか。石段の上のベランダかなんかにアン・バクスターがいると、庭から死んだはずの兄貴が現われるところから始まるんだ。

W そう。

Y それがリチャード・トッドで、「やあ、キム!」って妹の名を呼んで入ってくる。「あんたは兄さんじゃない」ってアン・バクスターが言うと、「何を言ってるんだい、キム」といった調子でね。観客の方は、どっちがほんとうのことを言ってるのかわからない。兄貴が「おまえとはよくあの庭で遊んだじゃないか。その頃の写真があるはずだ」なんて言うわけだ。それでアルバムを見ると、そこだけ写真がはがされていたりして、観客は、お

* 「生きていた男」の原題はChase a Crooked Shadow(腰の曲がった影を追え)。"腰の曲った影"には、"邪悪な存在""詐欺師"の意味もこめられている。

CHASE A CROOKED SHADOW
Anne Baxter
Richard Todd

かしいな、やっぱりニセの兄貴かな、と思わせられるんだけど、だんだんホンモノとしか思えない面が出てくる。たとえば、死んだ兄貴はスピード狂で、このスポーツカーに乗って、すごく入り組んだ崖っぷちの道を何分何秒で一周した、それは彼にしかできなかった、って妹が言うと、リチャード・トッドはキチッと何分何秒で一周してみせたりする……あ、その前に、リチャード・トッドが男と女と三人で、8ミリだか16ミリだかを壁に映して、これがキムの屋敷だ、なんて言いながら観るシーンが冒頭にあって、いかにも三人で陰謀を企んで、これからゆすりに行くみたいな伏線になってるんだ。ほんとうの兄貴は交通事故で死んだことがわかっていて、それは妹が死体を確認しているから間違いない。だから、妹が受け取った保険金目当てか何か知らないけど、兄貴と称してゆすりに来た悪党がリチャード・トッドだ、っていうふうに観客は思うわけ。

W　妹にすれば、兄貴とは顔も違うし声も違う、似てるところはまったくない。なのに、家屋敷のことなんか全部知ってて、パッパッと迷わず入ってくるし、何から何までほんものの兄貴と同じ行動をする。これはきっとよからぬ企みを持ったやつに違いない、と読んで、遂におまわりに言う。

Y　そのおまわりがハーバート・ロムだったな、もうかなり頭の方も禿げた頃の。で、そのハーバート・ロムがやって来て、いろいろ調査するけど、その男がにせものだという確証はない。とうとう最後の切札として、指紋を調べようということになる。で、リチャード・トッドの指紋のついたシャンペングラスが…

W　置いてあるとこへ、カメラがバババッと寄る。（笑）指紋のこんな大きなクローズアップね。

Y　そこへ手がワッと伸びてフレームインして、そのシャンペングラスをつかむ。ハーバート・ロムの手ね。そして警察へ持って帰る。

W　警察で調べて次の日、アン・バクスターに言う。「間違いなくお兄さんの指紋でした」。それまでにいいかげん頭おかしくなってるところへ、指紋まで同じだって言われたから、彼女は遂にたまりかねて、「そんなはずはない！」って叫ぶ。

Y　ひざまずいて泣き叫ぶんだよ。「そんなはずはない！」って。「なぜなら、私が兄を殺したから」。

W　で、兄貴って言ってたのが警察へ電話をして、「なんとか警部だ。遂に白状した」って。

Y　そう、そう。これは騙された。怖いところもいっぱいあったし。ふりむくと、見知らぬ女が突然出てきたり…

W　家政婦かなんかだ。

Y　家政婦として、リチャード・トッドが屋敷に引き入れるんだ。初めに8ミリを映して密談していたときの女だから、いかにも仲間を引き入れた感じでね。「悪魔のような女」みたいに、二人で組んでアン・バクスターを狂気に追いこんで、それで何かを狙ってるみたいな、そういう感じになってくる。無表情だけど、おっかない顔した女だったな。*

W　「レベッカ」の家政婦みたいな感じでね。

Y　そう、そう。ちょっとあんな感じ。コーヒーを淹れて持ってきても、毒薬が入ってるんじゃないかと思わすような怖さ。またアン・バクスターがうまいんだ。怯えに怯えてハッと振り向くと、家政婦が突っ立っているんだ。

* フェイス・ブルックスという女優が演じた。「レベッカ」の怖い家政婦はジュディス・アンダーソン。

W　意味ないんだよな。客をおどかすためだけのカットなんだけど、あれはびっくりした。「アッ」と声出したもんね。椅子から落っこっちゃった人がいるんだよ。

Y　アハハ。ギクッとしたからなあ。

W　「絶壁の彼方に」も「生きていた男」もイギリス映画ね。俺たち、アメリカ映画を圧倒的にたくさん観てるんだけども、地味だけどたまんなく面白いというのは、イギリス映画に多いみたいね。渋いけど面白く作るには、話術っていうのか、映画的な話法ね、それが必要なわけで、そういうのはイギリス映画が得意なんだよね。ヒッチコックもイギリス出身だし。パウエル＝プレスバーガー*の映画も面白いのたくさんあるものね。

Y　パウエル＝プレスバーガーのコンビは、ある時代、ぼくらに、確実に映画の醍醐味を教えてくれたって気がするね。これが映画だっていう感じの何かを。

W　そのコンビの「天国への階段」がバカ好きな映画でね、これ、映画観始めの頃なのに、なぜか技法ってことをものすごく感じたの。

＊マイケル・パウエルとエメリック・プレスバーガー。

天国への階段

　これはさ、現実のシーンがテクニカラーで、主人公の幻想の中の天国がモノクロなんだよ。最初から言うとね、大宇宙。カメラが宇宙をバーッと入っていきます。星がさ、こう画面に切れて、星雲なんかあって、そのあいだを突き抜けてカメラが行く。ダーッと行くと遠くに星が見えるね。ずっとカメラが寄ると、これが地球だ。もっと近づくと、イギリスの例の形が見えるわけだ、雲がかかったりしてさ。俺の印象ではワンショットでね、大宇宙から地球に近づいて、イギリスあたりまで来ると、パッとカットが変って、イギリス上空。デヴィッド・ニヴンが飛行機乗りでさ、乗ってる飛行機がバーッと火を噴いてる。それでロバート・クートって役者がね…ロバート・クートはジーン・ケリーの「三銃士」の、三銃士の一人をやった。ヴァン・ヘフリン、ギグ・ヤング、ロバート・クートというのが、アトス、アラミス、ポルトスの三銃士になってる。ロバート・クートは「マイ・フェア・レディ」の舞台でピッカリング、映画ではウィルフリッド・ハイド・ホワイトがやった役をやった人。ウィルフリッド・ハイド・ホワイトというのは「第三の男」でさ、ウィーンの文化なんとかの役員で、ほら、強引にジョセフ・コットン連れてって講演させちゃう。コットンは三文文士だから、影響された作家は、と訊かれて、ゼイン・グレイって言うんだよね。ゼイン・グレイは西部作家で「西部魂」を書いた人。そうすると、ウィルフリッド・ハイド・ホワイトが慌てて、いや、先生は冗談で言ったんです、ってとりつくろうんだよ。すると変な質問者がいてさ、ジェームズ・ジョイスをどう位置づけますか、なんて訊くと、ジョイスなんてぜんぜんわかんなくて、ジョセフ・コットンが汗かいちゃう。そのときの司会をやった人がウィルフリッド・ハイド・ホワイト。で、これが「マイ・フェア・レディ」の映画版では、ヘンリー・ヒギンズの相棒で、一緒に言語学を研究しているおじさん。それを舞台ではロバート・クートって役者がやった。そのロバート・クートがさ（笑）、「天国への階段」のファースト・シーンで死んでんだよ。飛行機は火を噴いててさ、デヴィッド・ニヴンはひたいに血をたらしてさ、ロバート・クートはそばで死んでます。パラシュートも火がついて使い物にならない。それで、無線で、俺はこれから跳び下りるってなことを喋ってるわけだよ。その無線をイギリス僻地の海岸で受けてるのがキム・ハンター。キム・ハンターってのは「欲望という名の電車」で助演女優賞をとったキム・ハンター。「猿の惑星」のジーラという名前のお猿のキム・ハンター。それが無線を受けてるわけ。で、デヴィッド・ニヴンがワッとばかりに跳び下りると、下はさいわい海で、意識不明になるんだけど命だけはとりとめる。そこへキム・ハンターが、霧の中を自転車に乗ってやってきて、海岸でデヴィッド・ニヴンを見つける。それが偶然に自分が無電を傍受したその相手だったわけ。で、家へ連れてきて介抱してやる。彼は意識不明のあいだは天国へ行ってるような幻想、幻想とも現実ともつかないような感じになる。天国と地上を行ったり来たりするんだよ。天国へ行くとモノクロになる。そこで、さっき死んでたロバート・クートが、天使の羽を配給で貰ったりしてるの。(笑)で、天国と地上はエスカレーターでつながっている。いきなり空からさ、デヴィッド・ニヴンが寝ているところへバーンとエスカレーターが現われる。そのエスカレーターに乗ってズズーッとマリウス・ゴーリングが来るわけ。これが天国からの使者。マリウス・ゴーリングはなにものかというと、フランス革命で首をはねられた貴族なんだよな。そのときのままの恰好してさ、タイツみたいなのをはいて、口紅つけて。それが使者で来て、デヴィッド・ニヴンを天国へ連れていこうとするわけ。デヴィッド・ニヴンはスーッとベッドから脱け出してさ、一緒にエスカレーターに乗っていくわけだよ。そのときの音楽がピアノでね、ポン、ピン、パン、ピン、プン、トゥン、タン、ティンってさ、変な現代音楽みたいなの。で、途中でね、デヴィッド・ニヴンがハッと気がついて、昇りのエスカレーターを駈け下りるっていうシーンがある。駈け下りて、ベッドで汗かいてうなされてる自分に、ワーッとオーヴァラップするんだけどさ、地上はカラーで天国がモノクロだろ、地上と天国を行き来する話

A MATTER OF
LIFE AND DEATH
Raymond Massey

だから、カラーになったりモノクロになったりするんだよね。その移り変るときに、映画的にいろんな手を使ったね。マリウス・ゴーリングが突然パッと地上に降り立つの。すると、そこはバラ園なんだよ。で、「地上はテクニカラーだ」（笑）なんて言って、バラを摘んでさ、また天国へ帰っていくのな。と、綺麗な赤いバラがスーッとモノクロになったのを憶えてるな。それから、天国から使者が来るときは、時がとまるわけ。主治医はキム・ハンターの友だちで、ひげの生えた立派な医者なんだけど、それが臨床の合い間にキム・ハンターとピンポンしてる。そこへ天国からの使者がパッと降り立つわけよ。と、時がとまるから、ピンポンの球がパッととまる。二人はピンポンしてる恰好のまま、パチッととまっちゃうわけ。だけど、使者はちゃんと動いてるわけだから、ストップモーションじゃないわけね。そういうとこがね、パウエル＝プレスバーガーというのは、ものすごく映画的に上手な人だって思うんだけどね。それから主治医がなぜだかオートバイでね、たぶん僻地で、田舎の医者なんだよ、これは相当複雑な手術をしないと正常にならないというんで、町の病院にオートバイで知らせに行くんだな、その途中で交通事故で死んでしまうんだよ、その医者が。こんどは医者がモノクロになって天国へ行く。天国では、ちょうど裁判やってる。それがデヴィッド・ニヴンを天国へ召喚するか、それともこのまま地上へ置いといてやるかっていう裁判。主治医は死んでしまうんだけど、キム・ハンターの努力で町の病院で手術されるわけ。病院でガラガラ押す車のベッドにデヴィッド・ニヴンが寝かされてさ、意識もうろうのまま、なんとなく眼を開いてんだよ。で、廊下の天井にライトがあるね。それがデヴィッド・ニヴンの見た目でこう映っていくんだ。それから手術台に寝かされて、頭の上に手術用の丸いライトがあるじゃない、それを見ながら麻酔のせいか、ふーっと眼をつむっていく。画面の上下にまつげが見えて、デヴィッド・ニヴンの眼の中から撮っているということなんだな。で、まつげがズーッと合わさってまっ暗になる。人間眼をつぶるとなんかモヤモヤした残像が残るだろう。その感じを出すのね、暗い画面になるから、そのままモノクロになって、そのモヤモヤが天国の大群衆になるわけ。天国の連中は全部死んだときの恰好でいるのね。古代のジュリアス・シーザーみたいなやつもいれば、第一次大戦の軍服着たやつもいる。それが全部一堂に会してる。それはもう大変なエキストラ使ってやってるのな。全部、裁判の傍聴人ね。裁判では検事がレイモンド・マッセイでさ、こいつは天国へ連れてきてしまえって論告する。彼はアメリカ人でね、レイモンド・マッセイもアメリカの役者だけど、この男は独立戦争で最初にイギリス人の弾に当たって死んだ人なのよ。（笑）だからイギリス人に偏見があるわけだ。片や、ついさっき死んだ主治医が弁護人として立つわけ。最初死んでたロバート・クートなんかは傍聴人でいるわけ。マリウス・ゴーリングは地上からデヴィッド・ニヴンを連れてやってくる。突然、大裁判劇になっちゃう。その法廷からカメラがガーッといつまでも引くと、巨大なコロシアムみたいな法廷がさ、大星雲なのよね。

Y　この映画観たのはいつ頃？

W　中学生のときだけど。

Y　すごい記憶力だな。異常な感覚だな、やっぱり。

W　俺、映画的テクニックを駆使したやつは憶えてるわけ。でね、話は前後するんだけど、デヴィッド・ニヴンは頭がおかしいときとはっきりしてるときとあるの。正常なときにはキム・ハンターと話したり、彼女を好きになったりするわけなんだけども、チェスをやってるのね、正常なときに。チェスの手引書なんか見ながら一人でやってる。そこへ天国から使いが来てね、チェスの本を貸してくれって持ってっちゃうの。キム・ハンターも主治医も、天国の使いなんて幻想だって教えるんだけど、デヴィッド・ニヴンは、でも証拠がある、ここにあったチェスの本がないじゃないか、彼が持ってったからだと。ほんとになくなってる。ところがラストでさ、例の裁判で弁護人になった主治医が名演説ぶって、愛はすべてにうち勝つ、ふうになって助かるわけだ。で助かってからね、天国の使いが「本を返すよ」って言って、ぽーんとほうるの。エスカレーターのところを本が飛んできて、現実のカバンの中に入る。実はデヴィッド・ニヴンは、カバンの中に入れたまま忘れてたってことになるわけだ。

Y うーん、なるほど。

W 最後は意識を回復して、ハッピーエンドになるんだけどね。そんなわけで、マイケル・パウエルとエメリック・プレスバーガーっていうのはすごい、って思ったよ。で、その頃に、「赤い靴」があって、「天国への階段」があって、「ホフマン物語」があって、「黒水仙」なんかもその頃でしょ。「女狐」があって、それで「美わしのロザリンダ」があって、そのもっと前に「老兵は死なず」があったな。それから「戦艦シュペー号の最後」があって、「将軍月光に消ゆ」があって、たぶんそこでプレスバーガーがやめてしまって、マイケル・パウエルが残る。この二人は共同脚本、共同演出なんだよね。片っぽはメルヘン的なことが好きな人で、片っぽはものすごくミステリアスな、猟奇的なことが好きな人で、両方がうまくからんでた。常にその両面があるだろ。「天国への階段」でも、とっても幻想的なシーンと、スリラー的な、死んじゃうか生きちゃうかっていうのがあるわけ。「赤い靴」や「ホフマン物語」なんかでも、常にあるわけ。それが、片っぽがやめちゃったために、猟奇的な部分だけで出来たのが「血を吸うカメラ」だろうと、俺は解釈してる。で、プレスバーガーの方は、コンビを解消して、小説家になって書いたのが「日曜日には鼠を殺せ」なんだね。

Y それをフレッド・ジンネマンが映画化したわけだ。

W そう、それまではシナリオを二人で書いててね、一人がロマンチックなものが好きで、一人が猟奇的なものが好きっていうのはさ、フランス映画でも「アンリエットの巴里祭」という映画がそうだったじゃない。

Y そう、そう。あれは素敵な映画だった、実にチャーミングな。俺、デュヴィヴィエではいちばん好きな映画だな。映画の中途で、アンリエットに扮するダニー・ロバンがエッフェル塔の上かなんかで殺されちゃったりするでしょう。すると、もう一人のシナリオライターが、「ヒロインが死んだら話が続かなくなるじゃないか」って言って、話をまたもとに戻したりする。二人のシナリオライターがアイデアを出し合って、それがそのままストーリー展開になるなんて、洒落た構成だったな。最後にやっと話がまとまって、そのシナリオを持ってミシェル・オークレールに会いに行く。で、これを映画化したいから是非主演を引き受けてくれって頼むと、ミシェル・オークレールが「こいつはもう映画になってるよ。主演はダニー・ロバン、ミシェル・オークレール…脚本はアンリ・ジャンソンとジュリアン・デュヴィヴィエ、監督はジュリアン・デュヴィヴィエ、題名は『アンリエットの巴里祭』…」てなことを言う。それがそのままクレジットタイトルになって終る。洒落た映画だったな。

W　そのアメリカでのリメークが「パリで一緒に」なんだね。ゲストが多彩だったけどさ、シナリオライターのホールデンが「主題歌はシナトラに歌わせよう」って言うと、シナトラの声がバーッと、ほんの数小節流れる。しかもレコードじゃなくて、そのために作った歌を歌ってる、というふうにぜいたくではあるんだけど、洒落っけの点でデュヴィヴィエの「アンリエット――」にはるかにおよばないんだね。オリジナルは二人の性格の違うシナリオライターなんだけど、アメリカ版はシナリオライターとタイピストというふうになって、設定が弱いんだね、きっと。やっぱりデュヴィヴィエはうまいんだよ。

ジュリアン・デュヴィヴィエ

Y　和田さんがいつか「週刊サンケイ」の〝なんでもベスト10〟の世界の十大監督に、デュヴィヴィエを入れてたでしょう。* よっぽど好きなんだなと思ったよ。フランス映画といえば、やっぱり、まずデュヴィヴィエって感じ？

W　うん。デュヴィヴィエの名前を出すのは、いかにも古色蒼然という感じがしないでもないんだけどさ。俺、学生時代に、昔の名画を観て歩いた時期があったのね。それで、なぜかアメリカ映画は、版権の都合かなんか知らないけれど、昔の映画をやってくれなくて、フランス映画は東和あたりが頑張ってプリント持ってたらしく、名画座や北沢エトワールなんて映画館のナイトショーなんかで、昔のフランス映画は軒並観たわけよ。だからデュヴィヴィエは「にんじん」「巨人ゴーレム」から「モンパルナスの夜」「我等の仲間」「望郷」「舞踏会の手帖」「旅路の果て」あたりまでダーッと観たんだよね。そういう意味で、

*「週刊サンケイ」72年2月4日号の〝なんでもベスト10――世界の映画監督〟で和田誠が選んだ監督は、①ビリー・ワイルダー（米）、②アルフレッド・ヒッチコック（米）、③スタンリー・キューブリック（米）、④ハワード・ホークス（米）、⑤ジョン・ヒューストン（米）、⑥マイケル・カーティス（米）、⑦フランク・キャプラ（米）、⑧ジュリアン・デュヴィヴィエ（仏）、⑨マイケル・パウエル&エメリック・プレスバーガー（英）、⑩アレクサンダー・マッケンドリック（英）。

　その選出理由を述べた短いコメントがある。「①②は動かない。失望させられた作品に一本も出会ってないのは①だけである。②がそれに次ぐ。以下は順不同。10人は少なすぎるので芸術家肌の人にはご遠慮願い（オーソン・ウェルズなど大好きなのだが）、いい意味の〈職人〉にしぼった。日本代表としては市川崑、川島雄三、黒澤明で悩んだが結局はずしてしまった。⑤は特に初期を買う。⑥は佳作駄作雑多な人だが、こういうのも職人らしくて良い。⑩は作品数は少ないが私のお気に入り」。

　このベスト10にはたまたま私も参加しているのだが、①バスター・キートン（米）、②ジャン・コクトー（仏）、

俺の青春時代の重要な人だったわけ、デュヴィヴィエは。それから、俺、オムニバスがわりと好きなんだけど、「運命の饗宴」があるだろう。「肉体と幻想」てのもアメリカで作ったオムニバスらしいけど、これは観てない。

Y アメリカ時代のデュヴィヴィエ作品では「運命の饗宴」が最高傑作だと思うな。

W その後、「巴里の空の下セーヌは流れる」があるだろ。

Y あれも構成はオムニバス的だった。それに、オムニバスではないけど、オムニバス的な話のつなぎの魅力がたっぷりある「アンリエットの巴里祭」があるわけだ。

W それから「陽気なドン・カミロ」ね。その後も「自殺への契約書」なんか、うまいよね。「悪魔のようなあなた」あたりはつまんなかったけど。「火刑の部屋」を観てないのが残念なんだ。デュヴィヴィエはいいよ。映画づくりが上手で。

Y 手ぎわがいいし、多彩だから。

W フェルナンデルの「殺人狂想曲」もデュヴィヴィエだろ。

Y あれもそうだ。ジェームズ・ハドリー・チェイスの原作のやつ。

W 〝ドン・カミロ〟は二本あった。「陽気なドン・カミロ」と「ドン・カミロ頑張る」と…もう一本くらいあった？

Y 日本には来てないけど、まだ何本かあるはずだよ。デュヴィヴィエの作品じゃなくて、別の監督。

W 山田洋次から森崎東になったりするわけね。*（笑）とにかく、デュヴィヴィエでは俺は「旅路の果て」がいちばん好きだね。「旅路の果て」があるだけでデュヴィヴィエという人認めちゃうねえ。「旅路の果て」といえば、俺、ルイ・ジューヴェが好きだった。ルイ・

③アルフレッド・ヒッチコック(米)、④ハワード・ホークス(米)、⑤ルイス・ブニュエル(スペイン)、⑥サム・ペキンパー(米)、⑦ジャン＝リュック・ゴダール(仏)、⑧フランク・キャプラ(米)、⑨ビリー・ワイルダー(米)、⑩マキノ雅弘（日）。

* 「男はつらいよ」シリーズは山田洋次監督の「男はつらいよ」「続・男はつらいよ」に次いで、第三作「男はつらいよ・フーテンの寅」は森崎東監督にバトン・タッチされた。第四作「新・男はつらいよ」は小林俊一監督にパスされた。たとえば「駅前旅館」の監督が豊田四郎から久松静児、佐伯幸三、井上和男、そしてまた豊田四郎、山田達雄、杉江敏男といったぐあいにバトン・タッチされてシリーズ化されていったように、また、「忍びの者」の監督が山本薩夫から田中徳三、森一生、池広一夫とパスされてシリーズ化されていったように、あるいはまた「兵隊やくざ」の監督が増村保造から田中徳三、森一生へとうけつがれてシリーズ化されていったように、アメリカ映画の例をとれば「猿の惑星」の監督がフランクリン・J・シャフナーからテッド・ポスト、ドン・テイラー、J・リ

ジューヴェの「二つの顔」って観た?

Y それは観てないんだ。

ルイ・ジューヴェ

W 「二つの顔」は面白かったよ。アメリカ映画で、俺は観てないけど、エドワード・G・ロビンソンが二役やったやつがあったでしょ。

Y それのリメークか。

W リメークじゃないと思うんだけど、そんなような話なんだよね。一人はギャングで、一人はまったく気の弱い善良な男。

Y それは見てるな、「俺は善人だ」。

W そうそう、「俺は善人だ」。

Y ジョン・フォードの映画だよ。パリの名画座で観た。

W それとどうも話が似てるんだなあ。*

Y 「俺は善人だ」は原題が、"The Whole Town's Talking"っていうんだよ。町中が噂してるってわけだ。考えてみると、あれ、ギャング俳優で鳴らしたエドワード・G・ロビンソンが戦後にやるようになった気の弱い、もてない、孤独な男の役のはしりじゃないかと思うんだけど。その町中の噂ってのはね、エドワード・G・ロビンソンはしがない銀行員で、ある日いつものように銀行へ行くと、町中のみんなが彼の方をふりかえって、何か噂をしている。銀行でも新聞を見て大騒ぎしてる。見たら、その朝の新聞にでかでかと彼

ー・トンプソンとパスされてシリーズ化されていったように、「男はつらいよ」もさまざまな監督にバトンタッチされてシリーズを多彩に強化していくかと思われたが、これだけは山田洋次監督、渥美清主演の松竹ドル箱シリーズとなって第五作以後ずっと同じ監督がつづけているという珍しいシリーズだ(一九七八年の夏現在までに二十一本が作られていて、その後もまだまだ続きそうだ)。

*「俺は善人だ」の脚本はW・R・バーネット、「二つの顔」はジャック・コンパネーズで、ともにオリジナル。

の写真が載っている。銀行強盗かなんかで指名手配をうけた兇悪犯で、これがエドワード・G・ロビンソンの二役だからあたりまえなんだけど、主人公にそっくりなわけだ。そんなことがあって、家へ帰ると、鏡の中からふっと出てくるのが、鏡に映った自分の姿かと思うと、これが拳銃持ってすごんでる。

W 設定はまったく同じだな。「二つの顔」のルイ・ジューヴェ二役というのは、片っぽは大変なギャングでさ、片っぽがほんと善良な仕立屋だかなんかだったな。「真夜中まで」っていうのもあった。これはルイ・ジューヴェが刑事で、最初にギャングが死んでるところから始まるんだけど、それも、ルイ・ジューヴェなんだ、二役で。刑事とそっくりのギャングが死んでるところから始まるんだね。で、その中でね、「そういえばこんな映画があったなあ」って、ルイ・ジューヴェが一人二役の映画の題をバーッと言う、「二つの顔」っていうのがあったとか。(笑) あれは楽屋落ちだなあ。…ルイ・ジューヴェみたいな人は、いまいないだろうねえ。

Y フランスでも珍しい役者なんだろうな。

W うまい役者なんだけど、あまり動かなくて、表情はいつも同じみたいな…

Y 何をやっても演技をしてるとは思えないんだよね。ジャン＝ルイ・バローなんか違うじゃない。ジャン＝ルイ・バローはすごく演技する、表情豊かにね、パントマイムなんかやっても、体でも顔でもアクションがある。

W ミシェル・シモンもね、全身で、すごく献身的に演技するってタイプの人でしょう。屋根からぶら下がってみせたり。* でも、ルイ・ジューヴェは突っ立ってるだけ、っていう印象なのね。振り向くときも首だけ回すんじゃなくて…

* これは「パニック」で、ミシェル・シモンが群衆に追いかけられ、屋根に登って逃げるシーン。日本未公開だが、フィルムセンターで日本語字幕スーパー付きの版が上映された。

Y　身体全体でパンするんだ。（笑）だらんと手を垂れて、目をギョロッとさせて、同じ凄味のあるアクセントで…。あのルイ・ジューヴェのゆっくりと強いイントネーションで喋るの、印象的だったでしょう。あの喋り方、実は、ルイ・ジューヴェは吃りだったんで、ああいうゆっくりはっきり発音する喋り方を自分で習得したんだそうだ。身体全体で一言一言噛みしめるように喋る。

W　何の映画観ても、ルイ・ジューヴェはルイ・ジューヴェなんだよね。

Y　「北ホテル」でも、自殺するのに特に悲しい顔するわけじゃなし、いつも怒ったような顔してる。

W　「どん底」でさ、かたつむりを手に乗っけてじーっと見てたシーンが好きだね。

Y　どん底へ来てからね。

W　うん。はじめギャバンがルイ・ジューヴェの男爵の家へ泥棒に入るんだよな。

Y　一文なしの男爵なんだ、博奕気違いで。

W　「全部差し押さえになってるから、好きなもん持ってけ」って言うんだ。

Y　「貴族ってのは金持だけどケチと相場が決まってるのに、おまえみたいな寛大な貴族は初めてだ」ってギャバンが感心すると、ルイ・ジューヴェが、「この屋敷はもうぜんぶ借金のカタに取られちまって、俺のものは何ひとつない。だから何でも持ってけ」って、ケロッとして言うんだよね。で、もう、意気投合して友だちになっちまうんだ。「どん底」は、俺、すごく好きな映画だな。どん底から出ていくやつもいれば、入ってくるやつもいる、あの出入りがまさに人生模様って感じで…。名優がいたでしょ、ロベール・ル・ヴィガン。シェイクスピアのせりふを読みながら首を吊って死ぬ役者の役をやった。

LES BAS-FONDS
Jean Gabin
Louis Jouvet

W　黒澤明の「どん底」では、「役者が首を吊った」と言うと、「折角の馬鹿囃子をぶちこわしやがった」*って三井弘次が言うのね。新劇でも、ペペルが出ていっちゃってから役者が首を吊ってどーんと終るんだけど、ルノワールの映画では、役者が首を吊ってからペペルが出ていくんだよな。「モダン・タイムス」のラストシーンの後ろ姿みたいにさ、女の子と手をつないで行くみたいな感じで出ていっちゃう。

Y　実際は画面がだんだん小さくなってゆくんだよ。後ろ姿じゃなくて、こっちへ歩いてくる。一種のアイリスアウトなのかも知れないけど、映像そのものがだんだん8ミリみたいに小さな画面になってゆくんだ。

W　ああ、そうだったかな。で、俺ちょっと気にくわないんだよ。

Y　あのラストが?

W　うん。

Y　つまり、どん底じゃないから?

W　あんなに明るくする必要ないんじゃないか。そりゃ、ギャバンが――ペペルが――出てってもいいから、やっぱり役者が首を吊ったところで終ってもらいたいと思うわけよ。なんか深みが違うみたいな気がするんだ。そういうふうにさ、気がいいっていうのか、明るくしないと気がすまないっていうところがルノワールにはあるのかな。「大いなる幻影」がそうだろ。あれはやっぱり、ピエール・フレネーとシュトロハイムで終ってもらいたいよ。それをさ、そのあとギャバンとダリオが脱走して、国境越えるところまでえんえんとやるだろ。あんな必要ないと思うんだよね。どうもチャップリンなんだよ。

Y　ルノワールにとっては、チャップリンは神様だから。チャップリンを観て、映画をや

* 正確には「折角の踊りをぶちこわしやがった」と、〝馬鹿囃子〟ではなく単に〝踊り〟と言うのだが、その前に三井弘次が「飲んで、景気よく、馬鹿囃子でもやらかそうぜ!」と叫ぶところがある。

ろうと決心した人だから。* でも、俺、ルノワールはすごく好きなんだな。たしかに、「どん底」にしても「大いなる幻影」にしても、ラストを不必要なくらい明るくしてるかも知れないけど、チャップリンの「モダン・タイムス」ほど観念的じゃないと思うんだ。「大いなる幻影」がルノワールのいちばん有名な映画なんだけど、俺、これがいちばんつまらなくて、といってももちろん嫌いじゃないんだけど、それでもやっぱりいちばんルノワール的ではない作品だと思うんだ。「素晴しき放浪者」なんかは最高のルノワール作品の一本だと思うな。チャップリンの影響がどんなふうに現われてるかということもよくわかる。ミシェル・シモンがチャップリン的な山高帽なんかかぶっておどけるところなんかあったりね。急に飛び上って柱にへばりついたり、女の尻にしがみついたりするところなんか、チャップリンよりもずっと本能的で、なまなましくて、すごい。人間愛とかヒューマニズムとか、そんな観念的なことではなくて、もっと単純に生きてる人間にすごく興味を持っていて、その生きる歓びをストレートに映画に描いてる。「ピクニック」なんて、ほんとうに画面から生命の躍動感みたいなものがこぼれ落ちてきそうな感じがする。とにかく、文句なしにルノワールが好きなもんだから、めちゃくちゃに弁護したくなっちゃうんだけど、だから「どん底」のハッピーエンドにしても、ルノワールは、あのラストで、どん底から出て生きていこうとする若い男と女の人生を、心から祝福してるって気がするんだ。大声で笑いながら。チャップリンみたいに妙に深刻に、って気はしないんだけどね。よく、世をはかなんで死ぬっていう話があるでしょう。ルノワールの映画にも、自殺しようとしたり、心中しようとしたりする人間がよく出てくるんだけど、絶対に死なないんだ。「素晴しき放浪者」でも、孤独な浮浪者のミシェル・シモンは自分の愛犬を見失ってしまって

*「……私はパリで上演されるチャップリンの映画を一つ残らず、それも同じ映画を二度も三度も観に出かけた。そして行くたびに、前回に劣らず感激して帰ってくるのだった。そればかりか、私は他の映画に対しても興味を抱くようになり始めた。つまり映画狂になったという次第で、チャーリー・チャップリンこそこの改宗を惹き起した張本人であったのだ」（西本晃二訳「ジャン・ルノワール自伝」みすず書房）

セーヌ河へ飛びこむんだけど、助けられて、それから、助けられたのをいいことに、その命の恩人の男の女房と寝ちゃったりするんだよ。心中する前に男と女がこの世も名残り夜も名残りってんで、最後のみおさめのセックスをするんだけど、これがとてもよくて、こんなにセックスがすばらしいんだからもっと長生きしたいって、死ぬのをやめちゃったりする。（笑）すごくおかしいんだ。いい意味で、デタラメで、いいかげんなんだな。俺、そういうところが圧倒的に好きで、それでルノワールはいいと思ってるわけ。

W そのへんのルノワールは、俺、観てないのね。ルノワールを語る資格はないか。

Y 日本に来てないルノワールの映画には、いいのがたくさんあるな。俺、ベルイマンの喜劇がすごく好きなんだけど、「夏の夜は三たび微笑む」とか、「愛のレッスン」とか、すごくルノワールの影響を受けてるんじゃないかって気がするんだよ。もちろん、それはずっと後になって、何度か観てから気がついたことなんだけどね。……ルイ・ジューヴェの話をしてたんだっけ。「どん底」のルイ・ジューヴェ。「女だけの都」のルイ・ジューヴェもよかったな、あの生臭坊主の役。

W そうそう。あの坊主がソデの下を受け取るところ。

Y スペイン人に征服されるんじゃないかって、フランス人がおびえてるのを利用して、ゆするんだよね。で、ソデの下を貰って、ギロッとにらんでさ、死んだふりしてベッドに寝ているフランス人の市長の方をな。それから、あの凄味のある例の口調で、「祝福ぞあれ！」ってうそぶくんだ。そういうスーパーインポーズの訳だったよ、たしか。「祝福ぞあれ！」って言うんだ。ちょっとしか出ないんだけど、すごい存在感だったな、ルイ・ジューヴェってのは。

W　それから「旅路の果て」だな。ドン・ファン役で当てた役者という設定だった。私生活でもドン・ファンで。ジューヴェとドン・ファンじゃ違うんじゃないかとも思うんだけど、演技力で立派にドン・ファンになっちゃったもんねえ。最後にドン・ファンのせりふを言いながら発狂していくところなんかすごかった。

Y　ルイ・ジューヴェの最後の作品で「恋路」ってのがあったね。

W　ダニエル・ジェランとダニー・ロバンが心中するんだよな。どっちかというと、ジューヴェは傍役だよね。

Y　心中事件をさぐってゆくというだけの刑事の役だった。

W　たいした話じゃなかったな、あれ。両親が理解してくれないから死んじゃう、みたいな。あ、刑事といえば「犯罪河岸」があったね。あれはいい映画だった。ベルナール・ブリエが容疑者でつかまってて、実は犯人は……話、忘れちゃったなあ、どんな話だったかなあ。

Y　ルイ・ジューヴェのちょびひげしか憶えてないな。それから黒人の子がいるんだ。男やもめで、たぶん死んだ女房が黒人で、その子供なんだと思う。それとも養子かな。とにかく子連れの刑事だった。黒人の子なんで、とても印象的だったけど、話は憶えてないなあ。フランス映画ってのは、わりとストーリーが憶えられないんじゃない？

W　そうかも知れないね。

Y　アメリカ映画というのは、ストーリーがすごくはっきりしてるでしょう。フランス映画は必ずしもそうじゃない。デュヴィヴィエなんかでも…

W　でもね、デュヴィヴィエはやっぱりストーリー・テラーだよ。デュヴィヴィエのそういうところが、俺、好きなんだろうと思うな。オムニバスでもさ、「舞踏会の手帖」なんて、ひとつひとつ凝ってるだろ。

舞踏会の手帖

最初、湖があってさ、湖のこっち側に住んでるマリー・ベルが、昔、初めて舞踏会へ行ったときの手帖が出てきて、その手帖の住所を訪ねていくわけだ。最初に会うのがフランソワーズ・ロゼー。その息子に会いに行くんだけど、息子は自殺してしまってる。ところが、おふくろは息子がまだ生きてると思いこんでるんだよね。で、話の最後に、死亡通知がバサッと落ちてくるじゃない、戸棚から。で、二番目に訪ねるのがルイ・ジューヴェだよね。元弁護士で、いまはナイトクラブを経営してて、自分は店にいて、そのあいだに手下に強盗なんかやらしてるんだな。そこへマリー・ベルが訪ねてくる。彼女はクリスティーヌって名前なんだけど…

Y　ルイ・ジューヴェは〝クリクリ〟って呼ぶんだ。

W　そのうち強盗がばれて、警察の手がまわる。そんなせっぱつまったときに、〝凍てつける公園に　影ふたつ行き過ぎぬ〟っていう詩を誦んでみせるんだよね。

Y　ヴェールレーヌの〝感傷的対話〟って詩。

W　その次がアリ・ボールかな。出家してんの。

Y　そうそう。それで、お互いに自分たちのことを三人称で話し合うんだ。「自分は」って言わないで、「彼は」って言うんだ。

W その次がピエール・リシャール＝ウィルムの山男。その次がレーミュで、自分の結婚式の司会からなにから、全部自分でやっちゃう。

Y 女中と結婚するんだよね。そのときレーミュは女中に向ってこう言うんだ。スーパーインポーズの訳では、「本日より汝を女中として解雇し、妻として採用する」って。

W その次がピエール・ブランシャールで、アル中でもぐりの堕胎医。アイパッチしてて ね、こわい顔してるの。それから、理髪師のフェルナンデル。手品をやる。全部ハートのエースになるやつ。で、マリー・ベルは全部に幻滅して、自分の家へ帰ってくる。帰ってくると、わかるんだよな、自分のほんとうに好きだった人の居どころが。自分のほんとうに会いたかったもうひとりの人は、湖の向うに住んでいた。その人は死んでしまっているんだけど、息子がいて、それが自分が初めて舞踏会へ行ったときと同じ十六歳になる。で、養子として引き取るんだったかなあ。それで舞踏会に行かせる。俺、「旅路の果て」が相当好きな映画なんだけど、ヴィクトル・フランサンがよくてねえ。ミシェル・シモンとルイ・ジューヴェとヴィクトル・フランサンと、三人が主役でね。役者ばかりの養老院にいる。

Y みんな、いつまでたっても役者として演技してる。

W ドン・ファン役者のルイ・ジューヴェは、若い頃にヴィクトル・フランサンの恋人を取っちゃったのな。それで、ヴィクトル・フランサンは失意のまま引退して、養老院に入ってるわけだよ。それでも〝名優〟って風格を保ってるの。ヴィクトル・フランサンといえば、「運命の饗宴」に名指揮者の役で出てたでしょ。

Y チャールズ・ロートンが出るエピソード。檜舞台でタクトを振ってる最中に、チャー

TALES OF MANHATTAN
Charles Laughton
Victor Francen

ルズ・ロートンが熱演しすぎて、それに肥ってるもんだから、借り物だか質流れだかの燕尾服がビリビリッと破れてくるやつね。それを見て客がゲラゲラ笑いだす。チャールズ・ロートンは待望の初舞台に出たのに、がっくりきて、途中で坐りこんでしまう。そうすると…

W 貴賓席にいたヴィクトル・フランサンがすっくと立ち上って、自分の燕尾服を脱ぎ捨てる。それを見た客が、一人また一人と燕尾服を脱ぐのね。会場中の人が燕尾服を脱いじゃう。そこへ遅れて来た客がいて、会場を見まわして途方にくれるのな。

Y うん、うん。最初にチャールズ・ロートンのことをあざわらったやつまでが恥じいって上着を脱ぐ。あのへん、うまいんだよね。ヴィクトル・フランサンとジュリアン・デュヴィヴィエのつきあいはずいぶん古いんだよね。そもそもフランサンが映画にデビューしたのが、たしかデュヴィヴィエの脚本の作品なんだよ。* それから、第二次大戦が始まってからアメリカへ逃げていくわけだけど、デュヴィヴィエもアメリカに渡って、それで「運命の饗宴」になるわけだ。デュヴィヴィエ、ルノワール、ルネ・クレールというフランス映画の三大巨匠が戦時中はアメリカにのがれて仕事をしたわけだけど、** それぞれいい仕事をしてるんじゃないか。ルノワールは「南部の人」、それに日本には残念ながら来てないんだけど、「小間使の日記」や「沼地」なんか、すごくいいし。ルネ・クレールでは…

W 「明日の出来事」っていうのを観た?

Y それは観てない。

W ルネ・クレールはね、「奥様は魔女」と「明日の出来事」と「そして誰もいなくなった」ともう一本、「焔の女」か。ともかく四本、アメリカで作ってるわけだ。その中の一

* アンリ・エチエヴァン監督『恐怖十年』(22年)。

** ジョルジュ・サドゥールの「世界映画史」によれば、フランスの戦前の四巨匠とはルネ・クレール、ジュリアン・デュヴィヴィエ、ジャン・ルノワール、マルセル・カルネの四人の監督で、マルセル・カルネだけがフランスにとどまって映画を撮りつづけた。あとの三巨匠が第二次世界大戦中アメリカで撮った作品は以下の通り。
ルネ・クレール――「焔の女」「奥様は魔女」「明日の出来事」「そして誰もいなくなった」
ジュリアン・デュヴィヴィエ――「リディアと四人の恋人」「運命の饗宴」「肉体と幻想」「逃亡者」「パニック」
ジャン・ルノワール――「沼地」「この土地はわたしのもの」「南部の人」「小間使の日記」「浜辺の女」。なお、「河」はアメリカ映画だが、インドで撮影された。

本。これが面白い映画でさ。テレビでやったの、ずいぶん前にね。

明日の出来事

Y　「明日の出来事」ってのはいい題名だな。"It Happened Tomorrow"っていうんだよね、原題が。

W　うん。その話をするとね、自分のところへ来る新聞が、なぜか明日の日付になってるんだよ。おかしいなって、よそのを見ても、その新聞は自分のところへしか来ない。よそでは、翌日になってその新聞が出るわけだよ。それで、彼は何をするかというと、競馬をやるんだよね。結果が一日前にわかるわけだ。それで大金持になっちゃう。ところが、ある日、自分の名前が出ててさ、三面記事に。強盗に射たれて死んだって書いてある。いままで競馬もなにも当たったわけだから、青くなっちゃう。現場も記事に出てるだろ、で、なんとかして、そこへ近づかないようにするとか、とにかく家にいるようにするんだけど、いろいろいきさつがあって、どうしても現場へ行く破目になっちゃうわけ。そこで強盗と警官隊の射ち合いに捲き込まれるんだけど、その前に財布をすられるかなんかして、すったスリが射たれちゃう。そうすると、死んだ男の財布から主人公の名刺が出てきて、死んだことになって、名前が新聞に出るわけよ。だから、新聞記事の通りなんだけど、結局はハッピーエンドというわけ。

Y　そいつは面白そうだ。

W　うん。可笑しいし、スリルがあるし、面白かった。

Y　それにしても、なかなかいい筋立てだな。

W　筋立てで面白かったのはね、ジェームズ・メイスン主演のイギリス映画なんだけど、「霧の夜の戦慄」っていう映画があったね。あれをほめた人はいないね。

Y　観てないな。

W　問題にされなかった映画だよ。ところが傑作なスリラーよ。

Y　あの頃かな、「邪魔者は殺せ」とかの頃。

W　「邪魔者は殺せ」よりちょっと前かなあ。あの頃「第七のヴェール」とか「灰色の男」とか「妖婦」なんていうジェームズ・メイスン主演のやつがあって、その中に「霧の夜の戦慄」があって、続いて「邪魔者は殺せ」があって、「パンドラ」があったわけ。

Y　そうか。「霧の夜の戦慄」だけは観てないなあ。

霧の夜の戦慄

W　で、その「霧の夜の戦慄」ってのは、ジェームズ・メイスンが大学教授なんだ。犯罪心理学を教えているんだ。広い教室で犯罪心理学の講義をしているわけだな。教授は犯罪心理の例として、一人の男をあげる。この男は犯罪者だ、完全犯罪を計画して、これこれこういうふうにして一人の女を殺したっていう話をするの。その内容が画面に出てくるわけ。出てくる犯罪者もジェームズ・メイスンなの。女を殺して、完全犯罪として完結するわけね、講義の中では。で、こういう例があったって講義を終えるでしょ。すると一人の学生が「質問！」って立ち上って、「それは完全犯罪じゃないんじゃないですか」って言うの。完全犯罪だったら犯人は誰にも言わないし、誰にも知られない、それを先生、あなたが知ってるってことは、犯人があなたに話したんでしょう、って言うんだよ。先生はちょっと絶句するのね。そこで場面が変ると、先生が大学から出ていくとこ。その犯罪者は教授自身なのね。講義では女を殺すんだけど、現実ではまだ殺してない。講義の中の三分の二くらいまではすでに起こった話でね、そのあと女を殺すくだりは、これから先の話をしてたわけ。だから、大学を出ていくところで話がバッと戻るんだ。映画は同じことを少し繰り返すんだけど、ところがさっき話したのは計画であってね、うまくいけば完全犯罪になるんだけど、実際やってみると現実はうまくいかないのね。大事な鍵を落っことしてハラハラさせたりしてさ、もたもたしつつ、ついに殺すんだけど、完全犯罪にならなくて、見つかっちゃう。まず話が五分の三ぐらいあって、五分の一ぐらい前に戻って、同じ話が途中から変っていく、そこが面白かったなあ。

Y　監督は誰？

W　聞いたこともないやつだね。[*]「霧の夜の戦慄」ってのはもう一本あってね、同じ題のイギリス映画が。もうひとつのはジャック・ザ・リッパーの話。それは観てないんだけど、ジェームズ・メイスンの出た方はとっても面白かったね。そんなふうにさ。話法っていうの？　ハヴ・ハッド・ハッドみたいなの。

Y　時制？

W　うん、それ。俺、映画の話術っていうか、時制をうまく使った話法っていうか、そういうのが好きだね。それで傑作だと思うのが「現金(ナマ)に体を張れ」。あれは、ひとつの犯罪でいろんな役割を演じた登場人物、それぞれの視点でぜんぶやるからさ、同じ時間に起こ

＊ローレンス・ハンティントン監督。

ったことが何度も出てくるわけだ。時制で面白い映画では、もちろんフェリーニとかベルイマンのやつもあるけど、こっちは面白いというよりも芸術的にやってくれるからね、俺なんかわかんなくなっちゃうんだよね。現実だか幻想だか回想だかよくわかんないことがあるの。ビリー・ワイルダーの回想形式はたいそうわかりやすいな。ワイルダーって回想形式が好きでしょ。ある時期からポッとやめちゃったけど、初期は「失われた週末」も、「深夜の告白」も、「皇帝円舞曲」にいたるまで回想だもんね。「サンセット大通り」は死体が回想したりしてさ。

Y　ワイルダーの回想形式を使った映画話法というか、手法のうまさはすごいね。映画はディテールがしっかりしてないと、中身が生きてこないからなあ。

W　俺、子供の頃からね、映画技術みたいなこと、ワイプとかね、そういうことにとってもこだわって…学校で映画観に行くだろ、お母さんが死んで子供が可哀相な映画なんかに連れていくんだよな。学校ってとこは、子供が可哀相なのはみんないい映画だと思って、連れていったでしょ。（笑）で、あとで作文書かされるわけ。みんなは、お母さんがとても可哀相だった、なんて書いてるけど、ところが俺は、あそこのカットバックは無駄だと思った、とかね。（笑）

Y　変にませてたわけだ。（笑）

W　いま思うと、いやらしいんだけど、教師もわからないだろうと思う言葉をわざと使ってね。たまたま知ってたから。

Y　カットバックなんて言葉をどこで憶えたわけ？

W　自由国民社の「現代用語の基礎知識」。（笑）その中に映画っていう項があって、アイリスとか、パンとか、カットバックなんていうのはそれで憶えた。

Y　単に、マニアックにディテールにこだわるというよりか、色とか形にすごく敏感だったみたいだね。

W　うん。俺、戦後初めて観たのは「ゴールド・ラッシュ」*で、その次に観たのが「鉄腕ターザン」か「ロビンフッドの冒険」なんだよ。その「鉄腕ターザン」をいつかテレビでやったよね。覆面した男が出てきてさ、剣を合わせると不思議な感じでワイプする。あれ、小学三年のときに一度しか観ていないのに、そういうとこを憶えてるんだね。しかも、ワイプした次の場面がこうだったというのまで憶えてるんだ。あれは、ちょっと我ながら不思議だったね。

Y　和田さんに言われて、気をつけてテレビ観てたら、「鉄腕ターザン」のワイプってのは斜めのワイプがあるかと思えば、真ん中からパッと割れるワイプもあるし、上から三角にワーッと下りてくるワイプもある。実に変なワイプの連続だった。

W　アメリカ映画でワイプに凝るのがはやった時期があるみたいね。で、「鉄腕ターザン」で一カ所ね、場面がこまかく切れて、パラパラッと散りぢりにワイプするんだね。それをとっても憶えてる。それからデミルの映画は中学からかな、「北西騎馬警官隊」だとか、「絶海の嵐」「征服されざる人々」なんてのを中学から高校にかけて観たわけ。で、デミルって人はとってもワイプが好きだなって思った。ワイプという言葉を意識してたかどうかはわからないけどね。デミルの映画って、しょっちゅう画面が横にこうなるんだな、っていうふうに。

Y　つまり、画面をめくっていくような感じ。

＊「チャップリンの黄金狂時代」の原題。

W うん。それがとってても印象的なのね。これをずっと後になって、黒澤明がずいぶんやってる。「天国と地獄」のワイプは、パッと新幹線の場面へ…あれはよかった。

Y シネマスコープの画面をフルに使ったすごくダイナミックなワイプ。

W 日本映画でワイプ使える人は黒澤しかいないんじゃないか。どっちかというと古めかしい技法だから、新しい人は使わないんだよね。

Y パリに行ってた頃、スタンバーグの映画を夢中になって観たんだけど、ぜんぶ華麗なワイプつなぎだったな。最近はあまり素晴らしいワイプにお目にかからないけど。「スティング」で一カ所、回転木馬の動きに合わせたワイプがリズミカルでよかった。画面がめくれていくような感じで…

W やっぱりワイプとかアイリスは印象が強いんだよね。それと、カットが変るそのとき、いままで写ってた場所で何かが起こっていたのが、カットが変ったために音しか聞こえない、そういうのが印象に残ってる。

Y やっぱり、そういうある特殊な感受性というものがあるんだろうなあ。

W 「摩天楼」でね、ゲイル・ワイナンドが…ゲイル・ワイナンドって役の名なんだけど、やったのは誰だっけ、ええと、レイモンド・マッセイ。レイモンド・マッセイが自殺するシーンな、悩んで机に向うところまで写って、次に引出しを開けるのがアップでね、引出しと手が写るんだよ。開けると拳銃がある。それを取り出すともう画面から切れちゃう。このへんに引出しがあって、そのへんに書類が載ってんの。それだけしか画面には写ってない。ややあって拳銃の音がバンと聞こえる。で、なぜか書類が一枚、ピラッとほんのちょっと動くんだ。そういうの、すごく憶えてる。

Y　小学校で書かされた「感想」ってやつはさ、結局、ストーリーを要約させたんだ。ディテールはどうでもよくて、テーマを書け、という教え方だったね。

W　映画は何が面白いって、ディテールが面白いんでね。ディテールが積み重なって初めてストーリーがあるし、テーマも表現できるってことだよね。テレビで「ゴッドファーザー」なんか観ても、最後に解説者がさ、この映画はつまりは家族の愛情を描いているんですね、作者の言いたかったことはこれですね（笑）、なんて言うんだよな。それもあるかも知れないけど、それだけじゃない、ちょっと違うんじゃないかなって思うんだな。ああいうふうに決められちゃうと、映画ってつまんなくなっちゃうんだなあ。

Y　でも、和田さんみたいに形式だけに特に敏感だったっていうのも、変ってることは変ってるな。

ロビンフッドの冒険

W　うん。それから「ロビンフッドの冒険」ね。初めて観たカラーっていうことで、よく憶えてるんだけど、あの中で坊主、ビショップという役の、あれはユージン・ポーレットだったかね、いま思えば。それがね、居眠りしながら魚を釣ってる場面がある。水面から下の魚を撮っている。もやっとして、はっきりしないんだな。モノトーンで、下の方で魚がチョロチョロ動いている、そのワンショット。それから弓術大会の標的の色。こう黒があって、青があって、真ん中が赤みたいなさ。そいで、お城の中の騎士の弓のうまい奴と、森から来た山賊のロビン・フッドの対決になるわけね。そのお城の奴がバァーンと射つと、

Errol Flynn
Basil Rathbone
THE ADVENTURES OF ROBIN HOOD

果して命中するんだよな。観客は、もうそれで勝負がついたと思うとさ、こんどはエロール・フリンのロビン・フッドがパァンと射つと、その矢を三つに裂いて命中するみたいなとこ。「座頭市海を渡る」でさ、山形勲の海賊みたいなのが座頭市に向って矢をポンと射つとさ、座頭市が仕込み杖でその矢をパッとふたつに裂いてよけるっていうシーンがある。ロビン・フッドを思い出したよ、俺。それから、「ロビンフッド――」ではぶどう酒の樽をこわすシーンがあるんだ。小学生でね、戦争終ってすぐだろ、ぶどう酒なんて知らないからさ、とにかく樽から真っ赤なものが出てきたっていう、その赤は強烈に憶えてるね。けど、全然毒々しいといった感じじゃないんだ。考えてみるに、時代でいうと、「風と共に去りぬ」の頃だからね、綺麗なわけで、テクニカラーとしてはもう最上の頃なんだよ。

Y　ナタリー・カルマス*が監修していた頃のテクニカラーだね。燃えるような赤や、輝くようなオレンジ色が強烈な。

W　そうそう、ナタリー・カルマス。最近のカラーはナタリー・カルマスがやってたようなああいうこくのあるのじゃなくなったんだよね、もっとガサガサしてる。昔のテクニカラーというのは綺麗でさ、歯はあくまで白く、肌色はピンクっていう感じがしたでしょ。それが最近の映画はさ、リアリズムなんだけど、歯はちょっと黄色くって感じでね、美しくないのね。

Y　ジョン・ヒューストンの「王になろうとした男」なんかも、すごく面白い映画だったけど、キプリングの世界はこんな色じゃなかったなっていう印象が強くてね。あのサブウの「ジャングル・ブック」の色が強烈に残っているんだ。あれ、三色法テクニカラー**だったでしょう。

* ナタリー・カルマスは、テクニカラー社を創設したハーバート・T・カルマス博士の夫人で、同社の色彩監督を担当。50年にはテクニカラー社から独立してナタリー・カルマス・テレヴィジョン・コーポレーションを設立した。当時のテクニカラー作品のほとんどすべてが彼女の色彩監修になるもので、映画のクレジットタイトルにも記されていた。テクニカラーは赤橙色を主調にした華麗な色彩が印象的だった。

** 三色法テクニカラー――32年に完成された三色減色法によるテクニカラー方式で、三本のフィルムに同時に分解撮影された三原色光の像から三本のマトリックス（色原版）が作られた。「色彩が明快なこと、色彩の矯正選択構成が比較的自由なこと、変色・褪色が少いこと、プリントの大量生産において質的水準があまり変らぬことなどが特徴とされるが、反面特殊撮影機の必要、フィルムの大量使用（黒白の三倍）、仕上げ工程の複雑さなどが欠点である」（『映画百科辞典』白揚社）。なお「王になろうとした男」はデラックスカラー、「ジャングル・ブック」はナタリー・カルマスが色彩監督を担当した三色法テクニカラーの作品。

W　「ジャングル・ブック」のあの狼少年の本名はナトーていうの。インドのさ、ナトーっていう少年がいなくなっちゃってさ、ジャングルへ迷いこんで狼少年になるわけだ。ジャングルでついた名前は何だっけ、そっちの方が有名なんだけど、家での名前はナトーっていうの。どうしてそんなこと憶えているかっていうと、その少年を捜しに大勢でジャングルへやって来て、「ナットー！　ナットー！」って呼び歩くわけよ。その頃さ、「納豆！　納豆！」って納豆売りが来たわけね。(笑) それが可笑しくてさ。そうだ、モーグリ！　モーグリっていう名前だ。ジャングルへ来ると、蛇やなんか動物がさ、みんな喋るじゃない。で、ナトーをモーグリと呼ぶわけよ。モーグリっていうのはなんか意味があるんだろうな、狼少年みたいな。とにかくモーグリなんだけど、本名はナトー。何の話だっけ？

Y　ええと……テクニカラーの話からこうなっちまって……そもそもは「ロビンフッドの冒険」の話だった。

W　そうそう。それでね、ベイジル・ラスボーンとエロール・フリンが階段のところでチャンバラするシーンがある。その影が、チャンバラやってる影が石の壁に写るんだ。モノトーンだよね、石の壁だから。グレイというかベージュというか、それに影だから、とっても綺麗だなあと思った。

Y　エロール・フリンといえばチャンバラ映画、それもまず海賊映画だったね。

海賊映画

W　うん。まったくすたってしまったけど、面白かったもののひとつだね、海賊映画は。

Y　どうして、すたってしまったんだろう。

W　金がかかりすぎるからだと思うね。

Y　そうだろうなあ。ポランスキーが30年代のワーナー・ブラザースへのノスタルジアをこめて海賊映画のパロディを作ろうとして、ポシャったらしいんだね。一度は地中海でロケしようとして、実物大の海賊船を造らせたら、その一艘だけですごく金がかかるんで製作中止になった。その後、企画が再燃したけど、やっぱりだめになった。相当、金がかかるということなんだろうな。

W　大砲打ってバァンとマストが折れて落っこちてきたりするんだから。そうかと思うと突然お城へ連れていかれたりして女王さまが出てきたりするわけだから、お城のセットとか女王さまの着てるものとか、金がかかるんじゃないか。船にしても、部分でもかなり造らなきゃならないわけだろ。王様についてる側のやつで、鎧兜のやつがいっぱい出るだろ。あれだって真鍮代やなにやらで結構かかるんじゃないかね。ギルバート・ローランドなんかが鎧兜で出てきたんだよな。*

Y　それから、チャンバラできる俳優や、軽業師的なことができるアクション・スターがいなくなった。

W　それもあるだろうな。いま、時代劇といっても、阪妻**みたいにチャンバラの綺麗な人がいないという日本映画の状況があるように、フェンシングがうまくできるやつがいないっていうこともあるんだろうな。だって、ダスティン・ホフマンが海賊やっても面白くないだろ。(笑)でも、そうだな、いまでいえばロバート・レッドフォードがいい方の海賊で、悪代官なんかジーン・ハックマンがやって、そいで海賊を助ける女王なんかはフェイ・ダ

＊これは「シー・ホーク」のギルバート・ローランドのこと。ただし、ほんのチョイ役だったこともあって、和田誠に指摘されるまで、私にはまったく記憶がなかった。ギルバート・ローランドは、私が知った頃は主としてアクション映画（「危機の男」「美女と闘牛士」「白昼の脱獄」「雷鳴の湾」等々）や、西部劇（「黄金の銃座」「叛逆者の群れ」等々）の助演格の性格俳優だったが、サイレント時代はノーマ・タルマッジを相手に「椿姫」のアルマンの役などを演じたスターであった（ギルバートという名はサイレント時代にグレタ・ガルボの相手役として名高かった二枚目スター、ジョン・ギルバートの姓をいただいたのだという）。

＊＊もちろん阪東妻三郎。戦前は〝剣戟王〟といわれた。

ナウェイとか。フェイ・ダナウェイは女王にしちゃ品が悪いな。（笑）

Y　フェイ・ダナウェイは「三銃士」の悪女ミレディなんかは、かなりよかったけど。

W　それで、悪い片眼の海賊、昔アンソニー・クインがやったようなやつは、あれがいいと思うんだけど……最近すぐに名前が出ないなあ……「エル・ドラド」で「渡世人の仁義だ」って言う…

Y　クリストファー・ジョージ。

W　そう。クリストファー・ジョージが片眼の海賊ってのがいいんじゃないか。

Y　アハハハ…

W　ロバート・ショウがいい方の海賊をやったのが最近あるけどね、昔だったら悪い方だろうなあ。

Y　「カリブの嵐」か。あれ、ちょっとマカロニ海賊映画って感じで、安っぽい感じだったなあ。海賊映画にひきかえ西部劇だけは、さすがにアメリカ人なら誰でもやれるらしくて、なかなかすたらない。もっとも、建国二百年記念で作られた辺境西部劇ってのは、あまり面白くなかったね。* 白人対インディアンの善悪の図式を修正してみたり。やっぱり戦いがある以上、インディアンか白人か、どっちかが悪役でなきゃいけないんだけど、ちっとも対立がなくて、なんだかスカッとせずに陰々滅々という感じになってね。

W　そうだよな。どっちも正しくて、それぞれ悩み持ったりしてるからさ。悩んじゃ面白くないんだよな。

Y　どっちかにはっきりしてもらわなくちゃ、観る方としても同化できなくて困る。人種差別ってことじゃなくって、敵か味方か、どっちかにね。

* アメリカ建国二百年記念西部劇と銘打って公開された作品には、アーサー・ペン監督、マーロン・ブランド、ジャック・ニコルソン共演の「ミズーリ・ブレイク」とか、ロバート・アルトマン監督、ポール・ニューマン主演の「ビッグ・アメリカン」といったひねりのききすぎた（というか、むしろひねりぞこないの）反西部劇的な作品や、アリステア・マクリーン原作のミステリー調の「軍用列車」など、映画的興奮を欠いたものばかりであったが、唯一の例外はクリント・イーストウッド監督・主演の「アウトロー」で、西部劇ならではの醍醐味を持った見ごたえある傑作だったと思う。

THE OKLAHOMA KID
James Cagney
Humphrey Bogart

W　いい方か悪い方か、決めてもらいたいな。いまは、悪い方でもこっちの立場に立てば正義だとか、あるいは人間的に正しいなんてふうになっちゃう。だからマイケル・ウィナーみたいに、バート・ランカスターも正しければ、悪い方のリー・J・コッブもなるほど親としては正しい、そしてどっちつかずのふにゃふにゃしたロバート・ライアンも、人間的には、俺だったらこうなっちゃうみたいな、それぞれ言い分があってさ。* それはそれで映画としては進歩なのかも知れないけど、血湧き肉躍らないわな。

Y　悪役ってのは、アメリカの娯楽映画の面白さの梃子にもなっているわけだしね。

W　俺、初めて観た西部劇が「オクラホマ・キッド」だったわけ。善玉悪玉がはっきりしてて結構なもんでしたよ。いっぺんに西部劇好きになっちゃったもんね。小学生時代でね、先に観てきた同級生が、マコトっていう名前の悪人が出るって言うの。それで観に行ったらマッコードなんだな、実は。それがボガートだったわけ。

Y　それがハンフリー・ボガートとの出会いになるわけだ。

W　そう、だからキャグニー、ボガートは一緒に出会ったわけ。

Y　あの頃、40年代末から50年代にかけて、キャグニーやジョージ・ラフトの戦前の映画をどんどんやったでしょう。リバイバルもあったけど、初めて入ったのもあった。

W　そうそう。エロール・フリンもそうだ。ワーナーの活劇がいろいろ来たんだよね。だから、ボガートが主役になってからのと傍役時代のとを同時に観ちゃってるんだよ。「カサブランカ」を封切ったのと、戦後「オクラホマ・キッド」を封切ったのと、同じような時期じゃなかったかな。でね、「オクラホマ・キッド」を観て、「大平原」を観て、「西部魂」を観て、「拳銃無宿」とか「拳銃往来」とか小粒なやつも観て、そうそう「追跡」な

＊「追跡者」の話。

んていう心理ものの西部劇もあったよね。ちょっと怖かった。あれ、ラオール・ウォルシュだったよね。

Y　そう。父親を殺したやつの靴の拍車のイメージにロバート・ミッチャムが悩まされるのな。ラオール・ウォルシュはいろいろな西部劇を作ってる。それぞれいいものばかりで、忘れがたい作品が多いな。「死の谷」を初めとして…

W　もちろん「死の谷」を観て、順序はちょっとおかしいんだけど、俺にとってはウォルシュが先なんだな、ジョン・フォードよりね、印象としては。で、「駅馬車」と「荒野の決闘」になるわけなんだね。「荒野の決闘」は観れば観るほどよくなるんだけど、初めは子供だったからね、やっぱり善玉悪玉映画として観てたのね。それでも充分面白かった。

荒野の決闘

Y　ヘンリー・フォンダの人柄というか、いつもちょっと照れてるでしょ、あの感じがたまらなくよかった。西部劇の世界にも人間がいた、みたいな。

W　西部劇に出てくる人って、強いとか、かっこいいとか、統率力あるとかね、そういうことが第一だけど、「荒野の決闘」では人柄を出したわけで、大人の西部劇って感じしたけどね。

Y　そう、のんびりしたシーンで味を出しててね。深夜の酒場のカウンターでひとりで一杯やりながら、酒場のオヤジに、「恋したことはあるか」ってしんみり訊くとことかね。オヤジは「いや仕事一筋で、恋をするひまはありませんでした」って答えるんだよね。ああいうシーンは、それまでの西部劇でお目にかかったことなかった。ジョン・フォードの中でも特に情感あふれる映画だったと思うな。

W 「荒野の決闘」の話すると、詩情って言葉が浮かぶのね。詩情なんて言葉もさ、子供の頃、「荒野の決闘」について書いた評論家の文章で憶えたわけ。

Y 詩情ってのは、ジョン・フォードの西部劇にぴったりの言葉だったね、ほんとに。「荒野の決闘」で、ヘンリー・フォンダが床屋へ行くでしょ。

W 変な頭にされて、鏡を見せられて、妙な顔するのな。

Y 帽子かぶるとガフガフなんだよ。それでオーデコロンふりかけられてさ、保安官事務所へ帰ってくると、みんなが「匂う、匂う」って言うんだ。

W ワード・ボンドなんかが言うんだっけ。

Y うん。そうすると、ヘンリー・フォンダがすまして、「イッツ・ミー」、「それは俺だよ」って言うんだ。いい役者がいろいろ出てるんだよな。ティム・ホルトとか。

W ジョン・アイアランド。

Y ジョン・アイアランドは「OK牧場の決斗」にも出てたでしょ。

W 似たような役で。

Y クラントン一家の方で。

W 敵側。ジョニー・リンゴオって役だったかな。「荒野の決闘」ではビリー・クラントン。その役は「OK牧場——」ではもしかしたらデニス・ホッパーだ。

Y うん、アール・ホリマンも出てた。クラントンの息子たちの一人か。

W アール・ホリマンはこっち側。

Y　アープの方か。

W　最近、俺たちよりちょっと世代の下の映画ファンと喋ってたらね、同じ題材の映画だったら「荒野の決闘」より「ＯＫ牧場の決斗」の方が面白いって言うのよ。意外だったけどね。意外と思うのもまたおかしいんで、「ＯＫ牧場――」もたしかに面白い映画だし、人それぞれでいいんだから。でも「荒野の決闘」の、あの情感ていうか、渋さっていうか、しみじみした感じが、いまの映画ファンにとってはちょっとかったるく思えたりするのかしらね。

Y　そうなのかなあ。「荒野の決闘」はジョン・フォード映画の一つのかなめだと思うけどな。

W　フォード映画で意外と好きなのは「幌馬車」。地味な小品という感じの映画だけど。俺、騎兵隊ものはあんまり好きじゃないんだよね。騎兵隊ものっていうのは西部劇というよりもね、舞台は西部でも、まあミリタリー物なんだな。

Y　そうだね。騎兵隊ものは、西部劇とは違うジャンルだと俺も思うな。でも、西部の民謡でつながってる。ジョン・フォードの西部劇はどれもそうなんだけど、よく歌を歌うんだよね。古い西部の民謡を。あれ、たしかサンズ・オヴ・ザ・パイオニアズっていうヴォーカル・グループでしょ。「リオ・グランデの砦」なんかでも歌ってるグループ。〝キャトル・コール〟だとか〝ワゴン・マスターの歌〟なんか、しみじみしたいいムードだったよね。ケン・カーティスって役者は、たしかこのグループからフォード一家の役者になったんだと思う。ちょっとカーク・ダグラスを小型にした感じの…

W　その「幌馬車」だけど、あれ、アヴァンタイトルだったこと憶えてる？　最初に強盗団が出るだろ。銀行を襲って逃げると、タイトルになるんだ。話が始まると、幌馬車隊が組織されて、それが途中で強盗団とぶつかるわけね。

アヴァンタイトル

Y　アヴァンタイトルは、いまでこそ当り前になってしまって、「仁義なき戦い」シリーズなんかアヴァンタイトルなしには考えられないほどだったけど、これも、そもそもは、ハリウッドの産物じゃないだろうか。

W　そうかも知れないね。「砂漠の鬼将軍」がアヴァンタイトルだったような気がする。はっきり憶えてないけど、初め20世紀フォックスのマークが出ると、シーンとした海岸なんだよ。そこへ、ひたひたと兵隊が匍匐前進で上ってきてさ、それはイギリス軍がドイツに上陸してるんだけど、しばらくすると建物が写って、バババババッと機銃戦になる。暗闇で白黒で光るだけのシーン。すると、もうそこにナチの兵隊が立ってて、懐中電燈で照らしてるのかな、まわりにイギリス兵がバタバタ死んでて、その中のひとりを蹴っとばして起こす。そのイギリス兵が、死ぬ間際に「あいつは死んだか」って言うと、ナチの兵隊が「あの人は絶対に死なない」って言う。と、バァーッとDESERT FOXっていう字が出たっていう（笑）気がするんだよ。

Y　なるほど。それだけ強烈な印象が残っているとすれば、やっぱりそうだったか。「ハタリ！」なんかの印象も強烈だった。

W　アヴァンタイトルなんて言葉を憶えたのは最近だけど、タイトルに遊びがある映画っていうのは、中学の頃から印象に残ってるね。「南米珍道中」なんか、まず、ビング・クロスビーという字が足が生えてさ、フンニャフンニャって出てくる。と、こっちから、ボブ・ホープっていう字がフンニャフンニャって出てくる。それから下からだったか、上からだったか、ドロシー・ラムーアってのが出てきて、三つがぶつかって爆発する。三角関係になってるわけね。バァーンと画面いっぱいに爆発した屑がフニャフニャまた集まって、ROAD TO RIO という字になる。そういうの、「凸凹」の喜劇にもあったよね、アニメーション使ッた面白いやつ。「凸凹探偵の巻」のエンドマークはね、ビルの屋上で、アボット＝コステロのコンビが、殺人犯に追われて逃げまわるんだけど、助けてくれってことをなんとか警官に知らせたいわけね。と、向うにネオンがなんとかかんとかっていう商品名になっているわけ。それをコステロが、こっちから石を投げて、ひとつずつ消していくとSEND HELPS という字が残る。それで犯人がつかまって、それからもうひとつ石を投げるとSEND のSが消えてEND になるわけ。「腰抜け二挺拳銃」には、文字の遊びがいっぱいあった。ボブ・ホープがインディアンにつかまって、股裂きの刑にされかけてさ、靴が脱げて助かるんだけど、自分はポーンと飛んでって遠くの木の枝にひっかかる。そこからHELP! という文字がブルブルって震えながら出たよね。それから幌馬車隊が野営するシーン。暗くなると〝夜が落ちる〟って字が出たんだけど、SHADOW FALLS だと思うんだよ、いま考えると。そうすると、その字がね、ポロポロンって落ちる。(笑) それからスーッとフェイドアウトして、その夜、インディアンの襲撃なんかがあって、フェイドインすると朝だ。〝朝がくだける〟って出たよ。それはDAWN BREAKS だと思うんだ。すると、その字がバァーンとブレイクする。ほかにも、タイトルでふざけたのはずいぶんあったような気がするな。タイトルっていうのは面白かったね、とっても。「船乗りシンバッドの冒険」――アメリカではシンバッドなんだね、正しくはシンドバッドだけど、英語でははじめのDがないのね。* だからシンバッドなんだけど、そう書くとシンドバッドと校正されちゃう。ジョルスンが〝スワニー〟を歌うショーの題名も「シンバッド」なのよ。最近は原題が「シンバッド」でも日本題は「シンドバッド」になっちゃうみたいだけどね。「シンドバッド虎の目大冒険」というふうに。――で、「船乗りシンバッドの冒険」で、アラビアのモザイクのしてある立派な水槽に水がジャーとこぼれてるんだ。その水がすっと止まる。止まると底に、〝SINBAD THE SAILOR〟と出てくる、とかね。これは、ひょっとすると「シンバッド」じゃなくて、ほかのアラビアものだったかも知れないけどね、「アラビアン・ナイト」とか。「ボー・ジェスト」は、砂が風で飛ぶのね、砂漠で。砂がスーッと飛ぶと、そのあとに、〝BEAU GESTE〟って地面に書いてある。

Y　それに、「大平原」の、線路に沿って向うへ流れていくタイトル…

W　文字が遠ざかるやつね。〽パーンパパンパパパン……

ウェスタンでは「西部魂」ね。インディアンの彫刻があって、そこに字が出るだけなんだけど、

＊ Sinbad とも Sinbad とも綴られるらしい。

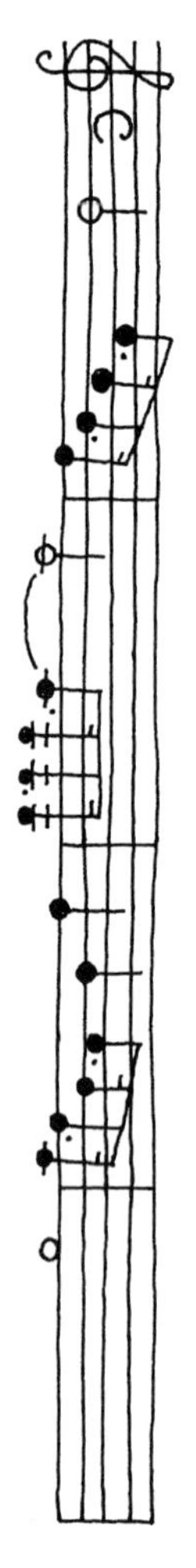

こんな音楽だったな。

Y 「西部魂」は日本では黒白版で公開されたでしょう。パリで初めてカラーのオリジナル版を観た。ものすごく綺麗なテクニカラーだったな、本物の三色法テクニカラーだからね。特に西部の空の青さが、透き通るように美しくて。

W カラーなのに白黒で日本に入った映画はずいぶんあって、「モホークの太鼓」がそうでしょ。それから「地獄への道」「西部魂」「スイングの少女」。「スイングの少女」は「ザッツ・エンタテインメント」の中にちゃんとカラーで出てたよね。……なんでこんな話になったんだっけ。

Y ええと…

W そうか。タイトルバックだ。

Y いや、アヴァンタイトルの話をしてたんだ、最初。

W そうだ、「幌馬車」の話からだった。でも、アヴァンタイトルは、そうたくさんはなかったと思うよ。それから当時よかったことは、ストップモーションがなかったことだ。これは、俺、とってもよかったと思う。

Y ストップモーションってのは、きちんと結末をつけずにニュアンスを持たせてごまかしてるような感じがあるからな。

W それに、こっちがせっかく映画にのめり込んでるのに、その気持を断ち切られちゃう。

冷まされちゃうっていうか、乗ってる気持を止められちゃうの。

Y でも、ストップモーションが印象的だった映画というのも、いろいろあるなあ。

W 俺、それが初めてかどうかわからないけど、記憶にあるのはね、高校生のときに「終着駅」という映画を観ました、デ・シーカの。あれのタイトルバックはね、汽車が走って、て、ババババババババ、バッて止まって、「終着駅」て出る。あれは、俺の憶えてるストップモーションの初期だと思うよ。非常に印象的なのは「大人は判ってくれない」のラスト。「動く標的」のラストのストップモーションも印象的だったな。

Y 「大人は判ってくれない」のラストは、ストップモーションになってから、カメラが少年に寄っていく、これは技術的にわかるんだ。だけど、「明日に向って撃て!」のラストのストップモーションってのは、セピアになっていくのと同時に、カメラをぐんぐん引いていくでしょう。つまりフレームがストップモーションになってからどんどん広がってゆくわけだ。これは不思議だったな。

アメリカ交響楽

W そういう映画技術で、なんたっていまだに不思議なのは「アメリカ交響楽」のラストシーンね。これはジョージ・ガーシュインの伝記映画。ラストは、ガーシュインが死んじゃって、その追悼コンサートでさ、ガーシュインの親友のオスカー・レヴァントが自役自演で〝ラプソディ・イン・ブルー〟を弾いています。ジョーン・レスリーがガーシュインの恋人でさ、レヴァントが弾いているのを見てるうちにガーシュインに見えてくる。彼女の見た目で、レヴァントがロバート・アルダー——これはガーシュインをやった人ね——に変る。彼女が涙ぐんだりする、そんなとこがいろいろあってさ、〽チャララーラージャージャジャチャラランランのあたりで俯瞰になるんだよ。その俯瞰というのが、まずピアノ弾いてるオスカー・レヴァント*の手の指のアップね、こう真上から。それから静かに静かに静かに静かにカメラが垂直に引いてくの。すると、だんだんピアノが見えて、オスカー・レヴァントの全体が見えて、頭からだよ、ステージが見えて、オーケストラがピアノを中心に囲んで演奏しているのが見えて、ぜんぶ俯瞰だよ、で、ずーっと引くとさ、観客がサァッと見えて、まだ引くんだよ。で、どういうわけか野外ステージかなんかで屋根がないんだな。まだバーッと引いていくと劇場の外の道路なんか見えて、街になっちゃう。ネオンがチカチカしたりしてる。カットが変らないんだよ。ヘリコプターで撮るみたいに揺れたりしないんだよ。ひたすら垂直に垂直にカメラが上っていく。で、最後は星雲のようになる。そこで終るんだけど、どうやって撮ったかわかんないんだよ。とっても頭に引っかかってて、たまに映画の技術のわかる人に会ったときなんか話をするんだけど、俺が詳しくこう言ってもね、よくわかんないらしい。途中からスチールにすりかわるんだろうって言うんだけどね。それはそうなんだろうけど、オーケストラ全体が見えるくらいまでだって相当の距離だろ、それがオーケストラはちゃんと演奏してるわけだからね。あと、そういうんでは「めまい」でね、ジェームズ・スチュアートの主観で階段の下を見るだろ。急に下の風景がバッと遠のくだろ。**高所恐怖症の主観が出てて、すごいと思ったね。あれもいまだに不思議だけどね。それから、これは大変だろうな、と思うのが「黒い罠」の冒頭のクレーン使った大移動ね。「市民ケーン」のラストだってすごい移動だもんね。***

* オスカー・レヴァントは、「アメリカ交響曲」のほかに、「ブロードウェイのバークレー夫妻」（49年、未）と「巴里のアメリカ人」（51年）でもガーシュインの曲を弾いている。

** 「ヒッチコック／トリュフォー」ではこのショットの効果についてこんなやりとりがある。

ヒッチコック　スチュアートが鐘楼から階段の下をのぞきこんだときの映像のゆがみの効果はうまくいったと思うかね？　あれはどうやって撮ったかわかったかね？

トリュフォー　カメラをトラック・バックさせながら同時に急激なズーム・アップをしたのではありませんか？

ヒッチコック　その通り。実は、わたしは、すでに、「レベッカ」でジョーン・フォンテーンが気を失って倒れる瞬間に、彼女の目から、すべてが一挙に遠ざかっていく強烈な感じを、あの手で表現したいと思っていたんだよ。

*** 「黒い罠」の冒頭のクレーンと車を駆使した大移動は、まちがいなく、映画史上屈指の驚異的なワンシーン＝ワンカット撮影である。まず、駐車してある一台の自動車に時限爆弾が仕掛

Y　移動といえば、マックス・オフュルスとスタンリー・キューブリックという二大巨匠がいるな。それに、伊藤大輔。移動大好き、って言われるくらいだから。

W　後に引く移動では、キューブリックの「突撃」の塹壕のシーン。あれ、トラックバックだろ。ところが不思議なのは、こんな狭い塹壕だから、両側に兵隊がひしめきあって、足つきあわせてるんで、レールなんか敷けないと思うんだよ、あれは不思議だな。あと、ディズニーの「バンビ」のファーストシーン。アニメーションだから、テクニックがぜんぜん違うんだけど、あれは大移動だな。あれはカメラがとまって、逆に絵が動いてるんだけどね、長い絵を描いておいて、それが多層式になってて——マルチプレーンていうんだけど——そのどれかにピントが合ってると手前かバックがぼけるわけだよね。で、手前をはやく、向うをおそく、それも計算してこっちを五ミリ引けば次を二ミリ引いて、その向うはこうするっていうふうに根気よくやってるわけだ。それとフライシャーね、「ポパイ」の。「ポパイと船乗りシンドバッド」ていうんだっけかな。ロック鳥というのがオリーブだかポパイだかをつかまえて、崖のところをワーッと走ってとび出すところがある。そのロック鳥が走るところを大移動でやってるの、バックにある岩なんかがバーッとうしろへ動いて。あれは模型を作って絵と合成したらしいね。

Y　和田さんは自分でもアニメーションを作ってるけど、何かに影響されたってことはある？　たとえばアニメーション映画に。

けられるところ（爆弾のクローズアップ）から始まり、その車に持ち主である国境の町の重要人物（政治家）が若い情婦とともに乗り込み、車が走りだすと、カメラはその道と平行の裏通りから、建物の屋根越しに、見えつ隠れつするその自家用車を追っていき、やがて大通りに出ると、その車と同じ高さで追い始め、追い越し、追い抜かれて、そして国境の税関で一時ストップし、その前後に新婚旅行に出かけようとしている主人公のチャールトン・ヘストン（メキシコ人の麻薬調査官）とアメリカ人の妻ジャネット・リーがフレームインし、二人でちょっと買い物をしたり（和田誠の記憶ではチョコレートを買ったとのこと！）、チャールトン・ヘストンがジャネット・リーに「もう一時間以上きみにキスしてない」などと言ってキスをしたりするところがあり、また、爆弾を仕掛けられた車のなかで若い情婦が「なんだかカチカチ変な音がするわ」といったようなせりふがあってから、車が国境を抜けていって爆破するまでを、息もつかせぬダイナミックなワンカットで撮影しているのだ。このすばらしいオープニング・シークエンスは、文献（The Films of Orson Welles）によればわ

ウォルト・ディズニー

W　ディズニーはとっても刺戟になってるね。これは圧倒的にね。「白雪姫」から、いやもっと前の短篇も観てるか、「丘の風車」のシリー・シンフォニー・シリーズ、ミッキー・マウス、ドナルド・ダック、だいたい観られるかぎり観たよ。長篇はぜんぶ観てるしね。だから、ディズニーはものすごく…だけど、われわれはディズニーより先にフライシャーを観てるわけだ、「ガリヴァー旅行記」。それでロシアの「せむしのこうま」を観て、それからたぶん「バッタ君町に行く」を観て、それからじゃないかな、「白雪姫」は。でも、直接絵に影響を与えられたのは「プカドン交響楽」っていう、ディズニーが初めてシネマスコープで作った短篇で、"Toot, Whistle, Plunk and Boom"。音楽の歴史を十分くらいにまとめたやつなんだよ。「プカドン交響楽」でディズニーは画風を変えたのね、ガラッと。わかりやすくいえば、漫画家が描いてた絵が、突然、いわゆるイラストレーターが描く絵になった。で、こっちは多摩美じゃない、一年か、入ろうとしてるところだったか。で、これはもう新しいんでね。イラストレーションなんて言葉、まだ知らなかったけど、これにはずいぶん影響された。その前にディズニーは「メロディ」という映画作ってるんだよ。これは3Dだった。3Dで「メロディ」を作って、シネスコ時代になって「プカドン交響楽」作ってるんだけど、日本には「プカドン」が先に入って、それから何年もたって3Dがすたれた頃に、3Dじゃなくて平面で「メロディ」が入ったんだけどね。なぜディズニーが、ああいう大変リアルな絵からそういうグラフィックなものに変貌したのかというと、

ずか三分間とのことなのだが、22フィートの大クレーンを縦横に駆使しただけあって、相当長時間（アレクサンドル・アストリュックの分析によれば十分間つづく）緊張感をもたらすのである。撮影は名手ラッセル・メティ。

「市民ケーン」のラストは、ケーンの死後、その豪邸の大広間に集められたケーンのコレクションの山を、カメラが大俯瞰でとらえるところから始まる。カメラはゆるやかに移動しつつ、コレクションの山をなめていく。梱包された彫像、絵画、家具、玩具、その他無数のガラクタが画面に映される。ガラクタを炉の中に投げこんで燃やしている人夫の一人がやがて小さな子供用のソリを炉の中にほうりこむ。カメラはダイナミックな移動を続けて、炉の中にまで入りこんでいき、ソリが炎に包まれてめらめらと燃えあがるときその上に刻まれた〝バラのつぼみ〟（ROSE-BUD）という文字が浮き上がる一瞬をとらえるのである。

立体を絵で描くってのは大変なことなんだよ。3Dでは、両方の眼で見たようにこっちの角度とこっちの角度からと二枚描くわけだろ。写真だったら両眼のような二つのレンズで撮ればいいんだけど、絵は描かなきゃなんない。ふくろうのくちばしがこうあるとすればさ、こっち側がよけい見える絵と、こっち側がよく見える絵とを描いて、それを眼鏡で合わせて立体にしようと。これは大変な実験だったわけで、それをアニメーションでやるためには絵を相当省略しないと大変な手間がかかるわけだよな。それが、たぶんディズニーが絵を省略した原因だったと思う。それが、怪我の功名っていうか、うまくいったんで、そのスタイルができたわけね。で、それとだいたい時を同じくしてスティーヴン・ボサストウが出てきて「ジェラルド・マクボイン・ボイン」ていうのを作ったんだ。ディズニーがこれに影響されて絵がモダンになったという説があるけど、そうじゃないと思うね。ほとんど時期が同じなんだ。「ジェラルド・マクボイン・ボイン」はロジェ・ヴァディムの「大運河」で使われてたね。あれはシリーズの二作目かな。* なぜ〝ボイン・ボイン〟っていうかっていうと、生まれた赤ん坊がとにかくボインボインボインボインしか言わないんだよね。(笑)そのあたりでソール・バスが出てきて、グラフィック・デザイナーとしての感覚をアニメーションに生かしてタイトルを作ったわけ。俺、仕事始めは印刷されるものよりもテレビのコマーシャルだったの。それもソール・バスの影響かも知れないんだな。

Y　なるほどねえ。つながってるんだなあ。

W　コマーシャルで、ひとつどうしてもわかんないのがあるんだよ。三十秒ぐらいの外国のコマーシャル。汽車が鉄橋にさしかかるんだよ、大ロングショットでさ。ダーッと走って汽車が鉄橋の真ん中へんに来るのを、カメラがずうっと寄るんだ。ヘリコプターから撮

* シリーズ五作目で、邦題は「マクボイン・ボイン遊星へ行く」。

ってるのかどうだか知らないけど、とにかく、走ってる汽車の窓のひとつにずうっと寄るんだよね。そうすると、窓際のちっちゃな食卓みたいなやつの上に酒が置いてあって、その酒がアップになるの。

Y すごいな。

W 汽車は走ってるんだから、アップでとまったまま、こう汽車と一緒に行くわけだね。どうやって撮ったんだかわからない。

Y それはすごい。

W ヘリコプターで汽車を追っかけていって、カメラマンが汽車に跳び移ったとしか思えない。(笑)

Y ジャン＝ピエール・メルヴィルの「仁義」の最初の方でも、走る列車のコンパートメントにピタッとフレームを合わせてカメラが移動するというのがあったよね。でも、あれはたしか、カメラを引いたときに、うまくカットを割ってたからな。

W それで思い出すのがヒッチコックの「三十九夜」ね。自動車の中をえんえんと撮ってて、カメラがフッと窓から出ると、自動車はスーッと行っちゃう。

Y そうそう、あれはさりげないけどすごい。

ヒッチコック

W それから「北北西に進路をとれ」だっけ、汽車からカメラが外に出ちゃう…

Y うんうん、あの手、ヒッチコックはよくやってるね、イギリス時代から。見る方の度胆を抜くような実験をいろいろとやってる。ここで客をひきつけなきゃっていう感じで。「汚名」のパーティのシーンで…

W 鍵。

Y うん。一階の大広間でやってるパーティで、イングリッド・バーグマンが後ろ手にこう隠し持ってる鍵を、二階からクレーンでバーッと寄っていって、ついに画面いっぱいの超クローズアップで写す。

W すごいね。それも、ただ寄っていくんじゃなくて、階段を下りるようにして下りていくんだ。「ヤング・アンド・イノセント」* でもさ、黒塗りのドラマーに近づくときのクレーン撮影、あれもすごかったねえ。

Y 顔のものすごいアップになるまでな。それに「フレンジー」の…

W あ、階段。

Y そう。絞殺魔が女の子を連れ込むシーン。

W 男と女が階段上るのをずうっと追って部屋まで寄って、ドアが閉まるとこんどはカメラが戻るんだよね。階段がね、踊り場があって一回曲ってるんだ。それをカメラがこう回って、下りて、外へ出て…

Y それまで物音ひとつない画面で、歩道へ出るとザーッと外のざわめきが入ってきて、それから歩道を越し、道を越して、反対側の歩道までカメラがずっとバックしながら来ちゃう。実は、歩道のところでカメラの前を背中向けて通る男がいて、画面が真っ黒になったところでカット変りがあるわけだけど。

W あれを徹底してやったのが「ロープ」だよね。あれは最初から最後までワンシーンだ

* 「第3逃亡者」の邦題で、公開された。

もんね。リハーサルが大変だったと思うよ。役者のリハーサルだけじゃなくって、あれは二部屋ぐらいで起こる話だから、カメラが人間追ってあっち行ったりこっち行ったり、そのたびにセットを継ぎはぎして、壁をガッとはがしたりして…テクニカラーのカメラって大きいからね、そのための大道具から何から、一度にリハーサルするの、大変だったと思う。

Y　そうだったろうな。普通、人間と人間が話すとき、両方の表情が見えないとニュアンスが出ないわけだけど、「ロープ」では鏡をうまく使ってたね。こっちで喋ってる人の顔が向うの鏡に映ってるってぐあいに。ちょっとでも間違えてカメラが写っちゃったら、最初からやり直しでしょ。ヒッチコックという人は、ほんとにそういう実験やってる人だな。

W　その意味ではまったくアヴァンギャルドだね。オーソドックスのように見えて、いちばん実験してる人だね、ヒッチコックというのは。

Y　テクニックに走る映画ってのは即内容が貧しいみたいな通念があるんだけど、ヒッチコックだけは例外中の例外、というよりも、そんな常識からとび抜けたものすごさだね。デュヴィヴィエなんかもなかなかのテクニシャンだけど…

W　デュヴィヴィエの「舞踏会の手帖」で、ひとつのシークエンスだけがカメラが斜めになってる。ピエール・ブランシャールが出るとこだけね。ピエール・ブランシャールはアル中でさ、外ではガーッと工事の音がしててさ、苛々してて、酒注ぐときガタガタッとなるような、そんなシークエンスね、斜めであることがものすごく強烈であるという使い方ね。「エデンの東」でもね、何カ所か斜めになる場面があるの。あとから気がついたんだけど、ジェームズ・ディーンと父親の葛藤、心理的な葛藤があるところだけそうなってるんだな。で、斜めのアングルはヒッチコックも使ってるんだよね。不安な感じを出すために「疑惑の影」でもうまく使ってたけどね。「知りすぎていた男」でダニエル・ジェランが「アンブローズ・チャペル」って呟いて死ぬだろう。アンブローズ・チャペルって何だろうって電話帳ひくと、剝製屋なんだよな。で、ジェームズ・スチュアートが、アンブローズ・チャペル・カンパニーとか書いてある家の前に立つそのとき、バッとカメラが斜めになる。* これは実は思わせぶりで、何でもないんだけど。(笑)

Y あの映画でジェームズ・スチュアートが自分の子供が誘拐されたと知った瞬間のショックを、電話帳を指先で破るクローズアップで見せるところがあったでしょう、突然すごいアップで。

W あれはね、ジェームズ・スチュアートに誰かから電話がかかってきてね、息子を誘拐したって言うんだ。で、びっくりして、そのときに電話帳を、分厚いだろ、そのページのはじっこをバラバラッと指でやってるわけ。電話聞きながら苛々してる、その指のアップがワーッとね。ヒッチコックはそういう何気ないところをパッとアップにしてサスペンスを出すっていうのがうまいね。

Y ものすごいショックなんだよね。

W 「引き裂かれたカーテン」で、東ドイツにスパイとして入り込んだポール・ニューマンにグロメクという秘密警察がついてくる。それで、変な田舎家へ行って〝π〟という字を書いてさ、それが暗号で現地のスパイと会うね。それをグロメクに見つかって、逆にガスレンジに入れて殺すだろ。その前にグロメクが「お前はスパイだろ」って、ボンと腹を突くところで、その指をアップにするわけ。それが怖いんだなあ。それからさ、ルドヴィ

*

THE MAN WHO KNEW TOO MUCH

TORN CURTAIN
Ludwig Donath
Paul Newman

グ・ドナス、これは「ジョルスン物語」でジョルスンのお父さんになった役者なんだけど、この人が東欧の博士になって、黒板にパーッと数式を書きながらさ……

Y 書いてるあいだにポール・ニューマンが一所懸命読んで、暗記しちゃうとこだな。面白いシーンだった。

W あのとき、ルドヴィグ・ドナスが葉巻を喫ってるんだ。で、二人が黒板にワーッと書いてさ、数式を交換しながら秘密をさぐるだろ。その最後にさ、ポール・ニューマンがある数式を書くと、「そうじゃない！」って、博士がくわえてた葉巻を叩きつけるだろ。その葉巻が床でバッとはずむところを、アップでガッと撮ってるんだよ。これがちょっとすごい。そういうんで、細かいことを憶えてるのでは「レベッカ」でね。

レベッカ

「レベッカ」はさ、ファーストシーンがジョーン・フォンテーンの回想から始まるだろ、ジョーン・フォンテーンの言葉で、またマンダレーの夢を見た、とか言ってさ。で、俺の記憶では、まず門が閉ってて、カメラが近寄ると、なぜか門が開いて、そこへカメラがこう入っていくと、そう思ってた。ところがもう一回観たらそうじゃなくて、門の格子の間をカメラがくぐり抜けていくというのが二度目の印象なんだ。しかし、格子の間をカメラがくぐり抜けられるわけないんだよな。だから、実は門のセットを切って、カメラがくぐれるように、その瞬間、左右に引いてるわけ。それが一瞬見える。それが最初は門が開くという印象になって残ってたわけね。三回目に観てやっと気がついたんだ。

Y　オーソン・ウェルズの「市民ケーン」でも、同じようなすごいテクニックがあるでしょう。スーザンというケーンの二番目に別れた女房がいるナイトクラブにカメラが入っていくショット。〝エル・ランチョ〟っていうんだよね、そこの鉄柵の間をカメラがぐっちゃうんだ。そしてそのままスーザンが飲んだくれてるバーのテーブルまで…このへんはズームを使ってるのかな、グッと一気に入って寄っていくんだ。

W　天井がガラスになってて、そのガラスを突き抜けてカメラが入ってくのな。あれはズームじゃなくて、その一瞬たしか稲妻が光って、そこでカットを変えてるんだと思うけどね。そいで、そのシーンが終るときに、カメラがまた戻るでしょ。

Y　うん、また同じように窓から外に出て鉄柵の外まで戻ってしまう、すごいスピードでね。そのときたぶん稲妻が光って、そこで白味かなんか入れてフィルムをつないでるんだろうな。

W　そいで、マキシム・ド・ウィンター、というのは「レベッカ」のローレンス・オリヴィエの役名ね、ローレンス・オリヴィエが前の女房のレベッカが死んだときの話を、海岸のボート小屋でするだろ。あのときのカメラがすごいよね。

Y　あそこは、まあ常識的に考えると、オーヴァラップかなんかして、すんなりと回想に入っちゃうところだけど、それをやらない。

W　そうなんだ。「あのときレベッカはこう言った」って言うと、レベッカが立ってたはずの位置にカメラがただ向くだけなの。壁とか、下の方にロープがあるだけなんだ。

Y　壁しか写ってないのに、レベッカの影が見えるような気がするんだ。

W　そう。だから怖いんだよ。

Y　「彼女は二歩あるいてふり向いた」なんてオリヴィエが言うと、カメラは、まるで人間の動きみたいな妙になまなましい移動とパンで、レベッカの見えざるイメージを追うわけだ。ところが、壁しか写ってない。

W　「レベッカ」の翻案を日本のテレビでやったんだよ。*

Y　関根恵子主演のやつだね。

W　レベッカが回想で出てくんの。馬鹿だなあ、って思ったね。「レベッカ」という映画は「レベッカ」っていう題なのに、そしてレベッカという女が一種の主人公なのに、一回も出てこない。枕にイニシャルの刺繡があるだけ。それで、レベッカの幻想におびえてるっていうことで、ものすごくうまいわけなんだな。レベッカが出てきちゃ、意味ないんだよ。ヒッチコックのそういうので面白かったのは、「裏窓」のファースト・シーンで、ジェームズ・スチュアートの部屋の壁をパンするでしょ。まず、棚にカメラなんかがあるわけ。カメラが何台もあるんで、主人公がカメラマンだとわかるわけだ。で、さらにパンすると、自動車レースなんかの写真が壁にかかってて、そういうレースとかスポーツの写真を撮ってるドキュメンタリーのカメラマンだ、と。もっとパンしていくと、自動車レースのすごい事故の写真があって、これはこの事故の写真撮ったな。さらにパンが続くと、ジェームズ・スチュアートが足にギプスはめて寝てんだな。つまり、それだけで、ほかになんの説明もしなくて、主人公はカメラマンで、レースの写真撮ってて、事故にまきこまれて足を怪我して寝てるんだってことが…

Y　ワンカットでわかる。

W　ワンカットで、一言のせりふもなくてわかる。

* 「鏡の中の女」という題で、75年に放映された。

Y あのうまさというのは…

W 言ってみればなんでもないんだよね。でも、誰もが考えつく撮り方じゃない。

Y うん。

W ヒッチコックがやったあとでは、当り前になるんだ。あと、主人公の部屋以外は全部バチッと平面なんだよね。向うの裏窓、アメリカだからかなり距離のある庭越しの向う、ピタッと平面なんだな。だから、ジェームズ・スチュアートを写す以外は彼の視点でしかないわけ。彼が望遠レンズで覗くと、その望遠レンズのフレームでパッと写るわけだ。これもちょっとすごかったな。あのね、あれがコマ落としになってたの、気がついたかな。寝てるスチュアートのところに、グレース・ケリーが来てキスするところがあるだろう。スチュアートが寝てるから、グレース・ケリーが一方的にキスするんだよ。それが、なぜだかいまだにわかんないんだけど、コマ落としになってる。カクッカクッカクッと近づいてキスする。このことは誰も書いてない。トリュフォーも言ってないと思う。* ヒッチコックは、ラブシーンに異常に凝るところがあって、たとえば「泥棒成金」では、キスシーンに花火がカットバックになったろ。「汚名」では、キスしてるところをカメラがグワーッと回って撮ったり。だから、そういう工夫のひとつだと思うんだ。「白い恐怖」では、キスしてるバーグマンの頭の中で、ドアがサアッサアッと開く。

Y ドアが開くと、また部屋があって、向うのドアが開いて、またその向うのドアが次々に開いていって…といったぐあいに果てしないイメージだったな。「市民ケーン」で、二番目の女房が別れて去っていくときのセットの構造がひどく似てるような気がした。たぶん心理的に、心の空洞みたいなイメージ…うまく言えないけどね。「白い恐怖」では、グ

* 「ヒッチコック／トリュフォー」を念のため読みかえしてみたら、そのことにふれて、あのパルゼーション（ときめき）のような視覚的効果は、グレース・ケリーがジェームズ・スチュアートにキスするために顔を近づける瞬間の動きに合わせて、コマのばしをしたのだと、ヒッチコックは言っている。「泥棒成金」でも同じ手をすでに使っているとのこと。なお、ヒッチコックは、「鳥」を撮ったときに、ティッピ・ヘドレンとロッド・テイラーが初めてキスするシーンで、同じ手をもっと斬新に使ってみようとしたけれども、うまくいかなかったとも言っている。それは、男の顔と女の顔が最初は遠く離れていて、それからだんだん近づき合うという動きを、交互に、カメラをパンしながらとらえていき、やがて両方の顔がくっついてキスし合うところまで——当然ながら両方の顔の動きが次第に少くなっていき、その間の距離がせばまって、ついに動きがなくなってしまうまで——ワンカットで追って撮影するという試みだったそうである。のちにトリュフォーにしつこくたずねたところ、自分も「あこがれ」の少年があこがれの女性の自転車の腰掛けに鼻を近づけてにおいを嗅ぐカットでコマのばしの手を使っているとのこと。

レゴリー・ペックの悪夢のイメージのセットをダリがやって、この方が映画史上有名なんだけど、でも、それよりも、あのドアが開いて、またドアが向うに…というイメージの連鎖反応みたいな方がヒッチコック的で素晴らしかったと思うな。ああいう、とうてい言葉では表現できない、つまり映画的叙述ってのがヒッチコックはうまいんだよねえ。

W　「北北西に進路を取れ」で、人殺しと間違えられたケイリー・グラントが逃げるのを、ものすごい俯瞰で写す。これが活字でさ、逃げる男は上から見えた、じゃどうにもならない。（笑）やっぱり、ビリー・ワイルダー、ヒッチコックっていうのが俺にとってはすごい人だね。まあ、誰にとってもそうだろうけど。映画技法を駆使して面白く映画を作る人ってのが、どうしても好きね。ただ、ストーリーとは関係ないところで、技法だけで変にやっちゃうリチャード・レスターみたいなのはいやでね。* やっぱり、主題というか、ストーリーに密着しながら技法を駆使する人が好きだね。そんなこと意識して観たことないけど、こうして考えてくると、そうなんだね。職人気質とかいう言い方でいままで書いたりもしてきたけど、そういうことなんだろうなって、いま喋りながら気がついたんだけどね。

Y　ギャグなんかにしても、ストーリーに密着してなきゃ空転するってのが、和田さんの持論だよね。「恋の大冒険」のシナリオ作りのときにそのことを強調してたでしょう。よく憶えてるな、それだけは。リチャード・レスターに批判的なのも、そこんとこでしょ、つまりは。

W　そうなんだよね。ギャグでも本筋となんにも関係がなく、思いつきだけで使ってあると、あんまり笑えなくて困っちゃうんだよね。本筋と関係あるところでうまくギャグがからんできたときに、ほんとに喜劇は成功するんでさ。ルイ・マルの面白くなさはそれだと

＊リチャード・レスターは、スラップスティック・コメディ調のギャグと、グラフィックな現代的映像感覚を駆使して〝才人〟と呼ばれている監督。ザ・ビートルズ主演のミュージカル・ナンセンス・コメディ「ビートルズがやってくる／ヤア！ヤア！ヤア！」と「ＨＥＬＰ！四人はアイドル」、それにカンヌ映画祭グランプリ受賞の「ナック」で脚光を浴びた。その後の作品に、「ローマで起った奇妙な出来事」（バスター・キートンがただひたすら走るという、これはなかなか捨てがたい作品だった）、「三銃士」「四銃士」「ジャガーノート」「ロビンとマリアン」「ローヤル・フラッシュ」等々。

思うんだ。「地下鉄のザジ」なんか、そりゃ山田宏一は好きかも知れないけど…

Y　それほどじゃないよ。

W　俺には面白くないんだよね。確かに、あれにはいっぱいギャグがあったけど、全く映画と嚙み合ってないんだよね。ギャグがぜんぶ浮いてしまってね。マルクス兄弟なんかのギャグとは本質的に違うものだと思うんだ。直接、本筋と関係なくてもいいけど、何らかの形でからまってこないと、常にストーリーに影響を与えていないと、あるいは与えられていないと、それはほんとのギャグじゃないんじゃないかという…だから、ほらワイルダーの喜劇でギャグがぜんぶ、ひとつひとつ可笑しいのはさ、たとえばジャック・レモンがスパゲッティをラケットですくうというのは面白いけど、それはシャーリー・マクレーンをもてなすために料理を作るわけだろ。* マーティン＝ルイス** のギャグでも、印象的なのはそういうのね。そうでないとバラエティ・ショーと同じでね、断片にすぎないわけ。映画のなかのギャグはそうあるべきだろうな。俺、さっきからテクニックのことばかり、ずいぶん喋ったけど、それはテクニックのためのテクニックじゃなくて、必ずストーリーのために重要な効果をもたらしているんだよね、よく考えてみると。だからね、「犬神家の一族」なんかにしても、初めの方で、溺れる女をボートで助けるシーンで、パパパッとストップモーションになるんだけど、あれはなんにも意味がない。あんまり意味がないんで印象的だ。(笑) その意味のないところがいちばん市川崑的だというのが、あのシリーズの悲劇だと思うんだ。といっても、俺、ほんとは市川崑が好きなのよ。

* 「アパートの鍵貸します」で、ジャック・レモンが、意中の恋人シャーリー・マクレーンを自分のアパートに招いて、うきうきしながら食事を作るシーン。また、こんなギャグもある。最後にシャーリー・マクレーンは、腐れ縁の愛人フレッド・マクマレーのもとを去って、ジャック・レモンのアパートへ走る。と、アパートの中から銃声のような鋭い音が聞こえる。失恋したジャック・レモンがピストル自殺を図ったかと思いきや、実はシャンペンの栓を抜いた音だったことがわかる。その夜は大晦日——ジャック・レモンは孤独にシャンペンで新年を迎えようとしていたわけである。

** ディーン・マーティンとジェリー・ルイスの〝底抜け〟コンビ。

市川崑

Y　たしかに横溝正史を映画化したシリーズ*はどれも、市川崑らしい面白さはあまりなかったと思うな。昔はよかった、なんて言うとみっともないけど、でも、いいのがあったからなあ。モダニズムっていうの、あれ、かっこいいスマートな演出でさ。和田さんはどのへんから市川崑を観てるわけ？

W　「愛人」というの観て、すぐに気に入ったわけよ。高校生だったけどね。その頃はアメリカ映画が好きで、アメリカ映画にかぎらず外国映画が好きで、日本映画はどっちかというと敬遠してたのが、「愛人」観て、日本映画もこんなによかったのかって思ったのね、あれはほんとに洒落てたなあ。

Y　どういうところが洒落てると思ったわけ？

W　せりふが気が利いていたね。それにテンポがよかった。もともと、あれは森本薫の戯曲なんだけど、芝居臭さをまったく感じさせないで、室内劇じゃなくしてたからね、軽井沢かなんかに舞台をもってっちゃって。役者もよかったしね。越路吹雪、三國連太郎、菅井一郎、それから有馬稲子、岡田茉莉子なんかだね。捨てぜりふみたいなのが、ものすごく気が利いているんだね。伊藤雄之助がちょっと出たね。

Y　あの頃、伊藤雄之助がチラッと出るっていうのが印象的でよかったな。

W　「生きる」とかね。

Y　やっぱり、あの顔の長さでさ（笑）、ベターッと出るんじゃなくて、チラッと出るっ

＊市川崑は「犬神家の一族」にひきつづき「悪魔の手毬唄」「獄門島」「女王蜂」と、ブームにのって、横溝正史のミステリー小説を連続映画化した。

ていうよさはあったね。

W あの頃のああいう人たち、三井弘次にしろ、長く出ないでちょこっと出るところがいい、みたいなことなんだなあ。

Y 役者も個性的で豊富だったのかも知れないけど、黒澤明なんか、そういう役者のぜいたくな使い方をしていた。左卜全とか、藤原釜足とか、千秋実とか。

W 黒澤では「野良犬」が好きだね。「野良犬」を話しだすとまた長くなるんだけど、ともかく市川崑では、「雪之丞変化」なんだねえ。もう大好きだねえ。「愛人」「雪之丞変化」「東京オリンピック」だね、俺が選ぶ市川崑ベスト3。まだいろいろ観てるよ、人間の肉食う話だとか。

Y 「野火」か。

W それに「ビルマの竪琴」とか、あのへんは観てるんだけど、真面目な人なんだね。華麗なテクニックは使うけど、芯はとってもヒューマニズムっていうか…

Y 「ビルマの竪琴」なんか、どうしても撮りたくて、企画が通らないんで、それで東宝から日活へ移ったみたいなことを、監督自身がどこかで言ってたな、たしか。真剣なヒューマニズム映画なんだな。

W いろんなことをやるけれども、やっぱり私が描きたいのは人間的な感動だ、っていうようなことがあるんだろうと思うね。ところが、そういう真面目さがとっぱらわれちゃって、純粋に映画として面白かったのが「雪之丞変化」だったと思うのね。

Y　映像の遊びが楽しかったな。投げ縄がシュルシュルシュルってアニメーションみたいにシネスコ画面を横切ったり。

W　そう、スローモーションでね、真っ暗闇の画面を。でね、俺、ほんとに感心したんだけど、たいていの映画は、暗いっていうのはなんにも写ってないから影の部分で暗いって印象なんだけど、ところが市川崑が…宮川一夫が撮った*「雪之丞変化」は暗いんじゃなくて、黒ね、絵具で塗った黒なんだ。

Y　なるほどね。

W　これはちょっと珍しいって感じしたね。ふつうは黒じゃないんだよ。影なんだよね。映画のなかの黒は。理屈は同じなんだけどね、フィルムに感光しないから写らない、だから暗いってのが黒でしょ。それが、ほんとに黒っていう感じがしたんだ、黒い場面がね。黒じゃないけど、石をくるんだ手紙がポーンと飛んでくるところなんかも…

Y　障子のこっち側で、座敷の内側から写すんだよね。パーッと障子に影が写ったかと思うと…

W　ポンと障子を破って入ってくる。俺、「けんかえれじい」を観てて、「雪之丞変化」をところどころ思い出した。「雪之丞変化」は音楽も面白くてね。

Y　ジャズを使ってた。

W　うん、市川雷蔵が出てくるところだけ、ジャズなんだ。音楽は主として、芥川也寸志

* 58年の「炎上」から「鍵」「ぼんち」そして特にあの色彩を殺した印象的な「おとうと」をへて62年の「破戒」まで、そしてさらにその後の「東京オリンピック」なども、ずっと市川崑監督作品の撮影は〈名匠〉の名にふさわしい宮川一夫だったので、「雪之丞変化」の映像をつくったのもてっきり宮川一夫とおたがいに思いこんでいたら、実はそうではなく、小林節雄であった。「妻は告白する」「卍」「大悪党」など増村保造監督作品のカメラマンとして忘れられない存在だが、そういえば増村監督の「刺青」の撮影は宮川一夫だった。

がクラシックの手法でやってるわけよ。長谷川一夫が二役で、ひとりが雪之丞で、ひとりが闇太郎っていうんだろ。市川雷蔵はそれのニセモノみたいな昼太郎っていうのになってね、昼太郎が出てくるところだけがちょっと滑稽でさ、そこがジャズになってるの。これが八木正生の作曲。

Y　あれ、八木正生？　そうだったの。

W　そう、ジャズっぽいところだけ八木正生。あれが面白かったねえ。あと、チャンバラするときに刃と刃がぶつかり合うと闇の中で火花が散る。あんなのは他にないんじゃないかねえ。

Y　いや、マキノ雅弘にあったぞ、「浪人街」*や「丹下左膳」なんかに。もっとあとになると〝座頭市〟シリーズにあったと思うな。

＊松竹で撮った「浪人街」。マキノ雅弘監督としては三度目の映画化。

座頭市

W　「座頭市」は、真面目な意味でいうと第一作がなんたって傑作だよね。「寅さん」もそうだけど。ほんとに、一作で完結しちゃってね、あと出来なくてもよかったかも知れないっていうくらい、それぞれ第一作がいいわけだよね。「座頭市物語」なんて、ほんとにいいんだけどさ、あれ、子母沢寛の「ふところ手帖」っていうの読んだんだけどさ、「座頭市物語」はその中のほんの数ページくらいなんだな。

Y　そんな盲目のやくざがいたっていう、短いエッセー風の、任侠の歴史のこぼれ話だもんね。

W　でも、ちゃんとストーリーはある。やっぱりトックリ斬ってみせたとかね、飯岡の助五郎とか、そういう話は出てくるんだよね。やくざはお天道様の下にいちゃいけない、みたいなこと言って座頭市が去っていくっていうようなのも、ちゃんと子母沢寛に出てくる。「俺たちはご法度の裏街道を行く…」みたいなせりふがね、そっくりそのままある。* だけど映画では、天知茂の平手造酒を斬るわけだけど、それは原作にはないよね。出入りがあって、向うに平手造酒がいたっていうような描写はある。座頭市はそういうのあんまり好きじゃなくて、ただ傍観してたっていうふうにね。

Y　それだけの題材から、あれだけのストーリーを次から次へと考え出したわけだ。すごいもんだと思うな。ハリウッドのシナリオライターもそうだけど、「猿の惑星」シリーズなんかにしても。でも、日本映画のシリーズもののシナリオライターってのも、話のつなぎ方っていうか、編み出し方が天才的にうまいと思うな。

W　第二作以降はまったく創作で、城健三朗がさ、城健三朗っていうのは若山富三郎だけどさ、第二作は城健三朗が座頭市の兄貴の役で、勝新太郎は自分の兄貴を斬るわけだよな。(笑) 第三作は「新・座頭市物語」ね、自分の師匠の河津清三郎を斬る。その頃までは、変にドラマがあってさ、そういうふうな、なんか因縁話みたいな人間関係があって、むしろそこが中心だったんだけど、その次あたりからタネがないっていうか、さすらいはじめて、それでもまだ、手としては相当面白いことやってたね。第四作が「座頭市兇状旅」か。その次に「座頭市喧嘩旅」。その次が「座頭市千両首」で、俺はもう、これが大好きでねえ。いまだに、またやったら観に行くっていうぐらいに好きなんだよね。これがまた、城健三朗と渡り合う。島田正吾が面白くてさ。島田正吾だけ新国劇の調子でやる。(笑)

* 「やくざあな、御法度の裏街道を行く渡世だ、言わば天下の悪党だ。こ奴がお役人方と結托するようになっては、もう渡世の筋目は通らねえものだ。おれ達あ、いつもいつも御法というものに追われつづけ、堅気さんのお情でお袖のうらに隠して貰ってやっと生きて行く、それが本当だ。それをお役人と結托して、お天道様へ、大きな顔を向けて歩くような根性になってはいけねえもんだよ。え、悪い事をして生きて行く野郎に、大手をふって天下を通行させて堪るか」(子母沢寛「座頭市物語」)。

Y　国定忠治の役。あそこだけ急に舞台のセット風になっちゃって、赤城の山の上に満月が出てくる。

W　撮影が宮川一夫で、タイトルがさ、やくざが三度笠かぶって真黒なバックにポーンと出てくるとさ、座頭市がピーッと笛を吹いて出てくる。

Y　すごく様式的なタイトルだった。

W　ちょっと「雪之丞変化」みたいな。下敷にしてると思うけどね、あのへんの様式は。植村謙二郎の悪代官のところに出入りしている用心棒が城健三朗で、デモンストレーションをやってみせるところがすごく面白いんだねえ。座頭市が火鉢にあたってますな。（笑）そうすると、一文銭を斬ってみろって言うんだよね。

Y　必ず居合い抜きのデモンストレーションがあるんだよね。座頭市の腕の見せ場だから。

W　初めのうちはローソクくらいなんだけど、あとになると銭箱斬っちゃったり……

Y　碁盤を斬ったり。（笑）

W　オーバーすぎるとあんまり面白くないんだけどさ、初めの頃のね、とっても説得力あってリアリティ感じたのは、座頭市が火鉢にあたっててさ、誰かが一文銭をパッと投げる。すると城健三朗が小柄（こづか）っていうのかな、ポーンと投げるわけだよ。座頭市はあたっている火鉢の火箸をね、パーンと投げる。すると一文銭の孔に火箸が通って、天井にパンと突き刺さる。そうするとさ、チリチリチリチリチリーっていいながら落ちてくる。

Y　火箸から一文銭がポトリと抜け落ちてくるところを…

W　パッと斬るんだよね。あれ、ほんとにうまかった。

Y　ああいうの、ほとんど勝新が自分で考えるんだってね。勅使河原宏の「燃えつきた地図」の撮影見学に行ったとき、一度だけ勝新に会ったんだけど、そのとき「座頭市」で使わなかった居合斬りの手をいくつか話してくれたんだよ。たとえばね、悪代官が煙管をくわえてすった瞬間に座頭市の仕込み杖が目にもとまらぬ早さで空を斬る。と、煙管が縦にまっぷたつに割れてポトッと落ちる。唖然としている悪代官の口の両脇から二つに分れて煙が出る、なんてのがあったんだって。あんまりふざけすぎで、さすがにやめたって言ってたけど。（笑）

若山富三郎

W　それから「千両首」の最後の若山富三郎と勝新太郎の兄弟の一騎打ちのすごいことといったら……

Y　ダイナミックで…

W　もう「ヴェラ・クルス」もびっくり。*（笑）悪代官も殺されちゃって、最後の対決になるわけだよな。椿三十郎と室戸半兵衛**という感じでさ、人里離れた草っ原かなんかで、待ってろっていうんで座頭市がひとり原っぱにいると、敵は馬で来るんだよね、鞭持って。

Y　砂地なんだ。

W　そうそう、砂埃たてて来たわな。で、鞭でぶんぶんやるんで、座頭市は仕込杖を吹っ飛ばされちゃうのね。鞭が腕に巻きついてさ、馬でバーッと引っ張られるんだよね。そういうのもスタンドインを使わないでやってるわけよ、自分で。ところが、引きずられてぐるぐる回ってるうちに、さっき落とした仕込杖をパッと摑んでさ、引きずられながら立ち

* ゲイリー・クーパーとバート・ランカスターの世紀の対決で、そのすばやい見事な拳銃さばきで一瞬相討ちかと思わせる名勝負として話題になった。

** 椿三十郎と室戸半兵衛は、黒澤明監督の「椿三十郎」で三船敏郎と仲代達矢が演じたライバルの剣客。

上って、鞭をバッと斬るわけよ。すると、城健三朗がワッとつんのめって、馬からドッと落ちるんだよ。頭から落ちるんだよね。

Y　すごい迫力だったな。

W　うん。そいで頭から落ちて、ウーッと言って起き上るの。それをね、ショットを変えないで撮ってるんだよね。あれはほんとにやってるんだね。思ったよりひどく落っこっちゃったと思うんだよ。（笑）

Y　なるほど。痛かったんだな、ほんとに。

W　相当痛かったと思うね。

Y　やっぱり兄弟で負けまいとしてほんとにやったのかな。あの兄弟だとやりかねない。

W　相当なもんだと思ったね。あの頃の城健三朗はすごかったね。「忍びの者」で織田信長をやったろ。怖くってさ。

Y　すごい貫禄でね。毒を盛られても死なないでしょ。城健三朗だと死なないっていう感じするもんな。

W　忍者が手裏剣投げるだろ。そうすると、いつも猫抱いててさ、猫に刺さるんだよな。あの城健三朗の織田信長はとってもよくてね。雷蔵の石川五右衛門なんか、どうでもいいって感じだった。で、百地三太夫と戸沢白雲斎が伊藤雄之助の二役でね、あれ、ちょっとやりすぎだね。くさかったよね。

Y　くさい、くさい。（笑）城健三朗はそのあと若山富三郎になるわけだけど、城健三朗になる以前に若山富三郎だった時代があるでしょう。

W　うん。俺、〝瞼の母〟を観てるよ。

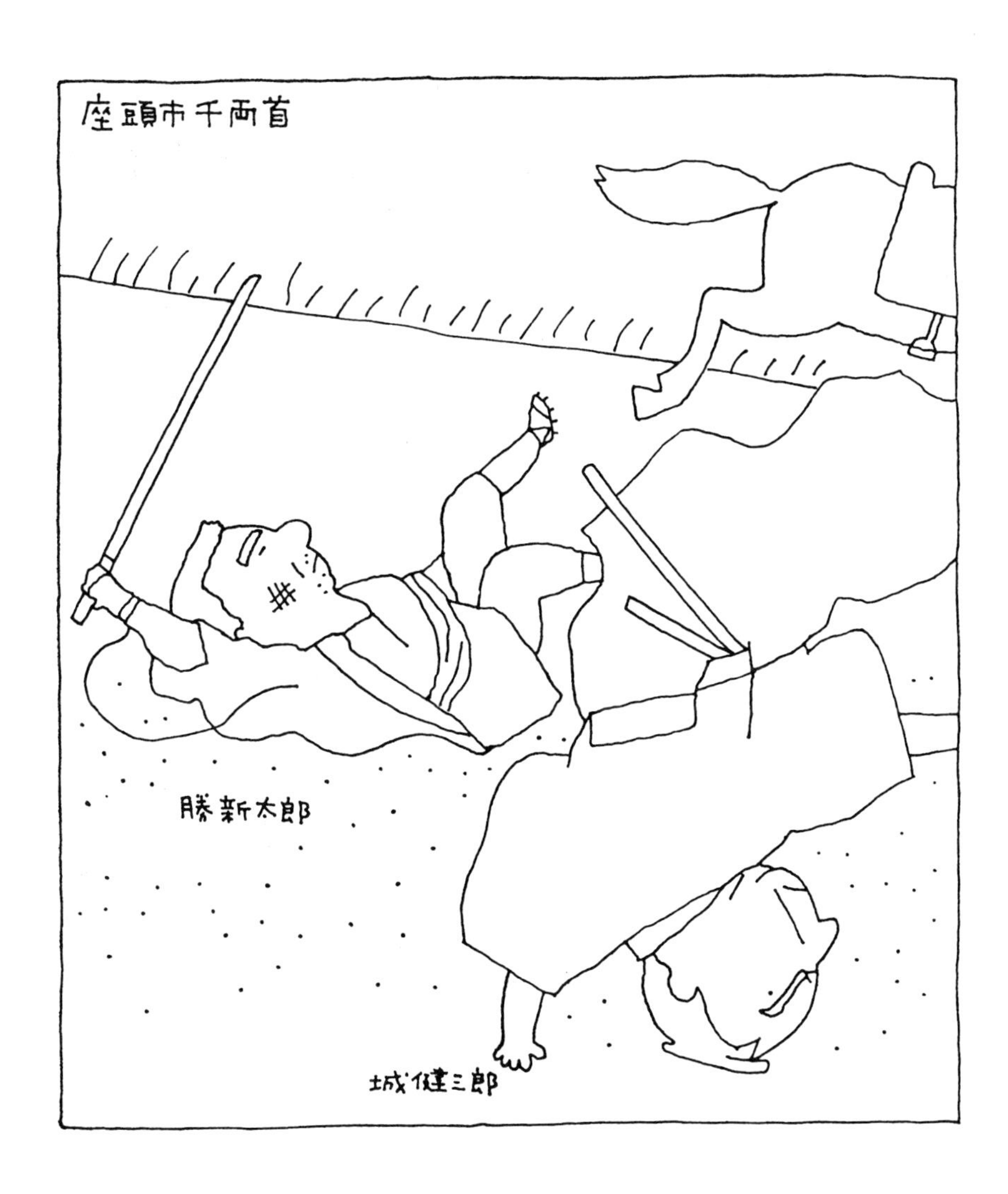
座頭市千両首
勝新太郎
城健三郎

Y　新東宝の作品だね。「番場の忠太郎」という題だった。中川信夫監督で、山田五十鈴が〝瞼の母〟になって。若山富三郎が二枚目のいい男って感じで…

W　白塗りでさ、そんなこともやってたわけだよ。それから、あれもやったからね、「四谷怪談」の伊右衛門。

Y　「怪談お岩の亡霊」。これはもう東映に移ってからだね。加藤泰の作品だ。かなり陰惨だったな、あれ。あの頃、第二東映*といってさ、わりと東映の二番手の作品ばかり作ってて、高田浩吉なんかが主演で、若山富三郎は二番目ぐらいの役でずいぶん出てたな。それから大映に行って、城健三朗になって、「忍びの者」の織田信長みたいに、主役ではないけれども…

W　印象的な悪役、みたいなのをやった。

Y　それで成功したんだと思うな。いい役者だもんね。凄味はあるし、人間的な魅力も大きいし…

W　それから東映へ行ってスターになっちゃうわけだけれども、その東映でも主役の「極道」シリーズよりも「博奕打ち」シリーズ。

Y　うん、鶴田浩二の影みたいな役。

W　丸い縁なし眼鏡かけてさ、電話かけながら死ぬ。あれは何だっけ？

Y　「博奕打ち」シリーズの第一作。**

W　「総長賭博」っていうのは、あれは何作目かだね、あれは傑作だったな。

Y　あれは四作目で、若山富三郎は悪役じゃなくて、鶴田浩二の義兄弟になる。女房が藤純子で、その兄が鶴田浩二。それが、渡世の義理を背負った鶴田浩二に刺されるという…

* 第二東映は60年に発足した大川博社長時代の東映の新系統で、「従来の東映作品より内容や製作費をさらにおとした通俗娯楽を本位とし、出演俳優その他も若干の新進を起用した」（田中純一郎「日本映画発達史Ⅵ」中公文庫）。

** 題名も「博奕打ち」。

悲しい、せつない男の役をやってもすごくいいんだよね。

W うん、あれはとってもいい役だったけど、悪い方の役をやるときもいいね。用心棒だとかさ、代貸しっていう役どころでさ、こわいんだね、これが。すごんで、山城新伍の若旦那の女郎屋を乗っとっちゃう。

Y 「博奕打ち」の第一作だね。ボスが河津清三郎。

W それの一の子分みたいでさ。義理をものすごく大事にしててさ、自分が鶴田浩二に斬られて死にかかっているのに、わざわざ電話してさ、「親分すんまへん」て言って死ぬのよ。(笑)

Y ハワード・ホークスの「暗黒街の顔役」にも、そんなシーンがあったな。ジャン＝ピエール・メルヴィルの「いぬ」のラストみたいに、キザでかっこいい。

W とってもよかった。名和宏とつるんでね、いつも二人で脅しに行くんだ。ちょうどバートン・マクレーンとワード・ボンドがつるんで悪徳警官やってたろ、* あんな感じなんだな。ワード・ボンドはどっちかっていうとジョン・フォードに気に入られていたから、人間的にいい役をやったけど、バートン・マクレーンは、もうたいてい悪かったね。

バートン・マクレーン

Y 出てくるだけで、もう悪い人ってわかったもんね。(笑) 特にすごんだりしないんだけどね、絶対にいい人じゃないんだ。

W でも、「グレン・ミラー物語」では、閲兵式で〝セントルイス・ブルース・マーチ〟

* バートン・マクレーンとワード・ボンドがつるんで警官をやったのは、「マルタの鷹」と「明日に別れの接吻を」。ともにワーナー・ブラザース作品。後者ではすごい悪徳警官をやった。

THE MALTESE FALCON
Ward Bond
Barton MacLane

をやったことを褒める将軍だったりして、いい役だった。ミラー家の子供を抱いて空港へ送りに来たりさ、そういう温情将軍だったよ。それと……そうだ、「暗黒街の弾痕」があるよ。

Y　親切な弁護士の役なんだよね。顔を見てると、なんだか信じられなくてね。そのうちきっと主人公たちを裏切るにちがいないと思ったりしてね。悪いことしないはずがないっていう顔しているんだ。（笑）

W　だって、スペンサー・トレイシーの「ジキル博士とハイド」*はさ、バートン・マクレーンを見て、悪っていうのはこういうもんだって言って、悪の薬を発明しようとするんだからさ、よっぽど悪相なんだよ。

Y　アハハハ。

W　「黄金」ではボガートたちの金をだましとっちゃうみたいな役だったでしょ。

Y　あの飯場の親方か。東映やくざ映画なら、さしずめ遠藤辰雄かな。

W　そうだね。

Y　そういう意味でなら、汐路章なんか、さしずめジャック・イーラムだ。

W　あれは、まさにジャック・イーラムだ。…何の話だっけ？

Y　市川崑の「雪之丞変化」の話をしてたんだよ。

W　ああ、そうだ。あれで勝新太郎の生臭坊主みたいなのが、気を失った若尾文子をかついで長谷川一夫のところへ送り届けるロングショットなんてのは、なかなかのものだったね。バックに竹藪があったかな。その竹藪も、日本画みたいに下の方がかすんでぼけてるような竹藪でね、家並をパッと真横から撮ったり、真上からとか、そんな撮り方ね。わり

＊公開名は「ジェキル博士とハイド氏」。

と七三に撮らないんだよね。

Y　市川雷蔵の昼太郎が急ぎ足で歩くところなんかも、狭い路地を、屋根と屋根の間を俯瞰で移動したりね。

W　市川崑みたいな映画作家は、自分のイメージで映画的にふくらませるのがいいわけじゃない。「雪之丞変化」みたいなわりと単純な仇討話を映像的にふくらませるから、とても映画的に面白いものが出来るわけだけど、「犬神家の一族」その他は、そういう余裕がないんだよね。ストーリーを紹介するのが精いっぱいって感じがするんだよ。もっとも、わりあいあの人、ちゃんと原作があって、三島由紀夫があったり島崎藤村があったりするんだけど…

Y　夏目漱石の「こころ」なんか、すごくいい映画だったな。深沢七郎の「東北の神武(ずんむ)たち」と並ぶ傑作だったと思うな。

W　やっぱり、彼自身がふくらませる余裕があるときがいいんだよね。で、俺、思ったんだけどね、ヒッチコックの映画というのは、いつも原作が短篇なんだよね。* ヒッチコックの面白さっていうのは、ヒッチコック自身のイマジネーションでふくらんでいく面白さがあるわけだろ。それがさ、原作があんまり緻密に書きこまれている長篇だと、その余裕が当然ないと思うの。そのへんヒッチコックは心得てるからね。忠実にやれば十五分くらいで終っちゃう短い話を、それこそテレビのヒッチコック劇場かなんかでやれば三十分かそこらで終っちゃうものを、二時間の映画にするわけだからさ。下手な人がやるとただの水ましになっちゃうんだけどね。ヒッチコックは自分の映画的手腕でもって、ものすごくふくらませてるわけだね。原作にないユーモラスなシーンをつけ加えたり。「鳥」だって、

＊いつも短篇というわけではなく、長篇小説を原作とする場合も多いのだが、原作の一部だけを脚色したり、アイデアやシチュエーションだけを借りるというケースが圧倒的に多い。

原作は大短篇だろ。

Y　ある日、鳥が群れをなして襲ってきたってだけの話だもんね。それだけの筋を軸に、ディテールをうんとふくらませるわけだ。

W　そういう余裕が生まれないんだよね、横溝正史の原作は。人物関係が複雑で、誰が誰と結婚して誰の娘だってことを説明するだけでも、せりふで言わなくちゃならないから、時間がかかるわけだろ。その上、自分の遊びをやってると、三時間にも四時間にもなっちゃうんで、切りつめて切りつめてストーリーを紹介してるんだけど、それでも二時間何十分にもなっちゃうんだよね。だから、あれは原作の選び方がまずかったと思う。シドニー・ルメットなんかにしても、「オリエント急行殺人事件」はそんなに長い話じゃないんだけど、人物紹介なんかで手一杯なんだ。ヒッチコックなら、恐らくあの原作は選ばないだろう。ビリー・ワイルダーもそうなんだよね。同じアガサ・クリスティでも「検事側の証人」…「情婦」の原作ね、「検事側の証人」なんか十ページぐらいのものなんだね。だから、チャールズ・ロートンの弁護士なんかさ、原作ではただ弁護士というだけで、薬をのむとか、階段の手すりに自前のエスカレーターみたいなのくっつけて上っていくとか、自分の看護婦が……奥さんか？　看護婦かな？　エルサ・ランチェスター。

Y　実生活では奥さんだけど、映画では看護婦の役をやっていた。

W　それが口やかましいとか、そんな描写はいっさいないわけだよね。それをそうやってふくらませているから、映画として面白いわけでね。そういう余裕が、「オリエント急行——」にはなかったし、「犬神家——」にもなかった、というふうに思うね。だから、だから……なんだっけ、そう、やっぱりヒッチコックに戻るんだけどね、「フレンジー」なんかでも、ストーリーかいつまんで言えばなんていうことない話だろ。それをあれだけ面白い映画にするっていうことは、やっぱりヒッチコック自身のイマジネーションの部分で面白い映画になってるっていうことだね。

Y テレビで観るヒッチコック映画がつまんないのは、そのせいなんだろうな。ストーリーと一見無関係なディテールが番組の時間枠に合わせてカットされて放映されるから、ふくらみがなくなっちまうわけだ。

W そう。そこをカットしてもストーリーだけはつながっていくんだけれども。

Y そういう遊びのところが微妙な伏線になってるわけだし、ほんとはカットできないものなんだ。

W ビリー・ワイルダーでもそうだけど、常に遊びと伏線が複雑にからまりあって出来てるから、どんなに無駄だと思っても切れないんだよね。初めて観たとき、あれ、なんでこんなシーンだらだらやってるのかなと思ってると、それが後のほうでビッと効いてくるんだよね。

Y どんどん加速度がついていく。

W ヒッチコックのうまさは最初スローテンポで…

Y なんでもないムードで…

W 「鳥」なんか、ボデガ・ベイへ行くまでがさ、グズグズグズグズして…

Y 女との間にごちゃごちゃあってね。

W だけど、やっぱりあれがないといけないんだよな。

Y あの導入部はやっぱりうまい。すごくうまい。何度も観ると、あのグズグズグズグズしたムードにサスペンスがあるんだ。

W やっぱり恐怖のムードっていうのは、いきなり恐怖じゃだめなわけだ。それはヒッチコックにかぎらず、アメリカ映画のうまさは、三流の化け物映画にしても、化け物はいきなり出てこないんだ。でも、なんかいるの、気配だけは。

Y それがサスペンスなわけだから。

放射能X

W そういう盛り上げ方っていうのがうまくてね。「宇宙戦争」なんかでもそうなんだけどさ、怪物——宇宙人の方は見せないで、それに近づいてゆく地球の男だけを見せててさ、次のカットでそれが死んでたとかね。そういうふうに盛り上っていくだろ。「放射能X」というのがあってさ…

Y 〝ゼム〟っていうやつね。

W 〝ゼム〟。あれを「ラドン」*が真似したんだけど。

Y ああ、そうか。「ラドン」てのは面白かったじゃない。「ゴジラ」と双璧だな。

W 「ラドン」の面白さはね、なかなか見せないだろ、ラドンを。「ゴジラ」の方はわりと単純に見せちゃった。で、佐原健二がさ、炭坑の中でラドンを見て、おったまげて、記憶喪失症になっちゃうんだけど、それが病院の中でさ、飼ってる鳥の卵が鳥籠の中で孵化するのを見て、ラドンが生まれる瞬間をワーッと思い出すの。それはもう、まったく「放射能X」が下敷にあるわけ。

＊「空の大怪獣ラドン」のこと。

Y 「放射能X」では、小さな女の子が何かを目撃するんだけど、ショックで記憶喪失症になる。

W 映画が始まると、女の子が砂漠の中を人形抱いて、ボロボロの恰好して、ただずーっと歩いていく。頭パーになっちゃってるからね、何も言わないんだよ。黙ったまま歩いていく。ネヴァダの砂漠だよ。で、その子を収容して、どうしたのって訊いても、何も言わないんだよ。ところがね、お菓子か砂糖かなんかにたかる蟻を見て、急に思い出して「ゼム！」って叫ぶんだ。その前に、雑貨屋みたいな家が無茶苦茶に壊されているのが出てくるんだけど、「鳥」もそうだったよね、鳥が襲うところじゃなく、その前に襲われた家の、やられた跡や眼玉くりぬかれた死体だけを写す。それと同じようにさ、雑貨屋がぐっちゃぐちゃになってるのを、何だろうって警官が調べると、砂糖だけなくなってる。で、警官が「甘党のギャングか」って。（笑）あの蟻だってさ、放射能で大きくなってしまった蟻がさ、キョンキョンキョンキョンキョンキョンキョンって鳴いてるだろ。その音だけが聞こえるんだよね。砂漠がこうワーッとあって、ジェームズ・ホイットモアのおまわりが行くとさ、砂漠の向うからキョンキョンキョンキョンって音だけ聞こえる。まだ正体わかんないから、声というより音だね。それがしばらくして、砂丘のかげからギャンギャンギャンギャンって出てくるんだ。（笑）そこで初めて出てくるの、巨大な蟻が。映画にすれば半分過ぎた頃にやっと出てくる。そういううまさね。ドラキュラなんかにしても、なかなか出さないんだよね。じわじわじわじわいくわけだ。「キング・コング」も、そうでしょう。

キング・コング

Y　古い「キング・コング」では、キング・コングの映画を撮りに行くっていう設定で、島に着く前に船の甲板でリハーサルをやるでしょう。キング・コングが現われたと仮定して、カメラの前で、フェイ・レイにキャーッと叫ばせるんだよね。それが伏線になって、実際にキング・コングが現われたときに、フェイ・レイは同じ叫び声をあげるわけだ。叫び声でうまくつながるわけで、考えれば考えるほど、うまいと思うんだな。だから、前半のキング・コングの出ない部分にも、いつもキング・コングの影が見えるようで、サスペンスがあるんだと思う。それから、ラストでエンパイア・ステート・ビルの上で戦闘機に狙い射ちされて、落ちて死ぬでしょう。「さしものキング・コングもわが軍隊の威力にはかなわなかったな」って言うと、ロバート・アームストロングが「いや、コングを殺したのは美女だよ」って。美女と野獣の神話が、ここでうまく生かされるわけだ。ところが新しい「キングコング」は、そこのへんをちょっと単純に図式化しすぎちゃって、キング・コングがひどく人間的で…

W　キング・コングってのは、俺が思うに、あれは人のいい悪人ね。ノア・ビアリーみたいな、あるいはウォーレス・ビアリー*とか、愛すべき悪人の典型、うんと悪いんだけど惚れた美女には手を出さないという、さらうとこまではやるんだけど殺しはできないという、そういう悪人てのは昔からいたわけじゃない。クロード・レインズとか、初期のアンソニー・クインとか、みんなそうだと思うんだな。** だから、それのパロディという言い方はお

* ノア・ビアリーとウォーレス・ビアリーは異母兄弟で、ともにサイレント時代から悪役俳優として鳴らした存在だが、ウォーレス・ビアリーの方がよりコミカルな味を出して芸域の広い性格俳優であったかも知れない。

** クロード・レインズといえば「カサブランカ」で最後にハンフリー・ボガートと〝美しい友情〟に結ばれる粋な警察署長の役がまず思い出されるが、「スミス都へ行く」では純真なスミス（ジェームズ・スチュアート）を利用する政界の黒幕的存在（ただし最後には悪業がばれて自殺する）、「オペラの怪人」の怪人、「シーザーとクレオパトラ」のシーザーなど、デリケートな人間的弱さを持った悪役が多かった。

　アンソニー・クインは、バイプレイヤー時代はもっぱらインディアンの酋長や悪役の海賊をやっていたが、「革命児サパタ」で革命の大義名分の犠牲になって粛清される農民、「道」の大道芸人、「ノートルダムのせむし男」のせむし男、「ガンヒルの決斗」のダメな息子を守る父親、「海賊大将」の心やさしい海賊など、粗野で兇暴なふるまいや姿かたちの裏に隠された人間味のある役が忘れがたい。

かしいけど、それを拡大したのがキング・コングなわけだろ。とにかくよくできたプログラム・ピクチャーだったんだよね。ところが新版の「キングコング」はパニック映画の大作にしちゃった。しかも内容は大恋愛映画ね。キング・コングと女が相思相愛だもんね。巨大な野獣が美女をさらうっていうスリルなんかないな。前のやつは、最後になってコングはそぞろ哀れ、というふうではあったけど、やっぱり滅されるべき運命にはあったわけだ。人はよくても悪人は悪人という典型だったもの。新版は善良そのものだもんね。野生生物保護委員会提供みたいな映画だぜ。

Y　あれはプロデューサーのディノ・デ・ラウレンティスの好みなのかなあ。「オルカ」なんか、これはしゃちの学名なんだそうだけど、愛護精神がもっと強烈なんだ。イルカが妻と子供を殺されて、殺した人間に復讐する話だからね、人間並みに。「ビッグ・ガン」のアラン・ドロンや「追想」のフィリップ・ノワレと同じなんだ。新しい「キングコング」は石油を探しに行った一行が、石油よりもキング・コングの方が儲かるといって、アメリカへ連れ帰るんだよね。だから、途中で難破船から美女が流れてきて一行に加わる、といった具合に無理があって、美女の出る必然性があまりないんだ。

W　いっそ、貿易センター・ビルから射たれて落ちたところに穴があいて、そこから石油が噴き出るのにしたらどうかね。それともな、コングはつかまって裁判にかけられるとさ、弁護士がうまくやって無罪になっちゃうの。キング・コングは味しめて、こんどは妹をさらうという。

Y　アハハハ…「リップスティック」PART2か。

W　ブルース・リーのでっかいのがでてきてさ、空手で貿易センタービルなんか壊しちゃうのはどうかね。題は「ホングコング」。

Y　アハハハ…ゲテモノ映画のリメークってのは、やっぱりだめなのかな。ゲテモノのまた焼き直しってのは。

W　でも、ゲテモノのリメークはわりとあってさ、「失われた世界」なんて、そうだろ。クロード・レインズのより前にあったわけだろ。

Y　「ロスト・ワールド」。リメークの「失われた世界」は、あれは結構面白かった。

W　面白かったよね。

Y　空想科学映画ってのは、科学的に妙にリアルな考証があるくせに、ポコンと信じがたいところがあるのね。たとえば、火山が大噴火してさ、踏むだに熱い土のところを逃げていくわけでしょ。どういうわけか、裸足の土人の美女がいてさ。（笑）必ず美女が出てくるってのがいいな。

W　半裸の。（笑）

Y　うん。素足で、よく熱くないなと思ってね。

W　土人だから足の皮が厚いんだよ。（笑）

Y　アハハハ…そういう説明がつくわけか。とにかく、半裸の美女が必ず出るというのがほんとうにいい。

W　ジュリー・アダムスにしたってさ。

Y　あれはもう傑作中の傑作だ。

W　ギル・マンだね。

Y　ギル・マン？

CREATURE FROM
THE BLACK LAGOON
Julie Adams
Gill Man

W　あれ、〝ギル・マン〟っていうんだよ。
Y　「大アマゾンの半魚人」でしょう。
W　ギルって何だ？　えらとかひれのことだろ。
Y　あ、えらの男、えら人間か。
W　そう。なんとかから来たcreatureというのが原題だね。* 続篇があるだろ。俺は観てないんだけど、「半魚人の逆襲」っての。
Y　知らないなあ。
W　それも来たよ。
Y　ジュリー・アダムスは出てないでしょう。
W　もう出てないと思うね。
Y　あの頃ジュリー・アダムスというだけで観にいってたんだ。ちょっと小林麻美みたいな感じでさ、いまでいうと、「禁断の惑星」っていうＳＦ映画、あれにも半裸じゃないけど、ミニスカートのひどく刺戟的な美女が出てたでしょ。アン・フランシス。
W　アン・フランシス、そうそう。あの映画にはロビーっていう名のロボットが出てきたろ。そのロボットがあんまり人気が出たんで、それを主役にした映画がもう一本できたのよ。
Y　ほんと？　日本へ来たの、それ。
W　来た、来た。俺は観てないけどね。「宇宙への冒険」とかいう題だったような気がする。
Y　俺、ＳＦファンでなかったから、全然知らなかったな。「禁断の惑星」では、カクテ

* Creature from the Black Lagoonが原題。

ルなんか作っちゃうんだよね、あのロボット。

W　そうそう、あのロボットはなんでも作っちゃう。それを自分で飲んで、酔っぱらうんだっけ。*この映画には見えない怪獣が出てくる、イドっていう。

Y　そうそう、イド。目に見えない怪獣なんだよね。

W　そのイドはさ。人間の潜在意識の中にある悪がね、別の空間でワッと悪い怪獣になるわけだよ。ウォルター・ピジョンの博士の意識下の悪が外で育っちゃうの。そういう哲学的な怪獣だから目には見えないんだよね。

Y　変な電光みたいなのがチカチカッと光って、ライオンみたいな形になったりしてな。

W　あれはちょっと安っぽいんだけど、イドってのはさ、足跡だけベコッベコッてついてさ、人間なんて八ツ裂きにしちゃうんだけど、目に見えない。それが来るっていうんで電線を張りめぐらすのね、高圧電流を流してさ。そこへ目に見えないものがやってきて電線にひっかかると、ピピピピピピーッてさ、虎みたいな形になるの、アニメーションで。(笑)

Y　そうか、なるほど、そうだったか。ゲテモノ映画には、もうひとつ、〝変身〟というか、ひどくグロテスクな、この世ならぬメタモルフォーズで驚かすのがあるね。

W　「原子人間」ていうゲテモノが面白くてねえ。

Y　「原子人間」？

原子人間

W　サボテンと一緒になっちゃう話なんだよね、人間が。宇宙からね、ロケットが帰って

*ロビーはコンピューターで酒を造るだけで、それを飲んで酔っぱらったのはコックのアール・ホリマンだけ。

くるんだよ、イギリスへね。イギリス映画なんだ。ブライアン・ドンレヴィが出てんだけどさ。で、乗組員が三人だかいてさ、二人死んじゃって一人だけ生き残っているの。記憶もなにもなくして、病院で半死半生で寝てるのよ。それが意識とり戻してフッと目を開けると、窓辺に植木鉢のサボテンがあるのね。で、そのサボテンに近づいていくのよ。ウーッと近づいていくとさ、カットは変って別のシーンになるんだよ。ちょっとたって次のシーンでは、彼は身体半分サボテンになってるんだ。（笑）東宝で「マタンゴ」ってあったろ、キノコと人間が一緒になっちゃう。あれのもとだね。で、身体半分、こっちは人間の手で、こっちはトゲトゲのあるサボテンみたいになってさ、これがどんどん巨大になっていく。しまいに、なんかわけのわからないズルズルの植物になってさ、それをたしか高圧電流で殺すんだと思ったな。

Y テレビで観ただけなんだけれども、「ハエ男の恐怖」も、そんな変化が起こる…

W 瞬間物質移動器かなんかで、頭と胴体がハエととりかわっちゃうのね。あれも続編があって、両方テレビでやった。あれ、ヴィンセント・プライスだったよね。ヴィンセント・プライスの甥かなんかがハエ男になっちゃうのね。

Y ラストがすごかったな。

W 「ぼくはここにいるよォ」って、ちっちゃいハエが蜘蛛の巣にひっかかって騒いでる。カメラがガーッと寄っていくとさ、そのハエの頭だけ人間の顔になっててね、叫んでいるわけだ。

Y ハエの要素と人間の要素がとりかわっちゃう話だから。

W ワニになっちゃうのもあったな。「アリゲーター・マン」――「恐怖のワニ人間」。これもテレビでやった。爬虫類ってのは尻尾切られても蘇生する。それの組織をうまく人間に利用すれば、大怪我しても皮膚がまた生き返るんじゃないかっていう研究をしているうちに、ワニの組織を人間に移植しようとしてワニになっちゃう。

Y やりすぎてね。

W たいてい、やりすぎるんだね。まあ、みんな「ジキルとハイド」が原型なんだろうねえ、やりすぎて変なふうになっちゃうという。

ジキルとハイド

Y 「ジキルとハイド」もずいぶん何度も映画になってる。

W 何度もなってるけど、俺はスペンサー・トレイシーのしか観てない。ジョン・バリモアのは観てないしさ。ジョン・バリモアは、俺、話に聞いただけだけど、メーキャップしないで、表情つくるだけで化けたんだってね。だから、ワンショットなんだって。二枚目の紳士が、薬飲んでワーッと顔かきむしるとさ、兇暴な顔になるんだって。カメラ据えっぱなしでさ、大熱演でやったんだって。

Y そりゃ、すごい。話には聞いてたけど、やっぱりジョン・バリモアってのは狂ってたんだね。

W 「狂へる悪魔」っていう題だもんね、邦題が。(笑) それから、もうひとり、フレドリック・マーチがやったの*ね。ずっとあとで、イギリスのゲテモノでだれかやってるだろ、クリストファー・リーみたいな人が。「ジキル博士の二つの顔」っていうやつ。

* ルーベン・マムーリアン監督「ジキル博士とハイド氏」(31年)。フレドリック・マーチはこの役でアカデミー主演男優賞を受賞。

Y　あれは珍しくクリストファー・リーがジキルとハイドをやらずに、ポール・マッシーとかいう役者がやった。フランスでは「コルドリエ博士の遺言」っていう題で、ジャン・ルノワールが作ってる。ジャン＝ルイ・バローがジキルとハイドをやってるんだ。

W　へえ。怖いの？

Y　怖いというより、すごいの。兇暴なんだ、ハイド氏になると。ものすごいメーキャップでね。としをとったバローの顔はわりと立派で、博士っていう感じするでしょう。ところが、ハイド氏になったとき、すごいんだ。こんな、顔面がふくれあがってさ、全然、面影がないの。それはすごかった。やたらと兇暴でね。乞食が金をめぐんでくれなんて言うとね、急にカッとなってステッキで狂ったようにぶんなぐる。狂った映画なんだよ。

W　パロディでは、ジェリー・ルイスの「底抜け大学教授」。あれは面白かったね。変身の途中で一度猿になるだろ。

Y　腕なんか、ゴリラみたいに毛むくじゃらになる。（笑）

W　あのシーンは驚いたねえ。すごく可笑しかった。気の弱い大学教授がね、女も口説けないっていうようなのが、なんとか勇気を持とうてんで、実験室で試験管こんなことやって、フラスコがプクプクなって…

Y　典型的な実験室のセット。

W　薬をのむと、ジェリー・ルイスがのたうちまわる。そこでカットがどんどん積み重なるわけだけど、一回途中で全身毛が生えた猿になっちゃうわけだ。（笑）ジェリー・ルイスはこっちが黄色でこっちが赤になったり、紫色になったりさ、ひどい色になってな。それからジェリー・ルイスの見た目で、一人称カメラでずっと画面が展開する。

Y　街の人たちがびっくりして、ハッとカメラの方をふりむく。

W　観客の方は、途中で毛が生えたりしたの見せられてるもんだから、相当ひどくなっちゃったと思ってると、そうじゃなくてさ、いい男なんだ、最後に落着いた顔はさ。それも、メーキャップでいい男にしているのじゃなくて、ジェリー・ルイスそのものなんだ。頭をこうリーゼント・スタイルにしてな。

Y　トニー・カーティスみたいな色男になっちゃう。

W　うん。トニー・カーティスというか、プレスリーね、若き日の。だから、あいつ、ほんとはいい男なんだよな。それで、ナイトクラブへ入っていきます。ピアノのところへずかずかって行ってさ、弾き語りを始めるんだよ。それが〝ザッツ・オールド・ブラック・マジック〟っていう歌なんだ。

Y　なかなかいい声で歌うんだよね。

W　うまいんだよ。ＬＰ二枚出してるくらいだから、かなりうまいんだ。〝ザッツ・オールド・ブラック・マジック〟ていうのはどういう歌かというと、ハロルド・アーレンが作ったんだけれど、マリリン・モンローが「バス・ストップ」で歌った。

Y　「バス停留所」で。あ、そう。あの歌か。

W　うん。

Y　「底抜け大学教授」には、ひどくおかしいギャグがたくさんあった。

W　ボディ・ビルをやろうと思って、バーベル持ち上げようとすると、バーベルは上らないで、手がこんなに伸びちゃう。（笑）

Y　で、次が夜、ベッドで寝ているシーンなんだ、アパートで。

Jerry Lewis
THE NUTTY PROFESSOR

W 足を掻くんだ、足まで伸びた手で。足の裏なんかキュッキュッと掻いてね。

Y そうそう。可笑しかったよ、あれは。

W それでもね、俺、ジェリー・ルイスが一人になってからよりも、ディーン・マーティンと一緒にやってた頃の方が面白いと思うけどね。「お若いデス」なんて、ものすごく面白いです。

Y あれはケッサク中のケッサク。

W 「お若いデス」の中でジェリー・ルイスがハンフリー・ボガートの真似するの、憶えてる?

Y うん。髭剃りながら、口笛を吹く。それから、いかにもボガートって感じで歯をキュッキュッってむきだして…

W そう。〽ティラリララ、リララ、ティララ、ラララリー

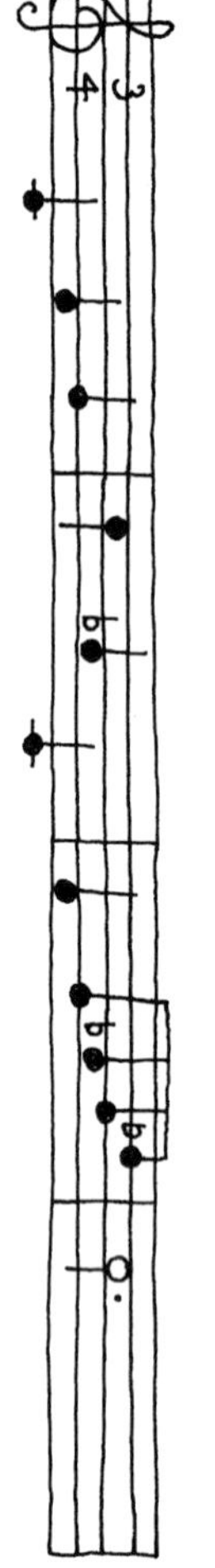

っていう音楽なんだよ、口笛で吹くのは。それはね、アメリカのラジオ番組でね、コツコツコツって足音が聞こえてね、で、口笛が聞こえるの。〽フィフィフィフィフィフィフィー。名物番組だったらしいんだな、「鐘の鳴る丘」みたいに。戦後まもなく、よく聞いたよ。スリラーなんだけどね。で、〝アイム・ア・ホイッスラー〟*っていうんだよ。

Y 〝俺は口笛吹きだ〟と。

W そのメロディを口笛で吹いてるわけ。凝ってるんだよ。

* 「口笛男」The Whistler はウィリアム・アイリッシュ原作のラジオ・ドラマ・シリーズ。「口笛男の跡」「口笛男再登場」などの映画化作品もある。

Y　ジェリー・ルイスが女学校の寄宿舎にもぐりこんじゃうんだよね。で、女の先生の弟に見つかっちゃってさ、変なやつがいるってんで。で、その少年を脅すために、口笛吹いてハンフリー・ボガートの真似をするんだ。

W　それから、女学生にまじって変な体操しただろ。ぐにゃぐにゃでね、なんか関節がないみたいな動き方するのね。

Y　あの変な体の動きは、まったくジェリー・ルイスだね。一人だけ調子が狂ってるのね。よくあるやつだけど、あのジェリー・ルイスの動きだけは、奇妙奇天烈で真似できない感じだね。

W　それから、女を口説くというんで、ちょうどシラノ・ド・ベルジュラックみたいに、ディーン・マーティンが蔭で歌ってやる。〝アイ・オンリー・ハヴ・アイズ・フォー・ユー〟っていう歌。ジェリー・ルイスが口だけ合わせてさ。

Y　水上スキーのシーンも可笑しかったな。悪役がレイモンド・バーでね、モーターボートに乗ってる。ジェリー・ルイスはそれの引く水上スキーに乗って追っかけることになるでしょう。レイモンド・バーはなんとか振り離そうとして、湖の岸辺すれすれにものすごいスピードで走らせる。勢いあまってジェリー・ルイスは水上スキーのまま陸に上っちまって、キャンプに来て食事中の真只中を通ってまた湖上に戻ってくる。ふと見ると、サンドイッチを口にくわえてるんだ。（笑）で、「ぼくはハムはきらいだ」ってなこと言って捨てちゃうんだよ。可笑しかったな、あれは。

W　ジェリー・ルイスがさ、タイプライターをうつ恰好で、リロイ・アンダースンの曲に合わせて〝チャカチャカチャカチャカチャカチャカチャン、チャカチャカチャカチャン、ピン!プン!ってやるのがあるだろ。(笑) あれは何の映画だっけ。

Y 「底抜けシンデレラ野郎」じゃなかったかな。どっかのオフィスの、受付のとこでやるんだ。社長か誰かに面会に行って、待ってるあいだに。受付嬢がびっくりするんだよ。

W あれは彼の持ち芸らしくてね、テレビのショーでもやってたけどね。あれはものすごく合うのね。〽チカチカチカチカチカチカチン、チカチカチカチカチン、ピン!(笑)

Y その前になんかの映画で見たことがあるような気もするけど、思い出せないな。思い違いかも知れない。ゲテモノ映画の話してたんだっけ。「ジキルとハイド」から「底抜け大学教授」の話になって…

W あのさ、「双頭の殺人鬼」って映画があったろ。あれも「ジキルとハイド」みたいに、薬を飲んで変になるんだよ。

Y 頭がふたつできちゃうわけか?

W そう。これが怖いんだねえ。

双頭の殺人鬼

Y 気持悪いな。

W うん。ある日さ、上半身裸になって髭剃ってるとさ、肩からね、眼が出るんだ。肩に眼が生えてくる。植物の芽じゃなくて、人間の眼。眼が生えてね、パッとまぶたを開くんだよ。髭剃ってて、鏡に映る自分の肩をパッと見て、ギャーッて言うのね。

Y そりゃすごいや。

W もうびっくりしてさ、なるべく隠すようにして、洋服着て。で、街へ出かけていくだろ。すると、眼の生えたところから、だんだん顔が出てくるわけだよ。レインコート着てるのにさ、そのレインコートをムグググッて持ち上げてね（笑）、もう一個顔が出てきちゃう。

Y 他人の顔！

W そう、全然違う他人の顔がね。それはもうゴリラみたいな顔なんだ。だからさ、ジキルとハイドが一人の人間の中に同居しているって感じなんだ。もともとは善良な男なんだけどさ、変なのが生えてきちゃったために、それが殺人を犯すんだ。で「双頭の殺人鬼」っていうんだ。しかも、舞台は日本だぞ。

Y 日本？

W うん。ジェームズ繁田かジェリー伊藤かなんか*の刑事がさ、それを逮捕しに来るみたいな、そんなんだったぜ。アメリカ映画なんだけど。

Y 変な映画だな。

W うん、変な映画。あんなの観てる人、少いだろうなあ。でも、そのね、ワッと生えてくる顔はさ、いかにも作りもののハリボテをのっけた感じで、ちょっとシラけるんだけどね、肩に眼が生えてくるところは怖かった。アイデアとしてはすごかったね。それから、「蛇女の脅怖」ていうの、怖かったな。

Y あれは観たけど、気持悪くて。

W 気持悪かったねえ。なんか、布きれのなかにいて、グニュグニュグニュグニュしてる。それだけでも不気味なんだけど、おしまいの方で顔がアップになるのな。蛇女の顔が。あ

* ジェリー伊藤が演じた。

れは怖い。あと、そういうんでは「吸血ゾンビ」。土の中から屍体がググググッて起き上ってくるの。それから「妖女ゴーゴン」っていうのがあったろ。髪の毛がワッと蛇の群れになってるやつ。

Y 和田さんも好きだねえ。（笑）

W うん。（笑）やっぱり「吸血鬼ドラキュラ」、クリストファー・リーがやったドラキュラ物の最初のやつ、あれは傑作だったねえ。

Y クリストファー・リーってのは気品があるしな。もっとも、ベラ・ルゴシにしても、ボリス・カーロフにしても、ロン・チャニーにしても、怪奇スターってのはみな気品のある俳優だな。クリストファー・リーのドラキュラも、ちょっと知的な男らしさみたいなものがあってね。

W ドラキュラは女を惹きつけなきゃいけないから。クリストファー・リーがフランケンシュタインをやったのが一本あって、「フランケンシュタインの逆襲」っていうんだよね。これはグチャグチャの顔にメーキャップしてるんで気品もへったくれもないんだけど。そのすぐ次に「フランケンシュタインの復讐」ってのがあってさ。フランケンシュタイン博士はやっぱりピーター・カッシングなんだけど。

Y クリストファー・リーは怪物の方になるわけだ。

W クリストファー・リーの怪物は一作目で死んじゃって、破滅しちゃって、出てこない。

Y そうだな。それは、たしか恋人同士の男女の脳と体をくっつけて人造人間を造る話だ……いや、あれは「死美人の復讐」だったかな。

W 一作日の事件があってから、博士は名前を隠してさ、ドクター・スタインていう名前で、大学教授かなんかやってる。ところが、その過去を知ってる誰かがいてさ、下男だったかな、これも実験に使われちゃうの。それがクライマックスにさ、みんながドクター・スタインていってるのに「フランケンシュタイン！」って叫ぶ。（笑）

Y メル・ブルックスの「ヤング・フランケンシュタイン」の出だしみたいだなあ。

W あれは傑作だねえ。俺、「サイレント・ムービー」って、あんまり好きじゃないし、「ブレージングサドル」もあんまり好きじゃないけどね。ブルックス本人が出てくると、ちょっとやりすぎてドロ臭い。でも「ヤング・フランケンシュタイン」はかなり粋だったねえ。トランシルヴァニアへ行くだろ。

Y トランシルヴァニアってのはドラキュラの城のあるところじゃないか。

W フランケンシュタインのくせに、なぜかドラキュラの国へ行くんだ。で、トランシルヴァニアへ行きますね。するとさ、トランシルヴァニアの駅に靴みがきの少年がいてさ、汽車の中からジーン・ワイルダーが「Pardon me, boy, is that Transilvania Station?」て訊いたろ。

Y そう？

W そうよ。で、少年が「Yes, yes, track twenty-nine」て答えるんだよ。それは何だかわかる？

Y ？

W 〝チャタヌガ・チューチュー〟。「グレン・ミラー物語」でフランセス・ラングフォードが歌ったんだけどさ、〽パードン・ミー、ボーイ、イズ・ザット・ザ・チャタヌガ・チューチュー？ ていう歌詞なの。それを「パードン・ミー、ボーイ、イズ・ザット・トランシルヴァニア・ステイション？」て言うわけだ。で、「イエス、イエス、トラック・トゥウェンティ・ナイン」て答えるのは本物の歌詞にもあるの。

Y　なるほど。でも、スーパーインポーズでは訳しようないだろうから、たいていの人にはわかんないな。

W　スーパーではただ普通に、これはトランシルヴァニアの駅かね、と訊くと、少年が、そうです、と答えるだけだったけどね。そういう凝ったギャグもあるんだけど、わからなくても、元のボリス・カーロフのフランケンシュタインを知らなくても、あれは相当面白いもんね。知ってれば、もっと面白い。

Y　パロディ作家としては、アメリカ映画には、メル・ブルックスと並び称せられるウッディ・アレンがいるわけだけど、正直いって、かなりシンドイね。「アニー・ホール」はかなりよかったけど、これはコメディというよりは生活映画みたいな感じのドラマだし。「ボギー！俺も男だ」は、あまり笑えなかったな、俺。

ウッディ・アレン

W　やっぱり、ややドロ臭いんだよねえ。まあ、わかんないってこともあるんだけどね、俺たちには、ああいうユダヤ・ジョークみたいなのが。アメリカ人で、しかも都会に住んでないと、ほんとにわかんないんじゃないかね。テレビの「アンディ・ウィリアムス・ショー」のゲストに出てきて、芝居じゃなくて、ただジョークを喋った中に面白いのがあったね。こんな話なんだ。仮装パーティに行く途中、鹿を自動車で撥ねてね、鹿はただ気絶

YOUNG
FRANKENSTEIN
Gene Wilder

したただけで、それでその鹿を自動車に積んでパーティに連れていくのね。会場に着くと鹿はもう元気になってて、鹿もパーティに出るんだよ。仮装パーティだから、みんな仮装してるわけよ。で、ひとり、鹿に化けたやつがいるんだよな。すると、そいつが一位になって、ほんとの鹿が二位になるのな。(笑) なんで俺が二位なんだ、って鹿が怒ったっていうんだ。(笑) それからお開きになって帰るんだけどさ、鹿に化けてたやつが酔っぱらって、鹿の扮装のままで家に帰る途中で、鹿狩りの鉄砲で射たれちゃうんだ。それで、そのまま壁飾りになっちゃう。中に人間が入ったままで。でも、中に入ってるやつはユダヤ人だからまあいいやっていうような、そういうジョークなんだよね。相当可笑しいというか、辛辣というか。

Y そういう辛辣さが、ウッディ・アレンの映画にはないんだよね、「スリーパー」なんかにしても。もっとも、ウッディ・アレンのすごくいい喜劇ってのは日本に来てないらしいから。「バナナ」* はテレビで観てちょっと面白かったけど……やっぱり「アニー・ホール」だな。喜劇じゃないけど、きびしさのあるいい恋愛映画だった。

W 「アニー・ホール」はね、たいそうよくできてる映画だということはわかるんだけど、俺の好みからいうと、大好きな映画じゃないのね。何故かなって考えるとね、映画的には過去の風景に現在の自分が出てきたりして凝ってはいるんだけど、骨組っていうのか、物語の顚末は、すごく日常的なわけだ。あんまり日常的なやつはねえ、極端な言い方になるけど、金払って映画観なくてもね、友だち見てりゃいいような気がするの。あるいは自分を見てもいいような。やっぱり作り話がいいという、俺にはそういうヘキがあるのね。なにげないシーンだけど「アニー・ホール」の中で共感したのはね、ウッディ・アレンが映

* 「危機十三発！大逆転」の題でテレビ放映された。

画にちょっと遅れると、もう観ないって言うでしょ。最初からじゃなきゃいやだって。

Y うん、うん。あれは身につまされた。

W ダイアン・キートンの方は二、三分遅れたってどうってことないじゃない、って言うね。あれは映画ファンと普通の人の違いをすごくうまく表現してると思った。俺、三十秒遅れてもいやだもんね。でね、俺、コメディって、作り話っていうか特異な設定でくるやつが好きなんだけど、ビリー・ワイルダーはそうでしょう。「お熱いのがお好き」も「あなただけ今晩は」も「恋人よ帰れ！わが胸に」も「ワン・ツー・スリー」も「お熱い夜をあなたに」もさ。「ねえ！キスしてよ」なんてさ、世間はあんまり評価しないみたいだけど、あれは傑作だもんな。

ねえ！キスしてよ

Y 面白かったねえ。あれは艶笑喜劇として大変なもんだよね。

W すごくきわどいでしょう。モラルから言ってもひどいもんなんだよね。でもきたならしくはないという作り方のうまさね。ディーン・マーティンがディノという名の歌手の役で出るでしょう。その役は好色というか助平な役でさ、一晩やらないと頭が痛くなる、なんて言うのね。ディノというのは実際にディーン・マーティンの愛称なんだよね。だから架空の人物を演じてるにもかかわらず、自役自演みたいな感じがするのな。そんな役をやっちゃうのも面白いし、やらせる方も面白いなあ。レイ・ウォルストンの作曲家が、有名な歌手のディノに自作を歌ってもらおうとして自宅に招ぶ。でもディノは好色だから女房を口説くだろう、ってんで、女房にケンカ売って実家に帰しちゃうのな。そのケンカがさ、「お前のおふくろはまるでゴジラだ」って言うのね。で、女房の留守に女房役として雇うのが「へそボタン」ていう酒場の女のキム・ノヴァクでさ。案の定ディノはキム・ノヴァクを口説き始めるの。するとレイ・ウォルストンはそれにも嫉妬して、ディノを家から放り出しちゃう。ほんとの女房は里へ帰ると、おふくろが口うるさいのな。女房はうんざりして、「亭主の言うとおりだわ、お母さんはまるで…」と、さすがに口ごもるの。すると親父が「ゴジラだろ」って言うのね。ゴジラってのはアメリカでも有名になったんだなあと思ったね。で、女房はまた里から帰ってきてさ、キム・ノヴァクの寝泊まりしてるトレーラーの中で寝ちゃうの。

Y　そう、そう。

W　そこへ家から放り出されたディノが来て、結局できちゃうのな。

Y　いつか和田さん酔っぱらって、俺の生涯のベストワンは「ねえ！キスしてよ」だって叫んでいたことを憶えてるよ。

W　俺、ビリー・ワイルダーってのは、最高の映画は何だ、って訊かれると、そのときの気分によって「サンセット大通り」だったり「アパートの鍵貸します」だったりするの。なんか、いつもやっぱりビリー・ワイルダーなんだね。

Y　最初に観たのは何？　ビリー・ワイルダーで。

W　いちばん最初に日本に入ったのが「失われた週末」だよね。で、「熱砂の秘密」があって、それから「サンセット大通り」だったと思うんだけど、俺が観たのは「サンセット大通り」が最初だね。前のも観てるけど、順序が逆になったわけだ。初めて観た「サンセット大通り」のショックといったら、これはもう…。

サンセット大通り

中学三年から高校一年になる間の休みに観たって気がするんだけど、同じ頃「イヴの総て」をね。たまたま「イヴの総て」がブロードウェイの内幕で、片っぽの「サンセット大通り」がハリウッドの内幕だったわけで、両方とも強烈だったけどさ、どっちが強烈かと言われれば、それは「サンセット大通り」なわけだよね。「イヴの総て」も好きな映画だけど、「サンセット大通り」があんまり強烈でね。最初のシーンが道だよな。SUNSET BOULEVARDという道の標示があって、それは車のフロントグラスから見た目の道なんだよ。それがバァーッと走りだして、それから道にタイトルが出ると思うんだ、俺の記憶ではさ。で、それからプールになる。プールの下から撮ってんだよ。プールの底の方から上を見て撮ってて、ホールデンの死体が浮かんでるんだな。で、死体が喋りだすんだよね。画面外からのナレーションだけども、「俺はいま、こうして浮かんでいる。冷たい」っていうようなナレーション…

Y　死体が回想する。

W　うん。俺、映画観だして何本目かなのにさ、これはすごいって、こういう映画も珍しいなっていうふうに思ったな。誰かのエッセイで、あの手は戦前に誰かがやったと書いてあるのを読んだ記憶があるけど。で、死体が浮かんでる。それから「あれはいついつの頃だった」って、借金取りから逃げるシーンになるわけだ、車の月賦が払えなくて。で、車で逃げて、グロリア・スワンソンの家に入りこむんだ。入ると、葬儀屋と間違えられるんだな。これが何の葬儀かというと、ペットの猿が死んだんだ。そいで、シナリオライターだろ、ホールデンは。自分の書いたシナリオを、パラマウント映画に売りに行くシーンがあるんだ。なんでもないシーンだけど、それは野球選手の物語なの。で、一所懸命説明するわけ、どうしてもパラマウントでやってもらいたいと。主役はアラン・ラッドにしてもらいたいと言うんだけど、これはいいアイデアだと思うんだよ。ちょうど、野球映画がいろいろと作られていた頃だしね。だけど、実際にはアラン・ラッドが野球選手をやった映画はないと思うんだ。でも、すごくピッタリだろ、イメージから言って。で、ウィリアム・ホールデンは、これはフォックスに持っていってもいいんだけど、タイロン・パワーの役じゃないんだって言うんだよ。（笑）あの頃は専属制度がはっきりしてて、フォックスのいちばんの二枚目はタイロン・パワーで、アラン・ラッドはパラマウントのスターだった、ということだろうね。そんな話をパラマウント映画の中でやってるのがすごく面白いよな。あんな真面目な深刻な映画で、結構楽屋落ちの面白さをやってる。デミルが自役自演で出たり、キートンが出たり、*ほら、藻が浮いた汚ないプールがあってさ、「かつてはヴァレンチノが泳いだプールだ」って言うんだよね。それからグロリア・スワンソンが自分の映**画を観るだろ、若い頃の。ほんとのスワンソンの若い頃の映画を映してる。残酷なんだけどね。そういうのがとっても面白かったのは、楽屋落ちが好きだったということもあるね。〝珍道中〟ものを観て、ぜんぶ好きだったからね。「アラスカ珍道中」でさ、山を見るとパーッと星が出てパラマウントのマークになっちゃう、ああいうのが面白くてたまらなかったね。

* パラマウントの撮影所のセットで撮影中（「サムソンとデリラ」風のセットだった）のセシル・B・デミル監督に、グロリア・スワンソンが会いにいくシーンがある。バスター・キートンは、グロリア・スワンソンの邸宅で落ちぶれた昔日のスター仲間が集まってカードをやっているシーンに出演。アンナ・Q・ニルソン、H・B・ワーナーといった当時すでに忘れ去られていた往年のスターたちといっしょだったと思う。

** エーリッヒ・フォン・シュトロハイム監督の未完の大作「ケリー女王」（28年）。

珍道中シリーズ

Y　〝珍道中〟ものには熱狂したなあ。

W　映画の中で映画を観るってのが、俺の最初の記憶は「南米珍道中」。これは、スクリーンの裏側から見るんだよ。ボブ・ホープとビング・クロスビーが密航してるんだけど、たしか船の中の映画会でやる映画に、彼らがバンドで演奏してるのが出るわけ。これがいかにも〝珍道中〟らしいんだけど、スクリーンにパラマウント映画のエンドマークが出るんだよ。でThe Endというのが、裏から見てるから左右逆に映るわけ。これが面白かったね。そういう、映画の中で自分とこの映画を映すみたいな、ひねった楽屋落ちが、当時、俺、中学生だったけど、面白いと思ったね。古くは「商船テナシチー」*のファーストシーン、映画館で映画が終るところでFINと出る、というのがあるけど、そのときはまだ観ていなかった。「シンガポール珍道中」ではパラマウント・ニュースなんだ。ボブ・ホープとビング・クロスビーがシンガポールかどっかに着いちゃって、船が遠ざかるのかな、海岸でさ、こう、カメラを回すような恰好をして船を見送りながら、パラマウント・ニュースのテーマ・メロディを歌うんだ。「シンガポール珍道中」にはさ、ジェリー・コロナっていう人が出てきて、ワ――ッてさ、すごい声で、ワ――――ッ！って言うんだよ。（笑）

Y　ただ叫んでるわけ？

W　ただ叫んでる。初めは声が聞こえるだけで、サイレンかなっていう感じなんだけど、

* クレジット・タイトルが終ると、ハワイアン・メロディが流れ、南海の海、フラダンスを踊る女、水中で戯れる裸の子供たちなどが写り、半裸の若者と半裸の美女が抱き合ってラスト・シーンになり、暗転して、あかりがつくと映画館であることがわかる。

＊ここでいう「汚名」のカットバックとは、もちろん、あの、クロード・レインズの邸におけるパーティのシーンの、サスペンスあふれるカットバックのこと。一方では、ケイリー・グラントとイングリッド・バーグマンが地下の酒倉にしのびこんで、クロード・レインズがナチのスパイであることの証拠（酒倉のシャンペンのびんのどれかにウラニウムが詰められている）をさぐっている。同時に、パーティの会場

ポーンと画面が変るとさ、そのジェリー・コロンナっていう人がピアノに向ってさ、わけもなくワ――――ッて叫んでる。それが相当長いんだよ。息も継がずに叫んでる。ワ――――――――――(音程が下ってきて)〽キャリー・ミー・バック・トゥ・オールド・ヴァージニー。(笑)それだけなの。(笑)わけがわからない。(笑)それからさ、「南米珍道中」でやっぱりワ――ッて叫びながら、南米のガウチョの恰好してさ、青竜刀みたいなの振りかざして、ワ――ッと走ってくるのね。と、こっちではドロシー・ラムーアが悪いやつと結婚させられそうになるっていうシーンがある。それがカットバックでさ、ガウチョの恰好した、そのジェリー・コロンナっていう人がさ、ワ――ッて言いながらさ…ワーッと叫ぶのが芸らしいんだな、その人は(笑)、ワーッて言いながら、いっぱいガウチョ従えてさ、パカパッ、パカパッ、パカパッてさ、鞍馬天狗みたいに駈けてくんの。音楽はウィリアム・テル序曲だったかな。と、こっちではさ、カットバックだよ、「汚名」のカットバック*みたいに、もうスリルとサスペンスっていう感じでね、こっちは結婚式が進行してて、こっちはワ――ッ、したくない結婚からヒロインを救う正義のガウチョが駈けつけてくるっていう印象なの、どう見ても。ところが、これがまったく関係ないのね。(笑)結婚式の方は、ビング・クロスビーとボブ・ホープなんかのドタバタになって、こっちはこっちで解決するんだよ。で、ワ――ッと来たジェリー・コロンナは、止まって、カメラに、つまり観客に向って、「諸君! 興奮したろう」って言うの。(笑)

Y それだけ?

W うん。それだけ。(笑)前にストーリーと関係ないギャグは面白くないって言ったけど

では、用意されたシャンペンのびんがどんどん減ってゆく。シャンペンがなくなれば、当然地下の酒倉に新しいボトルを取りに行かなければならず、その酒倉の鍵はクロード・レインズだけが持っているのだが、実は前の晩妻のイングリッド・バーグマンがひそかにキー・ホールダーから抜き取ってケイリー・グラントに渡しており、クロード・レインズはまだそれを知らない。だから、クロード・レインズが酒倉の鍵を抜き取られたことを知ったときには、妻のイングリッド・バーグマンに裏切られ、しかも彼女がアメリカのスパイであることに気づくことにもなるわけだ。こうして、すべてが一挙にドラマチックな破局を迎えることになるというサスペンスを盛り上げるために、酒倉でウラニウムの入ったボトルをさがすカットとパーティの会場でシャンペンのびんが減ってゆくカットが、パラレルに、そして刻一刻とスピードアップされて、写されてゆくのである。このシーンのカギが酒倉の鍵にあることは言うまでもなく、だからこそ、このシーンは、まずカメラがイングリッド・バーグマンの手に握られた酒倉の鍵を超クローズアップでとらえて見せるところから始まるのである。

さ、これはそれを承知で、わざと逆手を行った面白さなんだな。ああいう馬鹿馬鹿しい可笑しさっていうのは、いまの映画にはちょっとないね、「バリ島珍道中」くらいになると、そういうギャグがもうちょっと浮いてきてねえ。突然「アフリカの女王」のシーンがインサートされると、オスカーが落っこってさ、ボガートが忘れていったオスカーっていう感じでね。それをビング・クロスビーが拾うのかな。するとボブ・ホープが、お前はもう持っているから俺によこせっていうの。*

Y 本物のアカデミー賞の授賞式で、それをやったことがあるぞ。たしか、マーロン・ブランドが「波止場」でオスカーを貰ったときだ。ボブ・ホープがなかなかオスカーを渡してくれないんで、ブランドが早く寄越せって取ろうとするんだ。するとボブ・ホープが、「そんなに簡単にやれるか」。(笑)

W 「バリ島珍道中」ではクロスビーとホープがドロシー・ラムーアを張り合って、夜、二人ともそれぞれラムーアと抱き合ってる夢を見てるのが吹キ出シの中に出るのね。で、ラムーアはどうかっていうと、ディーン・マーティンとジェリー・ルイスの夢なんだ。同じ頃、マーティン・ルイスの「底抜けびっくり仰天」っていうのがあって、こっちにはクロスビーとホープがちょいと出る。お返しなんだろうね。最近では「名犬ウォン・トン・トン」なんかで楽屋落ちをやってるけどね。あんまり冴えない。まあ、結構面白かったのは、映画はサイレント時代の話なんだけど、ブルース・ダーンがシナリオライター志願で、鮫が人間を襲う映画はどうだと言って一笑に付される(笑)という、あれは面白かったな。

Y 鮫がだめならと、また一所懸命考えて、こんどは悪魔にとり憑かれた少女の話はどうだろう、とやる。(笑)

* ハンフリー・ボガートは「アフリカの女王」(51年)でアカデミー主演男優賞を受賞した。

W　でも、誰も相手にしてくれない。（笑）ああいうところは面白いね。あのとき、試写室で誰も笑わなかったんだけど、庭で真っ裸で遊んでいる小さな女の子がいてさ、母親が叱って「服を着なさい、ノーマ・ジーン！」（笑）

Y　アハハハ…マリリン・モンローの幼少の頃というわけだ。でも、あの映画は、ハリウッドそのものに対して意地悪というか、冷ややかだよね。夢がない。

W　マイケル・ウィナーは楽しい人じゃないもんね。往年のスターや脇役がゲストでいっぱい出るんだから、監督がハリウッド生えぬきの人だったら、当時彼らがやった得意の役柄をうまくもじると思うんだよ。それがないだろ。ヴァージニア・メイヨなんか、せっかく出してんだから…

Y　しかも、彼女は秘書の役なんだから、「虹を摑む男」のパロディがでてきてもよさそうなものだね。

W　ヴァージニア・メイヨではさ、「ヒット・パレード」で、感動すると首筋を冷やしたくなるっていうシーンがあったろ。そんなことをチラッとやってみせるという工夫があるべきだよね。

Y　やる気があるのかっていう気がしたな。

W　ワイズミュラーにしても、もっと使い方あるだろ。小道具係でいいからさ、「お前、クビだ」って言われるだろう、そしたら、せめてつるにつかまって「ああーッ」と叫んで消えるとかね。（笑）そのくらいのアイデアが欲しいよね。それから、最後に名犬ウォン・トン・トンが海へ入っていくだろ。あそこは俺、ジェームズ・メイスンが入水自殺する「スタア誕生」のパロディになると思ったんだけどね。

Y ならないんだよな。無残なハリウッド裏面史だ。

W マイケル・ウィナーって監督は「スタア誕生」を観てないんじゃないか。俺だったら、ウォン・トン・トンには可哀相だけど、死んでもらってな、最後にマデリン・カーンがスターになるじゃない。で、アカデミー賞貰ってさ、「ジス・イズ・ミセス・ウォン・トン・トン」*って言ってもらいたいんだなあ。（笑）

Y で、ワーッと拍手で幕になる。ウッディ・アレンなら、まだやってるだろうって気がするけど。

W マイケル・ウィナーみたいなイギリス人がアメリカ映画をもじりながら作るのは難しいんじゃないかな。トニー・リチャードソンの「ラブド・ワン」なんかは、うまく当時のハリウッドを皮肉ったけど。マイケル・ウィナーは嫌いじゃないけど、イギリス時代がよかったね。**「脱走山脈」なんて、とってもよかったのにね。あの人は、男の執念みたいなのが、どちらかというと得意で、バラエティには向かないんだ。

Y 同じマイケルでも、マイケル・リチーなんて、そんなにずばぬけて才能ある人とは思えないけど、「がんばれ！ベアーズ」は面白かった。シナリオのせいもあるかも知れないけど。

W シナリオがバート・ランカスターの息子***なんだってね。うれしい映画だよね。俺、野球のことあんまり知らないけど、「打撃王」や「甦える熱球」で感動した世代でしょ、俺たちは。野球映画なんて久し振りという感じだね。野球コメディでは「春の珍事」があった。

Y 「春の珍事」！　あれは珍品、傑作でした。

* 「スタア誕生」では、アカデミー賞を受賞して、スターになったヒロイン（ジュディ・ガーランド）が、チャリティショーの舞台で挨拶するとき、彼女の邪魔にならぬようにひそかに入水自殺してしまった俳優ノーマン・メイン（ジェームズ・メイスン）の夫人をあえて名のって「ジス・イズ・ミセス・ノーマン・メイン」と言う。

** マイケル・ウィナーは、イギリス時代は、冒険喜劇「ジョーカー野郎」「脱走山脈」などにもちょっとうまみを見せたが、「明日に賭ける」のようなシリアスな男の怒りと執念のドラマの方に迫力があり、その傾向はアメリカ時代に入ってからいっそう強まったような気がする。「栄光への賭け」「追跡者」「チャトズ・ランド」等々。

*** ビル・ランカスター（当時26歳）。

W　主人公のレイ・ミランドが大学教授。化学者で、それがふとしたはずみに木をよける薬を発明するわけだ。大学でまったく別の薬を研究してると、学生が校庭で野球やっててさ、ガラスを割ってとび込んできたボールがその薬の中へビチャッと入って、違う調合にしちゃう。がっかりして、そのボールをポーンと放りだすと、ボールはコロコロ転がって、木のところへ来るとピクンとよけて転がっていくんだな。あれ！って、何回やってもそうなるんだ。それで、そのボールを持って校庭へ出ていって、学生にお前打ってみろって投げる。学生の方は、野球なんてやったことない真面目一方の教授が何をしゃらくさい、なんて馬鹿にして打とうとするが、誰も打てないんだ。ボールが木のバットをよけるからね。そのうち教授は、薬を持って大リーグに入っちゃう。

Y　大学の先生がプロ野球に入っちまうんだから、もう狂ってるんだ。

W　あれはどこだっけ。ともかく、ちゃんとした本物の球団に入るんだよな。* ポール・ダグラスがキャッチャーで、キャプテンだか監督だかがテッド・デ・コーシアだ。それぞれが感じ出すんだよね。ジーン・ピータースが婚約者でいるんだけど、大学教授が野球選手になるなんてまずいってわけで、彼女には内緒にして大リーグに入る。ある日、レイ・ミランドが、あいつを何塁で刺すとか殺すとか野球用語があるじゃない、そんな話し方で、ポール・ダグラスなんかと話しながら歩いているのを、ジーン・ピータースの友だちに聞かれちゃうわけだ。すると、あの人はギャング団に入ったらしい(笑)、というふうになっ

＊たしかセントルイスに行って大リーグの球団に入団するのだが、はたしてほんとうに正式の球団（セントルイスならば、カーディナルズか、ブラウンズということになる）に入団したかどうか、いまとなっては確信がない。しかし、彼は、まちがいなく、大リーグのピッチャーになるのである！「くたばれ！ヤンキース」のタブ・ハンターのように。

ちゃって、てんやわんやになる。あれ、一九五二、三年だっけ。中学生だったもんね、この映画を観たの。"It Happens Every Spring"ってのが原題だよ。でね、偶然できた薬なんで、何が何パーセントの調合か、教授にもわかんないわけ。しかも、ほんの小壜一本くらいしかない。彼は、それをヘアトニックの壜に入れて隠し持ってて、それをこっそりボールに塗って投げてるわけさ。ところが、ポール・ダグラスが自分のヘアトニックがなくなったんで、隣のロッカーにあるのをこっそり自分の髪の毛につけちゃうんだね。で、櫛でとかそうとするとね、木の櫛だもんだから、髪の毛がパチパチパチパチッと（笑）……これが可笑しかったねえ。このへんの特撮もうまかった。で、ポール・ダグラスが使ったもんだから、とうとう薬がなくなっちゃうんだよね。ポール・ダグラスの髪の毛に手をつっこんで、髪についてるわずかの薬を使ったりして。（笑）とうとう最後に、大事な試合に実力でやんなくちゃならなくなる。もう球がよけないから打たれちゃうんだけど、打たれた球を右手でバーンと受けちゃう、素手で。試合には勝つけど、それで骨にヒビが入って引退、めでたく元の大学教授におさまるっていう話だった。野球映画としては、その後「ベーブ・ルース物語」「泣き笑いアンパイア」、両方ともウィリアム・ベンディックス主演だね。それから、ミュージカルの「くたばれ！ヤンキース」。これはとてもよかった。ジェームズ・スチュアートは「甦える熱球」で野球選手やって、もうひとつ「戦略空軍命令」では野球選手だったのが兵隊にとられて…という設定だったね。あと、アンソニー・パーキンスがやったのがあったね、「栄光の旅路」。ラス・タンブリンが子供のときの「歓呼の球場」というのもあった。

Y　野球映画というのは、40年代、50年代のハリウッドにはひとつのジャンルとしてちゃんとあったんだね。

W　「がんばれ！ベアーズ」は久し振りの野球映画だし、いい子を集めたね。

Y　続篇もできたし、三作目も日本遠征で…

W　パート2という形の続篇が最近よくあるけど、むかし続篇がはやった時期があったろ。「ジョルスン再び歌う」みたいなね。だからクイズでさ、「可愛い配当」ってのを出してね、これの前篇は何か？　っていうようなのがいくつかできると思う。「可愛い配当」の前篇は何だ？「花嫁の父」ね。では、「我輩は新入生」の前篇は何だ？　クリフトン・ウェッブ主演。

Y　「一ダースなら安くなる」か。

W　これは「愉快な家族」。クリフトン・ウェッブの役名がリン・ベルヴェディアっていうの。「愉快な家族」があんまり当ったんで、続篇ができて、これが「我輩は新入生」。

愉快な家族

「愉快な家族」はね、ロバート・ヤングとモーリン・オハラの夫婦が、ベビーシッターを雇う。雇われてくるのがリン・ベルヴェディアって人。リンだからさ、女だと思ったら、中年のおじさんが来ちゃうわけだよ。それがクリフトン・ウェッブなわけ。初めはどうなることかと思っていると、これがなかなかうまく子供を躾けるわけね。メシ食ってる最中に子供がギャーギャー騒ぐと、いきなり料理を子供の頭の上からバンとぶっかける（笑）、というスパルタ式で。ベビーシッターやるかたわら小説書くと、それがベストセラーになっちゃう。どういう題かというと「ウィスパーリング・ハイツ」といって、これは「ウザーリング・ハイツ」のもじりなの。「ウザーリング・ハイツ」は「嵐ヶ丘」だから、ウィスパーリング・ハイツをこじつけて訳せば「あらさがしヶ丘」か。（笑）それは近所の人たちをモデルにして、田舎町だから変に噂がかしましかったりするんだけど、それを題材に書いてベストセラーになり、大作家というわけだ、自分の家のベビーシッターが。（笑）ともかく万能選手で、科学的なことでも何でも、夫婦がわかんないことをぜんぶ知ってる。で、ラストシーンは、何人目かの子供を妊娠するのね、モーリン・オハラの奥さんが。また子供ができた、ってリン・ベルヴェディアに言うとさ、「はい、わかっております。私は産婆もできます」って、編物しながら言う。（笑）赤ん坊のおくるみなんか、こうやって編んでるの。それがラスト。ほんとはロバート・ヤングとモーリン・オハラの夫婦が主役で、リン・ベルヴェディアは傍役だったんだけど、そのキャラクターがあんまり面白かったんで…ちょうどクルーゾー警部とおんなじだね*、傍役だけどとっても魅力があったんで、主人公になっちゃう。ニャロメ**とかさ、（笑）そういうのと同じでね。で、それを主人公にした「我輩は新入生」だけど、そんなに万能選手なのに、なぜか急に思いたって大学に入って、中年のおじさんなのにさ、棒高跳びの競技会で優勝しちゃうとか、そういう話だったけどね、前篇にくらべるとあんまり面白くなかった。

Y　そうか。あの万能選手は「一ダースなら安くなる」だと思いこんでいて、いつかみんなに話してやって、一緒にテレビを観たらそのシーンがない。カットされたな、と思ったんだけど、そうじゃなかったわけだ。

W　「一ダースなら安くなる」は、合理主義者のおやじで、チョッキのボタンを上からか

* クルーゾー警部は「ピンクの豹」で登場した迷探偵。このキャラクターが受けて、クルーゾー警部を主役にしたシリーズ（「暗闇でドッキリ」「クルーゾー警部」「ピンク・パンサー2」「ピンク・パンサー3」「ピンク・パンサー4」）が作られた。

** ニャロメは、赤塚不二夫のマンガ「もーれつア太郎」に登場する動物キャラクターの一匹（一人？）で、最初はマンガのコマの片隅で、「ニャロメ！」と鳴き叫んでいた小さなネコだったが、しだいに人間の言葉を憶えて主役級のキャラクターにまでのしあがり、それとともに赤塚マンガのギャグも荒唐無稽のきわみにまでエスカレートし、ついに牡猫ニャロメは人間の女に恋をし、結婚しようと思って整形手術を受け、「ニャンゲンにニャリたい！」と叫ぶに至る。

SITTING PRETTY
Clifton Webb
as
Lynn Belvedere

けるのと下からかけるのと、どっちが早いかっていうのをストップウォッチで計ってさ、下からが早いってんで、毎日それに決めるとか。(笑) 子供が十二人いるんだけど、産児制限普及のおばさんが説得に来るところがあって、子供をあんまり生んじゃいけません、そのために産児制限というのがあって、それはこうこうって言いかけるとさ、子供を呼ぶんだよな。するとバーッと出てきて十二人並ぶからさ、産児制限のおばさん、たまげて逃げ帰っちゃうんだな。(笑) マーナ・ロイが奥さんの役だった。クリフトン・ウェッブは、他に「剃刀の刃」、それからかなり後では、なんかで悪役やったよ、ソフィア・ローレンと。「島の女」か。「剃刀の刃」がわりあい有名だね。* 高校の頃、クリフトン・ウェッブの似顔を描いて「映画の友」のスター・カリカチュアに出したんだけど、あれは選外佳作だったかなあ。

Y 和田さんの似顔絵の発想というのは、最初から映画と結びついていたわけ? 好きなスターの絵を描いてみるってのは、ぼくなんかもやったことだけど。

似顔絵

W 映画から離れるけど、俺、清水崑の政治漫画がとっても好きでね、その真似をするところから始まったの。吉田茂とか片山哲とかいう頃。清水崑風に筆で描いたりして。小学校の頃だけどね。そのうち、やっぱり自分で誰かを見て描くのがほんとだと当然わかるんで、それから教師とか友だちとかの似顔を描き始めたの。その時期と、映画が好きになり始めた時期とが同じなんだよ、中学生でね。

* ほかに「ローラ殺人事件」の〝悪役〟が鮮烈だった。舞台ではミュージカル役者としても知られている。

Y　初めて似顔絵を描いた映画スターは誰だったか、記憶ある?

W　ないなあ。初めはね、映画の題だけを描き文字で書いたね。「戦うロビン・フッド」とかね、その時代だよ。「サン・アントニオ」とか。それは、ほら、囲みの字で書いてね、「大平原」とか、(描く)これくらいの早さで、これくらいの巧さで、中学生の頃書いてたの。一筆描きで描くわけだから、曲芸みたいだからさ、同級生が面白がるわけ。で、もっと書いてみろって。俺が書くのは、必ず映画の題だったわけ。そのうち、それにカットをちょっとつけたり、「海賊バラクーダ」と書いて、チャンバラの絵を描いたりしてたのが最初じゃないかしら。

Y　野球の選手なんか描かなかった?

W　川上、大下の時代ではあるから描いたことはあるけど、気を入れては描かなかったね。うまくは描けなかったんじゃないだろうか。というのは、名前だけは知ってるけど、野球見に行ったこともなかったからさ。当時はテレビもないし、小さな写真で見るしかなかったから。

Y　やっぱり実際にその人間を見てないと描く気にはならなかったわけ?　というのは、ぼくはいつも思うんだけど、和田さんの似顔絵というのは、実際にその人間を見ないと描けないというんじゃないけど、実際に見て知ってるからこそ描けるみたいな、ドキュメンタリストというか、描く相手の人間と直接つきあっているような感じがするんだけど。

W　映画の場合はね、まあ映画スターで個人的に知ってる人なんてほとんどいないんだけどさ、たくさん見てる人になると、歩き方、煙草の吸い方、笑い方もろもろね、おなじみになってるわけだろ。友だちを観察する以上に観察してるわけだ。しかもクローズアップでさ。だからほんとにつきあってる感じか、あるいはそれ以上になっちゃうのね。写真だけで知ってる人より、個人的には知らなくても、やっぱり映画やテレビで動いているところを知ってる人だと、ある程度性格までわかるような、といっても役の上でだけど、そんな気がするの。もっとも初期はね、性格まで表わそうなんて野望はなくてさ、ただカタチだけ似せることでせいいっぱいではあったけど。

Y　映画のイラストやスターの似顔絵を描くことによって、逆にというか、ますますというか、映画の面白さを発見してきたっていうようなことある？

W　どうだろうね。逆だと思うな。映画観て、映画のこと描いたりしてることによって絵が面白くなるという、逆のことはあるかも知れない。

Y　「お楽しみはこれからだ」の絵を見てると、和田さんには、男の方が描きやすいらしいなって気がするんだけど、本人としてもそう？

W　断然そうだよ。

Y　絵の数からいっても、女の方が圧倒的に少いし…

W　少いね。男の方が絵になるの。というのは、誇張しやすいのね。だろうと思うんだ。誇張してもさまになる。女の場合は、まあ、どっちかっていうと女優ってのは美人が多いわけだから、誇張してしまうとその美しい部分が取れてしまう。そうすると、特徴は捉えたけれども、ちょっとその人らしくないってことがあるわけだよ。だって、ヴィヴィアン・リーなんか醜く描いたらヴィヴィアン・リーじゃないわけ。ということは、結局、特徴捉えてないことだよね。つまり、美人の特徴というのは、やっぱり美しいことであってね。美しいことをデフォルメして描くってことは難しいんだよ。

Y　和田さん自身の中に、女性に対する崇拝とまではいかないにしても、ある種のフェミニズムがあるんだろうね。

W　そりゃあるだろ。女優じゃなくて、友だちなんか描いても、どっちかといえば女性は綺麗に描いてやりたいなって思う。当人が見て、気に入る絵にしたい。というのは、女の場合はその人の価値がわりと表面的な美醜によって決められるってこともあるし、本人自身、それをものすごく大事にしてる人が多いわけじゃない。男は別にそんなこと関係なくてさ、もっと違うことで頑張っちゃうけどね。そのへん、こっちが逆に気を遣っちゃうんだよね。だって、当人が綺麗だと思ってるやつを醜く描くことによってさ、その人の全人格まで否定しちゃうみたいなことがあるだろう。男はそんなことはないよな。顔なんてどう描いたって、それで全人格まで云々してないわけだ。そのへん、男は理解するけど、女は理解しないんじゃないかっていう…こんなこと言うとフェミニストとは逆だな。（笑）

Y　女はコワイから。それにしても、ハリウッドの黄金時代の美男美女とはいっても、くせがあったような気がするな。

W　あったと思うよ。それに、美男美女時代とはいうけど、ほんとにそうかな。たとえばヴァレンチノがいた頃にシュトロハイムが大物だったわけだろ。そういうふうに考えるとね、クラーク・ゲーブルなんか、仮に美男としても、同じ時代にジェームズ・キャグニーがいたわけだ、一方の大物で。そうすると、常に、まあアラン・ドロンがいればベルモンドがいるような具合にね、片っぽだけが認められたということはなかったんじゃないかと思うんだ。

Y　一方、美男美女時代の〝美女〟は徹底的に美女だね。たしかに、メエ・ウェストとかベティ・デイヴィスだって、個性的でアクは強いけれどもやはり美女だもんね。美女に対するアンチというほどの感じはない。

W　アメリカはレディ・ファーストの国だといわれながら、やっぱり男社会なんだよね。男が見る女であり、男が見る男なわけだよな。男が見る男だったら、美男である必要ないんだから。もちろん女の観客に受けるために美男も必要だったかも知れないけどもさ、美女しか認めないみたいに美男しか認めないという時代はなかったような気がする。そのへんちょっと、いまの映画史では〝美男の時代〟というふうにいっちゃうけど、そうじゃなかったみたいね。だからいま、ジーン・ハックマンやダスティン・ホフマンやなんかが認められているから、いまでこそああいう個性派が認められるが、昔はそうじゃなかったみたいな言い方があるけど、たとえばジーン・ハックマンにあたるやつは過去にもいたと思うね。顔つきだけでいえば、ジョージ・アーリス*なんてひどいだろ。（笑）あれがサイレント末期からトーキー初期には大スターだったわけだから。エミール・ヤニングスにしたってさ。そう思うと美男美女時代というのはちょっと伝説にしかすぎないんじゃないかって気がするよ。ただし、うんと美男がいたことはたしかだよな。ヴァレンチノとかラモン・ナヴァロ**とかいうようなさ。でも、その時代にも、片やひどいのがスターとしていたと思うよ。早川雪洲が悪役でも白塗りで、まあ恋仇（いろがたき）という感じでいたわけだろ。と、片や上山草人がいたという。

Y　悪そのもの個性みたいな。ぼくらがアメリカ映画を観始めたのはもちろん戦後になるわけだけど、あの頃は戦前のアメリカ映画もずいぶん公開されて、エロール・フリンやジェームズ・キャグニーの若い頃のものなんかも観られたし、ジェームズ・スチュアートな

George Arliss

* ジョージ・アーリスは、ぼくらの世代の映画ファンにはもう遠いかなたの存在だけれど、舞台出身の濃厚な演技で知られたモノクル（片眼鏡）の名優、29年に「ディズレーリ」でアカデミー主演男優賞を受賞。

** ラモン・ナヴァロ（あるいはラモン・ノヴァロ）は、メキシコ生まれのハリウッドのサイレント・スターで、〝第二のヴァレンチノ〟と呼ばれた。「ゼンダ城の虜」「ベン・ハー」「マタ・ハリ」等々に主演。

んかも戦前の「スミス都へ行く」と戦後の「素晴らしき哉、人生！」が同時くらいに観られて感激したけど、スチュアートなんてスターはさ、美男というわけでもないし、かといって、もちろん醜男じゃないし、すごく親しみの持てる俳優だったな。スターって感じがしなくて、いい感じの男でさ。ぼくは、なんといっても、ジェームズ・スチュアートが最高に好きな男優なんだけど、それでさ、いつか見せてくれたでしょう、和田さんがスチュアートに出したファンレターへの返事。あのスチュアートからの手紙で、和田さんはイラストレーターになる決心をしたのだと信じたな。

ジェームズ・スチュアート

W　ああ、あれ、どこへやったかな。ジミー・スチュアートと名前の入った便箋にタイプで打ってあってね、ちゃんと本人が書いたらしい手紙だった。

Y　あれはとっても珍しいんじゃないか。俺、ちょっと嫉妬を感じたな。ふつうは、ポートレートに本人だか秘書だかがサインして、サンキューとかウィズ・サンクスとか、まあ、それだけでしょう。あれは中学生のとき？

W　高校一年ぐらい。

Y　似顔絵も描いて送ったわけ？

W　どっちかというと似顔絵ということじゃなく、ポートレートをわりとリアルに描いたんだけどね。

Y　そういえば、むかし和田さんが「映画の友」で特選になったホセ・ファラーの似顔絵なんか、いまの細い線描きのイラストレーションとはタッチがずいぶん違う。

W　うん、あの頃のことだからね。で、こっちは「ハーヴェイ」のスチュアートとは気づかないで描いたんだけど、向うから「ハーヴェイ」の自分を描いてくれてどうもありがとう、という手紙だったな。

Y　それで、"You seem to be quite talented."(笑)。タレンテッド、才能ある、という言葉が、和田誠をしてイラストレーターになる決心をさせたわけだ。(笑)

W　あれは、たしか「ウィンチェスター銃'73」を観た頃……いや、「グレン・ミラー物語」を観た後だ。それでスチュアートの役名をさ、俺の観たすべてのスチュアートの映画の役名を書いたんだ。何が好きかっていうのも映画の題じゃなくて、カービン・ウィリアムズ*が好きだとか、マコーレー・コナーが好きだとか、これは「フィラデルフィア物語」の役名だけどね、それからストラットンが好きだとかさ。ストラットンは「甦える熱球」の主人公ね。そういうふうに全部役名を書いた。

Y　スチュアートもびっくりして、感動したろうな。

W　スチュアートはずいぶん集中的に観たね。「怒りの河」…「遠い国」「ララミーから来た男」あたりはちょっと後か。それから「素晴らしき哉、人生!」「我が家の楽園」。「スミス都へ行く」はまだリバイバルでやってなかったような気がするな。こっちが出した手紙の控えはないから、どんな手紙書いたかよく憶えてないけど。そうそう、「グレン・ミラー物語」で〝オーヴァー・ザ・レインボウ〟を吹くシーンがあるんだよ、トロンボーンで。で、「グレン・ミラー――」で、あなたは〝オーヴァー・ザ・レインボウ〟を吹いたけれど、さらにむかし「フィラデルフィア物語」では〝オーヴァー・ザ・レインボウ〟を

＊カービン・ウィリアムズは「カービン銃第一号」のジェームズ・スチュアートの役名。カービン銃を発明したこの映画の主人公の名前である。

歌いましたね、というようなことも書いた。ともかく絵をほめられたのはうれしかったね。

Y　それにしても、ジェームズ・スチュアートくらい、ぼくらにとって、感情移入ができた外国のスターもいなかった。

W　特にジェームズ・スチュアートはさ、非常にヒューマニスティックな役柄が多くて、そのへんが、ちょうどこっちが感受性が豊かな年ごろでさ、それも関係があると思うんだ、アメリカ映画が好きになったのにはね。フランク・キャプラがものすごく認められてた時代だろ。いまはキャプラみたいな感覚ってあまりないよな。「がんばれ！ベアーズ」でちょっと取り戻したような感じはするけど。むしろ、ああいうのは古くて、もっとドライな方がいいみたいなところがあるだろ。いまの寅さん、とくに「寅次郎夕焼け小焼け」なんかは、ものすごくフランク・キャプラみたいなんだよな。

Y　宇野重吉が絵描きのやつ、太地喜和子の出るやつね。

W　あのラストシーンなんて、キャプラみたいでしょ。* もちろん、あれはあれでいいんだけど、アメリカ映画はあんなこと、もう四十年ぐらい前にやっているって気がしないか。そんな善意のアメリカ映画全盛時代と、俺たちが映画を好きになって、映画にのめりこんだ時代とがぶつかってね、よけいに好きになったという感じがする。最近映画が好きになった人たちと俺たちとの、好きになり方のいきさつの違いみたいなことって、わりあい大きいんじゃないかね。アバタもエクボみたいに好きになっちまったよね、俺たちは。いまの若い人たちは、もっとクールに好きになってるんじゃないかっていう…「キネマ旬報」で、「オリエント急行――」は原作読んでストーリー知ってるから楽しみ方が違う、ああいうのは結末知らないで観た方がはるかに楽しい、っていうようなこと書いたらね、若い

＊フランク・キャプラの喜劇は、どんなに苦しく悲しい人生ドラマであっても、かならずハッピーエンドでしめくくられていた。現実の人生とは似ても似つかぬその甘い結末をよく承知の上で、ファンは、そのあまりにも人間的なやさしさにあふれたハッピーエンドに感動し、涙を流さずにはいられなかった。

「男はつらいよ　寅次郎夕焼け小焼け」（シリーズ17作目）のラストシーンは、寅さん（渥美清）が女にふられてまたさすらいの旅に出て行くという定石通りのオチが決まらず、心やさしい田舎芸者（太地喜和子）と寅さんが、青観（宇野重吉）という老画家が示してくれた人情に感謝して合掌するという、いかにも心暖まるヒューマニスティックなハッピーエンドであった。このあとも、このシリーズは明らかにこの傾向を強めつつあるのだが……。

やつから投書が来てさ、結末わかったらつまんない映画なんてのはもともとつまらない映画だ、自分は必ずストーリーを読んで、シナリオがあればそれも読んで、それから映画を観る、なんて書いてあるんだよ。そりゃ立派な意見かも知れないけどさ、映画を楽しんでないという気がするんだよ、不幸だと思うんだな、そういう映画ファンは。もっと違うじゃない、理屈じゃなく。映画館に勉強しに行くんじゃないんだから。

Y　うん。勉強はいやだ。

W　ワクワクするというか、金払って映画館入ってさ、ションベンなんかしたくなくても無理にションベンしてさ、待ってるとベルが鳴って、アナウンスがあって、だんだん暗くなるとなんかドキドキしちゃって…ああいう感じね。ちょうどそんなときだ、ジェームズ・スチュアートとジューン・アリスンのコンビというのは。

Y　心暖まるカップルだった。

W　うん。でも、そんなにたくさんはないんだよね。渥美清と倍賞千恵子ぐらいしょっちゅう一緒にやってた気がするけど、そうはないんだ。「甦える熱球」と「グレン・ミラー物語」と「戦略空軍命令」、それくらいしかない。

Y　そんなもんだったかな…そうかも知れないな。ジェームズ・スチュアートでは「ハーヴェイ」が、いかにもスチュアートらしい、ほんとに心暖まる映画だった。あの巨大な兎の話はアメリカ的な伝説なのかしらん。

W　なんでも〝ハーヴェイ・クラブ〟っていうのがあるんだって、アメリカには。

Y　ほんと？　どんな連中が作ったんだろう。

HARVEY
James Stewart

ハーヴェイ・クラブ

W　誰かに聞いたんだけど、はっきりわからない。映画の前は舞台劇だろ。* そっちの方の人たちかも知れないね。

Y　舞台はスチュアートじゃないでしょ。

W　違う。でも、おばさんは舞台のままね、ジョゼフィン・ハル。あの映画作るために舞台から呼んだ人じゃないかな。「愛(いと)しのシバよ帰れ」のシャーリー・ブースと同じようにさ。とにかく、映画か舞台か、そのまた原作か知らないけど、ほんとにあの巨大な兎がいると信じましょう、というような仲間がいるんだって。(笑) いい話だよね。アメリカ人らしいよね。

Y　いい話だな。日本だと、もっと変に国民的になっちゃうでしょう。寅さんでも、寅さんクラブなんていうんじゃなくて、〝柴又を守る会〟とかなんとか。なにしろ柴又には、寅さん地蔵ってのができたというんだから。

W　地蔵ね。そういう発想はユーモラスじゃないんだよな。

Y　変に深刻で、拝まなくちゃいけないみたいなことになる。遊びにならないんだよね。〝ハーヴェイ・クラブ〟なんてのは、なんだかよくわからないけど、馬鹿なことに命を賭けて遊ぶみたいな楽しさを感じさせるね。クラブの会合の日には、あちこちからみんなが、どんなに忙しくても仕事を放っぽりだして集まってくるんじゃないのかな。そんな気がするね。ジョン・フォードの「ドノバン珊瑚礁」みたいにさ、誕生日には恒例の喧嘩のため

＊メアリ・チェイス作の舞台劇。

＊ハーヴェイ・クラブというのは、たしか「ニューズウィーク」誌で記事になり、「週刊文春」でも紹介されたというので、その記事をさがしてみたところ、そんなクラブはどうも存在しないらしいのである。「週刊文春」65年9月13日号の海外ニュース欄の記事の見出しは〝ウスノロ族立ちあがる〟で、その書き出しというのは、「ハーヴェイといえば、有名な舞台劇に登場する六フィートの白兎の名である。白兎といっても、飲んだくれのエル・ウッド青年の幻想の所産。彼以外の誰の目にも見えないのだが、青年は頑としてその実在を疑わない。それどころか、ハ

に、刑務所から脱走しても必ず駆けつけるみたいな馬鹿馬鹿しい素晴らしさ。

W　〝ハーヴェイ・クラブ〟っていうのがいまだにあるかどうか知らないけど、あると信じたいね。* 三十か四十くらいのとき「ハーヴェイ」の映画観たやつがいま六十か七十になってて、そいでも来るのな。スチュアートが名誉会長だったりね。スチュアートもあの映画好きだろうね。スチュアートらしいもんね。

Y　スチュアートって、そんなふうな心暖まるヒューマンな役をやるかと思うと、一方では暴力的な世界でいためつけられ、いじめられて、復讐に甦える、という役もやったでしょう。

W　それはアンソニー・マン以降だね。男の執念というような、それは「ウィンチェスター――」以降。「ウィンチェスター――」ではあまりいじめられないけど、とにかく一挺の銃に執念を燃やす。「怒りの河」「遠い国」「ララミーから来た男」、この一連のシリーズね。ああいう男っぽさをひき出したのはアンソニー・マンなんだよね。だって、「ウィンチェスター――」の前には、西部劇は「砂塵」と「折れた矢」しかないんだ。「砂塵」は、柔弱だけど結局は強かったという、柔弱の方を表に出して、強いのは意外性だったわけ。「折れた矢」というのは、ヒューマニズムだけで生きてた西部男みたいな話だろ。アンソニー・マンにめぐりあったから、ずっと後のことになるけど「シェナンドー河」をやれたという感じがするな。それがなかったら、ヌーボーとした、とにかく無類の善人といった感じで通してきたわけじゃない。その典型が「ハーヴェイ」なんだけども。それから「出獄」というのがあってね、〝テリーは床を拭きつづけた〟とかいう題なのね、原作は。映画の原題は、"Call Northside 777" というんだ。これはリーダーズ・ダイジェストに載っ

ーヴェイによっていつもたしなめられ、ハーヴェイを通じて善意を世間にひろめてゆく。

　それがどうまちがったのか、今日ハーヴェイといえば、〝しくじってばかりいる、おべんちゃらの道化者〟の同義語となり、漫画、テレビ、映画、広告にさかんに出てくる。新しがり屋が〝あいつはハーヴェイだ〟といえば、それはいわば〝季節はずれ〟の人物への嘲笑だ。

　さて、ここで立ちあがったのは、長年忍従をつづけてきたハーヴェイという実名をもつ数千人の市民である」というのである。そこで全米中のハーヴェイ氏たちが〝全国ハーヴェイ擁護委員会〟を設立して、ハーヴェイを〝うすのろ〟あつかいしているテレビCMや広告の追放運動を開始した、云々。

　たぶんこれが幻想のハーヴェイ・クラブの実態なのだが、いや、どこかにやっぱり、ジェームズ・スチュアートを名誉会長にした真のハーヴェイ・クラブがあるんだと信じたいし、たしかに、〝全米ハーヴェイ擁護委員会〟を和田誠の記憶の中で〝ハーヴェイ・クラブ〟に変えてしまうだけの人間的魅力が映画「ハーヴェイ」のジェームズ・スチュアートにはあったのだ。

た実話で、これを偶然だけど、俺、小学校のとき読んでるんだ。終戦後出た日本語版でね。息子が巡査殺しの罪で刑務所に入ってる。母親は息子の無実を信じてる。だけど、母子家庭で、弁護士雇ったりする金がないから、何年も何年も床を拭いて金をためて、新聞に真犯人に関する情報を知らせてくれたら賞金をあげる、という広告を出すのね。その広告にスチュアートの新聞記者が興味持ってレポートを始める。初めは職業意識だけだったけど、母親に会ったりしてるうちにだんだん感動してきて、ヒューマニズム的見地から調べていく。で、真犯人は見つからないんだけど、彼が無罪だということを発見するんだ。これがわりあい映画的で、面白いんだね。というのは、無罪の証拠になる写真があって、彼が写っているんだよ。けれどそれがいつ撮られたかということが証明されないと意味ないの。それは街頭のスナップで、遠景に新聞の売り子が写ってる。その売り子が売ってる新聞をさらに写真で拡大してみると、日付が読めるように出てくる。それがクライマックスなんだよ。無実で入ってたやつというのが、リチャード・コンテなわけだ。

リチャード・コンテ

Y　リチャード・コンテはちょっと好きな役者だったな。「出獄」ってのは観てないんだけど。

W　最近の「カプリコン・1」に、この「出獄」の話が出てくるでしょう。

Y　あ、あれかな。新聞社かどっかのシーンで、エリオット・グールドが…

W　エリオット・グールドの新聞記者がさ、編集長に、映画に出てくる編集長だったらこう言ったのに、とか言うんだっけ。「出獄」というタイトルは出てこないんだけど、編集長がスチュアートとリチャード・コンテと役を間違えたりするのな。明らかに「出獄」の話題なわけ。

Y なるほど。名作だったんだな、きっと「出獄」ってのは。リチャード・コンテはいろいろあるな。まず…

W 「都会の叫び」。

Y ぼくには、まず最初に浮かぶのが、あれ、あの…

W 「紐育秘密結社」か。でも、あれはずいぶん後だからさ。「紐育秘密結社」のときはもうおじさんだけど、「出獄」のときはまだすごく若かったな。それで、「都会の叫び」では殺し屋なんだよな。ボスをさ、椅子のうしろから椅子ごとナイフで刺すんだよ。殺しの中では相当いいシーンだった。

Y うん、怖かったね、あれは。

W 最近また怖い役に戻った。

Y 「ゴッドファーザー」で、マーロン・ブランドと敵対するマフィアのボスをやったあたりから…

W わりとあっさり殺されちゃうけどね。「ビッグ・ガン」では、悪役だけど殺されない。もっと大物だったね。なんかさ、俺、あの人、路上で死んだみたいな気がするんだよ。(笑)

Y うん、そうなんだ。「オーシャンと11人の仲間」の例のカジノ襲撃のとき、心臓麻痺で路上に倒れるシーンが強烈だったんだね。

W そう。だからね、俺ね、あの人、心臓麻痺で死んだような気がする。(笑)

Y 「ゴッド・ファーザー」に出てきたときは、ちょっとびっくりしたでしょう。

W あ、生きてたか！って感じ。（笑）

Y 実際にリチャード・コンテは心臓麻痺で死んだらしいよ。*（笑）「紐育秘密結社」で、初めて消音拳銃（サイレンサー）ってやつを知ったんだけど、リチャード・コンテというと、まずあの消音拳銃、というくらい強烈なイメージだった。「紐育秘密結社」にはブロードリック・クロフォードが出ていて、その娘役のアン・バンクロフトがよかった。まだ若い頃のね。アン・バンクロフトはとしとってからもすごくいいな。ジョン・フォードの「荒野の女たち」の彼女は最高だったし、「卒業」のミセス・ロビンソンもよかったし、「リップスティック」の女弁護士、「愛と喝采の日々」のベテラン・バレリーナとか…

W リチャード・コンテが「都会の叫び」に出た頃、リチャード・ウィドマークが「死の接吻」でデビューしてるのね。両方主役はヴィクター・マチュアだけど、どっちも悪役が主役を食っちゃった。「死の接吻」のウィドマークの役名はトミー・ユードーっていうの。トミー・ユードーって、いかにも残忍そうな名前じゃない。（笑）そういうんで憶えてるのは、俺、変に悪役の名前憶えててね、「ウィンチェスター――」の中でダン・デュリエがやった悪役は、ウェイコ・ジョニーっていうんだ。それからもうひとつダン・デュリエの出たクーパーの映画あったろ、「無宿者」という。ロレッタ・ヤングとクーパーが出て、で、ダン・デュリエが悪役で出てきて、モンテ・ジェラッドっていう名前なのね。どうしてモンテ・ジェラッドなんて憶えてるかっていうと、クーパーの名前がメロディ・ジョーンズっていうんだ。そいで、自分の馬の鞍にイニシャルでM・Jって書いてある。ところが悪役の名がモンテ・ジェラッドで、同じ頭文字なの。だから…

* 75年4月死去。遺作はThe Police Accuse（75年）。

Y　間違えられちゃうわけだ。

W　「死の接吻」のリチャード・ウィドマークの役名が、トミー・ユードー。一回しか観てないのに変なこと憶えてるね。（笑）俺、リチャード・ウィドマークはいいと思ったねえ。特に初期はね。

Y　キザで、かっこよくてね。

リチャード・ウィドマーク

W　スタイリストだったね。そいでね、「イエロー・スカイ」って映画がありました。これはウィリアム・A・ウェルマン監督で、グレゴリー・ペック。

Y　「廃墟の群盗」。

W　あれが出るのな、「リオ・ブラボー」の悪党の兄貴の方……ええと、ジョン・ラッセル。で、グレゴリー・ペック、リチャード・ウィドマーク、ジョン・ラッセル、それにチャールズ・ケンパーて、ちょっと太った男がいてね。そいつらが銀行強盗をして、逃げて、砂漠を渡って、のどがカラカラになって、砂金掘ってる父娘（おやこ）のところへ行きます。

Y　その娘が…

W　娘はアン・バクスター。女がひとりいるからさ、みんなが狙うの。グレゴリー・ペックが抜けがけで、ひとり、女のところへ行こうとするとさ、アン・バクスターがライフルでグレゴリー・ペックを狙うだろ。そのとき、ライフルの銃口の中から撮ってるの。画面でいうと、こんなふうになってってね、（描く*）ライフルの中っていうのは、こんなふうに螺

*

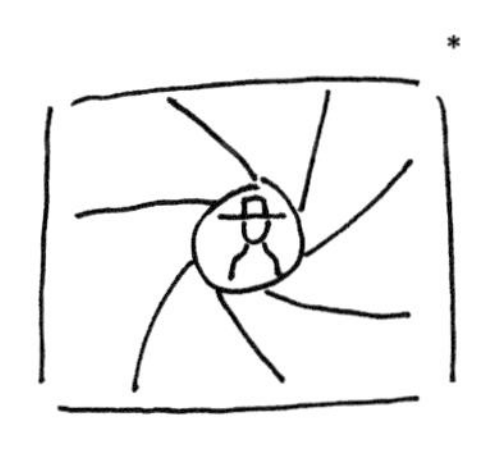

YELLOW SKY
Richard Widmark

旋が切ってあってね。と、ここにグレゴリー・ペックがいる。ちょうど、あれよ、「007」のタイトルみたいな。それで、親父が砂金隠してるに違いないって、なんとかめっけようってんで方々掘り返したりして、みんな上半身裸になってる。そのときリチャード・ウィドマークは何してるかっていうと、自分だけは何もしないで髭剃ってるの。ビッと三つ揃いを着てさ。で、「俺は体のどっかに拳銃の弾を射ちこまれてて、体が弱いから働かない」って、髭剃ってる。(笑)

Y　キザだね。

W　それから、リチャード・ウィドマークはあれがよかったろ、ロバート・ワグナーと一緒に出た「他人の家」。「他人の家」じゃなくて「折れた槍」なんだけど、「他人の家」*を翻案した西部劇。

Y　「他人の家」はエドワード・G・ロビンソンの出るやつな。

W　「他人の家」はマンキウィッツか。「他人の家」でエドワード・G・ロビンソンのやった役を「折れた槍」ではスペンサー・トレイシーがやり、リチャード・コンテのやった役をロバート・ワグナーがやり、ルーサー・アドラーのやった役をリチャード・ウィドマークがやってるわけだ。

Y　リチャード・ウィドマークのきわめつけの一本に「拾った女」があるぞ。

W　面白い映画だったねえ。音楽もよかった。あんまりメロディがなくてさ、リズムだけでジャジャジャジャ、ジャジャジャジャ、ジャンジャン、ジャジャジャジャ、ジャジャジャジャ、ジャン、ジャジャジャン！　なんてね。こんな音楽ね。

Y　ジーン・ピータースがよかった。

*「他人の家」はニューヨークのイタリア人家庭を描いたジェローム・ワイドマンの小説をジョゼフ・L・マンキウィッツが映画化した現代劇。大銀行家の父（エドワード・G・ロビンソン）と四人の息子の物語で、父に可愛がられる末弟にリチャード・コンテ。彼と対立する長男にルーサー・アドラー。「折れた槍」は、それをエドワード・ドミトリク監督がカラー・シネマスコープで西部劇としてリメークした作品。

W　そうそう。

Y　ジーン・ピータースがウィドマークに殴られるシーンがすごかったな。

W　それは勘違いなの。あれは共産党が殴るの。ウィドマークは正義のスリだから。ちょうどハリウッドの赤狩り全盛の時代だったんだなあ。スリより共産党の方が悪いんだもんね。（笑）

Y　そうだっけ？　ウィドマークが女を殴ったという強烈な印象があるんだけど。

W　女を殴るのは「情無用の街」。

Y　「情無用の街」……そうか。すごく殴るんだよね、ウィドマークってのは。

W　「死の接吻」では、車椅子のおばあさんを階段から突き落とす。「拾った女」あたりから善玉の方が多くなったんじゃないかな。「拾った女」はジーン・ピータースの映画としてもいいんだよね。

ジーン・ピータース

彼女は裸になったりしないんだけど、妙にセクシーでさ。特に「拾った女」ではセクシーなんだ。「ナイアガラ」はモンローとジーン・ピータースが出たろ。モンローがセクシーな淫乱な女で、ジーン・ピータースは純情可憐な人妻って役で、対照的な役のはずなんだけど、俺、ジーン・ピータースの方がセクシーだと思った。片や、やりすぎでかえってセクシーな感じがしなくて、逆に控えめな方がね。監督のヘンリー・ハサウェイとしては、そんな気はなかったと思うんだ。ちょっとやり方が下手だったな。ジーン・ピータースが水着でコテージのところで日向ぼっこなんかしてると、夫がカメラ持ってきて、写真撮るから深呼吸しろって言うんだ。そしたら、ジーン・ピータースが恥じらうんだよ。ワンピースの水着なのにさ。当時、俺は高校時代で、あのシーンすごく色っぽく感じたねえ。(笑)

Y　ジーン・ピータースの映画は追いかけて観たという感じ？

W　追いかけてというほどじゃないけど。だいたい作品がそんなに多くはないんだよね。結局、「拾った女」を観て、「女海賊アン」と「ナイアガラ」と「革命児サパタ」と「人生模様」*と、かなり後になって「愛の泉」ね。「愛の泉」の頃には、もう別にセクシーな感じはしなかったね。普通の役だったし。そうね、セクシーだったのは「ナイアガラ」と「拾った女」と「女海賊アン」と、あ、「アパッチ」のインディアン役も色っぽかった。

Y　うん。夢中になったスクリーンの女性は、ジーン・ピータースあたりが最初？

W　ゲイル・ラッセル。この方が古くないかな、俺、中学の頃だもん。

Y　ゲイル・ラッセルとは、また変ってるね。

ゲイル・ラッセル

W　彼女の眼がいいんだ。映画は白黒なんだけど、あの眼青いんだよな。というのは、黒目が薄いんだよ。焦点が定まらないってふうなんだけど、こう見られちゃうっていう感じがいいんじゃないかって思ったな。作品としては「拳銃無宿」、ジョン・ウェインの。やっぱりジョン・ウェインの「怒濤の果て」、それから、アラン・ラッドと出たのがあるんだな。「密輸空路」ってのが、たしかそうだ。

＊「人生模様」（52年）の第三話「最後の一葉」に出演。なお、このオムニバス映画の第一話「警官と讃美歌」にはマリリン・モンローも出ていた。

Y　なるほど、よく観てる。

W　立派な映画には出てないんだ。(笑)あれにも出てるよ、「夜は千の眼を持つ」。金持ちの娘かなんかの役。エドワード・G・ロビンソンが超能力者になって、自分の死まで予言しちゃうやつ。ゲイル・ラッセルはアル中で死んだんだったかね。

Y　カラー映画にも出た？

W　カラーには出てないんじゃないか。「熱風の町」*がカラーだったかなあ。カラーだとしてもテクニカラーじゃなくて、安手のやつだ。三流の人だもんな、あの人。他に三流でいえば(笑)、ベタ・セント・ジョンって、俺、好きだったね。

Y　ベタ・セント・ジョン？

W　傍役しかやんなかった人なんだ。「雪原の追跡」、ヴィクター・マチュア、ヴィンセント・プライス。パイパー・ローリーの友だちで、インディアンの娘やったの。「皇太子の初恋」で、皇太子がアン・ブライスと仲良くなるんだけど、やっぱり国に帰ってどっかのプリンセスと結婚しなきゃなんない。そのプリンセスがベタ・セント・ジョン。それから、俺観てないけど、「聖衣」で唖の娘やったはずだよ。

Y　パイパー・ローリーで思い出したけど、「ミシシッピーの賭博師」ってのがあってさ、あれにジュリー・アダムスも出てたでしょ。こっちの方がよかった。

W　ジュリー・アダムスのついでにいえば、ドーン・アダムスも好きだった。俺、「月蒼くして」で好きになったんだけど。

Y　チャップリンの「ニューヨークの王様」。

W　その前に、「寝台の秘密」があるよ。それから「月蒼くして」があって、「壮烈カイバ

*「熱風の町」(49年)は、たしかに、「テクニカラーにくらべて色彩効果は劣るが、経費が比較的倹約できる」(映画百科辞典)というシネカラーによるB級西部劇であった。

ー銃隊」があって、[*]それから「狂った本能」。

Y　これにはいい女が三人出てた。

W　マガリ・ノエルとドーン・アダムスとロッサナ・ポデスタ、な。そん中では、ドーン・アダムスがいちばんよかった。マガリ・ノエルがやっぱり色気違いみたいな役で、裸になったりしたんだけど、それより裸にならないドーン・アダムスがよかったね。そのドーン・アダムスが「気分を出してもう一度」で裸になっちゃったんだよね、遂にね。

Y　裸になったために、かえってエロチックでなくなってしまった女優もいるわけでしょう。わりとがっかりしちゃうとか。裸じゃなくてもあんまり挑発的だとちょっぴりへきえきしたり。ジェーン・ラッセルなんかそうだったな。「ナイアガラ」はマリリン・モンローで有名な映画だけど…

マリリン・モンロー

W　モンローは「ノックは無用」「ナイアガラ」あたりからほとんど観てるけど、俺、「イヴの総て」で名前も知らないのに、あれはいい女だ！って言ったのがマリリン・モンローだったわけだからさ。[**]だからモンローについては相当初期から詳しいんだけど、でも、ほんとうに好きになったのは「七年目の浮気」からじゃないかしら。

Y　なるほど。でも、それは色っぽいって感じじゃないでしょ。可愛い女…

W　うん。でも、可愛いっていうのと色っぽいっていうのが同居していたからよかったんで、その前の「ナイアガラ」なんかは色っぽくはしてたけど、可愛くはないっていうこと

* 調べるとドーン・アダムスは「壮烈カイバー銃隊」には出ていなかった（テリー・ムーア出演）。ドーン・アダムス出演の未公開作にKhyber Patrol（54年）があり、それが和田さんの記憶にあったのかもしれない。

** 「…〈イヴの総て〉を観て、ほんの僅か姿を見せた女優を「あ、あの子は可愛い」と思ったのだが、それがマリリン・モンローであった。その少し前に〈彼女は二挺拳銃〉にもモンローは出ていて、しかしその時はピントもろくに合わないちょい役だったから気づく筈もなく、（中略）モンローは間もなく新しいピンナップガールとして騒がれ出した。と言っても主演映画はなかなか来ず、アメリカの雑誌に写真が出ている程度で、映画通の上級生は学校の図書室のＬＩＦＥなどからこっそり切り抜いたりしていたものだった」（和田誠「私の映画遍歴」フィルムアート社）

があったわけだろ。

Y　エロチシズムをわりとオーバーに戯画化してたような気がするけど。モンロー・ウォークってやつで。

W　モンロー・ウォークを後ろから撮ったとこなんて笑っちゃったもんね。でもセクシーな感じより可愛らしさの方を出しているために、かえってエロチシズムをよけい感じさせてくれたのが「七年目の浮気」で、まあ、ビリー・ワイルダーのうまさなんだけれど。あと、「お熱いのがお好き」だね、ワイルダー映画に出たのは。それと、そうだ、「七年目の浮気」より前に「紳士は金髪がお好き」で、やっぱり可愛らしくて色っぽい役をやった。これはホークスだね。やっぱりうまい人だな。むかしは色っぽい女っていうと、たいてい悪女だったわけね、映画では。「ナイアガラ」みたいに。「紳士は金髪がお好き」と「七年目の浮気」あたりから、色っぽい上に善良そのものという理想的な女になったんだね、モンローちゃんは。モンローがMMで、フランスにはBBがいるでしょ。

ブリジット・バルドー

Y　べべって、フランス語では赤ちゃんって意味だから、可愛いベイビーって感じにもなるらしいんだよね。でも、バルドーって遂に人気出なかったな、日本では。

W　そう？　そうかねえ。

Y　バルドーの映画で当たったのは「素直な悪女」くらいなんだよね。それもバルドーで当たったんじゃなくて、当時にしては「エマニエル夫人」みたいにポルノ風だったんだと

Brigitte Bardot

思うね。だけど決してバルドーの人気は出なかった、もちろん有名にはなったけど。「私生活」なんかは、わりといい成績だったのかな。

W そうなの？　俺が勝手に人気あると思いこんでたのかなあ、自分がバルドー好きだから。でも、バルドーの不幸はね、マリリン・モンローはさ、いい女の絶頂期に死んだんで、ほんとにいい女っていうイメージをそのまま残しつつ生きてるわけよ、俺たちのハートに。ところがバルドーは、やや下り坂になってからも映画に出てるもんで、ダウンしたイメージが残っちゃったんだよね。

Y うん、そうだねえ。それもかなりひどい作品ばかりに。

W 「気分を出してもう一度」とか「バベット戦争へ行く」あたり…

Y あの頃は可愛かったもんな。

W そのへんで引退してくれてたら、モンローより高いランクで俺の中にいたような気もするの。

Y ぼくもバルドーは好きだけども、和田さんがそんなに好きだとは知らなかった。でも、和田さんのイラスト見るとわかるな。バルドーの絵、すごく可愛くて魅力的だもんね。

W 「私生活」のラストシーンの、あのきれいさなんて、ちょっとたまらんという感じ。

Y それにしても、和田さんのハートに残ってるバルドーよりも、一般的には圧倒的にモンローの方が…

W まあね。でも撮り方でね、「バス停留所」はいい映画とされてるけど、あのときのマリリン・モンローは他の映画と比べると魅力ないと思うよ。ジョシュア・ローガンなんかが作ると。

Y　うん、でも、ジョシュア・ローガンは「ピクニック」でキム・ノヴァクを魅力的に撮ったじゃない。〝ムーン・グロウ〟のシーン、石段を下りてくる…

W　あ、あのキム・ノヴァクはほんとうによかった。その後「ねえ!キスしてよ」で、キム・ノヴァクはすごく色っぽくなっちゃった。

Y　ずっと後になって「空かける強盗団」っていう変に面白いパロディ西部劇があったでしょう。あのキム・ノヴァクも悩殺的で…月夜の晩に全裸で白馬にまたがって現われたりするんだよね。

W　そうそう。

Y　ビリー・ワイルダーの映画では、オードリー・ヘプバーンがまた違ったタイプの可愛い女でしょう。やっぱり、すごくビリー・ワイルダー的な女の典型じゃないかな。

W　そう。ヘプバーンをいちばんうまく使ったのはワイルダーだろうね。「麗しのサブリナ」と「昼下りの情事」が、ヘプバーンの中でいちばんいいんじゃないかね。どっちかというとギスギスしてるだろ、あの人は。それを、ああいうふうに可愛くしたってことね。エヴァ・マリー・セイントをヒッチコックが使ったら、あんなによくなったみたいに。*

Y　シャーリー・マクレーンはどう?

W　そうそう、シャーリー・マクレーン。

Y　彼女なんか、断然ビリー・ワイルダー的な女**じゃないか。

W　ビリー・ワイルダー的だね。

Y　デビューはヒッチコックの「ハリーの災難」だけど、ワイルダーが彼女のパターンを作ったような気がする。

* エヴァ・マリー・セイントはデビュー作の「波止場」などでは、どちらかといえば貧相な下町娘という感じだったのに、ヒッチコックの「北北西に進路を取れ」では、見事に洗練されたまばゆいばかりのブロンドの美女に変身した。

** 〝ビリー・ワイルダー的な女〟のひとつのイメージとして、ビリー・ワイルダーがオードリー・ヘプバーンについて語っている言葉を引用してみよう。「これまでのアメリカ映画には、嘆かわしいことに、ドライブインのウェイトレスみたいな女の子ばかりあふれていたが、ここにやっと、育ちのいい、教養のある若い娘が現われた。学校も出て、読み書きもきちんとできるし、そしてたぶんピアノも弾けそうな女の子だ。かつてはキャサリン・ヘプバーンがそうだったね。オードリー・ヘプバーンは、ほんとうにかぼそい、やせっぽちの女の子だが、よく見ると、すばらしい存在感があるんだ。ガルボ以来――イングリッド・バーグマンはちょっと例外だけれども――こんなにすばらしい女優はいなかったと思うね。あのへんちくりんな、みっともない顔

W　そうね。シャーリー・マクレーンはワイルダーが作ったな。作ったのは、ヒッチコックが先だけども。でも、「画家とモデル」もよかったろ。

Y　あれでディーン・マーティンがさ、〝イナモラータ〟って歌を歌いながらドロシー・マローンの背中にサンオイルを塗ってやるんだよ。俺、一所懸命、あの歌を英語で憶えてさ。（笑）ドロシー・マローンはいい女だったな。「風と共に散る」なんて、すごくよかった。

W　そう。あれもいい女だった。最近はさ、「黄金のランデブー」なんか観ると、デブの中年女になっちゃって、ちょっとガッカリしたけどね。

Y　テレビの「ペイトンプレイス物語」の彼女はなかなかいいけど。あれ、だいぶ前の番組なんだろうな。彼女がまだそんなにとしをとってないし、色気もあるし…いい感じだけどな。あのね、ドロシー・マローンってのは、ハワード・ホークスが発見した女優の一人なんだよね。「三つ数えろ」がデビュー作で。ハンフリー・ボガートのフィリップ・マーローが本屋に入っていくと、眼鏡かけた若い女店員が出てくる、あれだよね。

W　そうそう。

Y　眼鏡をとって髪なんかちょっといじってほどくとさ、急に美人になっちゃってさ、ボガートをびっくりさせるってのがよかったな。

W　しかしまあ、女優では、圧倒的に好きなのはジェーン・フォンダなんだよね、お互いに。

Y　そりゃ、文句なしだな。俺たち、映画と同じように、女優も、すごく好みが合うところと分かれるところがあるんだけども、ジェーン・フォンダだけは、古今東西を問わず、

だけで、監督は一本の映画のなかに十六種類ものクローズアップを生みだせるくらいだ」（David Shipman: The Great Movie Stars）「カイエ・デュ・シネマ」誌第一二八号所載のインタビューでは、ブリジット・バルドー（特に「真実」の）が最高に好きな女優だ、とビリー・ワイルダーは語っている。

文句なしに一致しちゃうんだよな。ランクづけしていくと、少くとも若尾文子あたりまでは合う。

W　水谷良重から分かれるの？

Y　そのあたりまでは、まあまあだな。でも、どっかで分かれるわけだよ、当然。

W　「悪名」第一作と、「座頭市」第二作*の水谷良重は、俺、気も狂わんばかりに好きだね。

Y　俺もきらいじゃないけど、気も狂わんばかりじゃないわけ。気も狂わんばかりに共通するのは、ジェーン・フォンダと…

W　若尾文子。

若尾文子

Y　いまは違うでしょ。

W　コーヒーのコマーシャルじゃなくてね、「雁の寺」あたり。「しとやかな獣」とか。

Y　川島雄三だな。ぼくは増村保造時代の彼女が圧倒的に好きだな。

W　「夫が見た」なんかでも、映画は好きじゃないけど、若尾文子はいいんだな。

Y　今井正の「砂糖菓子が壊れる時」、吉村公三郎では「越前竹人形」。若尾文子がすごく妖しくていい。

W　若尾文子は声がいい。妙な声なの。

Y　ジェーン・フォンダも声がいい。決してハスキーじゃないんだけど、甘い声。どなってもどなるって気がしない。

* 〝悪名シリーズ〟第一作のタイトルは「悪名」。〝座頭市〟シリーズ第二作のタイトルは「続・座頭市物語」。

W　耳ざわりじゃない。

Y　叫んでもヒステリックな感じがしないのがいいな。

W　美人でもヒステリックに叫ぶとよくないもんね。

Y　いやだね。ひいきにしてる女優でも、演技開眼しちゃってさ、熱演すると…

W　だいたい、アル中か麻薬中毒なんかやりたがるわけね、演技づくと。

Y　体当たり演技とかいって…叫んで声が美しいっていうのは、あんまりいないと思うんだよね。ところがジェーン・フォンダはそういう意味で声がいいなあと、「ジュリア」を観てて思ったな。なんか濡れてるの、声が。若尾文子もそうでしょ。増村時代には激しい役やって叫んだこともあったかな。

W　いや、彼女をめぐる女たちが叫んだの。彼女はわりとクールなのね、いつも。全部観てるわけじゃないから正確にはわかんないけど、とにかく、そういう印象。彼女は叫ばずに、しとやかそうに見せつつ…

Y　うん、そうそう、ほくそえんでる。

W　そういう役柄をうまく与えてもらって、得してたと思うんだけどね、「赤線地帯」にしても。

Y　考えてみれば、あれで溝口健二から増村保造にバトンタッチしたんだな。あのとき、増村は助監督だし。

W　「越前竹人形」みたいに悲惨な役もあるけど、悲惨な役だと、日本の女優はたいてい叫んじゃうね。彼女は叫ばない。

Y　日本の女優にしては珍しく、なんていうのかな、肉体みたいなものを持ってたという

雁の寺
若尾文子

気がするのね。悲惨な、耐える役でも、耐えるだけの肉体の存在感というか。

W　バランスがとれてるわけ。監督たちがうまく使ってたと思うな。

Y　テレビに行っちゃったのは残念だね。仕方ないことなんだろうけど。テレビでは彼女のよさを生かしてないから。

W　お茶の間に入っていくには、しとやかだけでないと人気が出ないのかな。しとやかだけど一面チャッカリしてるとか、ある種、腹黒いというのは、テレビではヒロインになりにくいんだね。

Y　そういう二重性を持ってる女優って、日本にはあんまりいなかったんじゃないかと思うんだよね。

W　単純に悪女になっちゃう。そういうのは新劇の女優がやるわけね。（笑）もっとも初期の加賀まりこみたいに…

Y　可愛い悪女。だけど、そういうイメージは若いときだけしか使えない。緑魔子もそうだったよね。

W　初期の緑魔子はよかったと思うね。「二匹の牝犬」とか…

Y　梅宮辰夫と共演の「ひも」とか…

W　「いろ」、「かも」、〝夜の青春シリーズ〟ってやつな。

Y　和田さんはよく松尾嘉代がいいって言ってたけど、彼女の主演映画ってのはあまりないでしょ。

W　「肉体の門」で初めて観て、あれは娼婦グループの四人の中の一人か、特にどうってことないんだけど、ちょっと容貌がよかったのね。そのあと「けんかえれじい」で、ちょこっと出たのが印象的だった。

Y　すごくよかったね。「にあんちゃん」のときの中学生の女の子、その頃から色っぽかったもんな。

W　若い子でとってもよかったのは、「豚と軍艦」の吉村実子。その頃だったかなあ、浜美枝が「世界詐欺物語」だっけ、オムニバスのやつ、あれに出たときは色っぽかった。

Y　よかったよね。「007」*でもよかったと思う。

W　特によかったのは「一〇〇発一〇〇中」だな。ビキニ着て機関銃射ったりするの。

Y　もっとそんなふうな荒唐無稽なアクション映画でコミカルな使われ方してもよかったんじゃないかと、ちょっと残念に思うな。ジョルジュ・ロートネルの映画のミレーユ・ダルク**みたいにさ、ちょっと漫画風に、劇画風にさ。

W　そういえば、俺、ミレーユ・ダルクは好きな女優だねえ。

Y　いいよなあ。ズッコケてみせるのがうまいでしょ。自分を滑稽に見せて色っぽいってのは、大した女だと思うんだ。細身だけど、バイタリティもあって。

W　最近の日本の女優では倍賞美津子が非常にいいと思う。

Y　ぼくが倍賞美津子を意識したのは、やっぱり森崎東の喜劇シリーズだな、「女は度胸」「男は愛嬌」それから「女は男のふるさとヨ」***とかさ。あのあたりが圧倒的によかったよね。コメディをやれる女優で魅力的ってのは、やっぱり素晴らしいと思う。最近は彼女、あまり映画に出なくなって、残念だな。

W　小さい役だけどね、「君よ憤怒(ふんど)の河を渉れ」とかさ、「冬の華」。

Y　あんなにちょこっとしか出なくても?

*「007」シリーズ第五作の「007は二度死ぬ」。

** ジョルジュ・ロートネルのコミカルなギャング映画のミレーユ・ダルクは、つねに心やさしい荒くれ男たちを相手にのびのびと美しくズッコケてみせてくれたものだ。「女王陛下のダイナマイト」「牝猫と現金」「狼どもの報酬」等々。彼女がアラン・ドロンと一緒になる以前の映画群である。

*** それぞれの題名のアタマに〝喜劇〟と付く。

W　役がいいと思ったな。コールガールでも屈託がないの。からっとしてて。

Y　倍賞美津子が好きだっていうのは水谷良重が好きなのと、どこかつながるね。肉感的だし。

W　そうかな。でもね、ジェーン・フォンダと若尾文子じゃ全然タイプが違うだろ。

Y　ぼくの中ではわりとつながってるんだけどね。声の甘さが似てるなあ、と思ったりね。増村保造時代のイメージが強烈なせいか、強くて美しい女という役柄でオーヴァラップしたり。和田さんが好みの女優の、女優じゃなくて女性といってもいいんだけど、共通点というか、なにか統一性があるとすればどういうとこ?

W　さあ。守備範囲が広いというか、バラバラだからねえ。

Y　俺の好みで共通するのは骨格じゃないかと思ってるんだけど、和田さんはどう思う?

W　俺は、そうね、女であること。(笑)それじゃ答にならないか。強いていえば「マイ・フェア・レディ」でさ、花売娘が貴婦人になるね。その前者の似合う人、つまり貴婦人より花売娘が似合う人が好きみたい。

Y　なるほど。

W　もっというと女中だな。それと土人。

Y　アハハ…

女中と土人

W　被差別の方が好きなのね。パスカル・プティが女中になったのがいいな。「女の一生」か。フランスのいい女は女中をやるね。ジャンヌ・ヴァレリーとか。

Y ジェーン・バーキンなんかも、どっちかといえば、そうだな、彼女はイギリス人だけど。それに、ベルナデット・ラフォンとか。彼女はちょっと強烈すぎるか。

W 「想い出」っていうカーク・ダグラスの映画で女中が出たんだ。ほんのちょっとしか出ないんだけどいい女だなと思ったのが、ずっとあとでわかったんだけど、ブリジット・バルドーだったわけ。俺、高校生の頃だったね。インディアンではジーン・ピータース。さっきも言ったけど。ベタ・セント・ジョンもそうだし。それからエヴァ・マリー・セイント。

Y 「レッド・ムーン」のな。デブラ・パジェットもインディアンやったぞ。

W 「折れた矢」。

Y もう一本ある。「最後の銃撃」。フリッツ・ラングの「大いなる神秘」でインドの舞姫をやったのもよかった。

W ジョーン・コリンズもよかったな。「ピラミッド」なんか。

Y あれは奴隷女だったかな。ジョーン・コリンズもイギリス人だ。

W お姫さまだけどね、小さい国からエジプトのファラオに献上されちゃう役。

Y そう、そう。彼女、「裸の島」もよかったな。無人島で男三人と生活するやつ…

W 日本では根岸明美。

Y スタンバーグが使ってたもんね。「アナタハン」で。あれは土人の役だったか。

W 土人じゃないよ。ジャングルで生活してただけだよ。

Y アハハ、そうだったな。あの土人の衣装がすごく似合ったもんね。エキゾチックなんだな。
W　「獣人雪男」ではね、やっぱり日本人なんだけど、山娘というかね、一種の土人なんだな。
Y　東南アジアとかエジプトとか南洋の島とかばかりじゃなくて、宇宙だってエキゾチックなわけでしょ。宇宙ものが似合う女優もいいな。なんて言うと差別になるかな。
W　宇宙人は差別されてるのかね。宇宙人は土人とはいわねえなあ。（笑）星人ていうのかしら。（笑）
Y　あれなんかどう。「ターザン」のモーリン・オサリヴァン。ジェーン。
W　よかった。

ジェーンとターザン

Y　すごくよかったと思うね。あれは土人じゃないけどさ、文明を捨てて…
W　後天性土人。（笑）「ターザン・アンド・ヒズ・メイト」*のモーリン・オサリヴァン、よかったな。
Y　例の泳ぐシーン。水にとび込むとき…
W　着てるものが木にひっかかって、ベリッと破けて裸のまま泳いだ。
Y　あがってくるとチータが着物持ってっちゃうのね。ジェーンが胸押さえながら追っかける…
W　そうだったかね。

* 邦題は「ターザンの復讐」。六代目ターザン・スターのジョニー・ワイズミュラーによるシリーズ第二作。ターザンの〝メイト〟になるジェーンの役はモーリン・オサリヴァン。ミア・ファローのお母さんになるのは、もちろん、もっとずっとあとのことだ。

Y うん、俺すごく興奮したね、小学生のとき。あの頃までは大人向けに作ってたんだろうな、ボーイが出てくるまでは。原作そのものは子供向けって感じの小説じゃないしね。

W 映画は、ターザンとジェーンが結婚しないで同棲してるって、カトリックの団体あたりからつき上げがあったらしいね。それで原作を調べたら結婚してることになってたんで納得してもらったんだって。

Y 原作では、ターザンは何から何まで自分で学んで、どんな言葉でもこなしちゃう。大天才なんだよね、語学の。名刺まで持ってる。〝ムッシュー・タルザン〟て書いてあるんだ。（笑）フランス語なんだよね。フランス語が彼の第一外国語なんだ。知らないでしょ、そんなこと。

W 俺の知ってるのは最初の映画の日本の題が〝ダルザン〟だったことだけ。「蛮勇タルザン」。エルモ・リンカーンのやつ。*

Y 毛むくじゃらで、鉢巻きなんかしてな。

W それで虎か豹の皮を肩から斜めにやって、サーカスの力持ちのイメージだな。（笑）何の話してたんだっけね。

Y 女優の話……女優の話になったのはジーン・ピータースからで、そもそもはリチャード・ウィドマークのことを喋ってたんだ。

W そうか。「悪の花園」ってさ、たいした西部劇じゃないけど、リチャード・ウィドマークがキザなせりふ言うんでよく憶えてるのね。「女の言うことはみんな嘘だが、女の歌う歌は真実だ」とかさ。ラストシーンはウィドマークが死んじゃって、ゲイリー・クーパーが「この世が金でできていたら、人は一握りの泥のために命を落とすだろう」なんて言

* エルモ・リンカーンは初代ターザン役者。元ボクサーか、それともレスラーかと思わせる肉体の持主だが、実はれっきとした舞台俳優で、D・W・グリフィスに見出されて「国民の創生」で映画入りしている。

うのな。それが幕切れ。

Y ビリー・ワイルダーの映画なんかも、幕切れのせりふがいいよね。「あなただけ今晩は」なんかさ、やっと一件落着したと思ったら、もうこの世にはいなくなったはずの人物がまた現われてさ、酒場のおやじが何がなんだかわからなくなって、目を白黒させてからカメラに向って、「これはまた別のお話」なんてね。

W 「お熱いのがお好き」で、ジョー・E・ブラウンが「完全な人間はいない」って言う。それから笑って終るのがあるでしょ。ゲラゲラ笑って終るやつ。たとえば「五本の指」。二重スパイの話で、イギリスからもドイツからも金とってるわけ、ジェームズ・メイスンのスパイが。こっちの情報をあっちに売り、あっちの情報をこっちに売り、っていう具合に、さんざん金儲けるんだけどさ。ラストで、どっちから貰ったんだか、とにかく大金をせしめて、これでもう足を洗おうということになって、最後にそれが全部ニセ札だったってことがわかる。で、気が狂ったようになって、リヴィエラかどっかのホテルのね、三階か四階かから、ニセ札をワーッと撒きながらね、ゲラゲラゲラゲラ笑うのよ。それがラストシーン。日本では、むなしくなると、ほんとにうち沈んじゃうんだけどさ、西洋の場合はね、もう笑ってとばしてしまおうみたいなことがあってね。

Y 「黄金」なんかも…

W 「黄金」がそうなんだな、まさに。アルフォンゾ・ベドヤっていう山賊がいてさ。

Y そういう名前だったかね。

W アルフォンゾ・ベドヤっていう役者が山賊やってんだけど、山賊の名前は「黄金の帽子」っていうの。それがハンフリー・ボガートを斬り殺してさ、砂金のこと知らないからさ、ボガートの持ってる大事な砂金の袋をさ、バッバッバッと切っちゃうわけだよ。砂金は全部、風で吹っとんじゃう。これは、仲間からかっぱらってきた全財産なんだけどね。と、その後何時間か、何日かたってから、仲間のティム・ホルトとウォルター・ヒューストンが来てさ、見ると、全部吹っとんじゃってる。それでゲラゲラゲラッと笑う。ウォルター・ヒューストンが「笑え、笑わないと気が狂うぞ」と言ったような気もするな。

Y　うん、そうそう。

W　それから「白熱」のラスト。「白熱」のギャングっていうのは、キャグニーの自伝*にも出てくるけど、精神異常のギャングにしようって、キャグニーが言いだしたわけだろ。で、やっぱり最後にガスタンクに登ってさ、ゲラゲラゲラッて笑いながら、自分が乗ってるガスタンクに発砲するんだからね。あれも相当強烈だったねえ。

Y　すごかったな、あれは。

W　変に陰惨にならないで、だけどもむなしく終るっていうのが、俺、わりと好きでさ。たとえば「マルタの鷹」なんてそうだろ。

Y　うん、うん。

W　ボガートは恋人を失うわけだろ。悪党どもはさ、ピーター・ローレやシドニー・グリーンストリートは、人殺しまでして手に入れたマルタの鷹がニセモノだったと。それで、シドニー・グリーンストリートのせりふだけど、「これを手に入れるのに十七年かかった。本物を見つけるのにあと一年かかるかも知れないけども、十七年のことを思えば一年など五・何々パーセントにすぎない」って…「悪魔をやっつけろ」なんてのもそうだしね。ジョン・ヒューストンは、わりとそういうテーマが多かったね。

* 「ジェームズ・キャグニー自伝／汚れた顔の天使」（山田宏一・宇田川幸洋訳／出帆社）

Y　ヒューストンはテーマが比較的統一されてるね。

W　特に初期はね。「マルタの鷹」がデビューだろ。「黄金」「アスファルト・ジャングル」、まあ、「キー・ラーゴ」はちょっと違うけどさ。

Y　「白鯨」なんかにしても…

W　男の執念とその挫折みたいな…

Y　最近の「王になろうとした男」もそうだしね。

W　ヒューストンでは「秘密殺人計画書」というのがおかしかった。ゲストの俳優たちが全員メーキャップで…

Y　誰が誰だかわかんない。

W　バート・ランカスターなんか、女になるのな。(笑)

Y　無茶苦茶だよ、あれ。

W　あれでね、俺、ジョージ・C・スコットって、ものすごくいい役者だなあ、と思った。もちろん、もっと前に「ハスラー」があって、とっても怖くってね、いいなあと思ったけど、あれで突然、主役じゃない。カーク・ダグラスが悪役で。びっくりしちゃった。ジョン・ヒューストンって、俺、好きだったね。あと、監督ではフレッド・ジンネマンな。「暴力行為」。あれ、怖い映画でさ、ロバート・ライアンが。

暴力行為

Y　吐く息がぜいぜいいう感じで、追っかけてくる。びっこひいてね。

W　吐く息じゃなくてね、びっこひく足音がさ、トン、ツー、トン、ツー、トン、ツーッて近づいてくるんだよ。ファーストシーンがね、もしかしたら記憶が間違ってるかも知れないけど、ロバート・ライアンがバストサイズでさ、オートマチックの拳銃にガチャッ、ガチャッと弾を詰めてるところから始まったと思うんだ。それから立ち上って、歩きだすとびっこなんだ。そこで、いきなり場面変って、こちらは平和な町のヴァン・ヘフリンです。ジャネット・リーが奥さんで、これから町長だか市長だかの選挙に立とうとしている人望ある、善良なる市民。そこへロバート・ライアンが乗りこんでくると……あれ、どういうふうにしてわかってくるのかなあ、とにかくフラッシュバックを使わずに、ヴァン・ヘフリンの過去が語られるわけだ。その過去というのが、戦争中、彼は小隊長で、彼の小隊が全滅しちゃうんだ。彼は部下を見殺しにして、ひとりで逃げちゃうんだな。

Y　生き残って、自分だけ英雄になるわけだ。

W　それで、いまや市長候補。ところが、ひとりだけ生き残った部下がいて、それがロバート・ライアン。生き残ったけど、びっこになってる。で、裏切者、戦友の仇、てんで殺しに来るの。

Y　そういえば、フラッシュバックなしに、それがわかってくるんだったな。

W　会話で、それがわかっちゃうんだ。

Y　ロバート・ライアンが町に現われて、まずジャネット・リーなんかに会うんだよ。なんだか薄気味わるい、恐怖を与える男がいるってんで、何かあるんじゃないかとジャネット・リーが思い始めるんだよ。

W　スリラー仕立てなんだよね。

Y で、そのあと、ヴァン・ヘフリンがやたら汗かくシーンばかり憶えてるんだ。（笑）

W やたら名演技ていうか、心理演技をやるんだよな。そりゃ、自分の過去を知ってるやつがいるっていうだけでも恐怖なのに、それがびっこひきながら殺しに来るんだから。足音だけが、家のまわりで聞こえたりするから、そりゃこわいわけだよ。そこで市長候補のヴァン・ヘフリンは、殺し屋を雇ってロバート・ライアンを殺してくれと頼むわけ。で、こんどは殺し屋がロバート・ライアンをつけ狙い始める。そのうち、だんだんヴァン・ヘフリンが良心の苛責にさいなまれてきてさ、やっぱり殺すのはやめようと思うわけ。で、殺し屋のところへキャンセルに行くんだけど、時すでに遅く、殺し屋は殺しに向ってる。それをなんとかとめようとして追っかけて、殺し屋の車にとび乗ろうとして落っこちて死んじゃうんだよ。

Y そう、そう。最後まで良心の苛責に苦しんで、冷や汗演技で心理描写をするんだった。

W それで、ヴァン・ヘフリンが死んで、おまわりなんかが来て、奥さんには誰が知らせるんだってことになって、俺が行く、とロバート・ライアンが言うところで終るの。

Y ロバート・ライアンは、悪役でスターだったね。悪役のやれるスターって、あんまりいなかったんじゃない。

W 「十字砲火」ってのがあったね、ドミトリクの。あれは、ロバートとつく人が三人出て…

Y ロバート・ライアンと…

W ロバート・ミッチャムとロバート・ヤング。スリラー仕立ての社会ドラマなんだけど、ユダヤ人が殺されて、誰が殺したか…結局人種的偏見を持っているロバート・ライアンが

ACT OF VIOLENCE
Van Heflin
Robert Ryan

殺したってことがわかる。「日本人の勲章」でも「拳銃の報酬」でも、偏見を持つ男をうまくやってるんだけど、当人は逆に、とっても進歩的な人だったらしいね。だから批判的に演じることができるんだろうけど。

ロバート・ライアン

Y　彼は最後まで悪役に徹したスターだったという気がするのね。普通、としとってくると、兇悪なギャングをやってたエドワード・G・ロビンソンにしてもさ、善良な老人になるんだけど、ロバート・ライアンは違ってたな。

W　もっとも、まるで悪役じゃないのもあるけどね。

Y　「誇り高き男」とか…

W　それから「罠」。

Y　でも、悪役に徹したせいだと思うんだけど、ヨーロッパで人気があって、ルネ・クレマンが彼を招いて最後の作品を作った。

W　「狼は天使の匂い」。

Y　それから、ちょっとホモ的な役をやったでしょう。ホモ的というと単純化しすぎるんだけどね、いわゆる男の友情とはちょっと違った…「東京暗黒街・竹の家」とか。「狼は天使の匂い」もそうだったし。

W　ギャング映画なんかで、親分のそばに腹心の部下というのがいて、その腹心の部下に裏切られるという図式があるでしょう。可愛がってただけに、よけい親分は怒る、そういうの、解釈によってはホモ的と思えば思えるな。「白熱」のキャグニーとスティーヴ・コクランの間柄とかさ。よくＦＢＩなんかがギャングに化けて仲間にもぐりこむっていうのがあるね。

Ｙ　「白熱」のエドモンド・オブライエン。

Ｗ　「情無用の街」では誰だっけ、マーク・スティーヴンスか。「竹の家」ではロバート・スタック。それで、ギャングの親分に気に入られて、新入りなのに他の仲間よりも目をかけられる。

Ｙ　西部劇だけど、フリッツ・ラングの…ディートリッヒが女親分でさ。あのディートリッヒはむしろ男の役で、やっぱり男と男の関係になる…

Ｗ　「ランチョ・ノトリアス」。なんとかの谷…

Ｙ　「無頼の谷」。あれも「白熱」的なギャング映画のパターンだね。アウトローの結束は、ホモ的と言っちゃうと簡単すぎるけど、もっと幼児的なつながりなんじゃないかな。わりと神経症的なボスが多かった。キャグニーにしても。

Ｗ　「拳銃の報酬」のロバート・ライアンも、ベラフォンテと憎み合ってるけど、なんか不思議なつながりがある。

Ｙ　たぶん幼児的なつながりなんだろうな。ロバート・ライアンは、あんまり女の相手役というのがないんだよね。なんか男と一緒のが多いんだな。その方が似合うし、男同士の愛情、というと変だけど、微妙な愛と信頼とを表現するのがうまいんだな。ジェームズ・スチュアートやヘンリー・フォンダなんかの、俺たちの惚れたスターとは、かなり違うんだよね。ずっとアクが強いし…

W　人間的なのね。スターらしくないんだよね。
Y　うん、もっと複雑でね。
W　現代的なんだよ。昔から現代的なんだ。
Y　そうなんだな。屈折してるんだ。スターって、もっと単純だもんな。
W　だから、前に話した「追跡者」の役なんて、いかにもそれらしいんだな。
Y　うん、うん。すごい早射ちらしいんだけど、決して拳銃を抜かない保安官。ロバート・ライアンは「暴力行為」あたりが最初かな、俺たちがスクリーンでお目にかかったのは。「暴力行為」はフレッド・ジンネマンと出会った最初の映画でもあるわけでしょ。
W　うん。ジンネマンはその前に「不思議な少年」ていうのがあるんだけど、観てない。それから「地上より永遠に」。
Y　「山河遙かなり」はそのあとか。
W　出来たのは古いんだけど、日本に入ってきたのはあとになるね。モンゴメリー・クリフトの人気が日本でも出てきたんで、地味な映画だけど入れたっていう感じ。マーロン・ブランドが傷病兵やった映画があったでしょ。「ザ・マン」かな、「ザ・メン」*かな。
Y　日本には来てないんじゃないか。
W　テレビではやったよ。「我等の生涯の最良の年」みたいに第二次大戦の復員兵を扱った映画。車椅子に乗ったままのマーロン・ブランドが、大イライラ演技でさ…
Y　大イライラ演技か。デビュー当時のブランドだから、まさにそんな感じだな。
W　それが女の愛を得て、いかに社会復帰してゆくかという…ま、はっきりジンネマンを意識したのは「地上より永遠に」だと思うんだけど。

＊「ザ・メン」。「男たち」の題でテレビ放映された。スタニスラフスキー・システムで鍛えられた二十五歳のマーロン・ブランドの映画デビュー。エリア・カザン演出の舞台「欲望という名の電車」で大成功をおさめた直後であった。

Y　あれ観たときは中学だったかな、高校だったかな、観た映画館まではっきり憶えているね、感激してさ。良心作とか社会派とかいうこともあるだろうけど、それ以上に面白かったね。

W　面白かった。

Y　ものすごく緻密で、じっくり観せるんだけど、映画的に面白かった。俳優がみんなよくて…

W　人物がたくさん出て、それぞれがうまく描かれてて…

Y　フランク・シナトラが初めて演技者として…よかったね。デボラ・カーとランカスターのカップルがいて、モンゴメリー・クリフトとドナ・リードのカップルがいて…

W　モンゴメリー・クリフトの役の名がね、ロバート・E・リー・プルーエットっていうんだ。（笑）

Y　ディテールに映画的な醍醐味があったでしょう。ランカスターが、ボーグナインの鬼軍曹と喧嘩になって、ビール壜割って「来るか！」と構えるかっこよさとか。

W　それまでランカスターは、どちらかといえばただの活劇俳優でね、あの映画から演技派になったみたいね。シナトラがあれでアカデミー助演賞を貰ってるけど、俺が感心したのはランカスターだったね。

Y　うん。それからジャムセッションみたいな感じでさ、モンゴメリー・クリフトが、ラジオから流れる音楽に合わせて突然トランペット吹き始めるじゃない。

W マウスピースで。

Y あそこ、すごく興奮したね。あれ、〝チャタヌガ・チューチュー〟だったよね。

W 〝退役兵のブルース〟てのもあったね。それから、シナトラが死んだあと、夜明け前の営庭で葬送のトランペットを吹く。

Y 泣かせたねえ。他にも、映画的に興奮させるシーンがいっぱいあった。例のデボラ・カーとランカスターのラブシーンにしてもさ。

W 海岸のラブシーンな。

Y うん、波打際の。

W 「七年目の浮気」で、あのシーンをパロディにしてた。…ジンネマンてさ、モノクロ・スタンダードがいいって感じがするね。陰影豊かっていうか、モノクロのトーンがすごくいいのね、「暴力行為」にしても。「暴力行為」は夜のシーンが多くてね。

Y うん、ジンネマンは夜のシーンがうまいな。「地上より永遠(とわ)に」もそうじゃない。ジンネマンってオーストリア人でしょ。ウィーン派っていうのかな、フリッツ・ラングとかスタンバーグとかさ、光と影というか、白と黒の陰影のニュアンスというか、すごく映像が美しいのね。ビリー・ワイルダーにしても「深夜の告白」とか。「らせん階段」のロバート・シオドマクなんかもさ、ウィーン生まれじゃないけど、ドイツ人でしょ。

W 「幻の女」もシオドマクだっけ。フランチョット・トーンが人殺しの役でさ、手をこうやって、首をしめる恰好をしてると、ロングショットなんだけど、ちょうど手のところに光が当たって、印象的に見えるようにしてる。

Y　ドイツ系だけじゃなくて、ハンガリーとかデンマークとかヨーロッパ系の監督に多いでしょ、ハリウッドの陰影豊かな映像派ってのは。マイケル・カーティス、この人はハンガリー人だけど、テレビで観た「ミルドレッド・ピアース」*なんて、シオドマクと見まごうばかり。キャロル・リードの「第三の男」の影とは、ちょっと違うんだ。

W　そうね。キャロル・リードの影は造形的で、わりとあざといんだよね。それがまたいいんだけど。そうじゃなくて、さりげないんだけど気をつけて見ると陰影豊か、っていう…もっとも最近だよね、それに気づいたのは。だって、そういう映画観たのは高校の頃で、しかも白黒スタンダードばっかりの時代だったんだから。（笑）

Y　いま、テレビで観て、そうだったか、とつくづく思うわけだ。

W　で、ジンネマンて、初期の作品が俺たち好きで、途中「オクラホマ！」あたりでちょっと不満があって…

Y　「日曜日には鼠を殺せ」は、ちょっとよかったけど。

W　そうだね。それで、こんどの「ジュリア」になって、やっぱりジンネマン健在、ということになるわけだ。ジンネマンらしくはないけどな。

Y　うん、女性映画ってことではね。でも、「尼僧物語」はあるし、「地上（ここ）より永遠（とわ）に」でもラブシーンがいっぱいあったし、決して女性を描かなかった人じゃないんだね。

W　ジンネマンて、もっとあったはずだけどな……あ、そうだ、「真昼の決闘」！

Y　そうだよ、「真昼の決闘」が出てこないとは！　実は俺、あんまりあの映画好きじゃないんだけどね、西部劇としては。

W　俺は好きな映画だけどね。

*「深夜の銃声」の題でテレビ放映された。

Y　西部劇らしくない西部劇というのがあってさ…

W　「白昼の決闘」がそうだね。「無頼の谷」「大砂塵」…でも、そういう中では、「真昼の決闘」は西部劇らしいんじゃないかねえ。

Y　もしかしたら、俺、ゲイリー・クーパーがあんまり好きじゃなかった、ということもあるかも知れない。ジョン・ウェインだと歩いてるだけで西部劇って気がしたんだけどね。あの頃、ジョン・ウェインがまだB級スターだった頃の「拳銃の町」とか、その手の二流西部劇が来て、それを「赤い河」と同じ頃観て、すごくジョン・ウェインが好きになった。西部の匂いがあってね。それにひきかえ、ゲイリー・クーパーはちょっと粋すぎて、西部の砂塵に汚れてるって感じがないんだよ。そんなこともあって「真昼の決闘」にも、のめりこめなかったのかも知れない。和田さんは、この映画のどんなところがいいと思ったわけ?

W　ハイ・ヌーンが迫ってくる緊迫感ね。二時間ほどの出来事でしょ。映画の進行時間と物語の時間が一致しててさ。ロバート・ワイズの「罠」もそうだったね。で、「真昼の決闘」もモノクロのトーンがよかったと思うね。これは昼間の映画だけどさ、西部のかわいた感じ、太陽が照って、道が白くかわいて、という感じがよく出てた。ジンネマンという人は、どっちかというと職人なんだろうね。マイケル・カーティスのように、西部劇も作り、スリラーも作り、ミュージカルも作り…ハワード・ホークスもそうだよね。そっちのタイプの人なんだろうな、社会派みたいにいわれるけど。「オクラホマ!」なんてのは70ミリでしょ、トッドAO方式。当時の70ミリカメラは大型だから、寄ったり振ったりできなくて、腕の見せようがなかったんだろうな、きっと。

Y カラー大型スクリーンの人じゃないんでしょ、もともと。

W ただ「ジュリア」のカラーはいいカラーだと思うよ。

ジュリア

Y すごくいいと思った。カラー時代のモノクロというか、陰影のあるカラーで、ほんとに〝ペンティメント〟[*]っていう感じ。とにかく、われわれとしてはジェーン・フォンダが出てるだけでいいんだ。(笑)観る前から惚れてたというか、もちろん裏切られなかった、いや、それ以上によかったけど。

W うん。でも冷静に考えると、もちろんジェーン・フォンダはうまいし、ま、うまくなくてもあの人はいいんだけども(笑)、あれはどうしてもリリアン・ヘルマンて気しないのな。やっぱり、ジェーン・フォンダであって…

Y そういえば、そうだ。でも、だからいい。

W ジェーン・フォンダの人となりを見てると、タイプ叩いて戯曲を書くというふうにはどうしても思えないわけだな。片やジェースン・ロバーズの方はさ…

Y そうなんだよね。すごくダシール・ハメットって感じがした。何も書かないし、インテリ風なことも言わなくて、バケツ持って釣り竿かついでるだけなのに。(笑)俺、ダシー

*「カンヴァスに描かれた絵の古い絵具が年月のたつうちに透明になってくることがある。すると、絵によっては一番はじめに描かれた線が見えてくる。女のドレスの下から樹が姿を現わし、子供の姿の向こうに犬が居り、一隻の大きな船が浮かんでいるのは、もはや大海原の上ではない。この現象はペンティメントと呼ばれる。描いた人間がもとの絵を「後悔」し、心変わりしたということである。言い換えれば、昔抱いた考えは、後に変わることがあっても、また姿を現わし、再び現われてくるものだと言えるかもしれない」(リリアン・ヘルマン「ジュリア」中尾千鶴訳/パシフィカ)。
映画「ジュリア」はこの文章を読むジェーン・フォンダのナレーションとともに始まる。
「ジュリア」の撮影監督はダグラス・スローカム。

ル・ハメットの写真も見たことないんだけどね、なんだか、この映画のジェースン・ロバーズってのは、ダシール・ハメットよりもダシール・ハメットみたいな気がした。（笑）

W　で、ジュリアはさ、もちろんジュリアなる女がどんな女かは知らないけどさ、いかにもヴァネッサ・レッドグレーヴという感じなんだな。ウーマンリブでさ、彼女自身がやってることと役とがすごく合ってて。この二人にくらべると、ジェーン・フォンダはやっぱりジェーン・フォンダなんだね。

Y　でも、それがさ…

W　それが、ファンにとってはたまらない。

Y　まさにジェーン・フォンダその人、というか、四十歳という彼女の年齢にみあった彼女自身を見ている感じなんだな。ヴァディムと別れて反戦女優になって、アメリカに戻って政治運動を続けて、ハリウッドからボイコットされながらも遂にまたアカデミー賞にノミネートされたわけでしょう。悪びれず堂々と生きてく彼女のイメージそのものなんだな。それがすごく感動的だった。

W　俺、リリアン・ヘルマンがどんな顔してるか知らないけどさ、もしもっと冷静にキャスティングするとすればジェーン・フォンダじゃなくてね、ジュリー・ハリスとかさ…

Y　「嵐の中の青春」の頃のジュリー・ハリスね。うん、インテリで小説や戯曲のひとつも書きそうな…

W　ジェーン・フォンダは女としてはいい女なんだけど、戯曲が書けそうには見えないのね。戯曲を書く人にあんないい女はいないんじゃないか、っていう気がするわけね。

Y　アハハ…映画では、ダシール・ハメットはリリアン・ヘルマンをちょっともてあまし

JULIA
Jason Roberds
Jane Fonda

てるって感じがあったでしょう、ほんのチラッと見せるだけだけど。実際に、あれ、もてあましてたんじゃないのかね。映画ではジェーン・フォンダだから…

W 俺ももてあましたい、か。

Y うん、そう。(笑)

W 「ジュリア」は、いまのリリアン・ヘルマンが昔を回想して語るんだよね。回想の中にまた回想があったりするんだけどさ、原作は一人称だよね、映画も一人称風に始まって、薄暗いところで魚釣ってる後ろ姿じゃない、しかも、しばらくたたないとそれがどういう意味なのかわからないようにつないであるね。一カ所、バッとアップの目が出て、目の下にしわがあって、いかにもいまのリリアン・ヘルマンていうイメージのメーキャップなんだな、ジェーン・フォンダの目だけなんだけどね、冒頭で。

Y うん、かすかにオーヴァラップして。

W これ、うまいと思うんだね。リリアン・ヘルマンがとしとったらこうですよって、変に醜悪にメーキャップした姿出さないで、ほんとにちょっと目の下のしわを強調した程度で、しかも目のアップだけで、それもオーヴァラップしてすぐ消えちゃう。

Y ふつうは、机に向って書いてる老人の姿から始まるんだよ。

W うまいと思ったね。下手なやつがやると老醜さらした姿を出しちゃうとこだ。

Y 下手なやつじゃなくても、それが回想の常道だったわけだ。それで、画面がとけていくみたいにグニャグニャになってさ、あれ、何ていうんだろう。

W メラメラ・ワイプ。

Y アハハハ…メラメラ・ワイプか。それ、和田さんが名づけたんだろ。

W　俺じゃないよ。（笑）うまいといえば、サスペンス・ドラマとして見ても、なかなかうまいんだね、国境を越えるとこなんか。

Y　ベルリンへジュリアに会いに行くときの列車の中のシーン。不思議な人物が次々と出てきてね。

W　それから、ジュリアの残した子供を探し歩いて、結局見つからないだろ。まあ、これは事実そうだったんだろうけど、下手すると、探しあてて涙の対面なんてことになるでしょ。

Y　そうなんだよね。そこのへん、ドライに描いてるな。リリアン・ヘルマンが劇作家として成功した姿がちょっとしか出てこないというのもいいね。常にジュリアが話の基点になっててね、狂言回しみたいな。事件や物語の証人っていうか。

W　だから、ヴァネッサ・レッドグレーヴが助演女優賞てのも不思議な気がしたな。

Y　うん、どっちが主演といってもいいもんね。あれ、はじめはジェーン・フォンダがジュリアの役をやることになってたらしいんだね。それを、ジェーン・フォンダが、ジュリアは絶対ヴァネッサの役だ、って言ったらしい。あの二人、私生活でも親友なんでしょ。ジェーン・フォンダは自分の娘にヴァネッサと名前つけてるくらいだから。だから、あの二人が一緒に出るシーンはすごいよね。とくにベルリンで束の間の再会をするところ。監督なんかいなくっても、二人はうまくやったろうって気がしちゃう。

W　そうだねえ。

Y　そういう意味では、ちょっとやりすぎた感じがしたのが「人形の家」だったね。あれで、ジェーン・フォンダは監督のジョゼフ・ロージーと大喧嘩したんだって。もうひとりのウーマンリブのデルフィーヌ・セーリグと、前の晩に、翌日のせりふを全部書きなおしたんだそうだ、監督なんか無視して。

W あ、そう。ま、ウーマンリブでもジェーン・フォンダなら許せるな。

Y アハハハ…ジェーン・フォンダなら何でも許しちゃう。われわれ彼女にはデビュー以来つきあってきたじゃない。

W 親父からつきあってきた、ヘンリー・フォンダから。

Y アハハ、そりゃそうだ。

W 弟とは、俺、つきあいたくないけどさ。(笑)

Y ピーター・フォンダ、うん。だんだんつきあいきれなくなってきた。

W もっとも、ピーター・フォンダのファンもいるんだろ。

Y テレビのコマーシャルに出るくらいだから、人気があるんだと思うよ、それなりに。「イージー・ライダー」の後の「さすらいのカウボーイ」ってのは、ピーター・フォンダ監督のヒッピー西部劇だけど、ムードがあって感じのいい小品だったよ。

W 俺、「悪魔の追跡」は好きなんだ。オカルトとカー・アクションと男の友情と、はやりものをぜんぶつき混ぜた妙な映画でね。

Y ロジャー・コーマン*の弟子が作ったんだよ、あれ。それから、あれは観た?「ビッグ・バッド・ママ」。

W 観たけどね、皆さんがおっしゃるほど面白いとは思いませんでしたよ。アンジー・ディッキンソンをあんなふうに使ってほしくなかった。

Y 脱ぎっぷりはすごかったぜ。

*ロジャー・コーマンは、特にエドガー・アラン・ポーの小説や詩を翻案映画化した連作(「アッシャー家の惨劇」「恐怖の振子」「忍者と悪女」等々)で知られるアメリカのB級怪奇映画の巨匠だが、新しい才能を発掘し育てるプロデューサーとしてもすぐれており、その若いスタッフの中から、モンテ・ヘルマン、フランシス・フォード・コッポラ、ピーター・ボグダノヴィッチ、デニス・ホッパー、ジャック・ニコルソン、スティーヴ・カーヴァーらが輩出。マーティン・スコセッシもロジャー・コーマンに認められて育てられた監督の一人と言っていいだろう。

W　脱がないほうがエロチックなんだけどね。「リオ・ブラボー」のタイツ姿なんかエロチックだったからね。それに、どうせ脱ぐなら若い頃にしてほしかった。*

Y　うん、まあ、それはそうだ。

W　ジェーン・フォンダは親父のこと好きじゃないんでしょ。

Y　否定的な感じだね。弟の方は、名優の親父を尊敬するあまり、逆にひねくれちゃったという感じだけど、ジェーン・フォンダは父親を否定することによって乗り越えようみたいな、むしろ男性的なとこがあるね。

W　俺、親父と一緒に映画に出てもらいたいと思うのね。

Y　こんど一緒に出る企画があるらしいけど……**

W　ヘンリー・フォンダは、俺、ものすごく好きな俳優なのね、ジェームズ・スチュアートも好きだけど。

Y　ヘンリー・フォンダはいいもんね。

ヘンリー・フォンダ

W　何がいちばんいい？

Y　うーん……いっぱいあるけど、やっぱり「荒野の決闘」かな、きわめつけは。としとって悪役やったでしょ、マカロニ・ウェスタンで。それもなかなかよかった。

W　「ウエスタン」ていうウェスタン。ときどき悪役やるんだな。「ワーロック」も一種の悪役だよね。

* アンジー・ディッキンソンが「リオ・ブラボー」に出たときは26歳、「ビッグ・バッド・ママ」で全裸になったのは46歳。

** 81年、「黄昏」で実現した。ヘンリー・フォンダはこの作品で初のアカデミー主演男優賞に輝き、そのあと（82年）、77歳でこの世を去った。

Y　あれが最初かな。

W　でも、「アパッチ砦」が悪役風だろ。ジョン・ウェインがいい方で。うまい人だから、悪役の方が腕の見せどころということがあるじゃない、喜んで悪役やってる感じがあるね。「ファイヤークリークの決斗」でも悪役で、ジェームズ・スチュアートの保安官と決闘したね。むかしね、ヘンリー・フォンダとジェームズ・スチュアートが、二人で楽隊やる映画あったろ。

Y　すごく面白かった。テレビで観ただけなんだけど。なんか「フィラデルフィア物語」みたいな洒落たコメディで。あれ、何だろうな。*

W　あの二人は「テキサス魂」でも一緒に出てる。

Y　いかにも親友同士という感じでよかった。あれはジーン・ケリーが監督だね。

W　ヘンリー・フォンダで印象的なのは、あと「女優志願」「十二人の怒れる男」かな。

Y　「暗黒街の弾痕」。もちろん「怒りの葡萄」がある。

W　「逃亡者」……「ミスタア・ロバーツ」、これはよかった。

Y　「ミスタア・ロバーツ」はヘンリー・フォンダしかやれない役だな。突っ立ってるだけでいいのな。姿勢がよくて、足が長くて、それだけでミスタア・ロバーツって感じだった。娘のジェーン・フォンダの話になるけど、彼女がFTAのショー**で日本へ来たときも、こういっちゃ不謹慎だけど、ただもう彼女見たさに千駄ヶ谷の体育館へ行ったじゃない、寒い日に。

W　うん。俺、一緒に写真に写ってる。

Y　そうそう。一緒にとはいっても、その他大勢と、観客席でさ。（笑）和田さん、ジェー

* たぶん、キング・ヴィドア（ヴィダー）監督の「わが道は愉し」A Miracle Can Happen（別題 On Our Merry Way 48年、未）。出演者は他にバージェス・メレディス、ポーレット・ゴダード、フレッド・マクマレー、ドロシー・ラムーア。

** FTAはFree The Army! の略称。70年春、ベトナム戦争激化に抵抗して、ジェーン・フォンダがドナルド・サザーランド、レン・チャンドラー、ディック・グレゴリー、パメラ・ドネガン、マイク・ニコルズらとともに結成した反戦演劇集団。71年11月から12月にかけて、ジェーン・フォンダは、FTAグループとともにフィリッピンから沖縄、日本の米軍基地を巡回して、反戦ショーを行なった。FTAの目的を考えればまことに不謹慎なことではあったのだけれども、ぼくらは、ただもうジェーン・フォンダに会いたい一心で、東京・千駄ヶ谷体育館で行なわれたFTAのショーを観に行ったのだった。広い体育館は満席というわけではなく、寒さにガタガタふるえながら観たという記憶がある。

ン・フォンダの立ってる舞台のかぶりつきで…しかし、ジェーン・フォンダが俺たちの手の届くところにいなくてよかったね。そばにいたら、和田さんと決闘だよ。(笑) とにかく、いい女だもんな。

ジェーン・フォンダ

W 若い頃から、それぞれの時代でいつも最高に魅力あるもんな。最初が「のっぽ物語」だろ。これはもう、ヤンキー娘そのものでさ。

Y うん、可愛いのな。テニスをするところあるじゃない、あのときの白いミニスカートがピタッと似合ってさ。ショートパンツだったかな。

W そのあと「チャップマン報告(レポート)」。

Y あれだってよかった、色っぽくて。

W 若いのに、変に色っぽくてね。それから「荒野を歩け」。

Y ちょっとイカれた不良少女の役だったな、あれ。「夕陽よ急げ」はフランス時代のあとの作品だけど、珍しく田舎の開発技師かなんかの女房の役で、あまりよくなかったな。女房とかおかみさんって感じは似合わないな、彼女には。「逃亡地帯」の彼女はすごくよかった。

W 傍役だったけどね。

Y 犯人のロバート・レッドフォードとジェームズ・フォックスの間で揺れてる女でさ、ちょっと悪女風で。主役はマーロン・ブランドとアンジー・ディッキンソン。アンジー・

ディッキンソンは影が薄かった。

W 出る場面はあまり多くないけど、ジェーン・フォンダが完全に食ってたもんね。

Y あれは汚れ役で、汚れ役だからすごいっていうんじゃなくて、彼女以外に考えられないくらいよかった。汚れ役で美しいというのは、ほんとに美しい。

W その頃か、ロジェ・ヴァディムにやられちゃったのは。

Y もうちょっと前だ。「ニューヨークの休日」の後ぐらいだよ。彼女としては不満があったと思うんだな、アメリカ映画での使われ方に。それで、フランスから声がかかったのをチャンスに、アメリカを脱出して、ルネ・クレマンの…

W 「危険がいっぱい」。

Y それで、共演のアラン・ドロンにロジェ・ヴァディムを紹介されたらしいんだけど、あの頃、ちょっと映画をやめようと思ったらしいね、彼女。もともと絵描き志望で、学生時代にパリに留学したこともあるし、で、また絵の勉強をやろうかと…

W 〝巴里のアメリカ人〟になろうとしたのか。(笑) それでヴァディムにつかまっちゃったわけか。いやだね。(笑) でも、ま、たしかにヴァディムはきれいに撮ったよな。ブリジット・バルドーをきれいに撮ったよりも、もっときれいにジェーン・フォンダを撮ったと思うね。

Y うん、ドヌーヴよりも、バルドーよりも、誰よりもきれいに撮ったと思う。

W 何本あるの。「輪舞」と「獲物の分け前」と「バーバレラ」、それだけか。

Y それに短篇が一本ある。「世にも怪奇な物語」の第一話。あれが別れ際か離婚直後かの映画だと思う。

W　あれはつまんなかったろ、彼女は魅力あったけど。

Y　ヴァディムらしくない。

W　ヴァディムらしいんじゃない。(笑)

Y　そうだな、そういうことだな。ムードだけでね。ヴァディムってそういうなんとなくムードだけの人だから、つまりはヴァディムらしい映画だな。

W　下手さ加減がヴァディムらしい。あれも不思議なやつでさ、俺、決してヴァディムの映画、好きじゃないんだけど、ただし、「月夜の宝石」のブリジット・バルドー、「バーバレラ」のジェーン・フォンダ、「大運河」のフランソワーズ・アルヌール、女を実にうまく撮ってるね。

Y　原則として下手くそなんだよね。だけど「血とバラ」みたいに、なんとなく妖しいムードで、女をうまく撮る。

W　そうそう。「血とバラ」にしても、エルサ・マルティネリとアネット・ヴァディム、両方きれいだった。

Y　女同士のキスシーンがあったでしょ。

W　温室でな。マルティネリがバラで指を刺して、舐めると唇に血が付く。その血を見てアネット・ヴァディムが寄ってくるの。

Y　まさに耽美派。ため息が出たな、あの女同士のキスシーン。

W　まあ、ヴァディムは下手だけど、きれいな女をいっぱい撮ったから許すよ。許すというか、許せないというか…

Y　アハハハ…そうだな。ただ、ジェーン・フォンダはヴァディムが撮ったからよかったんじゃなくて…

W そう、もともといいんだから。だから、逆にヴァディムが得したんじゃないか。

Y ヴァディムの映画の中でも、ジェーン・フォンダの時代がいちばんいいもんね。「獲物の分け前」「バーバレラ」には、ヴァディムでなきゃならないよさがあると思う。

W 「バーバレラ」って、いま考えればスペースオペラだったたね。

Y まさにそうだ。

W 「スター・ウォーズ」をもっときれいで、しかもセクシーなところでやってるわけだよね。

Y いまリバイバルすればいいのにな。

W そうだね。ストーリー的にはもっとうまく作れるという気がしたけど、場面場面はよかったね。最初の無重力地帯で宇宙服ぬいでいくとこなんて、もう大変なエロチシズムだった。

Y 宇宙船のキャビンの中で。もうゾクゾクするような綺麗なストリップ・シーンでね。

W それから、人形がガチガチガチって…

Y ジェーン・フォンダの脚や股を齧る人形。

W あれはサドマゾ。大変美しいサドマゾだね。それから鳥につつかれるとこ。もう、ちょっとたまらんというくらいで…

Y タイツが破れて血が滲んできてね。ジェーン・フォンダが泣き叫びながら、だんだん恍惚とした表情になっていくのな。ああいうエロチシズムは「スター・ウォーズ」には全然ないな。

W　王女様がもう少しベッピンでもいいんじゃない。なんか、大福みたいな人だったよ。*

Y　アハハハ…手塚治虫が描くような女の子だといいんだけどね。「バーバレラ」のジェーン・フォンダとまではいかなくてもさ。……ジェーン・フォンダは、反戦運動に熱中するようになって映画離れした時期があるわけでしょ。ヴァディムとも別れて、そしたらヴァディムが〝プレイボーイ・インタビュー〟で、「彼女は政治と結婚した」とか言って…

W　「ジャンヌ・ダークには興味がない」と。

Y　うん、いろいろ言ったんだね。で、あいつは女じゃない、女優じゃない、みたいな言われ方をした時期があって、それからまた映画に戻ろうとしたときに、自分の生き方を否定したり、ごまかしたり、曖昧にしたりせずに、運動家としての自分のイメージの延長という形で企画を考えたんだね。

W　「ひとりぼっちの青春」がその頃？　あれはよかったねえ。

Y　あれでカムバックしたわけだ、カムバックと言っていいかどうかわかんないけど。あのマラソン・ダンスだって、彼女の生き方にピタッと合ってる。彼女自身の企画なんだよ、あれ。

W　えらい人だなあ。

Y　えらい人ですよ。で、あの作品から、彼女は自分の出演料を映画につぎこむ形で製作費を出すようになった。そうやって映画に戻ったわけだ。戻ったというより、新しい出発だと思うんだな。で、その次の作品が「コールガール」。

W　そうか、その間、ＦＴＡで回ってたわけか。

Y　その後、日本に来てないのが二、三本あって、** それから「人形の家」。

* キャリー・フィッシャー。

** 71年から72年にかけてのSteelyard Blues, Tout Va Bien, F. T. A. の三作が日本未公開（ジャン＝リュック・ゴダール監督「万事快調」Tout Va Bienは96年にようやく劇場公開された）。

W　あれは完全に彼女のテーマだ。女の自立だから。

Y　まさにね。ノラの役をやったわけだから。で、というふうにやってきてさ、こんどの「ジュリア」はその完成点だと思うね。ジェーン・フォンダって人は、つきあう相手や作品によってどんどん自分を変革していって、その都度、最高の魅力を発揮して、しかも全然、堕落したり、薄汚れたり、涸渇したりしないんだよね。ある時代に魅力を出して消えた女優はいっぱいいるけど、自分の年齢や生きてる時代やつきあう男に応じて、常に最高に光り輝いているってことだよね。反戦女優になったとき彼女を見放した人がいるけど、彼女はそれを乗り越えた、というか、逆にプラスにして、ますますよくなったと思うんだよね。

W　これからが、また楽しみだな。

Y　ものすごく楽しみだね。自分の年齢に応じた美しさを見せてくれるのがね。

W　そう。年齢に応じたといっても、決してオバサンにはなってないしな。

Y　といって、若づくりもしてない。

W　としはとしのまま出して、しかも魅力がある。魅力があるといっても、アン・バンクロフトに魅力があるのとは違った……やっぱり、ちょっと、一緒にごはん食べたいっていう…

Y　アハハハ…それはいいな。そのときは、ぼくもぜひとも一緒にお願いします。

文庫版あとがき対談

W　今度文庫になるんで読み返してみたら、五百本以上の映画について話してるんだな。驚いたね。

Y　文庫版あとがき用にまたしゃべったから、もう十数本ふえた。

W　映画の話ってのは、始めるといくらやってもキリなく続くよ。

Y　映画って、観る楽しみと語る楽しみが表裏一体というか、増幅し合うところがあると思うなあ。

＊

Y　この本が出てから、もう七年目になる。その間に和田さんは単なる映画ファンから映画監督になった。ついに映画をつくってしまったというか。（笑）でも、考えてみれば、和田誠式映画の観かたというのは、いつも自分だったらこうつくるみたいな発想に基づいていたような気がするのね。分析とか批評というより、コンテというか、撮影台本みたいなものをいつもどんな映画に対しても和田さん風につくっていたような感じがする。

W　うん、たしかに、ああだこうだとは言っても、俺自身は批評をしてるつもりはないから。けなすときも、こうやったらもっと面白いのになあ、ということなんだね。

Y　映画のことをしゃべったり書いたりしながら、実はもう映画をつくっていたと思うんだ、和田さんは。ディテールの分析というよりも、コンテづくりのような感じね。カット割りというか、カメラのアングルや動き、俳優のしぐさやセリフについての覚書みたいなね。

W そう言われてみれば、自分では本当に意識したことはないんだけど、映画を観てていちばん興味があるのは、画面のなかで何が起こるか、ということね。ここでカメラが動いたとか、ここで手がアップになったとか。

Y 映画のことを書いたりしゃべったりすることが映画をつくることの代償行為だったということはある?

W 全然考えてなかった。というのも、いつか映画をつくるだろうという風にも考えてなかったし、絶対つくれないだろうとも考えてなかったから。

Y 「麻雀放浪記」でデビューした映画監督・和田誠へのインタビューも面白いんだけど、それは別の機会にさせてもらいます。(笑) このあいだ、森卓也さんに会って、和田さんが最初に観た外国映画という「ジャックと豆の木」がロッテ・ライニガーの影絵アニメだったという話をしたら、それはひょっとしたら日本映画じゃないかと言うんだ。というのも、ロッテ・ライニガーの「ジャックと豆の木」は一九五六年の作品でしょう。和田さんの映画体験のはじまりはもっとずっと前なわけだから……

W うん、でもそれはロッテ・ライニガーのリメークだと思うんだ。実は新しい方は観てないんだけど、俺の観た昔のやつはライニガーと絵がそっくりなんだね、それでライニガーに違いないと思った。子どもだったから、とにかく怖くてね。ジャックが逃げるのをさ、巨人が豆の木を伝って追っかけてくるの。

Y 真っ黒な影だけで。怖いなあ。(笑)

W　すごく怖いんだよ。夢にみちゃったものね、たぶん四歳か五歳くらいだったと思うな。十分とかその程度の短篇だったと思うから、それだけ映画館でやるとは考えられないよね、何かの長篇映画にくっつけてやってたか、短篇ばかりまとめたものだったろうけどね。

Y　だけど、ロッテ・ライニガーのフィルモグラフィーにそれらしき短篇がないのね。それで、和田さんが四、五歳くらいというと、一九四〇年か四一年くらいでしょう。それで、森卓也さんに訊いてみたら、一九四一年に荒井和五郎という人がつくった「ジャックと豆の木」という十七分の短篇アニメーションがあって、しかもロッテ・ライニガーの直接的な影響でつくられた作品ということなのね。見事な模倣作品だったらしいですよ、もちろん影絵アニメで。もしかしたらそれじゃないか、と。

W　時期的には合うなあ。すると俺が観た最初の外国映画は日本映画なのか！（笑）

Y　でなければ、ロッテ・ライニガーのアニメを和田さんが記憶のなかでつくりだしたことになる！（笑）

W　でも、絵本も出てたんだよ。ちょうどその映画を観て、すぐ本屋でね、いまのノベライゼーションみたいにそのままそっくり絵本になって売ってたよ。ロッテ・ライニガーだと思うなあ。

Y　記憶の映画史と映画史の記憶と、そこは実に面白いところだな。とことん追求して調べてみたいね。

W　しかし困ったな。「ジャックと豆の木」日本映画説が正しいとなると、俺の観た最初の外国映画は何だろう。戦後は「チャップリンの黄金狂時代」なんだけどね。

Y　チャップリンのリバイバル公開が何年か前にあって、「黄金狂時代」がチャップリンの洒落たナレーション入りでびっくりしたんだけど、戦後すぐ観た版はもっと泥くさいおかしさがあったって感じしない？　あれ、牧野周一の解説じゃなかったかなあ。

W　俺の観たのは変てこな日本語が入ってたの。二世が向うで声を入れたらしくてね。うちに帰ってその変な口調を真似したのを憶えてる。

Y　リバイバルといえば、この七年間にヒッチコックのリバイバルがあった。「裏窓」「知りすぎていた男」「めまい」「ハリーの災難」「ロープ」の五本が再公開された。そのこと自体はもちろんいいことなんだけど、なんだか色の感じが違うって印象がない？　当時のテクニカラーのシステムがもうないから仕方ないんだけれど。ほかに「北北西に進路を取れ」もリバイバル公開されたけど、これはとくに色がひどかった。それから「裏窓」と「ロープ」は違うけど、あとはヴィスタヴィジョンだったでしょう。「知りすぎていた男」のアタマには当時のヴィスタヴィジョンの〽パパパパーンっていうテーマ音楽だけが残っていたけど。

W　そう、あのVの字からワッと出るタイトルがよかったな。そのマークなしで音楽だけ。当時はヴィスタヴィジョンの、あの粒子の細かさね、あれが強烈だったでしょ。

Y　すばらしく鮮明だったもんね。

W　「ロープ」を今度観て再確認したのは、これ、最初から最後までワン・カットじゃなくて、実はツー・カットなんだよね。

Y　外からアパートの全景を撮るカットが最初にあるからね。

W　そう。で、アパートの中から悲鳴が聞こえて、それから中に入る。それからはワン・カットだ。ところが、今度上映されたときに、映写技師が変にフィルムを巻きこんで写したために、やたらにカットが割れてるように見えちゃった。何人かの若い批評家がそれを観て書いてたけど、「ロープ」という映画は最初から最後までワン・カットと言われてるけれども、それは間違いだ、たくさんのカットに分かれてる、と。堂々と書いてたな。

（笑）

Y　それじゃ、「ロープ」が史上初のワン・カット映画という神話は崩れ去ったわけか。

（笑）

W　そう、初めて観た人はさ、俺たちが夢中になっているのは何だってことになるね。

Y　ひどい話だなあ。せっかく巻の変り目でつないであるのに、それじゃ意味がなくなっちゃうわけだ。最悪だね、それは。

W　最悪だった。

Y　ぼくは試写で二度観たけど、そんなことはなかった。ただ、人物の誰かの背中が画面いっぱいに写って、そこが黒味になって、うまくつながってるわけだけど、そこでカットをつないでいるのが微妙に、というより、かなりはっきりわかっちゃったのね。

W　そうだね。あれは現像の時の焼きの問題ね。昔の版はその背中のとこなんかが影になったときに、ちゃんと黒く焼きこんであったからわからなかったけどね。今度は焼きが浅くてよくないから、前のカットと次のカットのトーンが違って、わかっちゃうんだね。

Y　要するに、ベタ起こしで焼いちゃうわけでしょう。だから黒味のところで色の感じが急に変るから、せっかくワン・カットにつないだのに、すぐわかっちゃう。

W　撮影のときのフィルムのロールと、映写のときのロールと、切れ目が違う個所だからこういうことも起こり得る。とにかく今度の上映は不幸なリバイバルだったね。

Y　現像からはじまって映写条件に至ってまったく別物になる！

W　そう、別物になっちゃう。

Y　ＭＧＭのミュージカルのリバイバル公開なんかもつづいたわけだけど、それと軌を一にする感じでハッピーエンドに終る五〇年代風の新しいアメリカ映画が目立ってきたと思わない？「ロマンシング・ストーン」とか「スプラッシュ」とか……

W　「ナチュラル」なんかもな。あれ、俺はなかなか好きなんだけどさ。

Y　出だしがいいし、なにしろ話がいいなあ。少年時代に雷が木に落ちる。その木で父親がバットをつくってくれる。〝稲妻〟って名づけたそのバットをラストで取り出してさ。すると雷が鳴って、稲妻が光ってね。ただ、最後に待っている女がもう少し美人だともっといいんだけど。（笑）五〇年代のアメリカ映画だったら、せめて……

W　ジューン・アリスンが最低線だよね。彼女がいちばん典型的なガール・ネクスト・ドアだったよね。ところが、「ナチュラル」では、隣にいたら引越したいって女だろ。（笑）

Y　ロバート・レッドフォードはいい女がきらいなんじゃないか。「華麗なるギャツビー」のミア・ファローなんか、いい女なのに、彼女にはいやに冷たくしてたでしょう。（笑）「スティング」の女なんかのほうがいいんだよ、きっと。ちょっと暗い感じ。（笑）

W　俺、あれがよくわからないんだ、「ナチュラル」のピストルで射つ女。なぜあの女が男を射ったあと自殺しちゃうのか、よくわからない。だって、その前にスポーツ選手を何人も殺してるわけだろ。そのたびに自殺してるわけではない。（笑）もう一度観るとわかるのかな。

Y　でも、どこかあいまいで、そのぶんだけ暗いなあ、やっぱり。（笑）

W でも、やっぱり最後に勝つというのがいいだろ。

Y ハッピーエンド。

W ハッピーエンドはやっぱりいいよね。「インディ・ジョーンズ」なんかも、あの映画、俺、わりと好きなんだけどさ、やっぱり女があまりよくないでしょ。女のあつかいはいいんだけど、女優そのものがチャーミングじゃなかったね。

Y 「レイダース」もそうだったけど、スピルバーグの映画にはいい女って出てこないでしょう。女の美しさに鈍感というよりも無関心じゃないのかなあ。

W この頃のアメリカ映画の監督はみんなそうじゃないか。（笑）

Y 「アマデウス」なんかにしても、まるでこの世には醜男と醜女しかいない感じだもんね。

W 汚ないのな。わざと使ってる。ああいうのがリアリズムなんだろうね。（笑）

Y 三時間近い映画なのに、一気に見せてくれるけどね。ものすごく真に迫った、と言うのかな、もう「どうだ」って感じの芝居がかった、くさい、くさい芝居でね、（笑）圧倒されたな。ある種、グロテスクの世界という気がしたな。

W ミロス・フォアマンってのは、力業というかねえ、見せるのね。前の「ラグタイム」ってのは好きなんだけどね。

Y あれはよかった。ラストにちょっとジェームズ・キャグニーが警視総監の役で出てくるじゃない。そこにいるだけでいいのな。口髭なんか撫でながら、表情一つ変えずに、トボケた感じで、実にいい感じだった。

W いいねえ。でも、キャグニーはあの映画が最後だろうね。

Y　医者に言われて健康のために出たっていうことだから、全然カムバックのつもりじゃなかったらしいしね。なにしろ一八九八年生まれだもんね。それから、俺、個人的には「ロマンシング・ストーン」がめちゃくちゃに好きでね、なにしろキャスリン・ターナーって女優がいいから、もうそれだけでコロリと参っちゃったんだけど、冒険活劇としてはやっぱりルーカス＝スピルバーグのコンビの連作「レイダース」「インディ・ジョーンズ」のほうが上かな。

W　それは金のかけ方の違いなんじゃない？　精神はほぼ同じみたい。

Y　ハリソン・フォードがやってるインディ・ジョーンズっていう考古学者のヒーローは、いかにもアメリカ映画らしく、ばかばかしくうそくさくていいけど。

W　あの主人公を「黄金」のハンフリー・ボガートをなぞったみたいなことを言う人もいるし、プレスなんかにも書いてあるけどさ、俺、本当はこの映画の中にあの映画を発見した、なんて鬼の首とったように言うのはあんまり好きじゃないんだけどね、今はちょっと言っちゃうと、あれはチャールトン・ヘストンだと思うんだ。

Y　それは、和田さん、前の「レイダース」のときから言ってたよね。ハリソン・フォードのスタイルってのはチャールトン・ヘストンがやった冒険活劇のヒーローのイメージだって。

W　ヘストンの現代物。ヘストンはそのうち史劇の人になっちゃうんだけど、最近はSFが多いか、古代か未来。（笑）でも初期は現代物も多くてね、いちばん近いイメージは「インカ王国の秘宝」かな。宝さがしの話だからね。ああいう帽子かぶって、皮ジャンでさ。

Y　「黒い絨毯」なんかでも同じスタイルで出てくるもんね。

W　「黒い絨毯」もそうだったし、「ルビイ」とかね。だいたいデビュー作と言っていい「地上最大のショウ」*のときのスタイルがそうだったでしょ。

Y　セシル・B・デミル監督の。サーカスの団長の役だったな、ヘストンは。黒ずくめでね。首に小さなスカーフなんかきざにリボンみたいに巻いてさ。（笑）

W　そうそう。しかもさ、スピルバーグはずっとセシル・B・デミルをすごく意識して映画をつくってきているでしょ。それは明らかに具体的に、「未知との遭遇」で、まず、テレビの画面にデミルの「十戒」が出てくるよね。それから、UFOが現われるときの雲ね、あれは「十戒」の紅海が割れるときの雲みたいでしょ。

Y　うん、うん。「レイダース」の聖櫃（アーク）をあけたときの一天にわかにかき曇るときのイメージも、あれはロバート・アルドリッチの「キッスで殺せ」の〝パンドラの匣〟かなと僕は思ったんだけど、和田さんはやっぱりスピルバーグ＝デミル説を立てていたね。

W　まあ、勝手にそう思ってるんだけどね。（笑）それでさ、そもそも、「レイダース」は「十戒」の後日譚でしょ。

Y　神がモーゼに造らせた聖櫃（アーク）をめぐる話だから。そしてもちろん「十戒」ではチャールトン・ヘストンがモーゼを演じてるわけだし。

W　直結するわけだよ。そういうことを考えていってみても、「地上最大のショウ」のチャールトン・ヘストンのいでたちをスピルバーグがすごく意識したんじゃないかと思うわけだ。

Y　なるほど、それは面白い。どんな映画にも、どんなワン・シーンにも、どんなワン・

* スピルバーグの自伝的映画『フェイブルマンズ』（22年）に少年期のスピルバーグが「地上最大のショウ」を観て映画にのめりこむようになるエピソードがある。

カットにも、ひとつの映画史を見ることができるって気がするな。映画史なんていうと大げさだけど、何も古いことを知ってればいいってことではなくって、イメージ一つに、ああ、これぞ映画っていう懐かしい、それでいて新鮮な何かを感じることね、それが映画ファンにとっては映画の醍醐味だしね。

W そうそう。一本の映画観て、数本分楽しむってことだよね。欲張りなわけよ。（笑）

Y われわれのこの本が出てから七年の間に、われわれが映画ファンとしてやったことの共通点の一つは、お互いの映画ベスト・ワンというか、「この一本」という忘れがたい映画のスーパー字幕を自分でやったことだね。和田さんは「ジョルスン物語」のスーパーを、ぼくは…

W 「天井桟敷の人々」のスーパーを、やった。

Y たまたまリバイバル公開されたということもあるけど、こういうチャンスに恵まれるというのも映画ファンの才能の一つだと蓮實重彥風に言わせてもらうことにして、とにかくお互いに映画ファンとして好きな映画に対するオトシマエをつけることができた。「お楽しみはこれからだ」という、和田さんの本の題名にもなった名セリフが「ジョルスン物語」の画面に本当に甦ったわけだし。

W そう、あの言葉を残したいばっかりに買って出たわけだもんね。かなり意訳だから、ほかの人が訳せばまったく違う言葉になるだろうと思ってさ。

Y ぼくも「天井桟敷の人々」のスーパーはかつての秘田余四郎の名訳の調子を再現したのね。

W うん。記憶のなかの名セリフを再現した。まったく同じじゃないんだけどね。

Y　自分の記憶のなかでふくらませたり美化したりしてるからね。

W　画面に入る字数も昔よりずっと少いしね。だから、ずいぶん違うんだけど、ニュアンスは生かしたつもり。

Y　お互いに記憶のなかの名セリフを再現した。だから、たとえその名セリフが昔と同じものでなくても、いまや現実にスクリーン上に存在するのだ！（笑）

W　でも、一方では、いまはビデオ時代になってさ、記憶違いなんか簡単に指摘されるな。

Y　記憶違いも芸の内とまではいかなくても、少くとも映画ファンの特権だと思うんだけどね。ビデオ一点ばりで、止めて観て調べるなんて、なんだか映画を冒瀆するみたいで、いやだな。非映画的でしょう、流れているイメージを止めて観るなんて。それで、「シェーン」の冒頭の風景のかなたにハイウェイを走る白い車が見えたとか……

W　ビデオばかり繰り返して観て、つまらないアラをさがすなと言いたいね、たしかにミュージカルなんかは、あるナンバーだけを何度か観たいってことはあるけど、それにしてもさ、そのミュージカル・ナンバーをまた観たいために、主題歌一つを憶えたいために、何度も何度も映画館へ通ったわけじゃない。それが映画だったわけだ。とにかく、われわれは自分の記憶でしゃべったり書いたりしていたのを、いまはビデオで簡単に観て確かめられる。

Y　その差は大きい。（笑）もしかしたらわれわれの本は「間違いだらけの映画選び」ということになるな。ある人物が右から出て左に消えたと憶えていたのを、ビデオで確かめて、それは逆だと言われたら、もうどうにもならない。それは正確かもしれませんが……と言うしかない。（笑）

W　ごめんなさいと言っちゃう。でも悪いとは思ってない。（笑）

Y　なぜそれを逆に記憶してしまったかということこそ面白いと思うんだけどね。

W　なぜかというのは、実はよくわからないわけだけどね。それがきちんと分析できたら、ちょっとした映画論になるかも知れない。

Y　「記憶違いの映画史」なんて映画の本があってもいいと思うんだ。

W　すでにこの本がそうかも知れないな。（笑）

山田宏一　和田誠

大いに苦しみながら楽しんで翻訳した「ヒッチコック／トリュフォー」

W　山田さんが翻訳をした「ヒッチコック／トリュフォー　映画術」が去年の暮に出たけど、[*]これが非常におもしろくてね。もちろん、それまでにもキネ旬の映画作家シリーズの中で一部が紹介されたし、翻訳を始めた頃、キネ旬に連載してたのも読んで、[**]断片的には目を通していたし、原書を持っているから、拾い読み程度には読んだりしてたけど、これだけまとまったものをじっくり読んで、しかも、今度の本のための〝あとがき〟や、山田さんによる〝註〟や何かを全部まとめて読むと、とにかくおもしろい。持ち歩くには重い大冊だけど、ほんとに持ち歩いて読んだもんね、途中でやめられなくて。連続何日間かかけて、読み終わった。

Y　持ち歩きは大変だったでしょう。なにしろ重さが一キロ半近くあるんだ（笑）。

W　だいたい、訳者が著者と手紙のやりとりまでして翻訳をするということはめったにないのに、それだけでなく、図版の写真を自分で取りに行って、今度はそれを返しに行くというんだからね。それくらい力を入れてるから、原書のおもしろさもさることながら、訳者の情熱でおもしろくならないわけがない。

Y　こっちも、これでうんと勉強してやろうって気があったしね。だから、大いに苦しみながら楽しんだというか……。プロの翻訳家じゃないわけだし、とことん映画ファンのつもりだから。それに、数年がかりでやっと翻訳し終えたものだし、どうしても写真図版はオリジナルのきれいなやつを使いたいと思って、それで直接自分で出かけて行って、貸し

* 蓮實重彥共訳、晶文社、81年12月刊。

** 「世界の映画作家⑫」（キネマ旬報社刊）に「トリュフォーのヒッチコック論」と題して田山力哉氏が一部を紹介。また、「キネマ旬報」78年10月上旬号から80年7月上旬号まで、「ヒッチコック／トリュフォー」と題して、山田が部分訳を連載した。

てくれって頼んだら、トリュフォーもびっくりしたらしいのね。この本のために自前で飛行機に乗ってパリまで写真を借りにくるなんてアホはいなかったらしいのね（笑）。それで、この本の原典の図版だけでなく、彼のヒッチコックに関するコレクションを全部見せてくれた。これがすごいの。で、いっぱい借りてきた。だから、原書よりもうんといい写真が入った相当デラックスな本が出来た。でも、パリで五日間くらい立ちっぱなしで、写真の整理や、原書とのつき合わせをして、それから東京へ帰って来て、またすぐ編集のために写真の整理をしたりしたから、へとへとになって衰弱しちゃって、ヘルペスなんかで倒れちゃったからね。高くつきましたよ、この本は（笑）。

W 原書はアメリカとフランスで同時に出たでしょ＊。他の国では翻訳されてるの？

Y ほとんどの国で出てると思う。

W イギリスは翻訳の必要がないな。イタリーやドイツ語版はある？

Y イタリア語版は早く出たけど全訳でないのね。ドイツ語版はかなりいい。イギリスではポケット・サイズのちっちゃな本が二回出てる。でも、今度、日本版に負けじと、スイスでカラー版というやつを出すらしいよ。

W カラーを入れられると負けるなあ、ちょっと（笑）。

Y そりゃ、かなわない（笑）。フランス語版がもう絶版になっているので、その新版を出す企画が進んでるらしい。

W トリュフォーがヒッチコックにインタビューしたのは「引き裂かれたカーテン」が出来上がった時点だから、原書で扱ってるのはそこまでだよね。

Y トリュフォーの「華氏４５１」の企画が宙に浮いていた時代だよね。「柔らかい肌」

＊原書《LE CINÉMA SELON ALFRED HITCHCOCK》は66年にパリのロベルト・ラフォン社から出版された。

が当たらなくて、かなり長い間ホサれてしまって、その間にヒッチコックにこのインタビューをして、映画の勉強をしてるわけ（笑）。

W ちょうど暇な時期だったのね。

Y 映画を作れない時期で、それこそヒッチコックの言う「ラン・フォー・カヴァー」*、一から出直そうと思ったんだろうな。

W 初めて会った時に、池に落ちたという話があるだろう。あれは「泥棒成金」のときだね。

Y トリュフォーの批評家時代。クロード・シャブロルと一緒にね。**

W まだ、二十歳そこそこ。

Y せいぜい二十二、三歳だよね。

W すっかり緊張して池に落っこっちゃったわけね。その時もインタビュー、もちろんしてるでしょ。

Y 当時の「カイエ・デュ・シネマ」に載ってる。

W それは、この本には出てないよな。

Y 出てないけど、多少ダブるところがある。

W 重複しない部分は入れてほしかったね。

Y それなんかを含めた「カイエ・デュ・シネマ」による監督インタビュー集は「作家主義」という題の別の本になってしまってるから使えないということもあるんだ。でも、できたら付け足したかったな。ヒッチコックがちょうど「めまい」の企画中で、ボワロー&ナルスジャックの原作は「女をつくり出す話だから、まさに自分のテーマだ」などと語っている。だけど、原作は読んでない（笑）。梗概（シノプシス）を読んだだけで、それで十分だと言って

*「山羊座のもとに」（49年）をめぐるトリュフォーのインタビューに答えつつヒッチコックが使う言葉で、映画作りの途中で迷ったりしたら、あせって先に進もうとせずに、とにかく出発点に戻って出直してみること、という意味だと説明している。

** 55年の冬、「泥棒成金」のアフレコのためフランスのジョアンヴィルのサンモーリス撮影所にやって来たヒッチコックに対して、映画批評同人誌「カイエ・デュ・シネマ」のためにトリュフォーは友人のクロード・シャブロルとともにインタビューを行なった。ちなみに、シャブロルは二年後の57年に「美しきセルジュ」で、トリュフォーは四年後の59年に「大人は判ってくれない」で監督としてデビューした。

271　大いに苦しみながら楽しんで翻訳した「ヒッチコック／トリュフォー」

る。アイデアさえあれば、あとは自分の映画でふくらますことができると。

通俗と前衛

W トリュフォーは、普通は面と向かっては言いにくいようなことを、けっこう言ってるね、ずけずけと。あのシーンはだめなんじゃないかとか、あの映画全体はどうだとか。こんなに言わなくてもいいじゃないかと思うほどね。こう言ったら気を悪くしませんかとか、多少言葉を補っているけど。

Y 後半は特に自分ならこうするみたいな感じでせまってる（笑）。

W お互いに乗ってきたんじゃないかな。ヒッチコックも、そのとおりだ、だからこの話はやめて次にいこうじゃないかとか、この映画は撮るべきじゃなかったなんて言ってね。それと、この本で特に面白いのは、具体的なことね。そもそも映画というものが、結局そういうもんだからね。批評でも、映画を抽象論で語ったり、無理やり政治に結び付けたりするものはつまらなくて、具体的に言うことがおもしろいわけだから。たまたま、ヒッチコックも、この本の中でハッキリ言ってるよね、テーマとか何かではなくて……。

Y イメージというか、画（え）。映画そのものを観ること。

W そういう言葉で、はっきり自分で認識してなかったけど、考えてみれば、それが好きで我々は、というかわたくしは映画が好きになったわけね。

Y わたくしもそうです（笑）。映画ファンはみんなそうじゃないか、基本的には。

W でも、映画ファンの中にもテーマ主義の人もいるし、映画批評家でもいるわけでね、そういう人は。

Y　批評家で具体的なイメージを見る人は少ない。抽象的なテーマを追求するからね。でも、これは、うれしかったり驚いたりしたんだけど、大島渚や森﨑東や吉松安弘や土本典昭といった映画監督が「ヒッチコック／トリュフォー」を読んでくれているのね。

W　そうだろうね。どんなテーマ主義の人でも、映画作家はやっぱりディテールにこだわると思うの。テーマを打ち出すためには、ここはこういう技術を使わなければならない、というふうにさ。それにはこういうつなぎ方をしたらおかしいんじゃないかとか、細かいところを積み上げていって、一時間半なり二時間の映画が出来るんだから、それは誰でもそうだろうと思う。

Y　どんなテーマでも、表現する時には、イメージが問題になるわけだから。

W　とにかくフィルムをつながなきゃならないんだから、その意味で映画監督なんかにとっては、分かるところというか、共感するところは多かったと思うんだね。映画の最もおもしろいところはディテールだと思うからね、俺はさ。だから、それこそ戦争に反対しようが、戦争を賛美しようが、本当はあんまり関係ないのね。こんなふうに言うと、誤解されるけれどね。

Y　でも、どんなにテーマが偉大で立派でも、確かに、問題は描き方だから。

W　そうなんだよね。だから、反戦映画のつまらないものよりも、戦意高揚映画のおもしろいもののほうが、映画ということだけでみれば、いいわけでしょう。例えば「国民の創生」という映画は俺、観てないんだけど、K・K・K（クー・クラックス・クラン）の創立当時を描いた映画だろう。言ってみれば人種差別の原点だよね。

Y　ひどい黒人差別だよ（笑）。でも、映画的にはものすごくおもしろいからね。
W　おもしろいだけじゃなくて、映画技術としての原点になってるんでしょ。
Y　ありとあらゆる映画的な可能性を試みてるわけだから。望遠鏡で見るときは円形のイメージになるなんていう約束事をつくったのも、この映画のグリフィスでしょう。ヒッチコックも映画の原点はグリフィスにありと言ってるしね。「イントレランス」なんて、ラストに近づくに従って加速度がついてくるカットバックの手法を試みたり……。
W　それはこの本にも出てくるけど、カットバックは加速度が付いて、だんだんカットが短くなるのが原則だけど、ヒッチコックはあえてそれをしなかった。「鳥」だっけ？
Y　「北北西に進路を取れ」。例のとうもろこし畑で飛行機に追っかけられるシーン。
W　そういうことを知ることがまた、おもしろかったね。
Y　でも、そこで、音の効果を考えてる。
W　もちろんグリフィスの時代は音がなかったから、映像だけであらゆることを表現しなきゃならなかったわけで、トーキー時代に入って同じことを繰り返す手はないということだろうな。音という武器がもう一つあるんだから。
Y　その辺は、ヒッチコックはすごく貪欲だよね。映画的なテクニックの冒険に絶えず挑んでいたわけで、そこがトリュフォーのインタビューの一つのモチーフでもあったわけだ。
W　しかも、３Ｄなんていう、世の中でゲテ物と言われた手段を一流監督で使った人は、ヒッチコックだけだよね。* あとはアンドレ・ド・トスとか、** そんな人ばかりでしょ。二流、三流の監督がやってる。
Y　ウィリアム・ワイラーやジョージ・スティーヴンスなんか、さすがにやってない。

* ヒッチコックは53年製作の「ダイヤルMを廻せ！」を３Ｄ方式の立体映画として撮ったが、アメリカでの封切直前に普通の映画として上映されることになった。

** アンドレ・ド・トスは53年に、いち早く３Ｄ映画「肉の蝋人形」を監督した。

W　ジョン・フォードもやってないだろう。「ホンドー」を、ジョン・ウェインの付き合いで手伝ったとはいうものの。

Y　あれの監督はジョン・ファローだからね。

W　ということは、ヒッチコックは映画の可能性に興味があるんだろうな。あれだけの難かしいことをやるからね。カラーで撮ったのは「ロープ」が最初でしょ。にもかかわらず、あれだけの難かしいことをやるからね。[*]技術に対する挑戦というのかな。技術的なものを、自分の表現に取り込んでしまう。しかも、まだ誰もやっていない方法でやるところがすごいね。だから、話していることを聞くと、ほんとに成功した作品は興行収入を上げたものだ、というような言い方をするから、オーソドックスな商売人みたいについ誤解してしまうけど、本当は前衛的な人だったんだろうな。

Y　和田さんが言うところの、まさに通俗と前衛の結合……。「ヒッチコックを読む」の中で和田さんが書いているヒッチコック論[**]は、大変な力作だ。

W　自分で何書いたか、ぜんぜん覚えてないけど（笑）、エキサイトして書いたから。ヒッチコックの作品でいちばん儲かったのは「サイコ」でしょ。それじゃ、その「サイコ」を単に観客に迎合して作ったのかというと、全然違うものね。

Y　トリュフォーも、「サイコ」はどんなアンダーグラウンド映画より前衛だ、というような言い方をしている。

ミス・キャスト

W　これを読んでいると、ヒッチコックは自分のことを冷静に見られる人だと思うね。あ

*「ロープ」において、ヒッチコックは一時間二十分という現実の上映時間とドラマの進行時間を合わせるという技術的実験を試みている上に、全編をワン・ショットにまとめるTMT撮影というはなれ技をやってのけた。TMT撮影とは「キャメラのマガジンに入るフィルムの巻の長さをいっぱいに使って、ワン・ショットが十分間連続する撮影方式」で、“Ten Minutes Take”の略。

**　フィルムアート社刊「ヒッチコックを読む」に収められている「ヒッチコック讃歌」。

れはこうすべきだったとか、あんなことはすべきでなかったとか、あんな映画は撮るべきでなかったとか。

Y あれは間違いだった、なんてね。「間違えられた男」のことなんか。

W トリュフォーがあわてて、それは自分に対して厳し過ぎる、と（笑）。

Y 俳優のことでも、ジョエル・マックリーはミス・キャストだったとか……

W クーパーを使いたかった。クーパーなら良かった、と。

Y 「海外特派員」ね。

W 俺はヒッチコックと同じくらいビリー・ワイルダーが好きなんだけど、二人を比べると、ワイルダーのほうが役者のキャラクターに合わせるというか、それにおんぶしている、と言うのは言い過ぎだけど、そういうところがあるね。ヒッチコックは、この人がだめなら、これでもいいやという感じ。どっちみち、自分の思いどおりに動かしちゃうんだから、というところがあってね。ワイルダーの場合はそうでなくて、例えば、ジャック・レモンとウォルター・マッソーなんか、二人のキャラクターでないとしょうがないみたいなところがあってね。

Y 違うキャストでは、おもしろさが半減する感じがするくらいだもんね。ヒッチコックもミス・キャストのことは言ってるけど、「めまい」のキム・ノヴァクなんて、ミス・キャストとは思えないくらいいい。

W あれもヴェラ・マイルズを使いたかったんだろう。*

Y 使えなくて、キム・ノヴァクをボロクソに言ってるんだね（笑）。

W 「逃走迷路」では、ロバート・カミングスがコメディ・タッチのキャラクターだから、

* 前作「間違えられた男」（57年）にひき続き、ヒッチコックは「めまい」（58年）をヴェラ・マイルズのために構想し、キャメラ・テストまで行なったが、彼女の妊娠によって、結局キム・ノヴァクがキャスティングされた。なお、60年製作の「サイコ」で、ヒッチコックは再びヴェラ・マイルズを起用している。

向かないと言ったのは分かる。でも、プリシラ・レインは割と好きなんだ。ヒッチコックは気に入ってないみたいだけど。「毒薬と老嬢」という傑作があったために、愛すべき女優なんだな。

Y もう一つ「彼奴(きやつ)は顔役だ!」の彼女も忘れられない。

W それから、「私は告白する」にはアニタ・ビョルクを使いたかったとか、「アンダー・カプリコーン」*のジョゼフ・コットンの役はバート・ランカスターがいいとか、「パラダイン夫人の恋」はルイ・ジュールダンでなくロバート・ニュートンだとか。そのくらいアメリカでは、当時、ヒッチコックは発言権がなかったんだね。そのワクの中で、あれだけの仕事を残してるんだから、たいしたもんだね。

Y 「汚名」の時なんか、企画ごとスタッフもこみで、セルズニックから他社に売られちゃうのな**(笑)。

W RKOに売られちゃった。

音楽的センス

Y 実は、この本で唯一の不満は、「スミス夫妻」のことを、トリュフォーもさっさと片付けることね。僕はすごく好きな映画でね、何度も観た。それに、殺人もない、死体も出てこない軽いコメディだけど、男と女の愛のやりとりにサスペンスがあるのね。すごくヒッチコック的だと思うんだけど。

W テレビで観てるんだけど、あんまり印象ないんだね。

* 「山羊座のもとに」。

** 大プロデューサーのデヴィッド・O・セルズニックによって、「汚名」(46年)の企画そのものが、主演のイングリッド・バーグマン、ケイリー・グラント、シナリオライターのベン・ヘクト、そして監督のヒッチコックともどもパッケージで、RKOに売りわたされてしまった。当時まだ公けになっていなかった原爆をストーリーの土台として使っていることで、製作者サイドが、納得しなかったことが理由のひとつだった。

Y　テレビでやったのはひどかった。ズタズタのカット版だし……。

W　ヒッチコック自身も、あれは軽く流した映画だ、義理でやったなんて言ってる。

Y　義理でやったにしてはうま過ぎる。

W　もともとうまい人だから、義理でやってもうまいんだよ（笑）。ヒッチコックは撮りたいとは思わなかっただろうけど、ミュージカルを撮っても西部劇を撮っても、絶対うまかったと思うんだ。

Y　やらなかっただけなんだよね。あえて一つのジャンルに徹した。

W　ミュージカルは撮らなかったとはいえ、「知りすぎていた男」のドリス・デイの使い方は、明らかにミュージカル的だもんね。ロイヤル・アルバート・ホールのシーンだって、あれはまさに音楽が主役だからね。ドリス・デイが〝ケ・セラ・セラ〟を歌うんだって、たまたまドリス・デイを使ったから、しょうがなくて主題曲を歌わせたんじゃなくて、あれははっきり小道具になってるでしょ。

Y　歌がちゃんとドラマの伏線になってる。

W　「バルカン超特急」だって、メロディが重要な役割をするわけだから。

Y　映画は音楽的センスがないとダメだね。演出とかモンタージュってのは、要するに音楽だから。

W　「第3逃亡者」だって、いちばんいいシーンは音楽だものね。〝ドラマー・マン〟という曲なんだろう。

Y　そうなの？

W　たぶん、あの映画のために作った曲だと思う。

Y　「スミス夫妻」も「三十九夜」も、「バルカン超特急」と同じように、ちょっとしたメロディをうまく映画のモチーフや伏線にしている。

レベッカ

Y　「ヒッチコック／トリュフォー　映画術」では、ヒッチコックの各作品の細かいディテールについてしゃべってるでしょう。で、トリュフォーに手紙でずいぶん質問を出したのね。そしたら、昔、この本を作った頃は、ヒッチコックのことなら何でも知っていた、「三十九夜」のミスター・メモリー*のように何でも覚えていた、とトリュフォーがいうのね。それが、今は記憶にないものがあって、答えられなくてショックだ、と（笑）。とにかく、こっちはディテールを確かめるのが大変だった、見てない映画だってあったしね。

W　俺は専門家じゃないから、書き残したりはしてないけど、トリュフォーが詳しく言っているところは、まさにそのとおりで、俺も覚えてるよ、という共感がすごくあった。

Y　同じようにヒッチコックの映画を観てるんだという。

W　そうなんだよ。「そこは俺もすごく印象的に覚えてるんだよ、トリュフォーさん」（笑）、という感じなんだね。例えば、「断崖」のミルクのコップ。当時、俺が観た時は、ミルクの中に豆電球を仕込んだなんてことは知らなかったけど、あれが強烈であったとか、いろんなことをよく覚えてるね。それから、崖のシーンね、自動車の。

Y　崖の恐怖感は「北北西に進路を取れ」でも使ってる。コミカルな効果を出す為だけど。

W　無理矢理ウィスキーを飲まされて泥酔してしまって……

* 客の質問に応じて事件の起こった日時などを正確に答えるデータスと呼ばれた実在のミュージック・ホールの芸人からヒントを得て、ヒッチコックが創り上げたキャラクター。主人公ロバート・ドーナットからの、スパイの秘密組織にかかわる質問に、プロの芸人として答えざるをえなくなり、組織のボスに、ステージの上で射殺されてしまう。

Y　突然車のタイヤのアップになって、ガーッと自動車が回転する。

W　ずっとあとの話になるけど、「ファミリー・プロット」という最後の作品は、さすがのヒッチコックも年を取ったという人も多いし、多少賛成するところもあるけど、自動車がブレーキが利かなくて、すごいスピードで坂道を下りるシーンがあるでしょ。ヒッチコックは自動車のスピードを「断崖」で使い、「汚名」で使い、「泥棒成金」で使い、「北北西に進路を取れ」で使ってるんだね。そのどれよりも増してスピード感があったと思うな、「ファミリー・プロット」は。

Y　しかも、ユーモアたっぷりのシーンにしてね。

W　だから、必ずしも年取っているんじゃない。年取ってるからスピード感が鈍くなったということは、絶対にないと思うね。さらによくなってたと思う。

Y　同じ手なんだけど、さらにおもしろくやってる。

W　撮り方が違う。ある時はユーモアに使い、ある時は恐怖に使うという具合にね。

Y　ワン・パターンじゃない。「ファミリー・プロット」は好きだなあ。淡々として洒落てるでしょ。いつだったか、テレビで「レベッカ」を久しぶりに観た時に、和田さんは昔の記憶と違うと怒ってたじゃない。クレジット・タイトルが終って、カメラが前進してゆくトップシーン……

W　マンダレーのほうにカメラが寄ってって、鉄柵をカメラがくぐり抜けると思っていたら、門が開いたの。俺は思い違いだったと思ったんだけど、そのあとまた観たら、実は門は開いてないんだよ。鉄柵をくぐるイメージでヒッチコックは撮ってるんだけど、カメラを通り抜けさせるため、セットを切って開いているんだよ。

Y　だから、門が開くように見えた。

W　ヒッチコックのイメージとしては明らかに、鉄柵をくぐり抜けさせようと思ったと、俺は確信してるけどね。向う側に押し開くんじゃなくて、左右に分かれる。例えば、「ロープ」で長いショットを使うために、セットをバラしていくじゃない。バーグマンも言ってるよね。「アンダー・カプリコーン」で、自分がセリフを言ってる間に……

Y　振り向いたら次々にセットがなくなってたと（笑）。

W　その手を、ここでも使ったんだと思う。

Y　最近、アントニオーニが「さすらいの二人」のラストで、同じようにやってたね。ヒッチコックは「フレンジー」の時も、二階から階段をカメラが降りてくるところ、あれもセットを動かしながらやったんでしょう。カメラの移動につれて、セットを部分的に飛ばしていったわけでしょう。

W　しかも、戸口から出て、通りの向う側までずっと行くんだからね。戸口から出た瞬間に前を人が横切るよね。そこでつないだというのは、「ロープ」なんかでさんざん観て、そういうやり方があるという知識があったから、あ、ここがそうだなと思った。

Y　そういうことを楽しそうに考えるんだね、ヒッチコックは。こっちもその裏をかいて観て楽しむわけだ。

W　映画の最大の楽しみは、それじゃないかな。例えば、コッポラが「地獄の黙示録」を作った時も、コッポラ自身はそんなに悲壮な決意でやってんじゃなくて、映画が好きな人だから、やっぱり楽しんで作ってんだと思うんだな。ただ、それが伝わらない。作り手の楽しさ、喜びが。「レイダース・失われた聖櫃（アーク）」はああいう内容だから、けっこう伝わるんだね。あまり感心はしてないんだけど。

Y　ちょっとはしゃぎすぎなんだよね。「レベッカ」のローレンス・オリヴィエがレベッカのことを語るところなんか、悲壮な場面なんだけど、静かなカメラの動きそのものに、すばらしい快感があるでしょう。

W　ボート小屋の内部をパンしてるだけでね。「たかが映画じゃないか」という本の中で、二人でその話はさんざんして、「裏窓」のパンの話もしたけど、あれでも、スチュアートの寝てる部屋だけをパンして、彼がなぜ怪我をしたかというセリフは一言もなしに、説明しちゃう。それはトリュフォーも感じてるから、延々言ってるのね。ああ、同じなんだなと思ったね。ヒッチコックは、セリフで説明するのはいちばん簡単だ……

Y　それじゃつまらない、と。

W　トリュフォーは、もちろん専門家だし、映画を観た時点で大人だったから気が付いているんだけど、もちろん俺の気がつかなかったことも、ずいぶん指摘してる。「レベッカ」の家政婦が歩いていないとか……。

Y　気が付いたら、そこにいるという恐さ。

W　それはヒッチコックはわざとやったというのね。そういわれてみれば、確かにね。

Y　自分がこわがり屋だから人をこわがらせることもよく知ってる……。

W　本当に「レベッカ」はこわかったもの。ただ横に家政婦が立っていたというだけなのに、なんでこんなに恐いのかというくらい、こわかったね。

W　意外だったのは、「ダイヤルMを廻せ！」の話をトリュフォーがしようとすると、それはとばして次にいこうじゃないか、と言うでしょう。あんなすばらしい映画をね。あそこでおもしろかったのは、演劇を映画にしようとすると、映画人はたいてい、それを換骨奪胎して映画にしてやろうと思うために、余計な場面を入れて失敗する、と。

Y　演劇というのはドラマの集約だから、その緊張感を失わないようにしなければならない、と。

W　もちろん、あれは骨子は演劇だけど、まさに映画になってるでしょ、感心したのは、最初、グレース・ケリーがレイ・ミランドといきなりキスしてるよね、何の説明もなくさ。次に、ロバート・カミングスとキスするだろう。間に三、四カットあるけど。

Y　ロバート・カミングスが乗ってきた船が着くところとか。

W　クイーン・エリザベス号が着くという新聞記事があって、その船が到着したのを船乗りみたいなやつがボーッと見ているシーンがあって、ロバート・カミングスが降りてきてキョロキョロ、グレース・ケリーを探してる感じで、次のシーンは二人でキスするんだもん。これくらい飛ばして、しかも、三角関係を分からせる。これは大胆だよね。普通はもうちょっと説明するだろう、セリフで入れたり。やっぱり自信だと思うな。古い映画でいうと「暗殺者の家」。歯医者が悪者で、主人公をガスで眠らそうとすると、カットが変わると逆になってる。いったいどういう格闘があってこうなったか、全然説明がないのね。

大胆だね。

Y　説明を飛ばしちゃう。ドラマの頂点だけを捉える。危険にさらされた主人公がなぜ警察に行かないのかというと、その説明をするのがめんどうくさいから、と（笑）。

W　めんどうくさいから、という表現をヒッチコックはとっているけど、その奥にあるのは、余計なシーンを入れるために、映画の流れを停滞させたくないということでしょう。

Y　そういう映画的な秘密をトリュフォーは聴き出したかったわけだ。

W　ちゃんと聴き出してるよね。俺、映画のテクニックを観ちゃうタイプなんだけど、それでもヒッチコックの話を聞くまで、気が付かないことがあったね。椅子に掛けてる人間が喋りながら立ち上がるシーンで、へたなやつがやると、立ち上がる前にカメラを引く。だけど、私はそうしない、といってるでしょ。あれは気が付かなかった。エモーションを持続させるためにクローズアップをそのまま動かす、と。あれは気が付かなかった。そういえば、確かにそうだ。それから、汽車のシーンは、普通、ロングで汽車が走っているところを撮る。それは牛の目だ（笑）、牛が見た汽車だ、と。西部劇で汽車が走る時は、たいていそうだからね、言われてみれば。

Y　まさに牛の見た目。

W　バッファローの目だ（笑）。あの表現はすごく分かるの。

Y　カメラの視線がいつも観客の同化をうながす主観的でエモーショナルなものでなければならないと。

W　しかも、見た目で追うようにカメラで追うということなんだろうね。それをしつこくやってるから、突如、カメラがポンと俯瞰になったりするのが、印象的なのね。「北北西に進路を取れ」の逃げるところなんか、いきなり俯瞰になる。

Y ビルの遥か下にケイリー・グラントが必死に走ってるのが豆粒のように見える。

W へたなやつがやると、走り出すところをまず見せて、それから……

Y カットを割ったりして俯瞰になるから、すごく説明的になって、それこそエモーションが洩れてしまう。

W ああいうのも、映像のサプライズなんだろうな。

Y 「引き裂かれたカーテン」で、農家のおばさんがグロメクを、出刃包丁で刺すところがあったでしょう。

W 刺すと、包丁が折れるのね。

Y ポキッと。テレビでは完全にカットされてたけど。

W あれくらい強烈な殺しの場面てないんじゃないかね、ほかに。血が噴き出るとか、そういうのはいっぱいあるけど。

Y 黒澤明の「椿三十郎」のラストとかね。それから、「トパーズ」で、キューバの基地をピクニックを装って探りに行くと、鳥がサンドイッチをさらって飛んで行ってしまったためバレちゃうなんてところも、なかなかおもしろいと思うんだ。

W カストロみたいな男が女を殺すシーンも印象的だった。

Y あそこも急に俯瞰になる。

W あれに出たミシェル・ピッコリが、ヒッチコックのことを悪く言ってるだろう。

Y 何をやってるのか全然分からなかった、と。悲しい顔をしたつもりだったら、笑ってるアップになっていたとか（笑）。

W みんなそう言ってんだね。何やってるか分からない、と。

Y ヒッチコックの映画では、演技してはならない。イングリッド・バーグマンだって演技派だからね、演技しすぎると、「たかが映画じゃないか」と言われるわけだ（笑）。

W それからポール・ニューマン。ただ無表情で見りゃいいとヒッチコックに言われても、思い入れたっぷりにやる……。

Y あそこは、ヒッチコックの言いっぷりがおかしいね。ポール・ニューマンの演技が目に見えるようで。その前にチャールズ・ロートンの歩き方をまねするところもあるでしょう。普通の対談やインタビューのように「括弧笑い」なんてのは書かれていない本なんだけど、笑いの感じが分かるのね。

W そこは翻訳でうまくニュアンスを伝えていると思うよ。でも、英語の場合、敬語とかはあんまりないだろう。片方は「そうだよ」とか「きみ」とか言って、片方は「あなたは」「失礼ですが」と訳してるけど……。

Y そういう感じだろうと解釈して翻訳したんだ（笑）。

W 先輩、後輩だから、当然そうなんだろうけどね。

Y とにかく、フランス語版と英語版と両方見ながらやったから、片方の版だけを読むよりは、多少よくニュアンスをつかめたと思うんだけど。

W 正確に一致はしてないわけ？　フランス語版と英語版と。

Y かなり違うところもある。フランス語でダジャレを言ってるのが英語に訳せないなんてところがあったり、その逆もあるわけだし、そこはお互いに飛ばしたり、違う訳にしたりしてあるわけだけど、日本語版ではがんばって、フランス語と英語のダジャレを、どっ

ち も並べて入れたりしたの（笑）。だから、原書より多少余計しゃべってるところがある。

W　註でもかなり説明してるよね。

Y　原書をすでに読んでる人もたくさんいるから、和田さんみたいにね（笑）。だから、こっちの翻訳の手を正直にバラすことにしたんだ。それにしても、あれだけ注意深く、一所懸命やったはずなのに、ほじくると、いくらでも思い違いやミスが出てくるのね。和田さんにもいくつか指摘されたけど、悪意を持ってではなく、一所懸命アラ探しをしてもらうのは、ありがたい。できるだけ完璧にしたいから。

影響

W　俺、トリュフォーには会ってないけど、あなたと友達だったり、こういういい本を書いてくれたりして、親近感があるのね。だから、よけい悪口を言いたくなっちゃうというか、作品に対して批判的なところがあってね。この間も、篠山紀信との対談の中で、悪口言っちゃった。*

Y　確かに、トリュフォーの「暗くなるまでこの恋を」とか「黒衣の花嫁」は調子がよくないし、試行錯誤って感じもするけど、でも、わかるような気がするのね。アメリカン・スタイルってやつにあこがれて作ろうって気持ちがね。これから公開される「終電車」なんかでも、まだヒッチコックをやってる。実はトリュフォーの映画でいちばんヒッチコック的なサスペンスのあるのは、「柔らかい肌」だと思うのね。〝姦通映画〟なのにサスペンスがあるの。うまいんだ。

* 「キネマ旬報」81年12月上旬号に掲載の対談。82年に和田誠対談集「映画に乾杯」（キネマ旬報社）に収録。

W　それは残念ながら観てないけど、もちろん好きな映画はあって、「アメリカの夜」は大好きだし、「トリュフォーの思春期」も「アデルの恋の物語」も好きだよ。

Y　「恋のエチュード」もいい。

W　けっこう作品によって感じが変わるからね、あの人。

Y　トリュフォーは、〝夜と昼〟と言ってるね。夜と昼が交替にくるように、明るいコメディ風のものを作ったあとには、暗い深刻なドラマを作る、といったぐあいに。

W　ヒッチコックの影響ということでいうと、メル・ブルックスが「新サイコ」というヒッチコック・パロディ集を作ったでしょ。あの人はやっぱり好きなんだろうね。

Y　好きなのは、すごく分かる。

W　へただけどね（笑）。なぞってるだけで……。

Y　もう、ヒッチコック万歳！　という感じで。

W　でも、あの大移動ね。ものすごく寄って、しまいにガラスを突き破っちゃうというのは、ある種の揶揄ではあるかもしれない。でも悪意はない。一種の親しみを込めたからかいということで……

Y　ガキっぽいいたずらって感じ。

W　いたずらだな。いかに自分が惚れていながらギャグを作るかということなんだろうけど、ギャグとしても空回りしてるものが多いし、ただ似たようなことをやっているというだけのおかしみではたいしたことはできないと思う。

Y　一時間半はしんどかったなあ。

W　付き合いきれない。人から聞いた話なんだけどアメリカの無名の映画作家でパロディが好きなやつがいて、「地獄の黙示録（アポカリプス・ナウ）」が当たると、「ポークチョップス・ナウ」（笑）という映画を作る。どうもチャイナタウンに入って行ったきり帰ってこない豚肉製造業者がいて、それを捜すために一枚の写真を頼りにチャイナタウンをどんどんさかのぼって行くわけ。それは十分か十五分くらいの短篇なんだって。おかしいらしいの。短いからいいんだね。「スター・ウォーズ」が当たると「ハードウェア・ウォーズ」を作る。「大工道具ウォーズ」。

Y 思いつきでパッとやっちゃうわけだ。

W 思いつきだけだったら、長いともたないと思うな。

Y 日本でも、「地下室のメロディー」が大ヒットすると、すぐ「地下鉄のメロディー」（笑）なんてのが作られたりするからね。それにしても、メル・ブルックスの「ヤング・フランケンシュタイン」は大笑いしたけどな。

W あれほどの傑作がありながら、他にそれほど感心したものがないということは、あれはまぐれ当たりかね。

Y 「ブレージングサドル」も、ねえ……

W 「サイレント・ムービー」も、ちょっとねえ。

ブライアン・デ・パルマ

W ブライアン・デ・パルマはどう?

Y 「ミッドナイトクロス」か。

W　あれは、ヒントは明らかに「裏窓」だろう。

Y　そうだね、のぞきだからね。

W　でも、「殺しのドレス」がはっきり「サイコ」であったよりは、まだ換骨奪胎しているという気はするよ。

Y　今村昌平の「人類学入門」とか、特に神代辰巳の「黒薔薇昇天」にはとても及ばないけど、映画屋という設定がね。少なくとも、まともにはやってない。

W　真似とは言えないもんな。「殺しのドレス」って、けっこう評判よかったけど、あれはヒッチコックのイミテーションであってね。しょうもない、アホみたいな映画だと思うんだね。俺は腹が立ってしょうがないんだ。何であんなに評判がいいんだろう。

Y　イミテーションのほうが分かりやすいということもあるんじゃないか。最初見た時はかなり乗せられたほうではあるけど、二度目に見たら、だめなのね。

W　でも、あんな妙な人を、今やうまいと思ってる人が多い。いかに本当のうまい映画を、若い人たちは観てないかということだと思うな。「ミッドナイトクロス」でも、「裏窓」のほかに、「泥棒成金」をやってるけど……

Y　ラストの花火ね。

W　確かにそのシーンだけを取り出してみれば、非常に美しく撮っていて、いいよね。いい絵を撮っていると思うけど、だからどうしたというところがあるね。ヒッチコックの場合は、カンヌの花火をもちろん同じように美しく撮っていたけども、美しいだけでなくて、それこそエモーションというのかな、ケイリー・グラントとグレース・ケリーの成り行きをうまくカットバックさせて、花火の美しさより以上のものを表現してた。

Y　ドラマチックに盛り上げてるからね。「ミッドナイトクロス」では、ポエチックな映像的効果だけを狙ってる。だから、あの程度ではクライマックスにならないんじゃないか。

W　恋人を助けに駆けつけるのは、「見知らぬ乗客」の追いかけがイメージにあると思うね。

Y　なるほどね。でも、ヒッチコックはあんなにやたらにスローモーションを使ったことはないでしょう。ブライアン・デ・パルマは映画のテクニックを派手に、というより安易に使いすぎると思うんだ。

W　ヒッチコックも使ってるけど、うまいからね。

Y　気づかせないね、テクニックを。

W　何度も観て、あとから、そういえばここでこんなことをやってたと分かる。「見知らぬ乗客」で、ストップモーション使ってるだろう。

Y　ファーリー・グレンジャーがロバート・ウォーカーの親父の家に忍び込んだ時に、顔が一瞬、パッと……。

W　それを、何度も観てるけど、全然気が付かなかった。気が付いたのは、ごく最近なんだ。

Y　トリュフォーも「柔らかい肌」で同じストップモーションをさりげなく見事に使ってる。ほんの数コマのストップモーション。*

W　そこへいくと、デ・パルマはテクニックが気が付くのね。映画のテクニックを駆使するのは、僕はもちろん好きなんだけど、それがストーリーより先に目に入るのは、目障りなんだよね。

* 「柔らかい肌」は、妻子ある文芸評論家とスチュワーデスの不倫の愛を描いた作品。講演旅行に出かけた主人公のジャン・ドサイは、スチュワーデスのフランソワーズ・ドルレアックに出会い彼女に魅かれる。ドルレアックは帰途の飛行機の中で、マッチに電話番号を書きつけて、ドサイに渡す。その時、二人の顔が切りかえしでとらえれ、それぞれ瞬時、ストップモーションとなる。

Y テクニックはストーリーに埋没してないとね。

W ヒッチコックが「サイコ」で、母親が出て来る時に、大俯瞰を使うだろう。その時にも、客に気が付かれないような俯瞰の使い方をしたと言ってるね。いつの間にかカメラが上に上がってるんだよね。その点、デ・パルマはまだまだ未熟だな。俺、「キャリー」とかは観てないんだけど、あれはオカルト物だから、ヒッチコックからは離れているんじゃない？

Y 「キャリー」のトップ・シーンはシャワー。「殺しのドレス」と同じ。それから、ラストで墓の下から手がのびてきてギャッとなるんだけど、これはすごいショック。同じショッカーの手をまた「殺しのドレス」のラストでやっているわけだ。

W 「愛のメモリー」は明らかに「めまい」でしょ。

Y 広角レンズの使いすぎだけど。カメラがグルグル回ったり。「ミッドナイトクロス」もそうだけど、ああいうのはヒッチコックはやってない。はしゃいじゃってる感じ。そういう風に見れば、おもしろいのかもしれないけど。

W かわい気はあるけどね。でも、一流じゃないなあ。

Y だけど、そういうのは、今のファンには親しみがあっていいのかな。自主製作の映画がすごく評価されているのに似てるんじゃないか。

W 拙さが共感を呼ぶ（笑）。

Y 一緒に話し合える感じで。

W というのは、今スターを見ると、わりと近所にいそうな人が多いでしょ。俺たちが考えるスターは、もっと手の届かない人だった。それと同じように、ほんとにかなわないといううまい監督よりも、幾らかでもアラの探せるほうが共感を持つのかな。逆にヒッチコックを観てない世代でいうと、俺たちがヒッチコックの「汚名」を観てびっくりして、こんなおもしろい監督がいたのかと思ったように、デ・パルマのことを思うのかもしれない。

Y　でも、ブライアン・デ・パルマでなきゃ夜も日も明けないというほどのファンがいるかなあ。

W　俺たちがヒッチコックに惚れてるようには惚れてないだろうな。

Y　いくら何でもね。

W　それはまあ無理だろうな。「ミッドナイトクロス」にしても、あれは二十分くらいでまとまるんじゃない。同じことをダラダラ、ダラダラやってるでしょ。途中に何もないんだもん。最初に録音して、目撃したということと、そのために狙われるということだけでね。途中は、どうしよう、どうしようと言ってるだけでさ。芸がない。もっとも、彼もおそらくヒッチコックが大好きなんだろうから、あの人とこんなふうに話をしてみれば、すごく仲良しになっちゃうんじゃないかと思うけれど（笑）。

批評と作品

W　ところで、トリュフォーはその後もヒッチコックに会ってるわけでしょう、「引き裂かれたカーテン」以降も。だから、同じ形できいてほしかったね、それ以後の作品のことも。

Y　まあ、そこを日本語版では、トリュフォーにあと書きを書いてもらったりして、なるべく補足したつもりだけど、やっぱりだんだん親しくなっちゃって、インタビューできなかったらしいのね。

W　それと、いちばんくやしいのは、「引き裂かれたカーテン」でカットしたというシーン。グロメクに双子の兄弟がいて*……。話を聞くと、「引き裂かれたカーテン」の中で、いちばんおもしろいシーンだよね（笑）。それが実際に撮ってあって、ヒッチコックがトリュフォーに送ってやると言ったけど、結局、その約束を忘れていて、トリュフォーも遠慮して催促しなかったんでしょう。今にして思えば、催促して持っていってくれれば、少なくとも山田宏一はパリに行った時、それが観られたわけだ。

Y　植草甚一さんが、以前、そのことを盛んに言っていた。この一巻はトリュフォーのところにあるんだと。

W　ということは、原書を読んでたわけだ、植草さんは。

Y　出版されたとたんに、もう原書を読んでたんだね。植草さんが生きてたら、知らせてあげたかったね。やっぱりなかったと言ったら、植草さんは安心したかもしれない。すごくくやしがってたもの、トリュフォーだけしか観てないと。

W　俺だって、なくてよかった（笑）。山田宏一だけがパリで観て、俺が観ないのはくやしいもんな（笑）。

Y　トリュフォーは観てる。

W　アメリカで？

Y　そう。

W　やっぱり、おもしろかったって？

*「引き裂かれたカーテン」（66年）でポール・ニューマン扮する主人公の物理学者は、逆スパイをするため亡命を装って東独に滞在中に、国家警察の一員グロメクを殺害する。頭初のヒッチコックの考えでは、この直後に、主人公がグロメクの兄に出会うシーンがあり、実際にグロメクを演じたヴォルフガング・キーリングが、まったく違う人物に見えるようにメイクをかえて出演したシーンを撮影したが、それに対応するポール・ニューマンのアクターズ・スタジオ方式の思い入れたっぷりの演技が気に入らず、編集の段階で、ヒッチコックはこのシーンをカットしてしまった。

Y　すごいシーンらしい。

W　こういう、僕らの知らないおもしろいエピソードがいっぱいあるね。

Y　その話し方が、またうまい。

W　新聞で読んだ犯罪の話とか、見てきたように言うじゃない。

Y　バラバラ事件の生首の話とか……

W　暖炉で燃やそうとしたら目が開いて……

Y　その寸前に雷鳴がとどろいたとかね（笑）。

W　自分のイメージの中で、形づくっちゃうんじゃないの。

Y　たぶん事実よりもおもしろい（笑）。

W　そういうことはあるよね、我々でも。

Y　和田さんが「恐怖のメロディ」の話をするときは絶対、映画よりおもしろい（笑）。自分で作っちゃうという感じだからね（笑）。映画に感動すると、つい自分で作ってしまう部分が大きくふくらみすぎてね。

W　だから、批評家の目で観ると、いかにもくだらないと思われる作品でも……

Y　その人の人生を決めてしまうような出会いの作品があるんだよね。それはもう映画の批評なんて絶対できませんよ、その意味では。

W　「ブルースの誕生」という、ビング・クロスビーのジャズ映画があるでしょ。作品としてはC級だよね。でも、渡辺貞夫は、その映画を観てミュージシャンになろうと決心した。世界のナベサダが生まれたわけだ。だから、映画というのは、簡単にテーマ本位で批評すべきじゃないんだよ。文学の批評は、その批評がまた一つの文学になり得るでしょ。

だから、映画批評という映画ができれば、あるいは……

Y それをある意味でやったのが、ヌーヴェル・ヴァーグだったと思うんだ。批評がそのまま作品になっていると言ってもいいくらい。ゴダールの「勝手にしやがれ」はハワード・ホークスの「暗黒街の顔役」とかアメリカのギャング映画とかについてのゴダールなりの批評とみなしてもいいと思うのね。

ハリウッドをカバンにつめて

W 最近出た本の中で、映画と限らず読んだ二冊の傑作がたまたま「ヒッチコック／トリュフォー　映画術」と「ハリウッドをカバンにつめて*」なんだね。サミー・デイヴィスが書いてるんだけど、意外なことがいっぱいあってね。おもしろい。

Y サミー・デイヴィス・ジュニアって本当の映画狂だね。「ヒッチコック／トリュフォー」なんかもちゃんと読んでる。

W あのくらい、自分が映画に出ていながらファンとして映画が好きだという人は、珍しいんじゃないかな。

Y 珍しいと思うな。

W 完成した自分の出演映画も観てない役者が大勢いるというのにね。

Y イングリッド・バーグマンなんかも「カサブランカ」を観たのは、わりと最近になって、ロンドンでバーグマン特集をやってくれた時が初めてだというからね。それがサミー・デイヴィスは、よその撮影現場まで行ってさ。ポルノの実態なんかも見に行ったりして

* 早川書房刊（清水俊二訳）。サミー・デイヴィス・ジュニアの自叙伝ふう映画評論集。

る。

W　イギリスに行って最初に何をしたかと思ったら、ハマー・プロ見学*だって（笑）。

Y　彼がいちばん誇りにしているのが、クリストファー・リーを驚かしたことだってのは笑ったな（笑）。クリストファー・リーの「吸血鬼ドラキュラ」をベスト・テンに入れてるんだから（笑）。「ハスラー」なんかと一緒にね。

W　「サイコ」も入ってたっけ。

Y　入ってる。でも、ヒッチコックの中でいちばん好きなのは「ロープ」なんだ、とも書いてるね。あの実験がおもしろいのだ、と。あのワン・カット撮影の実験が。

W　ファンらしい発想なんだよね。だから、俺が英語を喋れれば、サミー・デイヴィスと対談したい（笑）。すごい共感するところがあるもの。それと、俺はヒッチコックとビリー・ワイルダーが何たって好きな監督なんだけど、「ヒッチコック／トリュフォー　映画術」と同じことを、誰かビリー・ワイルダーでやってもらいたいのね。**

Y　和田さんが自分でやりたい感じだなあ（笑）。

W　やりたいんだけどさ……。

Y　英語かドイツ語をまず勉強しなければいけない（笑）。

W　トリュフォーだって通訳入れてるけど（笑）。

Y　通訳というより、ほとんど共謀者って感じのおばさんね。ヘレン・スコットという。ああいう通訳がいたらできるな。トリュフォーは、とにかく自分の今まで作った何本かの映画よりも、この本のほうが大事だ、っていうんだから。

W　監督が本業なのにね。でも、これはトリュフォーの作品だと思う。もちろん喋ってる

* ロジャー・コーマンを中心とするアメリカのＡＩＰと並んで、低予算の怪奇映画を主に製作するイギリスのプロダクション。ハマー・プロ製作の怪奇映画第一弾は57年の「フランケンシュタインの逆襲」で、この作品のテレンス・フィッシャー（監督）、ピーター・カッシング、クリストファー・リー（共に主演）のトリオが、58年製作の「吸血鬼ドラキュラ」以降、ハマー・フィルムを支えて行く。また、これはハマー・フィルム作品ではないが、サミー・デイヴィスは73年に、ＴＶムービー「かわいそうな悪魔」（ロバート・シアラー監督）で、クリストファー・リーと共演している。

** その後キャメロン・クロウによる「ワイルダーならどうする？　ビリー・ワイルダーとキャメロン・クロウの対話」（宮本高晴訳、キネマ旬報社）が和田誠装丁で出版された。

のはヒッチコックだけど、トリュフォーがこれだけ誘導尋問しなければ、こうは喋らなかったろうね。

Y　インタビューのおもしろさというのは、もう、ひとえにインタビュアーの力だということだね。

W　この手のものは、これしかないだろう。

Y　同じ手でやった本は、このあとも、いくつかある。ベルイマンにインタビューした本もあるし、ジャン＝ピエール・メルヴィルにやったのもある。ドン・シーゲルにインタビューしたものがかなりおもしろい。ピーター・ボグダノヴィッチがジョン・フォードにインタビューしたのは邦訳もあるし、*和田さんがカバーのイラストを描いてたでしょう。でも「ヒッチコック／トリュフォー」ほどの徹底研究というか、とことんやったものはないと思うな。

（'82年1月29日・赤坂にて）

*「インタビュー　ジョン・フォード」（九藝出版刊／高橋千尋訳）

後記（和田誠）

山田宏一とはすでに「たかが映画じゃないか」という単行本一冊を費した対談をしているのだが、彼とは十年以上のつき合いであり、会えばとめどもなく映画の話をするのだから、本の一冊分くらい、われわれの会話のほんの一部にすぎないのだ。それほどたくさん話をしているのに、またまた対談をしたくなったのは、「ヒッチコック／トリュフォー　映画術」を読んだからであった。原書のよさもさることながら山田宏一の翻訳（蓮實重彦共訳）の仕事もまた素晴らしいので、友人であることとは無関係に、この書物について話し合ってみたかったのである。

この対談の直後に、彼はトリュフォーに写真を返すためにパリに旅立った。

（初出「キネマ旬報」一九八二年四月上旬号／和田誠
『映画に乾杯2』［キネマ旬報社、一九八五年］収録）

和田誠　山田宏一

観客の椅子・監督の椅子

イラストレーター、グラフィック・デザイナー、アート・ディレクター、写真家、エッセイスト、パロディ作家、ショート・ショート作家、落語作家、作詞家、作曲家、ショービジネス研究家……まだまだ肩書があるかもしれない。だが、たぶん何にもまして和田誠は映画ファンである。新宿日活名画座のポスターから映画エッセイ集「お楽しみはこれからだ」に至るまで、和田誠は映画をめざして生きてきたのだ。

その和田誠がついに映画をつくったのである。かつて「殺人（マーダー）」という短篇アニメーションをつくって毎日映画コンクールの大藤信郎賞を受賞した和田誠ではあるが、今回は本格的な劇場用長篇劇映画である。

阿佐田哲也原作の「麻雀放浪記」の映画化だが、原作者も言うように「もうこれは〝和田誠の「麻雀放浪記」〟」なのである。（山田宏一）

Y　和田誠第一回監督作品「麻雀放浪記」を見て、まず、まったく破綻のない安定感のある出来なのでびっくりしながらも安心して（笑）、モノクロ作品のせいもあるとは思うけど、なんだか懐かしいというか、うれしいというか、いかにも和田誠らしい、それでいて新人監督・和田誠を忘れさせてくれるような映画だった。ベテランの職人監督のさりげないプログラム・ピクチャーという感じさえしたなあ。

W　それはうれしいねえ。

Y　みんな和田誠はものすごい映画ファンだということを知っているから、何かそういった痕跡というか、あ、あそこはあの映画の真似だなとか、パロディだな、とか、そういったものを、好意的にしても好奇心が先立って、見つけようとすると思うんだ。でも、映画を見ると、そんなナイーブな、というか、恥ずかしいというか、ただ単純素朴に映画ファン的な衝動だけでやってないことがわかる。すごく抑制してる。あ、これはジョン・フォードだとか、あれは「雨に唄えば」だとか、そんなあからさまなシーンは全然ない。

W どうしても映画ファンが映画をつくるときに陥りやすいのは、あの映画も好きだ、この映画も好きだ、という気持ちがあるから、あの映画この映画のシーンを具体的に取り込んじゃいたくなることだろうね。

Y これはあれだなというのが、一カ所だけあったかな。

W どこ?

Y 麻雀の牌を二重写しでパンして見せるところ。「ジョルスン物語」をやってるなって。(笑)舞台から観客の顔をパンしていくのが二重写しになるという印象的なシーンがあって、和田さんもその二重写しのことはよくしゃべっていたしね。

W あれは、じつは違うの。意図したことじゃなくて、編集の西東(清明)さんが仕上げ段階でこうしたらどうだろうと言ったの。じゃあ、それでやって見てみようと。そしたらああなってたわけ。(笑)西東さんは「ジョルスン物語」を知らない。撮るときも、誰もダブらせようなんて思ってなかった。撮影の安藤(庄平)さんなんか、「ダブらせるってわかってれば、それなりの撮りかたがあったのに」って残念そうに言ってたくらいなんだから。

Y そうだったのか。(笑)麻雀牌を人間の顔のように撮ってる感じがしたのね、あそこは。麻雀牌そのものが観衆になって、じっと固唾をのんでゲームを見守っているような、そんな表情みたいなものが感じられて。

W　意識して真似たところは一つもないはずなんだけれどね。俺が見てきた気に入った映画のいろんな要素は入ってると思うんだ。具体的にあの映画のあのせりふを使おうというんじゃなくね。それをやるとどうしたって安っぽくなるわけだから。

Y　そういう危険性は和田さんがいちばんよくわかってると思う。

W　気に入ったせりふを使うとかいうことじゃなくて、気のきいたせりふが必要だということだけを、真似するわけでね。

Y　つまり精神だけを真似する……。

W　うん、印象的なファースト・シーン、印象的なラスト・シーンは、俺たちの気に入った映画にはかならずあるよね。それから、印象的なタイトル・バックとかさ。

Y　そういえば、冒頭のメイン・タイトルとクレジット・タイトルが流れて、タイトル・バックがすでにドラマのはじまりというか、導入部になっているわけだけど、そこがすごく長い。

W　約一巻ある。（笑）

Y　その間にシチュエーションを全部説明して、人物紹介もしちゃうわけだ。喧嘩するところがあるでしょう。名古屋章の上州虎と鹿賀丈史のドサ健が。そこを全然うつさなかったでしょう、喧嘩のシーンを。しかも、外は大雨で、嵐で、それで喧嘩の叫びとか殴り合いの音を消してる。徹底的に見せない。見せるところと見せないところを、きちんと按配してる。映画全体がそうだね。

W　うん。省略ということは意識したね。

Y　最近の映画は、次の日になったのかどうか、過去なのか現在なのか、全然わからない映画が多いんだけど、そういう意味では、じつにわかりやすくつくってある。日が暮れて、夜が明けるように、律儀にフェイド・インでシーンをはじめ、フェイド・アウトでシーンを終えるという、久しぶりに、きちんとした映画を見たという気分にひたれた。

W　それは意識的にやった。フェイド・インは最初一カ所しか使ってないんだけれどね。その日が終わると原則としてフェイド・アウト。時間経過はオーヴァラップ。ゲームをしてる最中の時間経過はワイプ、そういうルールをとりあえずつくったわけ。

Y　「話変わって」とか「何時間かが過ぎて」みたいな感じがよく出てるし、とてもいい感じだった。

W　近ごろこんなにオプチカルの多い映画はめずらしいと言われたよ。（笑）あんまりないんだって。つまり、みんなカットでつないじゃうから。

Y　ヌーヴェル・ヴァーグ以後、時間経過というか、時間に従ってストーリーを展開するというようなことにまったく無頓着でしょう。それが一つのパターンになってしまったから。

W　それが新しさではあるけどね。

Y　でも、いまはパターンになってしまってるから。

W　いったいこのシーンは現在なのか回想なのか、あるいは幻想なのか夢なのか、よくわからないというのが多いでしょう。「8½」のようにフェリーニがやれば、それはわかんないなりにわかるわけだけど。（笑）半分それを真似してるだけでは、わかんないで終わっちゃうからね。しかも、わからせなきゃならない映画も、これが現実だか何だかわからないことがある。わかりにくい映画がふえたことが、映画ファンを狭めたと思う。そういう新しさが好きなファンはもちろんいるんだけど、少数でしょう。そういう映画は必要だと思うけど、会社の帰りに映画を見よう、学校の帰りに映画を見ようという普通の映画ファンは、わかりやすくて、二時間ほどたのしんで、帰り道もお茶飲みながら映画のことをしゃべってたのしんで、あと一週間くらいまだたのしんでというのが大部分だったと思うんだけども、映画が難解になってきてから、そういう人たちが映画館から離れていってると思うんだ。

Y でも、きまりきったテクニックだから効果的とは限らないでしょう。

W たとえば、回想があるとメラメラ・ワイプ。(笑)ああいうのはいかにも古めかしいよな。

Y 画面がメラメラ、ゆらゆらとくずれるように消えて、別のイメージが現われる。あれはもういいって感じね。

W そこまでやろうとはやっぱり思わないからね。ハリウッドなんかで非常にワイプを多用した時期があって斜めワイプとか、紙がめくれ上がるようにワイプするとか、いろいろあったけどね。それもよほどうまくやらないと、いまは古くさく見えるだろうね。

Y 「麻雀放浪記」ではとてもオーソドックスなワイプを使ったでしょう。黒澤明がよく使ったようなワイプ。「虎の尾を踏む男達」とか「隠し砦の三悪人」とかで。要するに単純な時間経過のワイプ。

W おのずと選択はあるわけよ、オーソドックスでやるなかにもね。たとえば、主観の描写があります、殴られる、拳固がこっちにくる。これはスタッフの一人に言われたことなんだけれど、主観になる前に、殴られる主人公の、これから主観だぞという説明のカットがちょっと入らないと、主観になりにくいと。でも、俺はそれをあえてやめたの。ロングからいきなり主観のカットになってる。スタッフのなかにもオーソドックスな映画文法にこだわるタイプの人と、そうでない人がいる。ときどきディスカッションしたよ。あとから澤井（信一郎）さんに言われたんだけど、澤井さんもどっちかというとオーソドックスなテクニックが好きな人だろうと思うけれど、哲が階段を上がってくると、オックス・クラブが宣伝社に変わってるシーンを撮ってたときに、「ああ、いいね」って言うのね。普通は哲が宣伝社の看板を見ました、見た哲のアップがあります、それから看板のアップがあります。もう一回おどろいてる哲のアップがある。主観ショットは、たいていそうやる。それを無視してるところはいいんじゃないかと言われた。

Y　ていねいにやりすぎるとそれだけ長くなってダレてしまう可能性もあるわけでしょう。

W　古い映画がどことなくテンポがのろいのはそういうこともあるんだろうね。

Y　澤井信一郎監督を招いて共同で脚本を書いたのは、やっぱり「野菊の墓」を見ていたから？

W　そう。「野菊の墓」以前は知らなかった。

Y　「野菊の墓」が澤井さんの第一作だから。

W　日本映画で、ここ数年のうちで最も映画らしい映画を撮った人だと思うんだよ。ベテランでは市川崑、新人では澤井信一郎。澤井さんは「野菊の墓」が第一回だから、たしかに新人なんだけど、現場は長いし、映画を知ってるし、いろんな意味で先生だった。新人監督で優秀な人はたくさんいるけど、わりと体力だけでつくる映画って多いでしょ。力技だけで押し切っちゃうような。

Y 岩さとか情熱とか、あるいは自分の専門の仕事の腕とか、和田誠だったらイラストレーター、デザイナーの才能とか感性とか、そういったもので一気にできるみたいな……。

W 思い入れとか、過去の体験とか。映画をつくる前に思ったんだけどもね、俺は力技ではまずできない。力で押し切るタイプじゃない。個人的な体験を映画をとおして物語ろうなんていうのも好きじゃないしね。言うほどの体験もないし。（笑）だったら、自分は全部引いておいて、映画的におもしろい映画をつくるのがいちばん俺に合ってるんじゃないかと。

Y そこに当然和田さんの映画体験が生きてくるわけでしょう。自分の見た映画、見たい映画の集大成みたいなものが。でも、それをナイーブにはしゃいで見せたりするのをぐっと抑えてる。すごくバランスのとれた映画になってると思う。カット割りもきちんとして。

W ほとんど編集を頭に入れて撮ったからね。

Y 画コンテもきちっとワンカットごとに描いて、それで、撮影するときにもカットの秒数をきちっと計ってたし。

W それはどんな映画でも計ると思うよ。

Y できあがりの時間を計算しなきゃいけないから。

W それでも倍くらいになったりすることがよくあるらしい。

Y 即興の部分もあったわけでしょう。あっ、これ撮っておこうというふうな。

W 二カ所しかないんだよ、即興は。一つは切ったけどね。生かしたところは、真田広之と大竹しのぶが家のなかで二人きりになって、時計の音が聞こえてきて、かじりかけのトウモロコシがあって、何となく手を握ろうかどうしようかっていうとこ。

Y あれは非常にさりげなく情感のこもった静かないいシーンだった。

W シナリオでは「まゆみがお勝手で皿を洗ってて、座敷ではなすすべもなく哲がただ待ってる」というだけのト書だったの。

Y あそこは、二人の寂しさみたいなものが出たし、和田誠の知られざる面もチラッと見たような気がした。

W スケベなところもあるだろ。(笑)

Y いや、こんなさびしがり屋でセンチメンタルなところがあったのかという気がしたよ。(笑)

W あれは、自分ではわりとスケベに撮ったつもりなんだ。

Y エロチックと言ったほうがいいんじゃないか。(笑) しかも、さりげなくやって、そこはいかにも和田さんらしい。普通はもう少しやっちゃうし、もう少し発展したりすると思うんだけど。

W 発展しすぎると話が別のほうへいっちゃうからね。

Y そこがさりげなくハードボイルド・タッチでいいんだなあ。(笑) センチメンタルにもならないし、和田さんが言うほどスケベにもならないし(笑)、やりすぎない。唯一大芝居と思ったのは、ガード下のラブシーン。鹿賀丈史がガードにぶらさがって、その腰に大竹しのぶがしがみつく。

W うん。

Y 「欲望という名の電車」のマーロン・ブランドとキム・ハンターみたいに。

W　あれはね、芝居がかってるんだけれども、アクションはおおげさじゃないつもりなんだけど。

Y　たしかに、すごく抑えてる。泣き叫んだりしないし。普通はあそこで恋人たちが思いっきりワアワア泣いたりするところだけど。

W　原作もシナリオも第一稿もそうなんだけど、「ガード下の新聞売りの台の上で、二人がただしゃべってる」というだけなの。それに映画らしいアクションをつけ加えてみたわけ。

Y　泣かせ文句を言うときに列車の音がゴーッと入って声が消える。非常に映画的で泣かせる。

W　それをやりたかったんだよ。（笑）

Y　なるほど、映画的に盛り上げるシーンだからね。和田さんはそういう映画的シーンを記憶していて再現してるわけだ。

W　やっぱりガードの下で芝居をしてたら、上は電車をとおらせたくなるよね。

Y　ルネ・クレールのトーキー第一作「巴里の屋根の下」の喧嘩のシーンで、列車の音をうまく使ってせりふや喧嘩の騒音を消しちゃうでしょう。あれ以来、まさに映画的な、映画ならではの手法だしね。

W　何の何を採り入れるというんじゃなくて、映画的にはこうするのが正解だなということがあるでしょ。ガード下と設定したならば、上を列車がとおって、窓の光がパラパラうつる。現実にはあんな光はありえないわけだけど。

Y　映画だから納得してしまう。

72

11

できるかどうか、賭けるか？

12

おりてよ。汽車がくるわ。

田舎へなんか、帰らねえでくれよ。

足にだきつく

「忘れっぽいのね」

「何が」

「サイの目は憶えるのにね」

「だから何がよ」

13

前から言ってるでしょ。

あたし田舎なんかないのよ。

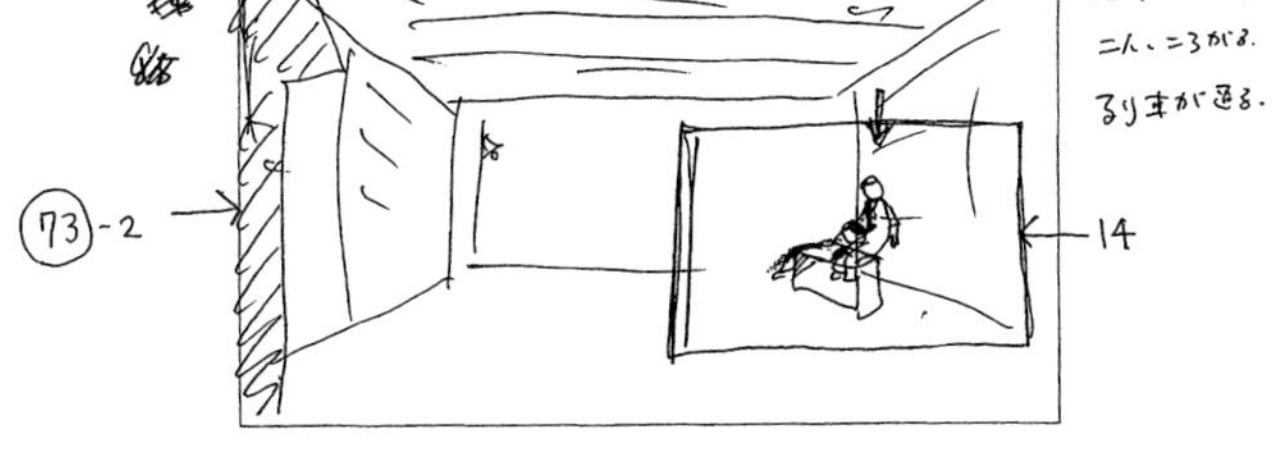

縦手をはなす。

二人、ころがる。

列車が通る。

「麻雀放浪記」和田誠による絵コンテ

W　映画のウソというかさ。

Y　そこは映画のイメージで見せる。役者の存在感や演技で見せる。

W　それを遠くから主人公が見てて、ライターをつけて、ライターを捨てる。あれもいかにもお芝居でね。下手をするといやらしくなるんだけどさ。

Y　あのライターは映画的な小道具として非常によかった。ルーレット付きのライター。

W　ビリー・ワイルダーに学んだことは、小道具をうまく使うことね。

Y　「アパートの鍵貸します」の鍵とか。

W　ヒッチコックも小道具の使いかたが抜群でしょ。小道具に凝ろうと思った。ルーレット付きのライターには最初からこだわった。小道具係の人はそんなもんないって言うわけだよ。偶然に見つかったんだけどさ。

Y　あ、でも本当にあったもの？　つくらせたのかと思った。原作にはないわけでしょう、あれは。

W　うん、ない。哲とママという二人をつなぐ小物がほしかったわけ。それがさりげなくバクチを暗示させるといいと思ったの。

Y　それから、小道具としては、大竹しのぶのまゆみの家の権利書を、話を運ぶうえに決定的なものとして使ってるでしょう、バクチで賭けて権利書が人手から人手へ渡る。同時にまゆみという女も男から男へ売られる。ちょっとジュリアン・デュヴィヴィエの「運命の饗宴」のタキシードみたいな狂言回しというか、ドラマ展開のための触媒というか。

W　主要なすべての男を渡り歩くわけだからね、まゆみも権利書も。

ほかにこだわった小道具は、ドサ健が爪でつけるマッチ。そういうマッチは、いまないわけ。危険だというんで、わが国では製造禁止になってる。しかたなく普通のマッチにちょっと細工したんだけど、本物じゃないから、なかなか思うようにつかない。(笑)だから撮影に時間がかかってね。

Y あれは五〇年代のアメリカ映画を見てるファンはニヤリとするだろうな。でも実際に当時はあったわけだ。

W うん。戦後よく実物で見たんだよ。西部劇でもやってるよね、「OK牧場の決斗」のバート・ランカスターなんか。

Y ガード下の鹿賀丈史と大竹しのぶのからみを真田広之が陰からロングで見てるというのも、ああ、映画だなあ、という感じでよかった。わりとあそこはちゃんとしたセットを組んだわけでしょう。

W 予算も少ないから、そんなにでかくないんだけどね。ちょっとキャメラを振ると違う物が見えちゃう。(笑)ヒッチコックは、キスする二人の周りをキャメラをグルグル回したりするでしょ。それを真似しようというんじゃなくても、ラブシーンにおける男女をいろんな角度から見つめてやりたいって気にはなるよね。でも実情はいろいろ制約があって。

Y それにしても、鹿賀丈史はぶらさがりっぱなしで、たいへんだったんじゃないか。(笑)

W たいへんだったんだね。現実問題として、セットのあの一カ所だけが人間がぶらさがってもいいようになってるわけ。全部鉄骨できちっと造ると高くつくからさ。一カ所だけが補強してあって、人間がぶらさがれるようになってるわけだけど、指先しかかからない所でね。何度もテストしてるから、ものすごく手が痛くなる。あれは役者が肉体的に苦労したところなんだ。

Y　鹿賀丈史は和田さんに演技を抑えられて、かなり不満だったらしいけど……。

W　「自分が何かしようとすると、監督がすぐやめろという。この野郎とも思ったし、すごく不安だった」と言ってた。（笑）映画って少しずつ撮るでしょ。役者はその断片の一つずつに全力投球するわけね、良心的に。それを抑えたから、力をだしきってないんじゃないかという不安がずっと、つながったものを見る前まであったと思う。それはテレビのインタビューでも言ってた。見たら安心してくれたんだけど。

Y　やっぱりかなり抑えたわけ。

W　うん。

Y　その点は澤井信一郎監督も感心していた。和田さん、新人監督とはとても思えないくらい、よく役者の演技を抑えてるって。（笑）

W　役者には、「もっとやれ」と言うよりは、「もっとやるな」と言ったことが多かったね。

Y　そこが、日本映画らしくないというか、ヒステリックなところが全然ないのね。みんな小声でしゃべってるし、動きも少ない。泣くとか笑うとか、大仰な表現がない。

W　叫びすぎる。泣きすぎる、クローズアップになると、すぐにほっぺたをピクピクさせる。そういうのは全部反面教師だからさ。

Y　贅肉をそぎ落とした映画というか、さわやかな軽さがある。

鹿賀丈史が大竹しのぶを女郎に売る前にホテルで寝る。そのあと、蛾が出てくる。あれは原作にあったのかな。

W　いや、ない。

Y　あれがこの映画のテーマ性にみたいなものが出てる唯一のシーンだと思うんだけど、ちょっと出すぎてると言っていいくらい象徴的なイメージだと思ったな。

W　ああ、そう。俺、自分では全然気がついてない。俺はホテルまでは書いたのね。ホテルも原作にはないんだけど、蛾をだそうと言ったのは澤井さん。（笑）蛾には苦労したんだよねえ。いったい蛾が撮れるのか。映画でチョウチョは出てきたけど（笑）、芝居にからむ蛾はかつてないわけ。本物の蛾を使うべきか、つくりものにするか。本物だと言うことをきくわけがない。（笑）しかしつくりものじゃいかにもウソっぽくなりゃしないか。これもスタッフルームではずいぶん議論したシーンなんだよ。

Y　蛾を超アップで見せるみたいな、これ見よがしのカットがなくてよかったけど。

W　あれ、変に意味をつけて蛾のアップを見せたりしたら、まただめになっちゃうからね。

Y　鹿賀丈史が蛾をこわがるのに、大竹しのぶはケロッとして殺しちゃうあたりが、あのなよなよした女のすごさみたいのがよく出てたと思う。

W　うん、そのへん、うまくいってるね。それはシナリオを書いた澤井さんの功績なんだ。

Y　結局、これはしがない男たちの心意気を描いた映画でしょう。しかし女を賭けるという話があって、しかも、大竹しのぶは異議を唱えずに、むしろ自分のために命を賭けた男たちに感謝してるわけでしょう。

W　やっぱり男にとっていい女を出したかったんだね。

Y　そんなこと言うと怒る女性がいるんじゃないか。（笑）

W　ただ、もうひとつ、加賀まりこのキャラクターをだしてる。それの正反対をやってるわけだ。

Y　女の裏表になっているわけだね。それが和田誠にとって、女はかくあらばならぬというイメージなのかな。（笑）

W　あらねばならぬとは思ってないんだけれど（笑）、ま、いろんな女がいる。一人の女のなかにも二面性はあるけれど、それを極端に二人の人間に分ければこうなるだろう、というようなことね。

Y　キャスティングのバランスも完璧だね。高品格はじつにいい味をだしてる。名演とか力演とかいうんじゃなくて、それを超えた人間の味。とてもよかった。

W　高品さんというキャスティングを考えたときに、地味すぎるんじゃないかと言った人もいたけどね。高品さんにたのんでよかったと思うね。

Y　真田広之はみずみずしくて、まるで新人の青春スターという感じだね。初めてスクリーンに出るニューフェースみたいな、無器用というか、下手な感じがするくらいフレッシュなんで、おどろいた。

W　そうであってほしいと思った。

Y　アクション映画以外の、「道頓堀川」とか「彩り河」とかの真田広之は何かひとつ弱い感じがしてたんだけど……。

W　こんども主役とはいえ、損な役回りだとは思うんだけど。周囲の登場人物がクセが強いというか、役者もクセの強い人がそろっているせいでもあるんだけど、戦前派のバクチうちとか、アプレゲールのバクチうちとか、それぞれのタイプをやってて、そのなかでいちばんタイプに属してないのが真田広之の坊や哲というキャラクターだから。

Y　だから当然フレッシュなイメージがないとまずいわけだね。それと外人の使いかたもうまいんで感心した。

W　本当はジョージ・ケネディみたいな人が来てくれればね。(笑)でも、うまくやってくれたね、アマチュアにしては。ずいぶん外人は面接したの。相当しつこくやった、オーディションを。麻雀というものをまず知らなきゃいけない。この条件がね……。

Y　あれも異様な風景だったな。外人同士が麻雀をやってる。

W　これも事実あったわけでね。俺は知らないんだけど、原作者の証言があるからね。これは強い。原作者の話はセットやらいろんなところでずいぶん参考にさせてもらった。

Y　麻雀といえば、これは麻雀の映画なわけだから(笑)、麻雀のシーンがふんだんに出てくる。

W　うん、それでこれはバクチの映画だから「ハスラー」みたいにつくるんだろうというふうなことをまず言われたわけだね。

Y　麻雀というのは全然やったことないから知らないんだけれども、それでも映画的興奮をかき立てるし、わかるのね。わかってしまうのね。アメリカ映画なんかでも、フットボールとかカードとかビリヤードとかのゲームの規則を全然知らなくてもおもしろい。だから、そういう意味では「ハスラー」に比較されてもいいんじゃないか。

W　麻雀知ってる人がおもしろく見られるようなつくりかたはもっとあるわけよ。でもそれにこだわってではだめだと思ったわけ。八割以上の映画観客は麻雀を知らないと考えて、まあ、ゴルフをやらなくてもホール・イン・ワンて言葉は知っているように、天和(テンホー)は麻雀言葉だという程度の知識さえあれば成立するようにやったつもりなんだけどね。

Y　しかも、知ってる人間も見るわけだから。

W　そうそう。知ってる人が見ても、なんだ、いいかげんなことやってると思わせないようにしないといけない。

Y　それで、サイコロの目をグルの二人がつづけて同じ二をだして、もうゲームをはじめる前にいっぺん出来上がっちゃうのがあったでしょう。

W　それが天和（テンホー）。

Y　あ、そうなの。それをワンカットで撮ってたでしょう。あれはそういう手をうまくこしらえるために、四人のなかにプロが一人いたわけ？

W　いや、いないの。

Y　真田広之なんかがほんとにつくっちゃったわけ？

W　そうとしか見えないだろう。（笑）

Y　あれ、うまくモンタージュしてたのか？　カットを変えた？

W　変えてないよ。

Y　ちゃんと俳優たちにやらせたわけ？　あのワンカット撮影には感心したな。

W　トリックは使ってるんだよ。キャメラの死角になるところで、一瞬、牌をすり変えてるんだけどね。この撮影はたいへんだった。時間がかかって。

Y　なるほど、そうか。でも、牌をすり変えるときもキャメラはずっと回りつづけているわけだから、ワンカットはワンカットなわけだね。あそこは迫力があった。それから坊や哲の真田広之が、牌を並べて、それを持ち上げるところが一瞬ストップモーションになるでしょう。

W　真田広之が十三枚牌をすり替えるというところがあるんだよね。無理だろうからプロの雀士を呼んできて、プロの手を吹替えに使おうとしてたわけ。だけど、これは本人が練習して鮮やかにやっちゃったんで、普通に撮ったら何をやってるか全然わからないの。真田広之は麻雀もろくにやったことなかったんだけどね、うまい打ち手に見せるように努力してくれた。インチキやってるかどうかも、何もわからないの。あまり自然で。

Y それでコマを止めて見せたわけか。二度見せる。だけど、ほんの一瞬でしょう、ストップモーションは。

W 十こまずつ止めた。

Y ストップモーションはあそこだけ？

W じつはもう一カ所ある。これは誰も気がつかない。

Y あ、出目徳がガクッと倒れるところ。

W そう、そう、あそこは三コマだけ止めたの。フッと心臓が止まるイメージにしたんだよ。

Y とにかくオーソドックスな語り口がよかった。なんか昔のフランス映画を見てるような気分で。

W あ、そう。それはおもしろいな。それも自分では気づいてないから。

Y パリの下町の庶民的なしみじみとしたムード。それも、ルネ・クレールの戦後のモノクロ映画という感じがした。

W 「夜ごとの美女」とか。

Y 「夜ごとの美女」より、「リラの門」。

W 「リラの門」は辛口だからな。(笑)

Y　あのしみじみとした感じ。ちょっと洒落た感じがあるでしょう。あまりリアルじゃなくて、しがなくてホンワカとした夢のような雰囲気。名古屋章の上州虎なんか、「リラの門」のピエール・ブラッスールって感じだった。ラストで、真田広之と鹿賀丈史と加藤健一に「おい、どこへ行くんだ」って、あとをくっついて行くところなんか、じつによかった。

W　あれは原作にはないんだよ。原作では、上州虎は途中で消えてしまうわけね。

Y　あのいっしょにくっついて行くところが、じつにしがなくてよかったと思うな。

W　最初、いきなり主人公が上州虎と出会って、そこから話がはじめるでしょ。だから、もう一回、上州虎をシンメトリーに、ラストで三人の男について行かせる。いわばレイアウトというか……。

Y　なるほど。物語のはじまりと同じように終わりをしめくくるというか、閉じるというか。

W　映画的にそれをやってみたかったの。それは原作者の意図とは違うんだけど。上州虎と出目徳は弱い強いの差はあるけれども、これは戦前派のバクチうちだと。この人たちは戦後滅びていいなくなってしまう。上州虎は負けてどっかへ行ってしまうし、出目徳は強いけれども死んでしまう。で、次に新しい時代がくるんだということを書いてるわけ。だから、最後にまた上州虎をだしたのは原作の意図から逸脱してるわけよね。

Y　あの輪タクが走るラストの一本道がいいな。

W　ちょっと異常な風景でいいでしょ。

Y　不思議な風景だね。どうしてあそこにつながるのか不思議なんだけどね。見てるときは自然なんだけど。

W めちゃくちゃだよ、そういう意味では。

Y めちゃくちゃというより、そんな不思議の国のイメージにつくったわけでしょう。

W うん。抽象的に、というか、象徴的にしたかった。

Y ラストで、どこへ向かって行くのかわからない男たちが遠くへ去って行くのではなくて、こちらへ向かってくるのを正面から撮ったでしょう。そしてフェイド・アウト……。

W カット・アウトだよ、あれ。

Y あ、そうか。カット・アウトでプッツンと切れる。普通だと、やっぱりストップモーションで終わるとかね、せめてフェイド・アウトになるところだと思うんだけど、唐突なくらい見事なカット・アウトなので、そのせいか、あそこは、スタンダードの、ほとんど真四角の画面になったような印象だった。

W ビスタビジョン。本当はスタンダードにしたかったの。本当はワイドスクリーンでしょう。いまの映画館はほとんどスタンダードが映写できないんだってね。スタンダードでつくってもフレームの上下を切られてビスタサイズでうつされちゃう。

最近のテクニックでも、すでに古典になってしまったのがあるでしょう。たとえば、ラスト・シーンをストップ・モーションにするとかさ、途中でわけもなくスチールを入れるとかね。それは意識して避けたのね。

Y 余韻嫋々みたいな終わりかたにあえてしなかったわけだ。ドライに終えるというか。

W ドライじゃない逆の方向にしようと思えば、いくらでもなると思う、このお話は。

Y ソフトだけどもハードボイルドなタッチなんだね。簡潔だしね。キャメラの動きをいたずらに感じさせない。

W　手持ちキャメラが走り回るとかね、それもよそうと。俺、初めて安藤さんと会ったときに、「ズーム・レンズを使いたくない」とまず言ったわけ。いきなり、キャメラマンの意見を聞かないうちに、俺のイメージを先に、技術的なことに関して言うのは失礼かなと思いながら言ったんだけど、安藤さんが「それは大賛成だ」って言ってくれたときに、あっ、いけるなと思ったの。

Y　安易にやればズームで引くというところを、きちんとキャメラを移動で引くとかね。唐紙をあけて人物が入ってくると、ほとんど気づかないくらいにキャメラがちょっと引く。最初は人間だけが見えるんだけども、そのちょっとのキャメラの引きかたで、画面の手前のお膳の上の土瓶がフレーム・インするといった感じのね。

W　ズームだったらレンズをひゅっとやればいいことを、いちいちレールを敷いてやったから。

Y　ズームはやっぱりテレビ的というか、なんか浅薄な感じがするでしょう。キャメラそのもののさりげない動きのほうが映画って感じがする。

W　映画的だと思った。これはねらいというか、こうしなきゃいかんなと思った。

Y　それからクローズアップも少ないでしょう。

W　これも安藤さんとの話し合いでね。クローズアップの多用はテレビ的で映画的でないと話してたら、安藤さんも額と顎を両手で隠して「ぼくもこういう顔がはみ出てしまうのは大嫌いだ」と言うから、おたがいに意見の一致をみたの。

Y　安藤庄平をキャメラマンに望んだのは和田さんのほうから？

W　うん。そうね。若い人の感覚もいいんだけれども、むしろオーソドックスに映画を撮れる人を望んだんだよ。それからモノクロがきちんと撮れなきゃいけない。

Y　安藤庄平は最近では「泥の河」のキャメラマンだし。

W　「泥の河」だけじゃなくて、日活時代の浦山（桐郎）さんのをやってるし。

Y　モノクロのキャメラマンという感じなのかな。

W　いや、この時代だから、やっぱりカラーのほうが多いと思うよ。

それとね、最近の日本映画でやってないことをやってるんだけど、襖があって、普通だったら壁があるところを、キャメラが移動してこっちの部屋からあっちの部屋へ行くというシーンを撮ってもらったのね。出目徳が死ぬ前。まゆみが電話をかけようかどうしようかと迷ってると、隣の部屋から「おい、どうした」「どうした」って声が聞こえてきて、何か変だなと立ち上がって、襖をあけて隣の部屋へ行くとこをさ。

Y　セットをとおり抜けていく。

W　このごろ、そういう撮りかたがあんまりなくて。よく時代劇でさ……。

Y　チャンバラをやってるときなんか、キャメラが追いかけていって、平気で壁を通り抜けちゃう。（笑）

W　俺は好きなのよ、映画的で。安藤さんに、どうですかと聞いたら、ちょっと古臭く見えるんじゃないかって。（笑）ああ、安藤さんは撮りたくないんだなあと思って、それ以上言わなかったんだけど、実際にそのセットで撮るときに、「ここはこういうふうに撮るから壁をはずしてください」って、美術の人に安藤さんが言ったの。

Y　そこは、いかにも回り込んだという感じはなくて、キャメラがこっちの気持ちを乗せてくれて、見てるほうにとっては、ごく自然だった。

W やっぱりまゆみという女について行きたいわけじゃない。唐紙をとおしてキャメラが行ったら不自然だという考えかたに凝り固まっちゃうと、どうしてもカットを分けなきゃなんないわけね。カットを分けると、ヒッチコックが言うエモーションが途絶えちゃう。

Y 一気にいかなければならない。

W いままでバストサイズだったのを、立ち上がるとキャメラが一歩引いて、立ち上がりますというのはヒッチコックは好きじゃないと言ってますね。立ち上がるんなら、その人物につけてそのままサイズを変えないでいかなければならない。それはかなりやってる。これもあんまりキャメラを意識させてないと思うんだ。キャメラワークを凝りながら意識させないのもねらいだったの。ぶん回したりするとキャメラが気になるから。

Y けっこう長回しも多いでしょう。

W 長回しと、すごくカットを細かく割ったとこと両方ある。映画はリズムだからさ、長回しが得意でも、長回しばっかりだと、これまたくたびれる。

Y 映像的ななつかしさというか、クレーンを使ってるのも、なんか映画的な快感がある。雪の降る路地裏なんかに静かに屋根ごしにクレーンで近づいていくなんて、映画って感じがするなあ。

W キャメラが動くのが好きなんだね。いつの間にか動いてるっていうのが映画的だと思うんだな。最初にオックス・クラブに行くときね、ドサ健と哲が階段を上げるときがクレーンなんだけど、自分がクレーンに乗るととても高く感じるけど、撮ってみるとそうでもなくて、あまりクレーンとは感じないと思うんだな。

Y　大泉撮影所の陣中見舞に行ったときに、ちょうど澤井信一郎監督が「Wの悲劇」の準備中で、和田さんの話になって、あの素人が（笑）、どうやってクレーンの使いかたを学んだのだろうと感心してた。自分だってクレーンの使いかたを知らないのに、って。

W　「野菊の墓」では澤井さんはクレーンを使ってないんだよ。こんど「Wの悲劇」で、まあ、お世辞だろうけど、「麻雀放浪記」に刺激されてクレーンを使うことにしたって言うの。（笑）

Y　都電がフレームいっぱいに画面を横切る。あれはどうやったわけ！

W　都電を造ったの。

Y　あのワンカットだけのために？

W　都電が走るというのは、ある時代が出るわけね。いまでも東京で走ってるとこもあるけど、型がすでに違うし、風景が違うからロケもできないわけ。でも、どうしてもほしい風景だったんだね、都電が走るというのは。それで造ってステージのなかを走らせたんだけど、あの都電はじつは三分の二くらいしかない。屋根も車輪もない。

Y　それでフレームいっぱいにしてるわけだね。でも、人間がちゃんと乗っていた。

W　十五人か二十人しか乗ってないんだ。うしろ向いてすわってるのは人形なのね。パーッと行き過ぎるから気がつかないんだけども、やっぱり人形は人形にしか見えないわけ、肉眼ではね。それで人形のあいだに人間すわらせて、人形に話しかけてもらった。それだけで、人形も人間に見えてくるんだな。エキストラを雇って乗せなきゃならないから、十五人乗せるか二十人乗せるかで……。

Y　かかる金が、ずいぶん違うわけだね。映画は「間に合わせの芸術」なんて言われるけど、でも間に合わせることができなかったというのもあるでしょう。

W それはたくさんあるね。

Y セットは何杯くらいつくったわけ？

W 十杯くらいかな。ほかにロケ・セットもあるし。セットの数も近ごろの映画ではめずらしいんだって。近ごろはロケで間に合わせることが多いでしょ。セットをつくると金がかかるしね。苦労したのはセット回転だね。少ないステージのなかにたくさんセットをつくるわけだから、撮ったら、壊してすぐ次のを建てるわけ。リテークしたくてもセットがもうないってこともあるんで、安藤さんは非常に不安だったと言ってた。

Y 最初に岡晴夫の〝東京の花売娘〟が流れて焼跡をパンするところは？

W あれはミニチュア。

Y バラックの屋根ごしに広場の向こうをとおる電車が見える。

W ただ、ミニチュアだから人間がいないわけだよ。戦後のああいうところはとにかくウジャウジャ人間がいなきゃいけない。ところが、あれで地面をうつすと、人間がいない。死の街になっちゃうわけだよ。で、地面をうつさずにパンすることで、安藤さんは苦労したんだけども。その上で、動くものがほしいんで、鳥と電車を出した。もう一つ、煙突の煙もだしたんだけど、いかにもリアリティがなくて、つくりものになっちゃうんで、これはやめたの。

Y ひょっとすると勝鬨橋もミニチュア？

W そう。ミニチュアを撮って、それをスクリーン・プロセスにした。最近、日本映画でスクリーン・プロセスを使うなんて、ほとんどないでしょ。ＳＦみたいなものとか、小さなところ、汽車の窓の外とかは使うけれども、画面全体をやるのはまずないんだって、普通の映画で。で、これは危険だと。だいたいバレるし、みっともないからやめなさいっていう意見が非常に多かった。スタッフは俺のためを思って言ってくれてたんだけど。

Y スクリーン・プロセスとわかってもいいと思うんだね、あれは。

W 書割りとわかってもいいしね。

Y そういう世界のイメージだから。モノクロの世界というか、もちろんドラマの設定が終戦直後だから焼跡の風景が出てくるにしても、冒頭の焼跡の風景からポーンとカットが変わって、仰角気味で（あおり）……。

W 西郷さんの銅像になるね。その前に焼跡のミニチュアで、すでに西郷さんの銅像に近づいてるんだけど、気がついた？

Y あ、それは気がつかなかった。でも、たぶんそれで自然につながってるんだなあ。そこへ真田広之の坊や哲がフレーム・インしてくる。そのへんからもう終戦直後というより、別世界って感じなのね。時代考証はきちんとしてるとしても、そんなリアリズムと違った別世界のイメージがある。暗闇が多くて、モノクロなんだけど、白よりも黒のムードにひたされた世界。ほんとに色のない世界って感じ。別に終戦直後だからということでもなく、ノスタルジーとかそんなことでもなく、あ、もう別世界へ入った、不思議の国に吸い込まれたっていう感じ。無国籍というんじゃないけど、なんか国籍不明って感じなの。たしかに人間たちは見なれてる日本人なんだけど、麻雀しかやらないという不思議な人種のコミューンというか、アンダーワールドでしょう。なんだか外国映画を見ているような気がした。

W ほとんど畳だけどね。畳の上にじっくりすわってるというのは小津安二郎なんだけどさ。(笑)

Y 小津安二郎には、そのじっくりすわってる人物たちのまわりをキャメラがグルグル回るなんてのはないから。あれは二回まわった？

W 二回半かな。あのシーンのためにレールを特注してるんだ。八畳ピッタリに。真中に雀卓を置いて。

Y 非常にたのしんでつくったという感じがするなあ。屋根とか、畳とか、路地裏とか、そしてもちろん麻雀とか、すごく日本的なイメージではあるんだけど、でも、なんか〈日本〉じゃないの。

W 原作者と話してて、いったいこれは何だろうと、この話は。そのとき、エキゾチスムだろと言ったの、原作者が。つまり、原作者としては若いころ足を踏み入れた世界だけれども、だいたいの人は知らない。それから、その時代のそういう場所というか、そういう生きかたをしてた人間の特殊な世界だから、ほとんどの人にとってはこれはエキゾチスムだろう、と言ったのね。その言葉はとても参考になった。

Y つまり、一つのトーンをきめる何かになったわけね。

W そうそう。だから、そのために割り切れるみたいな。象徴的にいける、あるいは様式的に。

Y それは非常にきまったんじゃないかな。黒白だということがまず一つあるしね。

W 黒白に助けられたところはずいぶんあるんだけれども。焼跡一つにしても、実際に戦後こんな焼跡があったのかとか、リアルに突き詰めて考えればウソだろうということは、たくさんあるわけだよ、絵柄はね。

Y　冒頭の焼跡の風景はミニチュアとしても、ドサ健とまゆみが家を失って泊まる所。あれはセットでしょう。

W　ドヤ街ね。一つはロケ・セットなの。

Y　何かで見た記憶があるような気がしたんだけど。

W　いや、映画ではまだ使ってない。

Y　昔見た加藤泰監督の、真理明美が出た「男の顔は履歴書」かな。鈴木清順の「肉体の門」にも出てきたような気がするけど。でも、あそこにあるわけがないと思ったりして。日活だしね、「肉体の門」は。

W　そう。鈴木清順の「肉体の門」は、かなり焼跡を象徴的に、様式的にやったよね。「麻雀放浪記」のロケ・セットがほかの映画で撮ってるわけがないというのはね、ついこのあいだまで実際に動いてた工場なの。絹糸工場で繭を乾かす所。その工場が移転して、その敷地にスーパーが建つわけ。ほんのちょっとの期間、廃工場だった。で、そこを使わせてもらったの。これから壊すんだから、汚したり崩したりしたわけ。

Y　偶然見つかったわけ?

W　偶然というかね、助監督や製作部が一所懸命さがしてくれたんでね。みんな専門家だから知ってるわけだよ。あのへんにどういうものがある、どこへ行けばどういう風景があると。美術の人も助監督も製作部の人も、それぞれ知識があるわけよ。シナリオを読んで、こういうところが必要だなと思うと、そこへ行くわけ。

Y　セットは映画賞ものじゃないか。ほんとに全然違和感なくて。セットとわかっても、それがいいの。

W　とくにチンチロ部落のあのバラックが、雨が降ってる遠くまでずーっとあったでしょ。あれはオープン・セットみたいに見えるよね。ちゃんと屋根のあるステージのなかなんだよ、あれ。

Y　出目徳の死体を転がすと、その下にバラックがあるでしょう。あれはセットとは思えないけど。

W　あれは土手なんだけど、林だったの。林を全部刈り取っちゃった。（笑）普通はシナリオを書くときに、専門家はシナリオ・ハンティングをまずやって、それにふさわしい場所を見つけて、それに合わせてシナリオを書くことが多いわけ。俺の場合は、とにかく自分のイメージで先に書いちゃった。原作には土手を転がす描写はないの。原作はただ、うちの前のドブに持ってきて捨てる。

Y　土手を輪タクが走る。じつに画(え)としていいなあ。フェリーニの「道」のオート三輪みたいに。

W　それで、その死体を見ながら三人がそれぞれ、死んだおっさんに語りかけるというのは原作にあるの。原作では、活字だからすぐ足下にある死体に向かって話すわけだね。これを映画的には、やっぱり上から、はるか下の死体を見おろして語らせたいと思ったわけ。で、どうしても土手がほしい。それでシナリオではああいうふうに書いたんだけど。土手があって、死体が転がるくらいの傾斜があって、その下にああいうみすぼらしい家が建ってて、そこに出目徳が住んでると。そのシナリオのイメージにしたがってみんながさがしてくれたんだけど、ないわけだね。〈かにや〉という飲み屋、これも不思議な風景の所にあるんだね。その〈かにや〉のセットをつくるための現場の写真を見てたら、遠くのほうに斜面がちょっとうつってたわけ。これ、だめかなと。斜面に木がうっそうと生えてる。(笑)これを無理して伐ってつくっちゃったの。そんなこともしたからずいぶん最初に決められた予算よりオーバーしてる。

Y でも、その効果は出てるんじゃないか。風景としてもいいしね。おとぎの国の風景みたいでね。だから、焼跡の風景ではじまっても、そこにたとえば普通は「昭和二十一年」とかいったスーパーインポーズを入れるでしょう。それは全然ない。

W あと、よく使う手はニュース・フィルムをモンタージュするやつ。でも、焼跡で、勤労動員とかってせりふがあれば、終戦直後だとわかるでしょ。

Y そういった装飾的なドキュメントは、かなり剝ぎ取られてるね。音楽だけでしょう、昭和二十一年というのにこだわってるのは。これは全部効果音というか、実音で使ってる。ええと、何曲くらい使ってるかな。〝東京の花売娘〟と〝センチメンタル・ジャーニー〟と、あと二、三曲?

W タイトル・バックで〝東京の花売娘〟でしょ。オックス・クラブで〝センチメンタル・ジャーニー〟、そば屋のところで藤山一郎の歌う〝三日月娘〟、ホテルのところでは笠置シズ子の〝アイレ可愛や〟。それから、二世の鹿内孝がクルマ運転しながら口笛吹く〝ファイブ・ミニッツ・モア〟。口笛だけでも、もう著作権がかかってくるわけ。(笑)メロディだけではなく、歌詞を歌えば作詞にかかるし。

Y 音楽の著作権ってたいへんなものらしいね。

W 〝センチメンタル・ジャーニー〟は、こんどのために録音したの。当時でいえば、途中からドリス・デイの歌が入んなきゃいけない。ところが、ドリス・デイのレコードは使えない。もう作詞家、作曲家にいくわ、ドリス・デイにはいかなきゃなんない。天文学的数字になっちゃう。（笑）映画はプリントの本数で、近ごろはビデオが出たりビデオディスクが出たりするでしょ、一つごとに払わなきゃなんないから、ほんとにたいへんな数字になっちゃうんだって。新しくバンドにたのんで、スタジオで録音したほうが安い。

Y 異常だなあ、それは。

W まあ、日本の歌のほうはアメリカほど高くないんで何曲か使ったけれども、〝センチメンタル・ジャーニー〟と〝ファイブ・ミニッツ・モア〟は、片っぽうは演奏、片っぽうは口笛でしょ。ほかにも外人のクラブに、随所にいろんな曲が流れるようにしたかったわけよ。シナトラなんかもね。ところが著作権のあんまり要らないような無名の作曲家、そういうのにせざるをえなかったのが最大の妥協だな。妥協したようには聞こえないと思うけど。

Y 全然そうは思わない。ただ、数少ない曲をすごくうまくアレンジして、しかも映画音楽がないのにびっくりした。音楽があるとごまかせると思うんだね、意地悪な言いかたをすると。つまり、音楽が高鳴ると、いい音楽であれば余計そこで涙も流させられるし、つながらないところもつなげるし。クロード・ルルーシュ以来、ドラマがつながってなくても、カットつなぎが悪くても、それでもバックのきれいな音楽がつながっていれば映画はつながるという風潮ができちゃったでしょう。でも、それはやらずに、映画音楽がない、ＢＧＭというか……。

W いわゆる劇伴がない。

Y　かならずどっかから流れてる音楽でしょう。キャバレーとかラジオからとか。

W　かならず現実音にした。

Y　いわゆる映画音楽を使わなかったのは？

W　つまりね、俺、映画音楽に関しては思い入れがあるから、金を使わなかったら、いやなのよ。（笑）音楽はどうしても、最後につけるもんだから、日本映画の現状では節約して節約して、安い作曲料、安い演奏料でやるんだね、よっぽどの大作以外はさ。「麻雀放浪記」は大作じゃないんで、どうしても音楽の費用は最後にいって非常に安いものになるんじゃないかと思った。で、安い費用で薄い演奏で映画音楽ができるのはいやなんだよな。別にジョン・ウィリアムズほど厚いものにならなくてもいいけれども（笑）、それなりにいい映画音楽でないとね。下手するとむしろマイナスになると俺は思ったの。

Y　映画をつくる前とつくったあとでどうですか。撮影日記に、ファンとして映画を見ているときは勝手に書いたことも実際に自分で映画をつくってみるとそうはいかない、みたいなこと書いてたけど。

W　やっぱり、映画のこっち側、客席にいるときと実際につくってるときとの違いというか、事情がわかっちゃう。やりたくてもやれないことがあるとかさ。じつはもう一回撮り直したいんだけど、セットがないとか、俳優が違う仕事に行っちゃったとか。そういう事情がたくさんある世界だということを知っちゃった。（笑）もちろん、そういう知識はある程度あったけどね。やってみて実感した。だからむやみに批評できなくなるね。

Y　当然、つくる側の味方になっちゃうわけだ。トリュフォーも批評家から監督になったときのことを、「自分はバリケードの反対側に来てしまった」と言っているね。

W　俺は、トリュフォーと違って職業的に監督を選んだわけじゃないけれど、やっぱり一度経験すると気分がわかっちゃう。だから、言いにくいっていうようなことは出てくると思う。あとはね、映画は監督のものだとは言いながら、監督がいろんなことを最後に決定する権利を保留してるだけで、やっぱり大勢がつくってる。あたりまえのことなんだけど。

Y　実感ですか、それは。

W　うん。というのはさ、監督の能力なんて知れてるんだよね。なかには足を引っ張られることもあるかもしれない。でも足を引っ張られることよりも多く、プラスアルファをみんながしてくれると思うな。

Y　いままでは、イラストレーションなんかはひとりでやってる仕事でしょう。こんどはスタッフが何人？

W　常時三十人は団体行動してるでしょ。それに俳優が加わって、ロケーションとか大がかりな撮影になると、照明でも応援をたのむ。とおーくのほうから照明しなきゃなんないときなんか、いつものセットの照明部さんの数よりも、倍くらい必要なわけ。だから、多いときで六十人くらい。

Y　ひとりで絵を描いたり文章を書いてるのと、全然違うわけだ。

W　全然違う。たとえば絵を描いていても文章を書いても、自分で気に入らなかったら、破いて捨てることができる。映画は、あるカットを捨てることはできるよ。でも、映画全体を捨てるわけにはいかない。そのことの責任ていうか、ある種の刺激というか……。

Y　金の問題もあるし。

W　出来上がったセットを全部壊してつくり直してくれなんて言えないよね。そう感じたことは、こんどはなかったけども。

Y 芸術意識を持ってたりテーマにこだわったりすると、映画はなかなかできない……。

W 映画でテーマにこだわるのは、いちばんつまんないことだと思う。よくインタビューで訊かれるのは、何を表現したいんですかとかさ、テーマは何ですかというやつだけど、それを言われるのがいちばん困るよな。

Y 黒澤明だってよく言うでしょう。「言葉で言えるようなら、映画はつくらん」。（笑）

W ただ、理論武装がないとやっていけないというタイプの作家もいるわけでね。

Y 二つのタイプがある。それで映画がまずいかというと、そうでない監督もいるわけだし。でも、和田さん、この映画のメッセージは？　なんて訊かれたら困るでしょう。

W 困る。メッセージはないんだもん。（笑）

Y もう次回作は考えてる？

W いや、考えてない。でも衝動はあるね。やっぱり映画をつくってるときはすごくたのしいのね。セットでみんなでいるというあの感じはね。

Y ジャン・ルノワールが自伝で書いてるけど、映画をつくるということは、いろんなことがあって苦しくて、たいへんな仕事だけど、でも、一度つくるたのしみを覚えたら、もうやめられないと。

W それはあるね。そういうふうに思わせてくれた現場の雰囲気は確かにあったよ。本当にスタッフに恵まれたと思うね。

Y 素人だからといって、現場に冷たくされるとか、そういう話はよく聞くけど。

W そういうことは一切なかったな。はじまる前に、本当に大丈夫かとか、そんなことやると体こわすよとかさ、絶対胃が痛くなるよとかね。玄人でもそう言う人がいたけどね。

Y　澤井信一郎監督も、何が心配かって、それがいちばん心配だったと言ってた。別に和田さんの演出がどうのこうのでなくて、スタッフとうまくいってるかどうか。セットに見に行ったら、もう、すぐ安心したって。「和田誠は俺より威張ってるよ」って。(笑)陣中見舞に行ったときも、セットはとてもいい雰囲気だった。これはいい映画ができそうだって感じがして、その予感どおり、いや、それ以上の作品になったと思うな。

（初出「キネマ旬報」一九八四年十月上旬号／山田宏一『映画とは何か』［草思社、一九八八年］収録）

最新の技術と名人芸がかみあった映画、それが「怖がる人々」だ

和田誠　前田米造　山田宏一

怖いなかにも洒落たユーモアやオチがあったりというのが狙い

Y 「怖がる人々」の恐怖、ファンタジーの性質というか、いわゆるホラー映画にしたくなかったという理由と意図は、映画のプレスやプログラムにすでに書かれていますけど、これをオムニバス映画で、しかもシネマスコープで撮ったというところに和田さんの映画ファンとしての心情、歓びがよく出ていると思うんですよ。

W 一つは洒落た観点で、怖い映画を作りたいというのがあってね。怖いけどそんなに四谷怪談ふうでもなく、スティーヴン・キングふうのホラーでもなく、怖いなかにもユーモアがあったり洒落たオチがあったりというのを撮りたかったから、そういうものっていうのは原作は短篇に多いわけですね。まあ、短篇を膨らませて長篇にするという手もなくはないけれども、あれもやりたい、これもやりたいというふうになっちゃって、やっぱり短篇集がいいかなというのが一つ。それと、映画ファンになりたての頃、オムニバス映画をかなり見ていたでしょ。その思い出がある。特にデュヴィヴィエだね。

Y 「舞踏会の手帖」とか、「運命の饗宴」とか。

W 「運命の饗宴」が、映画を見始めた頃の強い印象があって。あれは中学三年か高校一年くらいの時。で、さかのぼってデュヴィヴィエを見ると、「舞踏会の手帖」があったし。その後はO・ヘンリーの「人生模様」があったし。

Y 「人生模様」は監督が一人じゃなくて、五人の監督が一話ずつ撮るというオムニバス映画で、戦後いろいろあったなあ、オムニバス映画が。

W 「三つの恋の物語」とか。「四つ」だったっけ。

Y 「四つの恋の物語」は日本映画。*

W 「三つの恋の物語」はヴィンセント・ミネリ。

Y それにゴッドフリー・ラインハート。それで、オムニバス形式で恐怖映画というのは最初から考えていたわけ？

W そうそう。恐怖にまつわるもので短篇を集めたいな、というのを何となくね。最初は本当に怖いもので集めようと考えてたんだけども、でもね、どうもお岩さんのように幽霊の出てくるものはどうかなと、古めかしい感じがするかなと思ってはずしたり、ゾンビみたいなものも、近ごろよくある血みどろのスプラッタもののようになったりするのも嫌だなあと思ったり、そういうのをはずしていくと、怖いけど面白いものもあるというようになっていって、いわゆるホラーというような括り方は出来なくなっちゃった。それと内輪話なんだけど、江戸川乱歩を一本入れるはずだったんだ。

Y ここでバラすとまずい内輪話？

W まあいいか。奥山和由さんが「RAMPO」を撮ることになって、権利をおさえられてね（笑）。そういうことからも、ドロッとした暗い感じのお話がなくなって。筒井（康隆）さんの原作が二本入っているせいもあって、ユーモラスな要素が強くなっきた。

Y 江戸川乱歩のものは何をやろうとしたわけ？

W 「人でなしの恋」っていう、人形に恋する男の話。

Y それは怖かったろうなあ（笑）。で、シネマスコープで撮ることになって……。

W そう。シネマスコープは初めてメインスタッフが集まった時に出てきた話なんだけど

＊豊田四郎（「初恋」）、成瀬巳喜男（「別れも愉し」）、山本嘉次郎（「恋はやさしく」）、衣笠貞之助（「恋のサーカス」）の四監督による47年のオムニバス作品。

も、スクリーンのサイズをどうするかという話の時に、キャメラマンの前田米造さんがちらっと冗談半分に言い出したんだ。五話あるんだったら五話ともサイズを変えるというのはどうかなって。スタンダードで始まって、ちょっとずつ大きくなっていく。最後に「五郎八航空」のエピソードで飛行機が飛ぶのでバーンとシネマスコープでいこうというふうに。それはすごくノッたんだよね。みんなノッてね、でも現実問題として、多分それに対応してくれる映画館がないでしょう。

M（前田） 考えている時は良かったんですけどね、面白そうだなと。

Y 面白いですね。結局シネマスコープというサイズだけが残ったんですね。それで驚いたのは、第一話「箱の中」がエレベーターの中の話でしょう。これから映画を見る人のためにに内容をあまりバラしてはまずいんですが、このへんまでは言ってもいいと思うけど、シネマスコープでエレベーターという、それこそ箱のような狭い空間で撮るのは大変だったのではありませんか？

M そうなんですよね（笑）。エレベーターもそれなりに大きさ、長さなども打ち合わせして作ってもらったんですが、単純に人物の頭から足まで入るというところまでキャメラを引くということだと、じゃあ両腕はバレてきちゃう、フレームからはみ出てしまうわけですね。どうしたらいいか。やっぱり狭いところですから、それ以上引けない。引くということは外に出て黒みを作らなきゃいけない。ワイドで前につめていけばレンズのくさいところばかり目についたりということで、大変監督も苦労していました。

W でも、前田さんも自分から難しいことを言っちゃうんですよね。エレベーターの中で原田美枝子が歌を歌う時、キャメラがぐるりと回るでしょ。あんな狭いところで回ること

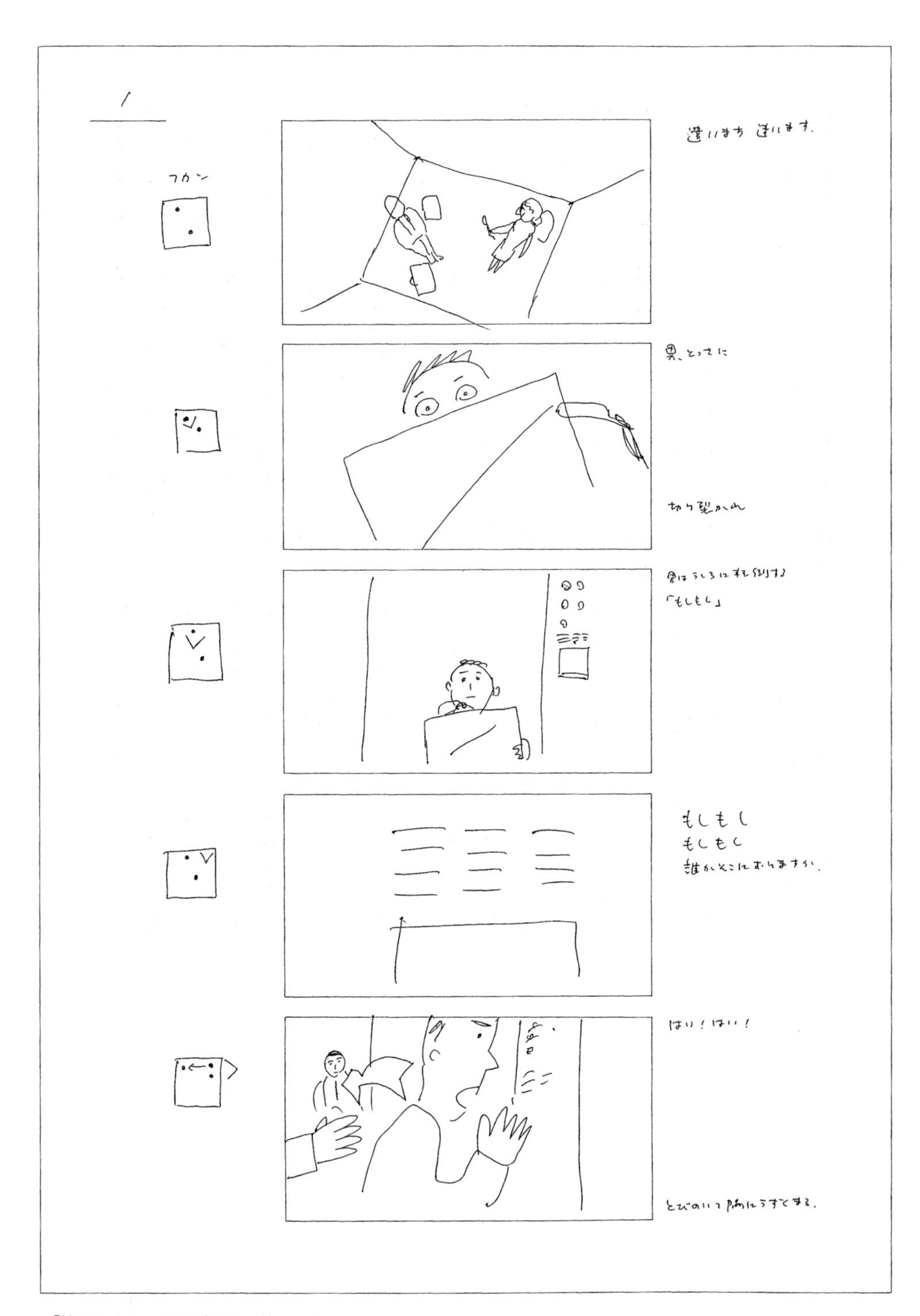

「怖がる人々」和田誠による絵コンテ

なんか絶対不可能なんだけど、あれをやると言ったのは前田さんですよ（笑）。

M 目の広さぐらいのレンズでやっていて苦労していたら、プロデューサーにはもうちょっとロングでやった方がいいんじゃない、って言われたりしたんですけどね。でも、キャメラを回しながら壁をはずしていく方が面白いような感じがするんですよね。室内に見ている人に閉じこめて見せる方が面白いというか。手法は別に新しいことでも何でもないんですけど、手間はかかるんですよね。でもやりがいはあるんです。

Y エレベーターが突然、暗い闇の中にポツンと浮かんでいるというロング・ショットがありますね。急に人間のいる世界から離れて誰もいない空間に宙吊りになったみたいな恐怖感があって。

W けっこうモメたんですよね、あれ。スタッフの間でも。あんなふうには絶対見えないわけだから、ウソということになる。あのカットになるまでは、まだ怖くなってないんですよね。閉じ込められてはいるけど、いい女と一緒だからそんなに悪くはないやというぐらいの（笑）。

M あそこの一つ前に、足元の方にスーッとキャメラがいくんですよ。あの辺も監督の狙いで、何ていうんですかね、黒い所へいく準備運動じゃないですけど。

Y その前にも何かエレベーターの機械の部分がポンとアップで入ってギクッとさせる。

W 何かね、エレベーターの動き始めということでメカニズムを見せたいなと思って。エレベーターのワイヤーなんかを途中で見せる手もあるだろうけど、あんまり途中で外に出ちゃうと閉じ込められてつらいという感じからちょっと離れちゃうような感じがして、とにかく初めに見せようとした。それであの機械は、真田広之がタクシーを降りて入るマンションでロケ撮影したんだけど、そのマンションのエレベーターの機械なんですよ。

Y　エレベーターから見た目の廊下もそのマンションで撮ったわけ？

W　本物に見えるでしょう（笑）。

Y　本物じゃないの、あれ？　向こう側に東京タワーが写っている。あれはどこかのマンションで撮ったものだと思っていた。

W　そう思ってもらえると成功だね（笑）。エレベーターだから小さいわけでね、広いステージのうんと端っこにエレベーターのセットを作って、ステージのいちばん向こうまで廊下があるんだ。で廊下の向こうに東京タワーをカラー写真で撮ってきて、それを立てて明かりをしこんだんです。

Y　夜のマンションの廊下の狭さがよく出ていたけど。

W　あれはね、真横から見るとけっこうスカスカなんだけど、エレベーターのポジションから見ると廊下に見えるというふうにしてあるの。そんなに予算はたっぷりとれないからさ、しっかり壁なんか作れない。だからアングルだけで廊下に見せるように美術部さんが工夫してくれたわけ。

技術が素晴らしくなってもそれを生かすかどうかは監督しだい

Y　第二話の「吉備津の釜」で、ここはクライマックスの一つだから、どんなシーンかは伏せるとして、ヒロインの熊谷真美の恐怖にひきつった顔のサイズがまったく変わらずに背景の暗い藪がぐっと迫ってくるという、ヒッチコックの「めまい」の階段の下をのぞきこむときのテクニックが見事に使われている。

W　あれは実は第一話のエレベーターの中で、原田美枝子が子守唄を歌うシーンで使えないかと前田さんに言ったの。でも、エレベーターってわりとフラットでしょう。だからああいう迫ってくるという効果が出ないので、別のところに使おうということになって。実際うまくいきましたね。でも技術的に難しいと思うのは、キャメラは移動車に乗って動いているにもかかわらず、顔を同じサイズにしなければならないという調節ね。

M　あれは難しいんですよ、合わすのが。特機の人が下がっていくのとズームしていくのとをうまく速度を合わせるのが。移動車の車輪とレンズが連動しているというのではないですから。私は覗いて見ているだけですけど、助手さんとか特機の人たちの息が合わないといけないですから。何回もやりましてね、やっぱり。

W　両方やりましたよ。トラックバックしながらズームアップしていくのと、トラックアップしながらズームバックしていくのと。

Y　結局、どちらの方を使ったんですか。

W　あれはどっちでしたっけ（笑）。

M　後ろがとんでいく方ですよ。トラックバックの方ですね。

Y　第三話の「乗越駅の刑罰」で、呆然自失の斎藤晴彦をフレームにおさめてキャメラごとぐるぐる回るところがあるのですが、あれは俳優とキャメラをのせてぐるぐる回す何か特別の台があるのですか。

M　単に回転盤と言っています。シーソーみたいに渡しておいて向こうに俳優さん、こちらにキャメラというのでもいいんですけど。だけど今回はピーウィーを使いました。ぼくらはピューイなんて言うんですが、小型クレーンですね。特機の人がキャメラを載せる支点を決めておいて、ふだんは前に行ったり後ろに行ったり上げたり下げたりさせるんですけど、それをある一定のところに固定しておいて、キャメラを据えて俳優さんを座らせ、それで特機の人が一人でぐるぐる回って、僕らは降りて、斎藤さんとキャメラと特機の人だけで。それでキャメラのコードがからまないように天井から出してですね、モニターもつけて監督と隠れながら見るわけです。その時のモニターというのは、今キャメラのレンズに映るのと同じ画面が見られるようになっているんです。

Y キャメラマンの前田さんも一緒に乗ってぐるぐる回っているのかと思いました（笑）。

M まあ似たようなものですけどね。

W あれは初めのうちは普通のスピードだけど、だんだん早くなるでしょう。あの回転が早くなるのは、そういうふうに機械的に出来る。あれはコンピュータなんですかね、システムは。

M そうですね。徐々に回転を早くしていく、というのは逆にフィルムの回転を遅くしていくわけですけど、昔だったら露出がオーバーになっちゃうのを、今は露出も補正しながら出来るんですよ。

Y それは何かシステムの名前があるんですか。例えばブレなしに手持ちの移動撮影ができるステディカムみたいな。

M あれは別にこれといった名前はなくて、機械が技術的に進歩したという感じで、あらかじめ二十四コマのノーマルから十二コマまで落とすようにするとかコンピュータに打ち込んでおくと、コマの回転は変わりながら露出は変わらないということが出来る自動装置なんですね。昔はかけ声を出してですね、サイレントモーターで二十四が出てて、すーっと下がるとタコメーターがすーっと落ちるんです。そうすると「ハイ」と声をかけてシャッターもすーっと切る。そのコンビでうまくいったかいかないかと多少あるんですよ。ただサイレントモーターだからモーターの音がすごくして、俳優さんのセリフはアフレコでしたけどね。かけ声をかけないと露出が違ってしまうから大変でした（笑）。今は機械が素晴らしいですしね。でも素晴らしいものがあっても、それを生かすかどうかは監督さんにかかっているわけですから。

Y 安易に使いすぎると目について逆効果になったりするわけですね。

M そうですね。ここ一発とか、わからないうちにやっちゃうとか。

W 「吉備津の釜」のエピソードでも実は使っているんだよね。マルセ太郎が手紙を受け取ったら、切り株から飛び降りてぴゃぴゃっと藪の中に入っていくでしょう、あのシーン。ノーマルからだんだん早くなっている。

湯気師や雨降ら師（？）ら名人芸とチームワークがとても重要

M 人間的な動きじゃないぞということを見せるためにね。

Y それにしても、いろいろコンピュータの装置でテクニックが楽になったとはいっても、あの熊谷真美の背景の藪が迫ってくるときのズームとトラッキングのリズムは、さすがに機械では調整できないんでしょう。

M そうですね。

W　あれは名人芸が必要でしょ。

Y　いつまでたっても昔と同じように職人の、プロの、手になる技術が残っているところが映画作りの面白いところですね。

W　やっぱりそういうものの方が多いですね。煙とか怪しげな靄なんてのもスモークマシンで焚いているんだけど、あれなんかも機械だけでは思うようにはいかないんだから。煙なんて思うようにたなびいてくれないわけだけど、やっぱり名人がやるとそれなりになるしね。あの鳴海（聡）さん、彼はうまかったですね。

M　感心しましたね。サッサッサッとヘラのようなものではたくと、いかにもという感じになるんですね。やっぱりそれを本職にしていますからね。湯気師というかスモークを焚く人。

Y　湯気師っていうんですか（笑）。第四話の「火焔つつじ」ではどしゃ降りの雨のシーンがありますけど、雨の降らし方もやっぱり、単に機械だけじゃなくて、技術者がいるわけでしょう。湯気師ならぬ雨降ら師か（笑）。

W　雨を降らすのは特機の仕事で、雨自体をうまく降らさなければいけないのはもちろんなんだけど、照明がうまくあたっていないと雨にならないわけですね。だからあれは本当にチームワークが大事なんです。

M　照明さんの明かりと、降らす人と、それから奥行きをどこまで出すかということも考えなければならないんですよね。床が出ていると、地面を雨が打つところも映るわけですから、手前だけ雨が良くても駄目なんですよ。

Y　黒木瞳と小林薫が並んで、その手前に軒先から太い雨垂れが五、六筋きれいに落ちてくる。あのリズムは普通のキャメラの回転ですか。

M 回転は普通です。セリフのある場合は大体ノーマルで。

Y あ、そうか、唇の動きが声と合わないとまずいですよね。エイゼンシュテインが雨はキャメラの回転スピードを変えないときれいに撮れないみたいなことを書いていた文章を読んだことがあるもんで。

W エイゼンシュテインはサイレントだから大丈夫だったんだ（笑）。

Y でも、雨というのは撮りにくいのではありませんか。

M そうですね。あんまりまた雨が出すぎて、目がそこばっかりいっては困りますし。出ないと困るし。まず芝居がいちばんで、雨はその次なんですけど、その辺のバランスがね。あれはちょうど美術さんが作った屋根の区切りのところが、人間の顔が抜けるいい塩梅のところになっていたんですね。あれ以上細かくても駄目だし、広すぎても駄目だし。

W うまく計算して作ってくれたんだと思います。で、現実に雨の音がするわけだから、芝居が難しい、録音とのかね合いが。雨が多かったから今回は大変だったの。

Y 第五話の「五郎八航空」なんか殆ど大嵐のシーンでしょう。あれは本当に降ったわけじゃないでしょう。

W 本当に降ったという日もあるんだよね。でも本当に降っていても、その上にさらにホースで雨を足すわけだからね。で、特機の落合（保雄）さんという名人がいるんだけど、広いところに降らすのは一人じゃ駄目なわけでしょう。でも助手の若い人なんかはなかなか名人の域に達しないわけ（笑）。あれも大変だったよ、どなりあって。

M セットで雨のシーンを撮る時は本当に大変なんですよ。もう本当に腕利きの人が大騒ぎしながら、どなりあいながら、納得いくように降らして、セットで雨がはけないくらいまでに降らして。セットを選ぶのも雨をこれだけ降らせるから下はコンクリートじゃなく土のところでやるとか、セットの端に穴を掘ってそこに雨を流すようにしないと降った雨が吸い込みきれなくてたまってしまいますしね。

W　だからまず助監督が溝を掘るわけ（笑）。

デミルやガンスが今のCG技術を知っていたらすごかったろう

Y　「火焔つつじ」の冒頭がすごいどしゃ降りでしょう。

W　あの雨のシーンはね、照明の熊谷（秀夫）さんは上にバルーンを上げたんだ。白くてでかい、アドバルーンみたいな。

Y　アドバルーン？

M　それが光を反射させるんですよ。

W　新兵器なんだ（笑）。

M　あまり他で見たことはないですね。

Y　企業秘密じゃないんですか（笑）。

W　「学校」でやったみたい。

M　最初、酸素ボンベみたいなものを五、六本セットに持ってきているから何に使うのかなと思っていたら（笑）、空気を入れて九メートル四方くらいのバルーンをセットの上に上げて照明をあてて、その反射を利用したんです。普通はカポックを使うんですけどね。

Y　カポック？

M　カポックというのは、発泡スチロールのようなものです。

Y　発泡スチロールとは違うわけですね。

M　そうですね。そういう白いものか、あるいはシーツに照明をあてでみたり、もちろんレフ板って言って銀紙なんかも昔はよく使っていたんですけど。今回は違うものでしたね。あれが初日でしたか。

W　「火焔つつじ」のあの雨のシーンが初日でした。いきなりセットの天井に巨大なバルーンが上がっていたんですね（笑）。

Y　それは夜のシーンだから使うということじゃなくて、昼間も使うんですか。

M　やっぱり夜に使うようです。間接照明の役割なんですね。

Y　そのバルーンには何か特別な名称がついているんですか？

W　アドバルーンって言ってましたよね。でもぜんぜんアドじゃないんだよね（笑）。

Y　宣伝広告じゃない。ところで、まさに火焔つつじのシーンはどういうふうに撮ったんですか？

M　コンピュータ・グラフィックで作って、ＣＩＳ（コンポジット・イメージ・システム）ですか。デジタル合成しているんです。

W　つつじはスチールでね、火を合成してる。もともと映画界は、合成といえばオプチカル、つまりアナログですね。光学的な合成だったんだけど、今はそうじゃなくて、ビデオ的なシステムで合成ができるようになって、非常に楽なんだけど、ただしビデオを拡大しなければならないから、テレビの画面みたいなものになっちゃう。よくビデオをおこしたコマーシャルを映画館でやるじゃない。いかにもテレビを拡大したような感じだけど、それもまた随分技術進歩して、フィルムのクオリティに近くなってるんだよね。

Y 第五話の「五郎八航空」の飛行機、あれは何？　あれは不思議な感じがした。最初はアニメーションかと思った。遠くから飛行機の翼がはばたいてくるでしょう。

W あれは普通模型を作ったと思うでしょう。ＣＧなんだけど。コンピュータってのは我々だって分からないですもんね。逆にうんと若い助監督の方が分かる。

Y アニメでやる気はなかったわけ？

W アニメではいかにもアニメになっちゃうから、頭の中で考えていたのは「ゴジラ」なんかと同じように、模型だよね。そういうのを発注しようとしていた特撮専門の人たちから、ＣＧという手があると言われて。

Y どうも不思議で仕方がない（笑）。どうしてあんな風に画面に収まっているのか分からない。納得できないんですよ（笑）。

W 我々も納得できない（笑）。どうやって撮ったかと聞かれても、うまく説明ができないんだよ（笑）。

Y 実に奇妙な感じでね、そこがいちばん怖い（笑）。ＳＦみたいな感じもある。

W 言ってみれば、あれをもっと大仕掛にやったのが「ジュラシック・パーク」だったりするわけでしょう。「スター・ウォーズ」だとまだいわゆる原始的な合成をやっているわけ。セシル・Ｂ・デミルが今の合成技術を知ってたらすごかったと思うね。

Y アベル・ガンスとかも面白いものを作っただろうな。これもＣＧならではのことなんだろうけれども、「五郎八航空」では、ヒッチコックもまっさおといった感じで、飛行機の中からキャメラが窓を通って外へワンカットで出て大空を画面いっぱいに撮っている。

W 昔だと「海外特派員」なんかもそうだけど、間を雲が横切るんだよね。そこで一瞬カットを変える。冗談で言っていたんだけど、あの撮影は前田さんが空中に飛んでやったことにしようかと。本当に大変だった、ロープをつけて、窓ガラスを通り越えてって（笑）。もちろんあれも合成なんだけど、嶋田久作が変な歌を歌っているところからキャメラを引いて行こうと言ったらさ、前田さんはそれだけじゃ収まらないんだよね。渡辺えり子の操縦席から引こうと。難しいことを言うんですよ（笑）。実際、飛行機の窓は合成だからセットにはないわけで、全くのカンで操縦席からトラックバックして、パンして、またバックする。どんどんバックするからセットのバレなんか全部映っちゃうわけ。

M 俳優さんからちょっと離れるとセットが全部バレてるものですから。そんな撮影で果たしていいものかと。早く合成で窓枠をつけてほしいと思いました。でも窓枠をつけてうまくいったかなと思ったら、監督の注文がまだ綿密なんですよ。窓枠がどんどん遠くになるんだから中の被写体は決まった大きさで撮るんじゃなくて、さらに小さくなるんじゃないのか、と要求するんですよね。

Y なかなかあそこは爽快感がありました。飛行機が遠ざかっていく感じがすごく出ていた。

W 飛行機のところではスクリーンプロセスを使ったの。

Y スクリーンプロセスも和田さんが好きな映画技術の一つですよね。

W まあ好きなんだけど、でも「麻雀放浪記」以来なのね。「快盗ルビイ」では使ってないんだ。やっぱり若いスタッフは「ええー」なんて言うわけ。でも飛行機の外でしょ。セットの飛行機だからリアルに撮れないし、普通は窓外の風景は合成にしちゃうわけ。合成だと役者には見えないけど、スクリーンプロセスだと渡辺えり子は操縦しながらワァーっと前に近づいてくる道とかが見えるわけです。しかもセットは揺れてるからね。だから初めは酔っちゃったって。

Y 海面に近づいていくところなんか、まさに「海外特派員」だな（笑）。和田さん自身の映画体験や記憶をうまく応用しているという印象があるなあ。

W 真似といえば真似なんだけど。実はね、第一話のエレベーターでボタンを押すと機械が見えるというの、あれは「ダイヤルMを廻せ！」みたいでしょ。

Y 電話のダイヤルを回すと受話器の中の装置が動く超アップでね。

W その場では意識しなかったけど、今思えばそうだ。

Y フランソワ・トリュフォーが、やっぱり、ヒッチコックの「ダイヤルMを廻せ！」にヒントを得て、「夜霧の恋人たち」という映画で、昔あったプヌマティックという気圧を利用したパリの速達便が地下の管を通って送られる仕掛けをアップで撮っているんだけど、聞いたらやっぱり、撮影中は意識しなかったけど、ヒッチコックの映画の記憶からヒントを得たにちがいないって言っていた。

W そういうの人に指摘されると嫌だけど、自分で言っちゃう分にはいいんだね（笑）。

ベテランの映画人はとにかく天気の読み方がうまくて感心する

Y 第二話の「吉備津の釜」で、川船が幽霊船と交錯するシーン、あれは合成ですね。

W　そう、あれはまず下に流れている川は本物。その上を走っている船はスチール写真、その上にある帆は模型。模型でパタパタはためいているのを撮っている。そのバックにある靄をまた別に撮った。その後ろのバックだけが絵といえば絵なんですかね。そういえば船のシーンを撮っている時、テレビ局が取材に来たの。それは昔の裕次郎時代の特集ということで、良き時代の日活を特集していて、で、現在のにっかつは…というもので、多分テレビ局の頭では昔良かったけど現在はちょっとさびれているというつもりで撮りに来たらしい。そしたら、ちょうどあの船のシーンだった。いいシーンだったからさ、それで番組を見たらそのシーンをモノクロにして、昔は良かったというところに使っているの。

Y　昔のシーンにしちゃったわけ？　それだけ活気があったわけだ。

W　嬉しいような、嫌なような（笑）。それだけセットも立派だし、みんなもはりきってやってたんだよね。

Y　「吉備津の釜」はこれだけで一本長篇ができるくらい複雑な構成になっている。

W　回想の中にもう一回回想が入っているからね。あれを俺やりたいと言った時に、プロデューサーたちはちょっと首をかしげたのね。ややこしいわりにはあんまり面白くないいんじゃないかって言われてね。

Y　いや、好みから言えば、これがいちばん面白かった。熊谷真美が乗る遊覧船……。

W　水上バス。

Y　あの水上バスがある川はどこ？

W　実は東京では探すのは無理だと思っていたのね。あれは江戸川だっけ。

M　京王線の篠崎というところですね。

Y　それから第三話の「乗越駅の刑罰」もロケだと思うけど、まだああいう駅があるんですね。

W　あれはなかなかロケハン大変だったみたいでね。僕らはこういうのどうですかと候補をあげられていくんだけど、先行ロケハンに行っている人たちは大変だよね。

Y　あれはどこですか。

W　新潟の新山線というところの内ヶ巻という駅なのね、ＪＲの。

Y　乗越駅という名前はもちろん架空の名前としても、矢印の方向の、つまり隣の駅の名前も作ったもの？

W　そう（笑）。画面では写ってない路線図とか料金表とか全部作った。架空の駅を丸ごと一つ作ったわけです。美術部・装飾部は大変だよ。写るかもしれないものは全部作るわけだから。電車も借りたんだけど、車体にＪＲってこんなでっかい字書いてあるわけ。あんな話だからさ、ＪＲって出しちゃうと苦情がくるかなと思って、ＪＲという字を消したんだけどこれが大変。一つ前の駅にスタッフが待機していて、作った別のマークを貼って、それを全線に通すわけにはいかないから、我々の駅の前を通ったら次の駅ではがす（笑）。

Y　電車が駅に入ってくるところがのどかな感じで、とてもいい。

W　電車は十五分だけしか貸してくれなかった。大変だったですよね。

M　電車が入ってきて、止まって、斎藤晴彦さんが降りてくるところまでワン・カットで撮っていたんですけど、戻ることが出来ないので一発勝負でライティングして待機していたら、電車の窓ガラスの前面にほんのちょっと明かりが映っちゃってね。でも雲が出てこなくて良かったですよ。

Y　十五分で撮らなきゃいけないのは大変ですね。

W　駅を六日間借りていたんだけど、山の中の駅だから午後の三時頃には太陽が隠れて、暗くなっちゃうんだ。わりとリアルタイムというのか、物語の時間と映画の時間が同じわけだから、撮っている間に晴れたり曇ったりするのは困るでしょ。

M　あそこは全部の話の中でいちばん長回ししているんですよね。だからそれだけ俳優さんとのリハーサルや、技術系のリハーサルに時間がかかり、最後のカットの三時頃になると毎日必ず曇っちゃって大変でした。芝居につりこまれていると分かりませんが、映画が出来てから見ると、やっぱり微妙にトーンが違っているところがありますね。やっとリハーサルが出来て、俳優さんもノッてきて、さあ撮るぞという段になって必ず曇っちゃう。

W　昼飯の時になるといいんだよねえ、天気が（笑）。

M　不思議なんですけど、ご飯という時になると晴れてたんですね。やろうかというと駄目だったり。何十年やってってもそうですね（笑）。

W　ベテランの映画人に感心するのはとにかく天気の読み方がうまいことね。今曇っててもう駄目かなあという時もあと三分後には晴れるからと言って、それが当たるから。あれはすごいですね。

M　ずーっと待っていても駄目な場合と、ちょっと待っていれば晴れる場合があるんですよね。あきらめて弁当ひろげたとたんに晴れる場合がありますから（笑）。難しいですよね。

Y　「キネマ旬報」一九九四年一月下旬号に載った宮崎裕治氏の撮影現場ルポを読むと、子猫を入れた袋が出てくるところ、あれは最初本物の子猫を入れたけど動かなくて、次におもちゃを入れたとか。

W　そう（笑）。あれはずいぶんテイクを重ねたし、結局一日目にやったのは使えなかった。あれは僕はおもちゃでやろうとしたの。でも助監督たちは動きが違うっていうんで本当の猫を使おうとしたんだけど、現実はうまくいかないんだよね。

Y　猫が思うように動いてくれない。

W　「アメリカの夜」だよ（笑）。

Y　トリュフォーも猫には苦労したことがわかる（笑）。これもあまり具体的にバラしてはまずいわけですけど、五話のうち、原作とオチを違えたというのもあるわけ？

W　オチを違えたのは「箱の中」。原作は、女が去った後にまたエレベーターが上昇してしまったというところで終わる。もうヒト押しというところで別の人物を出したんだけど。あれぐらいかな、オチが違うというのは。でも「吉備津の釜」は原作では主人公は中年の男だから。それを女に変えたというのは前の「快盗ルビイ」でもやった手なんだけど。

「怖がる人々」もプログラム・ピクチャーの味を持った作品だ

Y　和田さんは自分の書いた短篇小説もあるし、なぜ自分のオリジナルで撮らないのかな。

W　ああ自分で原作を書くということね。それが才能ないんだな（笑）。自分で書いた短篇小説がないこともないんだけど。

Y　それは全然考えなかったわけ？

W　今回はね、自分が書いたのでちょうどいいのはなかったから。人が撮るといいなという原作はあるんだけど。集団疎開から逃げ出した子供と、軍隊を脱走した兵隊が二人だけで田舎の道をただ歩いている。腹がへるのでお稲荷さんにある油揚げを食ったり、農作物を盗んだりしながら、ふっと田舎の人が集まっているラジオを聞くとそれが終戦の放送だったというのがあって。ちょっと反戦気分と、大人と子どもの友情と、ロードムービーの面白さもあって、真面目な人が撮ると真面目な映画になっていいかなと。

Y 自分で撮ろうとは思わない？

W 真面目なのは駄目なんだよ（笑）。やっぱりプログラム・ピクチャーが好きなんだよね。

Y まさに「怖がる人々」もプログラム・ピクチャーの味を持った作品なんだよね。ヒットしたらすぐそのパート2ができるな（笑）。

W 「独立愚連隊」というのがあるとさ、すぐ「独立愚連隊西へ」が出来るような、そういう感じが好きですね。しかし、今はそういう映画を当てるというのは本当に大変だから。

Y にっかつ（日活）ロマン・ポルノ時代がそういうプログラム・ピクチャーの最後の全盛期じゃないかな。「団地妻」シリーズが次々作られて……。

W 前田さんは「団地妻」シリーズがデビューですよね。

M 西村昭五郎監督で、白川和子さんの一作目「団地妻・昼下りの情事」の次のやつなんですが、シリーズではなくて、同じコンビの「たそがれの情事」という作品です。

Y 一九七二年の作品ですね。

W 助手さん時代は裕次郎全盛の日活アクションでしょう。

M その中でもけっこうB級の方が多かったような気がしますけどね。二本立ての添え物の方、そっちはずいぶんやりましたね。青山恭二だとかね。

Y　裕次郎の弟役でしたね。キャメラ助手としてはどのくらいやられたんですか。

M　ロマン・ポルノでデビューする前の十四、五年間はやってましたね。

Y　師と仰ぐキャメラマンはおりましたか。

M　師匠は今でもホリ企画におられますけど、萩原憲治さんという、「伊豆の踊子」とか「潮騒」とか、百恵ちゃん三浦友和君の文芸映画をやった人です。カラーの勉強とかいろんな面は、今の新宿伊勢丹の前あたりに新宿大映という映画館があったんですけど、そこによく宮川一夫さんとか、牧浦地志さんとかのキャメラなどを見に行きましたね。

Y　あの頃の大映ではカラーのコンサルタントとして碧川道夫という方がおられましたね。

M　そうですね。碧川さんとか宮川さんとかがみんな研究して。当時は永田雅一さんがそういう技術的なことに力を入れてましたからね。でもあの頃は映画の全盛時代で次から次へと映画を作るわけですから、人のを見るよりも、働くだけで忙しかったですね。撮影所も歩いている人はいませんでしたからね。みんな走ってる。今うそみたいですね（笑）。

W　今回「火焔つつじ」の全編、特に旅館の部屋に入ってからと、「吉備津の釜」の高品格さんが出てくる元の家のシーンは、あの頃の大映時代劇の気分が出ていると思うんだよね。

Y　夜の宿屋の室内の感じ、畳なんかがちょっと湿っているとまでは言わないけれど、外がどしゃ降りの雨で、何となく部屋の中までがしっぽりと、しめっぽくなっているような感じが出ていて。あれはやっぱり照明の効果なんかがいろいろあるんでしょうね。

M　照明の熊谷さんは私たちの先輩なんですけど、そういうものを持っていらっしゃいますから、画面にも出てくるんでしょうね。

W 熊谷さんは大映出身なんですね。「雨月物語」なんかもやっているんだ。すごいですよ、今回のスタッフは。前田さんが若手なんだから（笑）。熊谷さんは「雨月物語」の時に助手さんだったと思うけれど既に活躍されていて、しかも録音の橋本文雄さんは、「羅生門」もやってるんだから。

Y それは、すごいな。

W で、美術の中村（州志）さんは「野良犬」をやっていた。本当に日本映画のベテランが揃ったからね。

M 熊谷さんは、本当にワン・カット、ワン・カットをすごく大事にする方ですよね。何か絵を厚くしようと、何もなければ空気感を少しでも変えようとする、そういう照明技師の人なんですよね。だから本当に頭が下がるというか。自分たちの先輩がそういう気持ちを持ってワン・カット、ワン・カット撮りたがっているというのはすごく自分も勉強になります。

Y キャメラと照明の打ち合わせというのはどの程度するのですか。

M 監督と美術さんはよく打ち合わせがありますね。これはもう美打ちって言ってね、もうやんなるほどやってます（笑）。

Y 美打ちって言うんですか。美術の打ち合わせですね。

M ええ、美打ち。で、撮打ちなんかないですね（笑）。

Y 撮打ちは撮影の打ち合わせですね。

M ええ。撮打ちはないですけど、監督の気持ちというか、監督がこうしたいということを何となく察知してそこに向かうわけですね。照明の人との打ち合わせもそうなんですね。「時代劇が混じっているからトーンはこんな感じ、色はこんな感じ」というのを一言パッと言うぐらいで、大体あんまり違っていたりはしませんね。夢中になってくるとやりあいますけどね。

W　わりと現場で修正できるパートと、そうでないパートがあって、美術なんてセット立てるわけだから、修正できないでしょう。出来ちゃってから違うというわけにはいかない。

Y　和田さんが美術に直接かかわったところもあるんでしょう。

W　言わなきゃ分からないでしょうけど、熊谷真美が飲む焼酎のラベルとか、嶋田久作が飛行機から降りたところにあるガソリンスタンドの石油会社のマークとか。出てくる新聞の題字とか、殆ど映ってないけど新聞の四コママンガとか、ガラスに書いてある会社の社名とか。

Y　音楽はクレジット・タイトルにも名前が出ているから、自分で作曲したパートもあるわけでしょう。

W　僕が作ってるのは原田美枝子が歌う子守歌と、全く同じメロディを、「吉備津の釜」の船乗りが歌っていて、さらに飛行機の中で嶋田久作が歌っている。それを歌ではなくてメロディだけなんだけど、「火焔つつじ」のラブシーンで流れるし、「乗越駅の刑罰」では花王おさむが踊る踊りにちょっと使われている。オープニング・タイトルとエンド・タイトルにも同じメロディが流れている。でも殆どの人が気づかないか（笑）。もしかして好きになってくれて何度も見るうちに、ああそうかと思ってくれるかも知れないけど。

Y　第一話のエレベーターの中で、電子音みたいなのが入るでしょう。

W　ちょっと入ります。それと橋本さんの効果音ね。あれは現実とは違うんだけど、エレベーターを吊っているロープが風にあおられるという感じの音なんだ。音を作るのも、時間がかかりましたね。

M　ええ、本当に。

フランキー堺と録音の橋本さんは「幕末太陽傳」以来の再会!?

Y　「吉備津の釜」にはフランキー堺が出ていて、楽しそうに演じているのが印象的なんですね。

W　フランキーさんがさ、まず着替えないでセットに来るわけよ。いきなり俺の肩なんか抱いて「どうだい」なんて言って。その時間スタッフは準備しているわけでしょう。やあやあやあという感じで挨拶して「よう、ハシやん」っていうわけよ。録音の橋本さんに。久しぶりだなあって。どれぐらい久しぶりかというと「幕末太陽傳」以来だって（笑）。おととい会ったような感じで喋っているわけ。

Y　すごいなあ（笑）。

W　助監督が「そろそろフランキーさん、衣装を」と言ってもざっとセットを見渡しながら、「いや、照明の準備がもうちょっとかかるよ」って。

Y　何もかも分かっているわけね（笑）。キャストは実に新旧さまざまな俳優が出ているなあ。女剣劇の浅香光代まで出てくる（笑）。

W　あれは製作部のアイディアで頼んだの。老婆という役だったんだけどね、老婆じゃ気の毒だから、通りがかりのおばさんという感じにしましょうと、窓から覗くだけだから頭の上に何かしようと。野菜のカゴを頭に乗せたおばさんという感じでずっと打ち合わせをしていたの。ところがロケーションに行く前の日に俺が突然、浅香光代なんだから三度笠被って貰おうと（笑）。浅香さんは機嫌良かったですけどね。

Y　そういったワン・シーンだけ出てくる俳優がずいぶんいるでしょう。麿赤兒とか、平田満とか、高品格とか。映画で見たことがない人もいる。公衆電話の女の役。島田歌穂？

W　島田歌穂は有名になってから映画に出るのは初めてなのね。彼女はミュージカル女優で、「レ・ミゼラブル」でものすごくいい役をやって、うまくてイギリスの王室コンサートなんかにも呼ばれて。

Y　「レ・ミゼラブル」で何の役をやった人？

W　エポニーヌという、革命で死んじゃう役。「レ・ミゼラブル」はどちらかというと彼女を見に行くというファンが多くなっちゃったくらいなんだけど、映画はそういうふうになってから初めてで、ティーンエイジャーの頃に東映の時代劇にチョイ役で出ているんだって、「真田幸村の謀略」だったかな、腰元の役でちょっと出ているんだって。

Y　舞台の人がずいぶん出ている。

W　今回特に舞台の人は多いでしょう。花王おさむ、第三話の「乗越駅の刑罰」で猫を持ってくる駅員ね、彼は東京ヴォードヴィルショーだしね。

Y　第二話の「吉備津の釜」では作家の筒井康隆が社長の役で出ているでしょう。「怖がる人々」では筒井康隆の原作が二話入っているわけですけど、あえて別の話に出ようとしたのは……？

W　自分のものには今までいっぱい出てるよね。「スタア」では主役もやってるでしょう。原作者が自作に出るというのはよくあるじゃない。「居酒屋兆治」に山口瞳が出るとか。

Y　彼自身も自作に出たいとは言わなかったわけ？

W　自作にはこだわらない、というより自作でないものの方を面白がってくれたようだね。その時はまだあの例の断筆宣言をする前だったのね。それで打ち合わせして、この話のこの役で出てもらおうと言って、実際に今度は僕が会って打ち合わせを行った時の前日ぐらいが断筆宣言だった。

Y　ラストのタイトル・バックは「快盗ルビイ」よりも複雑にやっていますね。

W　あのタイトル・バックも急に決まってね。最初はキャストだけだったんだけど。

Y　「快盗ルビイ」の時のように。出演者が挨拶する。

W　最初はそれだけでいこうと思っていたんだけど、プロデューサーがずっと八ミリビデオを回してたの。素人のビデオで、打ち上げの時に酒を飲みながらみんなで見るためだけに撮っていた。それを突然思いついて使おうということにして。

Y　最後に俳優たちが挨拶するという発想も昔のハリウッド映画の記憶ですか。

W　それもちょっとあったんだけど、どちらかというと舞台。

Y　ああ、なるほど。カーテンコールなんだ。

W　わりと舞台人が多かったんでカーテンコール撮りますって言うとわかってくれる。小泉今日子にしても映画女優というよりは歌手だし。あのカーテンコールを撮る時の役者の反応がそれぞれ面白いんだ。その映画のそれぞれの役者のアップをもう一度見せてこれは誰々というのはアメリカ映画にもあるけれど、あのためだけに撮るから、シナリオもないし、何でもいいからやって下さいというと途方にくれちゃう人もいるんです。

Y　照れている人もずいぶんいるね。

W　一所懸命考えてきて、クサイことする人とかね（笑）。十五秒くらい回すんだけど、その十五秒というのが、人によっては耐えられない長さらしいよ。

Y　なるほどねえ。面白いなあ。

（初出「キネマ旬報」一九九四年五月上旬号）

和田誠　山田宏一

ジャズと映画と…

ジャズの洗礼は「ヒット・パレード」だった

Y　ジャズと映画という和田さんの二大情熱と言っていいのかな、その結合が映画監督和田誠の「真夜中まで」という一本の作品になったわけですね。

W　自分ではそういう意図はなかったんだけどね、結果的にそんなことになっちゃった。

Y　ジャズ・ミュージシャンを主人公にした映画でも、「グレン・ミラー物語」とか「ベニイ・グッドマン物語」のような純粋な音楽映画でなく、ジャズを映画のストーリーに融合した作品を作りたかったとのことだけど、その意味で和田さんの思い出にある映画は何か、必ずしもそれをヒントにしたとかいうのではなく、和田さんが見て印象的だった作品をさぐってみたいし、和田さんにとって映画の中の忘れがたいジャズシーンはいろいろあると思うけれども、そんなところも知りたい。和田さんの映画遍歴はミュージカルも含めて「たかが映画じゃないか」で実に面白く語ってもらったものの、ジャズと映画の結びつきにしぼったところでいろいろ語ってもらったら、またすごく楽しく面白いものになるだろうと思って、ぜひ対談を、ということになったら、「真夜中まで」のメイキングを記録した一冊、「ジャズと映画と仲間たち」*が出版されて、その冒頭の和田さんの一文（「すべてはジャズから始まった」）を読んだら、これがすばらしいもので、これから聞きたかったことが実はすべて見事に書かれている（笑）。

W　あの本は助監督が書いた撮影日誌が本命なんだけどね。

Y　撮影日誌の方はこれから読むんだけど、まず和田さんの序文が、和田誠ファンのみな

＊和田誠・猪腰弘之著、講談社刊。

らず映画ファン、ジャズ・ファン必読のすばらしい一文で、正直のところ圧倒され、感動して、もうこれを読んでくれと言うだけでいいと思うんだけど（笑）、でも、それじゃ対談にならないから、気をとりなおして、いろいろ質問させていただきます。和田さんにとっては多少ダブってしゃべることになるだろうけど、まず、ジャズと映画のかかわり、映画の中のジャズの発見から。

W　まず「ヒット・パレード」だよね。中学の時に観て、ジャズの洗礼を受けたという感じ。これがビリー・ワイルダーの脚本で*、「教授と美女」のリメイクだと知るのはずっと後のことなんだけれども。

Y　ハワード・ホークス監督が自らリメイクしたわけだけど、プロデューサーのサミュエル・ゴールドウィンがダニー・ケイとヴァージニア・メイヨを売り出すために、かつてのゲイリー・クーパーの教授とバーバラ・スタンウィックの美女をそれぞれ演じさせたわけだね。でも、ダニー・ケイはクーパーじゃない、ヴァージニア・メイヨはバーバラ・スタンウィックじゃない、とハワード・ホークスは言ってるし、その配役の弱さをカバーするためもあったと思うんだけど、ジャズ・ミュージシャンをたくさん集めてね、ものすごく楽しくジャズの演奏をたっぷり聴かせる。

W　ルイ・アームストロング、トミー・ドーシイ、ライオネル・ハンプトン、メル・パウエル、ゴールデン・ゲイト・クァルテットといった、すごい大物を揃えてるのは、サミュエル・ゴールドウィンの贅沢好きの表れもあると思うけど。ベニイ・グッドマンをクラシックしか知らない教授の一人にしたのは大した洒落っけだったと思うね。

Y　ベニイ・グッドマン本人をね。そのベニイ・グッドマン扮するクラシックしか知らな

*「ヒット・パレード」の脚本はワイルダーとトーマス・モンローの共同。オリジナルの「教授と美女」はチャールズ・ブラケットとワイルダーの共同。

い教授にジャズをクラリネットで演奏させるシーンがあって、教授が「できない」と言うと、みんなが「ベニイ・グッドマンならできるぞ」なんてからかうんだ（笑）。ギャングの頭に棚の上の置物を落として気絶させるラストのギャグも、リメイクの「ヒット・パレード」ではベニイ・グッドマンを中心にジャズの演奏を生かしてね、すごく面白かったな。

W　「教授と美女」でバーバラ・スタンウィックが歌う時のバンドはジーン・クルーパ楽団だったけど、「ヒット・パレード」の時のヴァージニア・メイヨのバック・バンドはペイジ・キャヴァノー・トリオという、日本じゃさほど有名ではないんだけど、全員が楽器をやってコーラスもやるという、粋なバンドでね、好きだったな。

Y　ハワード・ホークス監督は、「脱出」とか「三つ数えろ」とか、「ハタリ！」なんかでも、ジャズをうまく使って、印象的なジャムセッションを見せてくれるね。「脱出」ではホーギー・カーマイケルがピアノを弾きながら歌って、そこにローレン・バコールが飛び入りでデュエットになったり、「ハタリ！」ではエルサ・マルティネリがピアノを弾くと、レッド・バトンズがハーモニカで飛び入りの合奏をする。

W　そうそう、〝スワニー・リヴァー〟をジャズでやるんだっけ。ホーギー・カーマイケルは「情熱の狂想曲（ラプソディ）」にもピアニストの役で出てきて、とてもよかった。「情熱の狂想曲（ラプソディ）」も好きな映画だったね。お話はちょっと深刻なメロドラマだったけど、演奏シーンはとてもよかったし、ドリス・デイがスタンダードをたくさん歌うのもよかった。何かと嬉しい作品で。

Y　「真夜中まで」を見た単純な印象だけを言うと、たしかに、「情熱の狂想曲（ラプソディ）」にとても感じが似てるような気がした。監督がマイケル・カーティスで、和田さんの好きな監督だ

4

121 B

145 B

Cotton Tail A

158 Cotton Tail A

ペットきこえて
音の方を見る.

A

「真夜中まで」和田誠による絵コンテ

ということもあるかもしれないけど。名作「カサブランカ」の監督だし、ダニー・ケイとビング・クロスビーが出た「ホワイト・クリスマス」もマイケル・カーティス監督のミュージカル・コメディだったし。

W そうねえ、マイケル・カーティスは西部劇もコメディもミュージカルも作る何でも屋さんの職人監督だから、つまらないものもあるけど、いい時はとてもよくてね。

Y 「情熱の狂想曲(ラプソディ)」のカーク・ダグラスが演じた主人公がトランペッターだったということから、単純に「真夜中まで」の真田広之が演じるトランペッターの主人公と結びついちゃったのかも知れないけど。

W 自分の音楽に忠実で、頑固なキャラクター、という共通点はあるかもね。カーク・ダグラスの方が破滅型だけど。カーク・ダグラスの吹き替えはハリー・ジェイムズだった。主人公のモデルはビックス・バイダーベック*だと言われていて、ハリー・ジェイムズとはタイプの違うミュージシャンなんだけど、当時ハリー・ジェイムズは人気絶頂ということもあって使われたんでしょうね。

Y 映画の音楽監督もやっていたよね、たしか。ハリー・ジェイムズは魅力的な色男で、戦時中のピンナップ・ガール人気ナンバーワンのベティ・グレイブルを女房にして、ビリー・ワイルダー監督の「第十七捕虜収容所」の中で、ロバート・ストラウスがベティ・グレイブルのピンナップ写真を抱きながら、「俺のベティちゃんがラッパ吹きなんかと結婚しちゃった」と言って泣くところがあったよね（笑）。ハリー・ジェイムズは「姉妹と水兵」とか「ベニイ・グッドマン物語」なんかに特別出演していて、ロバート・テイラーそこのけの男前だったのが印象に残ってる。

＊20年代からコルネット、ピアノ奏者として人気を博したが、31年に28歳の若さで逝去。90年の「ジャズ・ミー・ブルース」はバイダーベックの伝記映画。

W　「カーネギー・ホール」はルビンスタインとかストコフスキーとか、クラシックの大物を集めた映画だったけど、ジャズ畑からはハリー・ジェイムズだけが出てたね。

Y　それと、レイ・アンソニーがケイリー・グラントばりの色男だったでしょ。たしか「足ながおじさん」にレイ・アンソニー楽団が出てくるダンス・パーティのシーンがあってね。

W　そうそう。〝スルーフット〟というナンバーだった。「足ながおじさん」と言えばフレッド・アステアで、この人が最初に歌った歌で、ジャズ・ヴォーカルのスタンダード・ナンバーになってるのがとても多いんだね。〝ナイト・アンド・デイ〟をはじめとして。

Y　たしか〝ナイト・アンド・デイ〟を作詞作曲したコール・ポーターが、フレッド・アステアを最高のダンサーというだけでなく、最高の歌手だったと絶賛していたということを、アステアの伝記か何かで読んだことがあるんだけど、やっぱりアステアが歌ったのはコール・ポーターのものがいちばん多いのかな。

W　コール・ポーターは舞台の「ゲイ・ディヴォーシー」に曲をつけて、これに〝ナイト・アンド・デイ〟が入ってるわけ。その映画化「コンチネンタル」の時は〝ナイト・アンド・デイ〟以外は他の作曲家の曲が使われたのね。それからかなりたって、「踊る結婚式」がポーターだったけど、アステアとの付き合いはアーヴィング・バーリンがいちばん多いでしょうね。ほかにジェローム・カーン、ジョージ・ガーシュイン、ヴィンセント・ユーマンス、アーサー・シュワルツ、ハロルド・アーレンとすごい人たちがアステアのために曲を書いてる。* アステアは踊りはもちろん、歌も、ピアノも、ドラムもこなすんだから、大したミュージシャンだったわけだよね。

* アーヴィング・バーリンは「トップ・ハット」、「スイング・ホテル」、「イースター・パレード」など、ジェローム・カーンは「有頂天時代」、ジョージ・ガーシュインは「踊らん哉」、ヴィンセント・ユーマンスは「空中レヴュー時代」、アーサー・シュワルツは「バンド・ワゴン」、ハロルド・アーレンは「青空に踊る」などで、それぞれ曲を書いている。

サスペンスの作り方を教えてくれた映画たち

Y　「真夜中まで」の主人公のミュージシャンが出番までにステージに戻れるか、間に合うか、というサスペンスは、ジャズとは関係ないんだけど、「血闘（スカラムーシュ）」とか「地中海の虎」とか、いろんな冒険活劇を思い出した。どっちも舞台の芝居の間に主人公が裏で事件にからんで、舞台に出られるか出られないか、ハラハラ、ドキドキさせるような設定があって。それからポール・ニューマンが出た「逆転」なんかも思い出した。ノーベル賞の授賞式に間に合うかどうかという設定でね。和田さんはミュージシャンの休憩時間に何か起こって次の出番までに帰れなくなったら……という発想からプロットを考えたということだけど、どこかにそんな映画的記憶なんかにもとづくサスペンスづくりの教養もあったんじゃないかと思うんだ。

W　これという具体的な、直接ヒントにしたというのはないんだけど、「太陽に向って走れ」とか、「絶壁の彼方に」とか、「戦場を駆ける男」とか、逃げ回る映画で好きなものはたくさんあって、いつの間にかしみこんでいるかもしれない。サスペンスの作り方とか、伏線の張り方は、スリラーや冒険映画に教えられることが当然多いんだけど、実は僕の場合、「グレン・ミラー物語」や「ジョルスン物語」がかなりの度合で先生なんだよね。成功しそうでしないとか、演奏旅行の途中でトラブルが起こる、といったサスペンスがあるし、若い頃言ったひと言が、成功してから作る音楽の基礎になってたり、作る曲の題名がずっと前のエピソードにつながってたり……。

Y　たしかに、和田さんが「ジョルスン物語」のことを語る時などサスペンス映画のプロットを分析、解明してゆくような興奮だったことを覚えてる（笑）。

W　脚本（ホン）が工夫されてるのが好きなんだよね。音楽が好きだと音楽映画はすべて好きかというと、そうはいかない。やっぱり甲乙つけちゃうのは脚本によるのかな。

Y　「真夜中まで」のミッシェル・リーが働くクラブの名前が〝ファントム・レディース〟でしょう。ウィリアム・アイリッシュ、つまりコーネル・ウールリッチの「幻の女（ファントム・レディ）」を映画化したロバート・シオドマク監督の同名の作品への目くばせかなと。昔、和田さんと一緒にこの映画を観たことがあるのを思い出したりしてね。

W　「ファントム・レディース」はご指摘のとおり、「ファントム・レディ」のいただきです。アイリッシュはタイム・リミットものが得意な作家だということもあるしね、それへの敬意というか。他にもヒッチコックの「裏窓」の原作者だし、「窓」という少年スリラーも好きだったしね。

Y　テッド・テツラフ監督の「窓」、面白かった。テッド・テツラフはキャメラマン出身でしょう、ヒッチコックの「汚名」が、たしか、テッド・テツラフのキャメラだったと思う。

W　うん、そうだね。「海外特派員」はルドルフ・マテだった。

Y　ルドルフ・マテもキャメラマンから、のちに監督になって「都会の牙」とか「第二の機会（チャンス）」といったサスペンス映画を作ってるね。ウィリアム・アイリッシュの小説は、コーネル・ウールリッチ名義のものも合わせて、フランスでもよく映画化されてるね。「妄執の影」とか。フランソワ・トリュフォーはヒッチコックが大好きで、ミステリーも好きで、

「裏窓」も大好きでしょう。だから、自分でもアイリッシュ＝ウールリッチの「黒衣の花嫁」とか「暗くなるまでこの恋を」を撮ったけど、あまりうまくいかなかった。デヴィッド・グーディスの「ピアニストを撃て」とかチャールズ・ウィリアムズの「日曜日が待ち遠しい！」の方が面白くできてる。

W うん、「日曜日が待ち遠しい！」は小品ではあったけど、感じのいいスリラーだったと思うなあ。

Y あれはロバート・シオドマク監督の「幻の女」へのオマージュなのね。ヒロインのファニー・アルダンが女探偵になるところなんか、「幻の女」のエラ・レインズとおんなじ扮装をさせたりしてね。そう言えば、「幻の女」では、エリシャ・クック・ジュニアがクラブのジャズバンドでドラムを叩いてたね。

W そうそう。変なドラマーをやってた（笑）。言われるまで忘れてたよ。「ファントム・レディ」をいただいた時も、アイリッシュのことだけ考えて、シオドマクということは特に意識はしなかったけど、思い出すとシオドマクは好きな監督だったね。知名度では今はヒッチコックが突出しちゃったけど、ぼくらが映画を観始めた頃は、フリッツ・ラング、シオドマク、ヒッチコックは面白いスリラーを作ることで肩をならべてたような気がする。

Y 面白かったなあ。シオドマクの「らせん階段」なんか、すごくよかった。

ヌーヴェル・ヴァーグも日本映画もジャズが好き

Y そもそもジャズと映画と言えば、トーキー第一作が一九二七年のアル・ジョルスン主演の「ジャズ・シンガー」だから、以来ジャズと映画の結びつきが今日までの映画史を形づくってきたとも言える。

W 「ジャズ・シンガー」の音楽は厳密に言うとジャズではないんだけどね。日本でも戦後しばらく、アメリカン・ポップスはみんなジャズって呼んでたことがあったじゃない。ひどい時はハワイアンやウエスタンまでジャズって言った。クラシックや伝統的な音楽以外はひとまとめにジャズというジャンルに入れちゃった。アメリカでもそのへんはあいまいになってたらしいね。

ジャズが生まれたのは十九世紀の終わり頃らしいけれども、初めは名前はなかったんだよね。一九二〇年近くに〝ジャス〟JASSと呼ばれて、それからJAZZのジャズになったそうだけど、二〇年代は新語だったわけね。スコット・フィッツジェラルドだっけ、二〇年代を〝ジャズ・エイジ〟と言ったのは。これも音楽のことじゃないでしょ。音楽も入るだろうけど、その時代に現れたもろもろのカルチャーだの社会現象を一緒にして、そう呼んだんじゃないかと思うけれども。

Y うん、「ジャズ・シンガー」では、聖なる教会音楽に対して、卑俗なジャズ音楽というように対照的に呼ばれていた。リメイクの「ジャズ・シンガー」はアル・ジョルスンの役をニール・ダイアモンドが演じた現代版だったけど、アル・ジョルスンの伝記映画の「ジョルスン物語」の方が本物のジョルスンが歌っているし、「ジャズ・シンガー」のリメイクという感じだった。この映画については「たかが映画じゃないか」ですでに和田さんにたっぷり語ってもらってるんだけど（笑）。

W 「ジョルスン物語」には、ジャズがようやく形づくられてきた頃のニューオーリンズで、巡業中のジョルスンがジャズを聴いて影響を受けるというシーンがあってね、なかなかいいシーンだけど、それが実話かどうかはわからない。「ジャズ・シンガー」にいたる伏線を脚本上作ったんじゃないかという気がするんだよね。

Y　ジャズを映画音楽として本格的に使い始めたのは、いつ頃からだろう？　ジャズ・ミュージシャンが出てきて、いいジャズシーンになるってのはよくあるけど。

W　ジャズメンが登場して演奏するというのではさすが本場で、アメリカでは相当昔からあったわけですよね、トーキー初期から。「キング・オブ・ジャズ」とかさ。ベティ・ブープのアニメーションにもサッチモが出てきたり、キャブ・キャロウェイが歌を入れてたり。*

Y　サッチモは特によく出てたような気がする。「五つの銅貨」なんかでもよかった。

W　たいてい自役自演でね。フィクションでもサッチモとして出てくるのが面白かったな。珍しいキャラクター。

Y　サッチモはいつもサッチモなんだ（笑）。サッチモ、つまりルイ・アームストロングを知らない人はいないもんね。去年の東京音楽祭で〝サウンディーズ〟という今のビデオクリップの前身みたいな画像付ジュークボックスの特集をやったのね。キャブ・キャロウェイとかルイ・アームストロングとかファッツ・ドミノとか、一九三〇年代から四〇年代にかけて大流行だったらしい。映画館でもニュース映画と本篇の間に短篇として上映していたジャズ・ナンバーもあったらしい。

W　画像つきジュークボックスはロックンロール時代まであって、僕も見たことがあるよ。映画館でやる音楽短篇も昔からたくさんあって、かなりビデオ化されてるんじゃないかな。

* ベティ・ブープのアニメーションにおけるサッチモ（ルイ・アームストロング）出演作に“I'll Be Glad When You're Dead You Rascal You”、キャブ・キャロウェイ出演作に“Minnie the Moocher”がある。

Y　そんなことも含めて、ジャズと映画は、なんか、すごく親密なつながりがあるなあ。「ジャズ・シンガー」はともかく、アメリカ映画はかなり早くから、少なくとも禁酒法時代を描いたギャング映画のあたりから、「バワリイ」とか「彼奴は顔役だ！」とか、ごくあたり前にジャズを使ってきたような気がするけど、「ジャズと映画と仲間たち」に和田さんも書いているように、戦後、特に一九五〇年代は、モダン・ジャズの隆盛もあって、「乱暴者」とか「波止場」とか「黄金の腕」とか、ニューヨーク派の影響もあったんだろうけど、モダン・ジャズの映画音楽がいろいろ目立ってきて、そこへフランスのヌーヴェル・ヴァーグが、ルイ・マルの「死刑台のエレベーター」のマイルス・デイヴィスの即興演奏という画期的な実験を頂点に、ぐっと新しい息吹をもたらしたって感じだった。

W　ルイ・マルの「死刑台のエレベーター」が五七年？「成功の甘き香り」が同じ年だね。チコ・ハミルトンが音楽を入れてる。もっともこっちはエルマー・バーンスタインが音楽監督だから、ジャズ・ミュージシャンに全面的にまかせたのはフランスの方が先だったわけだな。「死刑台のエレベーター」と「大運河」の影響はすごかったよね。「殺られる」とか「危険な関係」とか「彼奴を殺せ」とか「墓にツバをかけろ」とか、次々にモダン・ジャズを使ったフランス映画ができて、アメリカでも「拳銃の報酬」とか「或る殺人」で全面的にジャズを使ったわけで。*

　まあ映画音楽にジャズを使ったというのはフランスが早かったんだけど、思い出すと日本映画にも黛（敏郎）さんなんかはかなり前から映画音楽にジャズを入れてるよね。ヌーヴェル・ヴァーグ以前かも知れない。

Y　黛敏郎は「君も出世ができる」というミュージカルの傑作もあるね、須川栄三監督の

* 「大運河」はジョン・ルイス（モダン・ジャズ・クァルテット）、「殺られる」はアート・ブレイキーとジャズ・メッセンジャーズ、「危険な関係」はセロニアス・モンク、アート・ブレイキー、ケニー・クラーク、「彼奴を殺せ」はケニー・クラーク、「墓にツバをかけろ」はアラン・ゴラゲール、「拳銃の報酬」はジョン・ルイス、「或る殺人」はデューク・エリントンが、それぞれ音楽を担当。

作品で。木下惠介監督の「カルメン故郷に帰る」の挿入歌が洒落たスローバラード風のジャズで、一九五一年だった。映画音楽としては「幕末太陽傳」が一九五七年か。「死刑台のエレベーター」や「成功の甘き香り」と同じ年だ。ポーランドでもロマン・ポランスキーが、同じ頃、クシシュトフ・コメダ（クリストファー・コメダ）のジャズを使ってるね、短篇だけど「タンスと二人の男」が一九五七年か五八年。長篇第一作の「水の中のナイフ」は一九六二年になるけど。

W　イエジー・カワレロヴィッチの「夜行列車」というのがあったでしょう。あれに〝ムーン・レイ〟というアーティ・ショーの曲がいい感じで使われてた。

Y　ポーランド派もジャズが好きだったんだよね。アンジェイ・ワイダの「夜の終りに」とか。話は飛ぶけど、「グレン・ミラー物語」の中で、ジェームズ・スチュアートが、つまりグレン・ミラーが、軍隊に入って、兵隊たちの行進を〝セントルイス・ブルース〟で演奏するところがあったでしょう。ジャズって、すごく心ときめくのね。映画的興奮に似てる。

W　そうだねえ。「スタア誕生」というジュディ・ガーランドの映画は、話が話だけにミュージカルとしては重いんだけど、彼女が深夜にジャズの仲間と一緒になって歌うシーンがあって、あそこもとてもよかった。

Y　「ホワイト・クリスマス」のナンバーの一つだったかなあ、ビング・クロスビーが〝ザッツ・ジャズ！〟という題だったか……〝これはジャズだ！〟ってジャズの誕生を歌うすばらしいシーンがあったでしょう。

W　〝ナウ・ユウ・ハズ・ジャズ〟という歌だね。あれは「上流社会」。クロスビーがサッチモのバンドをバックに歌うやつ。

Y　そうだ、あれは「上流社会」だった。

W　クロスビーには「ブルースの誕生」という映画もあって、ジャズ草創期の白人バンドの話だった。

Y　「ブルースの誕生」ではビング・クロスビーが〝メランコリー・ベイビー〟を歌うんだっけ。初めての白人のジャズ・バンドが結成される話だった。ブライアン・ドンレヴィがトランペット奏者の役だった。「真夜中まで」の中では童謡の〝月の砂漠〟をジャズにして真田広之の主人公がトランペットで吹奏するに至るエピソードがあって、「金と銀との鞍置いて……」という歌詞をヒントに、トランペットのマウスピースを金と銀にしたということだけど、マウスピースというだけで、「地上(ここ)より永遠(とわ)に」のモンゴメリー・クリフトがマウスピースで吹くシーンを思い出した。すばらしいジャズシーンと言ってもいいと思うけど、和田さんの思いを込めた引用というか、オマージュのような感じがして、ちょっとゾクッとしたのね。

W　「地上(ここ)より永遠(とわ)に」のモンゴメリー・クリフトはラッパ手だよね。酒場で〝チャタヌガ・チューチュー〟をジャズっぽく吹くところがあって。それからマウスピースだけでブルースを吹くシーンもある。たしか〝退役兵のブルース〟という曲でね。マウスピースというものの存在をあの映画で覚えたんだよ。

Y　アメリカ映画というのは、「地上(ここ)より永遠(とわ)に」のような深刻なドラマでも、ちゃんとエンタテインメントの名場面を作るのね。今のアメリカ映画では、ウディ・アレンがやたらと古いジャズを使うので、それだけでノスタルジックな気分でボーッとなっちゃうんだけど。ウディ・アレン本人のジャズ・バンドの演奏旅行を記録した「ワイルド・マン・ブルース」が一等よかったな。

W 「ギター弾きの恋」もいいね。「マンハッタン殺人ミステリー」ではベニイ・グッドマンのスイングジャズをサスペンスの音楽として使ってて、あれはビックリした。

ジャズには犯罪がよく似合う

Y 「バンド・ワゴン」の中でフレッド・アステアの私立探偵とシド・チャリシーの悪女が踊る〝ガール・ハント・バレエ〟というすばらしいナンバーがあるけど、そのサブタイトルが〝A Murder Mystery in Jazz〟なのね。ジャズはすごくミステリーに似合う。夜のムードとか……。

W そうね、確かに「美女と犯罪」じゃないけど「ジャズと犯罪」も似合うんだなあ。もともとは解放された黒人たちの中から自然発生的に生まれてきた音楽なんだろうけど、ニューオーリンズでジャズ・ミュージシャンの主な働き口は歓楽街、主に娼家。第一次大戦でニューオーリンズは軍港でもあったんで、赤線地帯が廃止されて、職場を失ったジャズメンはシカゴへ移動した。やがて禁酒法の時代になって、秘密酒場でジャズは演奏されるようになる。実際はもっと複雑だけど、シンプルに図式化するとこんなところで、ジャズはいかがわしさの中で育ってきたとも言えるわけですね。「コットンクラブ」はニューヨークだけど、そんな風に描かれてるしね。

Y ルイ・マルがアメリカで撮った「プリティ・ベビー」がニューオーリンズの赤線地帯

だったね。ジャズの生まれながらのいかがわしさ、しがなさってのが、映画の中で犯罪のムードと合うんだろうなあ。

W　「皆殺しのトランペット」というのがあったでしょう？　あれも犯罪がらみというか、主人公のトランペッターがギャングのボスと闘う話で、傑作とは言えないけど、印象に残る映画だったと思うな。舞台はカンザス・シティだけど、ファーストシーンはニューオーリンズ。ニューオーリンズのコルネット奏者の葬式で、棺に乗ったコルネットが馬車から落ちる。それを拾った男の手からめぐって主人公の手に渡るという出だしでね。あの映画ではペギー・リーが麻薬中毒のシンガーの役で出てたね。なかなかうまかった。アカデミー賞の候補にもなったんじゃなかったかな。* 麻薬中毒とかアル中で演技が評価されるのは定番だけど（笑）。

Y　最後に、「真夜中まで」という映画のタイトルがセロニアス・モンクのモダン・ジャズの名曲〝ラウンド・ミッドナイト〟から来ていることは、実際にこの曲が映画の中の最も重要なシーンに使われていることでもわかるんだけど、そのタイトルもずばり「ラウンド・ミッドナイト」というフランス映画は見てる？　ベルトラン・タヴェルニエという監督のあまりパッとしないけれどもジャズの映画。

W　もちろん見てる。デクスター・ゴードン出演のやつ。あれは好きな作品だったよ。デクスター・ゴードンは最盛期は過ぎてたんだけど、大物ミュージシャンが主役をうまくやってるんで嬉しかった。フランスに住む黒人のジャズ・ミュージシャンとフランス人のイラストレーターの交流の話で、実話をもとにしてるのね。それからもっとずばりの「真夜中まで」という、ルイ・ジューヴェのやつもあったでしょ？

＊ペギー・リーは55年度アカデミー助演女優賞にノミネートされた。

Y　フランス語の原題が「十一時から深夜まで」というやつ。その映画、いつ頃見たの？というのも、和田さんの映画も、ほぼ十一時から深夜の十二時までの間に主人公が事件に巻き込まれる設定だよね。現実のライブハウスのステージの時間帯がそうなのかもしれないけど。

W　あれを見たのは、なにしろ中学か高校だったし、原題も知らなかった。ルイ・ジューヴェが刑事で、彼とそっくりのギャングが死んで、そのことをまだ知らない情婦のところに、刑事がギャングのふりをして近づく、というような話だったことは憶えてるんだけどね。だから邦題は知ってたけど、時間帯に関する意識はまるでなかったんだ。あとで知ったのは監督がアンリ・ドコワンだったことだけど、ビデオもないからね。

Y　そうだよね。でも、なるほどなあなんて、つい思ってね（笑）。アンリ・ドコワンの「真夜中まで」なんかまで今回の話に出てくるとは思わなかった。

和田さんの作品そのものについての特集は三谷幸喜氏との対談を中心に「キネマ旬報」二〇〇一年八月上旬号でやっているし、今回はあえて作品の周辺というか、和田誠映画におけるジャズ的記憶みたいなところをさぐってみたいと思ったので、和田さんの蘊蓄（うんちく）の一端がうかがえて楽しかった。

（初出「キネマ旬報」二〇〇一年九月上旬号）

定本版あとがき――残る思い出は映画だけ

山田宏一

長いようで短い（あるいはむしろ、逆に短いようで長いと言うべきかもしれない）お付き合いだった。病気がちで、だらだらした、しまりのないわが人生のなかでは最もいい時期に和田誠さんと知り合えたのは幸運だったと思う。

和田さんとは映画の話だけ、そして映画がらみの仕事だけ、それだけの付き合いだった。残る思い出も映画だけ。

こんなことがあった。ずいぶんむかしのことだが、ある晩、仕事の打合わせで東京・青山の和田さんの事務所（そのころはまだ独身だったから、自宅兼用だった）へ行ったときのことだ。

私たちはおたがいにライバル気取りで、と言いたいくらいこの世でいちばん好きな女優（おんな）だったジェーン・フォンダのシネアルバムの編集に熱中していた。

ひとくさり片が付いたので、帰ろうとすると、和田さんは「まあ、もう少しゆっくりしてってもいいではないか」などと言って、そそくさと台所に立ってお茶なんかをいれてくれるのだ（そのころ、私は病み上がりで酒を飲めなかった）。それにしても、どうもいつもとちがって、様子が変だ。

お茶を飲みながら雑談して、こんどこそ帰ろうと思って腰を上げると、これから深夜劇場で「未完成交響楽」（ヴィリー・フォルスト監督、33年）が放映されるぞ、と和田さんは言ってテレビのスイッチを入れるので、つい、また、長居をしてしまった（「未完成交響楽」は白黒作品だったが、和田さんはその頃すでにカラー

・テレビの受像機を持っていたので、よく私は深夜すぎまでお邪魔したものだった)。映画を見終わって、「もう失礼しなくちゃ」と言ったのだが、和田さんは膨大なレコードのコレクションの棚からアル・ジョルスンやディーン・マーティンの名盤を抜き出して聴かせてくれたりして、私をさらに引き留めようとするのである。

いろいろとさぐりを入れて聞き出したところ、和田さんは、その日の午後、丸の内ピカデリーにスタンリー・キューブリック監督の「時計じかけのオレンジ」(71年)を見に行ったところ、開映時刻に遅れてしまったので、地下の丸の内松竹をのぞいてみたらちょうどクリント・イーストウッドの初の監督作品「恐怖のメロディ」(71年)の開映間際であった。で、こちらのほうを見たのだが、これが、物心ついてからかれこれ二十年間見てきた映画のなかでいちばん怖い映画だった、と言うのだ。あまりにも怖くって、ひとりになりたくない、今夜はとても眠れそうにない、もう少し付き合ってここにいてくれと言うのである。その映画は、男がちょいといい気になって女をひっかけたのが運の尽きで、一夜限りの関係のつもりが、もうその女からのがれようとしてものがれられなくなってしまうという怖い話で、ああ、ほんとうに怖いなあ、女ってのは、今夜はとても眠れそうにない、と和田さんは深く溜息をつく始末である。

翌日の午前中に、私は仕事のミスに気がついて、あわてて和田さんに電話をしたら、もう起きていて、いつでも打合わせができるという返事だ。で、すぐ彼の家に行くと、彼の目はくぼみ、ひどく憔悴した感じである。どうやら昨夜は全然眠れなかったらしい。「恐怖のメロディ」を思い出して怖くって眠れなかったのである。こうもアジられては、「恐怖のメロディ」を見なくてはいられない。新聞の映画欄を見ると、「恐怖のメロディ」のロードショーは「本日限り」とのこと。何はさておき丸の内松竹へ駆けつけた。これが本当に怖い映画なのだった。よくできたスリラー映画だ。原題は「プレイ・ミスティ・フォー・ミー(ミスティをかけて)」。エロール・ガーナーの名曲「ミスティ」の甘美なメロディとともにキャメラが宙高く舞い上がって恐怖の惨劇の幕を閉じるラストシーンの映画的興奮。こうして私はクリント・イーストウッドという監督を発見することになった。一九七二年のことである。もう五十年以上も前だ。思い出すと、やっぱり短いようで長い付き合いだったのかなあと思う。

そんなことをあれやこれやと思い出したり感慨にふけったりしながら、「たかが映画じゃないか」を中心にその他いくつか対談らしきものをこうしてまとめて（和田さんとはしょっちゅう会って映画を見たりしていろいろ果てしなく話し合っていたので、これだけだったかなあ、いや、こんな対談もしていたかなあ、などと思ったりして）、新版を出すにあたっての手直し（誤植やミスを正すことは当然ながら、できるかぎりの加筆訂正）をして、それでもなお、勘違い、思いこみ、記憶違いなどがありうるので、その場合はおゆるしを願うしかないのだけれども、とはいっても、もちろん、対談そのものまで修正するわけにはいかないけれども、単なる復刻版ではなく、今になってもたのしく読めるように私なりに精いっぱい配慮したつもりです。

二〇二四年四月七日記

和田誠の本

お楽しみはこれからだ

お楽しみはこれからだ ＰＡＲＴ２

お楽しみはこれからだ ＰＡＲＴ３

お楽しみはこれからだ ＰＡＲＴ４

お楽しみはこれからだ ＰＡＲＴ５

お楽しみはこれからだ ＰＡＲＴ６

お楽しみはこれからだ ＰＡＲＴ７

国書刊行会

装幀・装画　和田誠

本書は『たかが映画じゃないか』（文藝春秋、一九七八年／文春文庫、一九八五年）に適宜加筆修正を加え、新たな対談・鼎談を増補したものである。

定本版装幀　山田英春
協力　栗山修司　芝田文乃　高木希世江（日活株式会社）　濱田高志　前田里子　吉田宏子　和田誠事務所
原画所蔵　多摩美術大学アートアーカイヴセンター

定本
たかが映画じゃないか

二〇二四年五月二十五日初版第一刷発行

著者　和田誠　山田宏一
発行者　佐藤今朝夫
発行所　株式会社国書刊行会
東京都板橋区志村一―十三―十五　〒174-0056
電話〇三―五九七〇―七四二一
https://www.kokusho.co.jp
印刷所　創栄図書印刷株式会社
製本所　株式会社難波製本

ISBN 978-4-336-07623-6

	山田宏一	和田誠
生年	一九三八	一九三六
生地	ジャカルタ	大阪
最終校	東京外国語大学フランス科	多摩美術大学図案科
TRANSIT	六四―六七　カイエ・デュ・シネマ同人	五九―六八　ライト・パブリシティ社員
初めて観た日本映画	「エノケンのチャッキリ金太」	「肉弾珍勇士」
初めて観た外国映画	「キング・コブラ」	「ジャックと豆の木」
初めて名前を憶えた監督	マキノ雅弘	山本嘉次郎
これで病みつきになった一本	「蛇姫道中」	「裸の町」
いちばん繰り返し観た映画	「天井桟敷の人々」	「ジョルスン物語」
著書	「映画について私が知っている二、三の事柄」 「映画この心のときめき」 「友よ映画よ――わがヌーヴェル・ヴァーグ誌」 その他	「お楽しみはこれからだ」／同「PART2」 「PEOPLE」／同「2」 「倫敦巴里」 その他
共著	「ヒッチコックに進路を取れ」「ビリー・ワイルダー映画読本」（予定）	
肩書	映画評論家	イラストレーター

索引

題名（邦題，原題），公開年，スタッフ・キャスト名の順に記載　㊍日本劇場未公開作品　Ⓣテレビ放映（およびその放映題名）　㊞監督　㊞製作　㊞脚本　㊞原作　㊞原案　㊞出演　㊞特別出演　㊞撮影　㊞照明　Ⓢ特撮　㊞音楽　㊞歌　㊞振付　㊞美術　㊞衣装

愛人（*1953*）　139, 140
㊞市川崑㊞森本薫（「華々しき一族」）㊞越路吹雪，三國連太郎，有馬稲子，岡田茉莉子

愛と喝采の日々
The Turing Point（*1977*）　206
㊞ハーバート・ロス㊞アーサー・ローレンツ㊞アン・バンクロフト，シャーリー・マクレーン，ミハイル・バリシニコフ，レスリー・ブラウン

愛の泉
Three Coins in the Fountain（*1954*）　211
㊞ジーン・ネグレスコ㊞マギー・マクナマラ，ドロシー・マクガイア，ジーン・ピータース，ロッサノ・ブラッツィ，クリフトン・ウェッブ，ルイ・ジュールダン

愛のメモリー　Obsession（*1976*）　292
㊞ブライアン・デ・パルマ㊞ポール・シュレイダー㊞クリフ・ロバートソン，ジュヌヴィエーヴ・ビジョルド

愛のレッスン
En Lektion i Kärlek（*1954*）　96
㊞㊞イングマル・ベルイマン㊞グンナル・ビョルンストランド，エヴァ・ダールベック

赤い河　Red River（*1948*）　41, 45, 240
㊞ハワード・ホークス㊞ジョン・ウェイン，モンゴメリー・クリフト，ジョーン・ドルー，ジョン・アイアランド

赤い靴　The Red Shoes（*1948*）　86
㊞㊞㊞マイケル・パウエル，エメリック・プレスバーガー㊞モイラ・シアラー，アントン・ウォルブルック，マリウス・ゴーリング

赤線地帯（*1956*）　220
㊞溝口健二㊞宮川一夫㊞京マチ子，三益愛子，木暮実千代，若尾文子

悪の花園　Garden of Evil（*1954*）　227
㊞ヘンリー・ハサウェイ㊞チャールズ・ブラケット㊞ゲイリー・クーパー，スーザン・ヘイワード，リチャード・ウィドマーク

悪魔の追跡
Race with the Devil（*1975*）　246
㊞ジャック・スターレット㊞ピーター・フォンダ，ウォーレン・オーツ，ラーラ・パーカー，ロレッタ・スイット

悪魔のようなあなた
Diaboliquement Vôtre（*1967*）　89
㊞ジュリアン・デュヴィヴィエ㊞アラン・ドロン，センタ・バーガー

悪魔のような女
Les Diaboliques（*1955*）　75, 79
㊞アンリ＝ジョルジュ・クルーゾー㊞ボワロー＆ナルスジャック㊞ポール・ムーリッス，シモーヌ・シニョレ，ヴェラ・クルーゾー

悪魔をやっつけろ
Beat the Devil（*1953*）　229
㊞ジョン・ヒューストン㊞トルーマン・カポーティ㊞ハンフリー・ボガート，ジェニファー・ジョーンズ，ジーナ・ロロブリジダ，ロバート・モーレイ

悪名（*1961*）　219
㊞田中徳三㊞今東光㊞依田義賢㊞勝新太郎，田宮二郎，中村玉緒，水谷良重

足ながおじさん
Daddy Long Legs（*1955*）　373
㊞ジーン・ネグレスコ㊞ジーン・ウェブスター㊞フレッド・アステア，レスリー・キャロン

明日の出来事
It Happened Tomorrow（*1944*, ㊍）　101, 102
㊞ルネ・クレール㊞ダドリー・ニコルズ，ル

ネ・クレール(出)ディック・パウエル，リンダ・ダーネル

明日に向って撃て！ Butch Cassidy and the Sundance Kid (*1969*) 123
(監)ジョージ・ロイ・ヒル(出)ポール・ニューマン，ロバート・レッドフォード，キャサリン・ロス

アスファルト・ジャングル
The Asphalt Jungle (*1950*) 230
(監)ジョン・ヒューストン(出)スターリング・ヘイドン，サム・ジャッフェ，ルイス・カルハーン，マリリン・モンロー

アデルの恋の物語
L'Histoire d'Adèle H. (*1975*) 288
(監)フランソワ・トリュフォー(出)イザベル・アジャーニ，ブルース・ロビンソン，シルヴィア・マリオット

あなただけ今晩は
Irma la Douse (*1963*) 40, 177, 228
(監)ビリー・ワイルダー(脚)I・A・L・ダイアモンド，ビリー・ワイルダー(出)ジャック・レモン，シャーリー・マクレーン

アナタハン
The Saga of Anatahan (*1953*) 225
(監)(脚)(撮)ジョゼフ・フォン・スタンバーグ(出)根岸明美，菅沼正，中山昭二，近藤宏

アニー・ホール Annie Hall (*1977*) 174, 176
(監)ウッディ・アレン(出)ウッディ・アレン，ダイアン・キートン

アニーよ銃をとれ
Annie Get Your Gun (*1950*) 49
(監)ジョージ・シドニー(歌)アーヴィング・バーリン(出)ベティ・ハットン，ハワード・キール，ルイス・カルハーン

アパートの鍵貸します
The Apartment (*1960*) 138, 178, 312
(監)ビリー・ワイルダー(脚)I・A・L・ダイアモンド，ビリー・ワイルダー(出)ジャック・レモン，シャーリー・マクレーン，フレッド・マクマレー

アパッチ Apache (*1954*) 211
(監)ロバート・アルドリッチ(出)バート・ランカスター，ジーン・ピータース

アパッチ砦 Fort Apache (*1948*) 248
(監)ジョン・フォード(出)ヘンリー・フォンダ，ジョン・ウェイン，シャーリー・テンプル

乱暴者(あばれもの) The Wild One (*1953*) 379
(監)ラズロ・ベネディク(出)マーロン・ブランド，リー・マーヴィン

アフリカの女王
The African Queen (*1951*) 184
(監)ジョン・ヒューストン(出)ハンフリー・ボガート，キャサリン・ヘプバーン

アマデウス Amadeus (*1984*) 261
(監)ミロス・フォアマン(原)(脚)ピーター・シェーファー(出)F・マーリー・エイブラハム，トム・ハルス

雨に唄えば
Singin' in the Rain (*1952*) 30, 49, 58, 303
(監)(振)ジーン・ケリー，スタンリー・ドーネン(出)ジーン・ケリー，デビー・レイノルズ，ドナルド・オコナー

アメリカ交響楽
Rhapsody in Blue (*1945*) 123
(監)アーヴィング・ラパー(音)ジョージ・ガーシュイン(出)ロバート・アルダ，ジョーン・レスリー，アレクシス・スミス，オスカー・レヴァント

アメリカの夜→映画に愛をこめて　アメリカの夜

嵐の中の青春 I Am a Camera (*1955*) 242
(監)ヘンリー・コーネリアス(原)クリストファー・イシャウッド(出)ジュリー・ハリス，ローレンス・ハーヴェイ，シェリー・ウィンタース

アラスカ珍道中
Road to Utopia (*1946*) 180
[監]ハル・ウォーカー[脚]ノーマン・パナマ，メルヴィン・フランク[出]ビング・クロスビー，ボブ・ホープ，ドロシー・ラムーア

アラビアン・ナイト
Arabian Nights (*1942*) 121
[監]ジョン・ローリンズ[出]サブウ，マリア・モンテス，ジョン・ホール

或る殺人
Anatomy of a Murder (*1959*) 379
[監]オットー・プレミンジャー[音]デューク・エリントン[出]ジェームズ・スチュアート，リー・レミック

暗黒街の顔役 Scarface (*1932*) 149, 296
[監]ハワード・ホークス[原]ベン・ヘクト[出]ポール・ムニ，ジョージ・ラフト，アン・ヴォジャーク

暗黒街の弾痕
You Only Live Once (*1937*) 151, 248
[監]フリッツ・ラング[出]ヘンリー・フォンダ，シルヴィア・シドニー，バートン・マクレーン

暗殺者の家 The Man Who Knew Too Much (*1934*) 283
[監]アルフレッド・ヒッチコック[原]チャールズ・ベネット，D・B・ウィンダム＝ルイス[出]レスリー・バンクス，エドナ・ベスト，ピーター・ローレ

アンダー・カプリコーン→山羊座のもとに

アンリエットの巴里祭
La Fête à Henriette (*1952*) 87, 89
[監]ジュリアン・デュヴィヴィエ[脚]アンリ・ジャンソン，ジュリアン・デュヴィヴィエ[出]ダニー・ロバン，ミシェル・オークレール，ヒルデガルト・クネフ

イージー・ライダー
Easy Rider (*1969*) 246
[監]デニス・ホッパー[製]ピーター・フォンダ[出]ピーター・フォンダ，デニス・ホッパー，ジャック・ニコルソン

イースター・パレード
Easter Parade (*1948*) 48, 49, 58, 60
[監]チャールズ・ウォルターズ[音]アーヴィング・バーリン[出]フレッド・アステア，ジュディ・ガーランド

イヴの総て All About Eve (*1950*) 179, 213
[監][脚]ジョゼフ・L・マンキウィッツ[出]ベティ・デイヴィス，アン・バクスター，ジョージ・サンダース

怒りの河
Bend of the River (*1952*) 198, 203
[監]アンソニー・マン[出]ジェームズ・スチュアート，アーサー・ケネディ，ジュリー・アダムス，ロック・ハドソン

怒りの葡萄
The Grapes of Wrath (*1940*) 248
[監]ジョン・フォード[原]ジョン・スタインベック[出]ヘンリー・フォンダ，ジョン・キャラダイン，ジェーン・ダーウェル

錨を上げて
Anchors Aweigh (*1945*) 56, 57
[監]ジョージ・シドニー[振]ジーン・ケリー，スタンリー・ドーネン[出]ジーン・ケリー，フランク・シナトラ，キャスリン・グレイスン，ホセ・イタービ

生きていた男
Chase a Crooked Shadow (*1958*) 75, 80
[監]マイケル・アンダーソン[脚]デイヴィッド・D・オズボーン，チャールズ・シンクレア[出]リチャード・トッド，アン・バクスター，ハーバート・ロム

生きる (*1952*) 139
[監]黒澤明[出]志村喬，小田切みき，金子信雄，藤原釜足，伊藤雄之助，左卜全，宮口精二

居酒屋兆治 (*1983*) 364

(監)降旗康男(原)山口瞳(出)高倉健，大原麗子，加藤登紀子，池部良

伊豆の踊子（*1974*） 359
(監)西河克己(原)川端康成(撮)萩原憲治(出)山口百恵，三浦友和

一ダースなら安くなる
Cheaper by the Dozen（*1950*） 189, 190
(監)ウォルター・ラング(出)クリフトン・ウェッブ，マーナ・ロイ，ジーン・クレイン

五つの銅貨　The Five Pennies（*1959*） 378
(監)メルヴィル・シェイヴルソン(出)ダニー・ケイ，バーバラ・ベル・ゲデス，ルイ・アームストロング

いつも上天気
It's Always Fair Weather（*1955*） 36, 49
(監)(振)ジーン・ケリー，スタンリー・ドーネン(脚)ベティ・コムデン，アドルフ・グリーン(出)ジーン・ケリー，ダン・デイリー，マイケル・キッド，デヴィッド・バーンズ

愛しのシバよ帰れ
Come Back, Little Sheba（*1952*） 202
(監)ダニエル・マン(原)ウィリアム・インジ(出)シャーリー・ブース，バート・ランカスター，テリー・ムーア

いぬ　Le Doulos（*1963*） 149
(監)(脚)ジャン＝ピエール・メルヴィル(原)ピエール・ルスー(出)ジャン＝ポール・ベルモンド，セルジュ・レジアニ

犬神家の一族（*1976*） 138, 152, 153
(監)市川崑(原)横溝正史(出)石坂浩二，高峰三枝子，あおい輝彦，島田陽子

刺青一代（*1965*） 57
(監)鈴木清順(美)木村威夫(出)高橋英樹，和泉雅子，松尾嘉代，河津清三郎

いろ（*1965*） 222
(監)村山新治(出)梅宮辰夫，緑魔子

彩り河（*1984*） 316
(監)三村晴彦(原)松本清張(出)真田広之，名取裕子

インカ王国の秘宝
Secret of the Inca（*1954*） 262
(監)ジェリー・ホッパー(出)チャールトン・ヘストン，トマス・ミッチェル

インディ・ジョーンズ　魔宮の伝説
Indiana Jones and the Temple of Doom（*1984*） 261, 262
(製)ジョージ・ルーカス(監)スティーヴン・スピルバーグ(出)ハリソン・フォード，ケート・キャプショー，キー・ホイ・クアン

イントレランス　Intolerance（*1916*） 274
(監)D・W・グリフィス(出)リリアン・ギッシュ

ウィンチェスター銃'73
Winchester '73（*1950*） 198, 203, 206
(監)アンソニー・マン(出)ジェームズ・スチュアート，シェリー・ウィンタース，ダン・デュリエ，スティーヴン・マックナリー，ミラード・ミッチェル

ウエスタン　C'era una Volta il West／Once upon a Time in the West（*1969*） 247
(監)セルジオ・レオーネ(出)チャールズ・ブロンソン，クラウディア・カルディナーレ，ジェースン・ロバーズ，ヘンリー・フォンダ

ウエスト・サイド物語
West Side Story（*1961*） 51
(監)ロバート・ワイズ，ジェローム・ロビンズ(原)(振)ジェローム・ロビンズ(出)ナタリー・ウッド，リチャード・ベイマー，ジョージ・チャキリス

ヴェラ・クルス／ベラクルス
Vera Cruz（*1954*） 145
(監)ロバート・アルドリッチ(製)バート・ランカスター，ジェームズ・ヒル(出)ゲイリー・クーパー，バート・ランカスター，シーザー・ロメロ

雨月物語（*1953*） 360
(監)溝口健二(原)上田秋成(出)京マチ子，森雅之，水戸光子，田中絹代

動く標的　Harper（*1966*） 123
(監)ジャック・スマイト(原)ロス・マクドナルド(出)ポール・ニューマン，ローレン・バコール，ジュリー・ハリス，ジャネット・リー，シェリー・ウィンタース，ロバート・ワグナー

失われた週末
The Lost Weekend（*1945*） 38, 105, 178
(監)ビリー・ワイルダー(脚)チャールズ・ブラケット，ビリー・ワイルダー(出)レイ・ミランド，ジェーン・ワイマン，ハワード・ダ・シルヴァ

失われた世界　The Lost World（*1960*） 159
(製)(監)アーウィン・アレン(原)サー・アーサー・コナン・ドイル(出)マイケル・レニー，ジル・セント・ジョン，クロード・レインズ

宇宙原水爆戦 人工衛星Ｘ号
Satellite in the Sky（*1957*） 21
(監)ポール・ディクソン(出)キーロン・ムーア

宇宙戦争
War of the World（*1953*） 15, 16, 155
(監)バイロン・ハスキン(原)H・G・ウェルズ(出)ジーン・バリー，アン・ロビンソン

宇宙への冒険
The Invisible Boy（*1957*） 161
(監)ハーマン・ホフマン(出)フィリップ・アボット，リチャード・アイヤー

裏窓　Rear Window（*1954*）
135, 258, 282, 290, 375, 376
(製)(監)アルフレッド・ヒッチコック(原)コーネル・ウールリッチ(出)ジェームズ・スチュアート，グレース・ケリー，レイモンド・バー

麗しのサブリナ　Sabrina（*1954*） 217
(監)ビリー・ワイルダー(原)サミュエル・テイラー(出)オードリー・ヘプバーン，ハンフリー・ボガート，ウィリアム・ホールデン

美わしのロザリンダ
Oh, Rosalinda!!（*1956*） 86
(製)(監)(脚)マイケル・パウエル，エメリック・プレスバーガー(原)(音)ヨハン・シュトラウス（「こうもり」）(出)アントン・ウォルブルック，リュドミラ・チェリーナ，メル・ファラー

運命の饗宴　Tales of Manhattan（*1942*）
89, 99, 101, 312, 338
(監)ジュリアン・デュヴィヴィエ
第1話(出)シャルル・ボワイエ，リタ・ヘイワース，トマス・ミッチェル
第2話(出)ジンジャー・ロジャース，ヘンリー・フォンダ，シーザー・ロメロ
第3話(出)チャールズ・ロートン，エルザ・ランチェスター，ヴィクトル・フランサン
第4話(出)エドワード・G・ロビンソン，ジョージ・サンダース
第5話(出)ポール・ロブスン，エセル・ウォーターズ，エディ“ロチェスター”アンダーソン

映画に愛をこめて　アメリカの夜
La Nuit américaine／Day for Night（*1973*）
18, 288, 357
(監)(脚)フランソワ・トリュフォー(出)ジャクリーン・ビセット，ジャン＝ピエール・レオー，フランソワ・トリュフォー

栄光の旅路　Fear Strikes Out（*1957*） 188
(監)ロバート・マリガン(出)アンソニー・パーキンス，カール・マルデン

駅馬車　Stagecoach（*1939*） 116
(監)ジョン・フォード(脚)ダドリー・ニコルズ(出)ジョン・ウェイン，クレア・トレヴァー，ジョージ・バンクロフト，トマス・ミッチェル，ジョン・キャラダイン

エクソシスト　The Exorcist（*1973*） 13
(監)ウィリアム・フリードキン(製)(原)ウィリアム・ピーター・ブラッティ(出)マックス・フォン・シドウ，エレン・バースティン，リンダ・ブレア，リー・J・コッブ

越前竹人形（*1963*） 219, 220

(監)吉村公三郎(原)水上勉(出)若尾文子，山下洵一郎，中村鴈治郎，西村晃

エデンの東　East of Eden（*1955*）　130
(監)エリア・カザン(原)ジョン・スタインベック(出)ジェームズ・ディーン，ジュリー・ハリス

エマニエル夫人　Emmanuelle（*1974*）　214
(監)ジュスト・ジャカン(原)エマニエル・アルサン(出)シルヴィア・クリステル，マリカ・グリーン，アラン・キュニー

獲物の分け前　La Curée（*1966*）　250, 252
(監)ロジェ・ヴァディム(原)エミール・ゾラ(衣)タニーヌ・オートレ(出)ジェーン・フォンダ，ミシェル・ピッコリ，ピーター・マッケナリー

エル・ドラド　El Dorado（*1966*）　44, 113
(監)ハワード・ホークス(出)ジョン・ウェイン，ロバート・ミッチャム，ジェームズ・カーン，クリストファー・ジョージ

「エロ事師たち」より　人類学入門（*1966*）　290
(監)今村昌平(原)野坂昭如(出)小沢昭一，坂本スミ子

お熱いのがお好き
Some Like It Hot（*1959*）　177, 214, 228
(監)ビリー・ワイルダー(脚)I・A・L・ダイアモンド，ビリー・ワイルダー(出)ジャック・レモン，マリリン・モンロー，トニー・カーティス

お熱い夜をあなたに　Avanti !（*1972*）　177
(監)ビリー・ワイルダー(脚)I・A・L・ダイアモンド，ビリー・ワイルダー(出)ジャック・レモン，ジュリエット・ミルズ

お岩の亡霊→怪談お岩の亡霊

黄金　The Treasure of the Sierra Madre（*1948*）　151, 228, 230, 262
(監)(脚)ジョン・ヒューストン(出)ハンフリー・ボガート，ウォルター・ヒューストン，ティム・ホルト，バートン・マクレーン，アルフォンゾ・ベドヤ

黄金狂時代→チャップリンの黄金狂時代

黄金の腕　The Man with the Golden Arm（*1955*）　379
(監)オットー・プレミンジャー(出)フランク・シナトラ，エリノア・パーカー，キム・ノヴァク

黄金のランデブー
Golden Rendezvous（*1978*）　218
(監)アシュリー・ラザラス(原)アリステア・マクリーン(出)リチャード・ハリス，アン・ターケル，ドロシー・マローン

王になろうとした男　The Man Who Would Be King（*1975*）　110, 230
(監)ジョン・ヒューストン(原)ラドヤード・キプリング(出)ショーン・コネリー，マイケル・ケイン

大いなる幻影
La Grande Illusion（*1937*）　94, 95
(監)ジャン・ルノワール(出)ジャン・ギャバン，ピエール・フレネー，エーリッヒ・フォン・シュトロハイム

大いなる神秘 第１部・王城の掟　Der Tiger von Eschnapur／**第２部・情炎の砂漠**　Das Indische Grabmal（*1959*）　225
(監)フリッツ・ラング(出)パウル・フープシュミット，デブラ・パジェット

狼は天使の匂い　La Course du lièvre à travers les champs／And Hope to Die（*1972*）　234
(監)ルネ・クレマン(脚)セバスチャン・ジャプリゾ(出)ロバート・ライアン，ジャン＝ルイ・トランティニャン，レア・マッサリ

OK牧場の決斗　Gunfight at the O.K. Corral（*1957*）　117, 118, 313
(監)ジョン・スタージェス(脚)レオン・ユリス(出)バート・ランカスター，カーク・ダグラス，ロンダ・フレミング，ジョン・アイアランド，

デニス・ホッパー，アール・ホリマン

オーシャンと11人の仲間
Ocean's Eleven（*1960*） 205
[監]ルイス・マイルストン[出]フランク・シナトラ，ディーン・マーティン，サミー・デイヴィス・ジュニア，アンジー・ディッキンソン，リチャード・コンテ

丘の風車 The Old Mill（*1937*） 125
[製]ウォルト・ディズニー[監]ウィルフレッド・ジャクソン

奥様は魔女 I Married a Witch（*1942*） 101
[監]ルネ・クレール[出]フレドリック・マーチ，ヴェロニカ・レイク

オクラホマ！
Oklahoma!（*1955*） 51, 239, 241
[監]フレッド・ジンネマン[出]ゴードン・マクレー，シャーリー・ジョーンズ

オクラホマ・キッド
The Oklahoma Kid（*1939*） 115
[監]ロイド・ベーコン[出]ジェームズ・キャグニー，ローズマリー・レーン，ドナルド・クリスプ，ハンフリー・ボガート

夫が見た→「女の小箱」より 夫が見た

男たち The Men（*1950*, Ⓣ） 236
[監]フレッド・ジンネマン[脚]カール・フォアマン[出]マーロン・ブランド，テレサ・ライト

男の顔は履歴書（*1966*） 329
[監]加藤泰[出]安藤昇，伊丹一三，中原早苗，真理明美

男は愛嬌→喜劇・男は愛嬌

男はつらいよ 寅次郎夕焼け小焼け（*1976*） 199
[監][原]山田洋次[出]渥美清，太地喜和子，宇野重吉，岡田嘉子，倍賞千恵子

大人は判ってくれない
Les Quatre Cents Coups（*1959*） 123
[監]フランソワ・トリュフォー[出]ジャン＝ピエール・レオー，アルベール・レミー

踊る結婚式
You'll Never Get Rich（*1948*） 373
[監]シドニー・ランフィールド[出]フレッド・アステア，リタ・ヘイワース

踊る大紐育 On the Town（*1949*） 30, 49
[監][振]ジーン・ケリー，スタンリー・ドーネン[脚]ベティ・コムデン，アドルフ・グリーン[出]ジーン・ケリー，フランク・シナトラ，ジュールズ・マンシン，アン・ミラー，ヴェラ＝エレン

汚名 Notorious（*1946*）
129, 136, 183, 277, 280, 293, 375
[監]アルフレッド・ヒッチコック[脚]ベン・ヘクト[出]ケイリー・グラント，イングリッド・バーグマン，クロード・レインズ

想い出 Act of Love（*1954*） 225
[監]アナトール・リトヴァク[出]カーク・ダグラス，ダニー・ロバン，ブリジット・バルドー

オリエント急行殺人事件 Murder on the Orient Express（*1974*） 153, 198
[監]シドニー・ルメット[出]アルバート・フィニー，イングリッド・バーグマン，ローレン・バコール，リチャード・ウィドマーク，ショーン・コネリー，ジャクリーン・ビセット

オルカ Orca（*1977*） 158
[監]マイケル・アンダーソン[出]リチャード・ハリス，シャーロット・ランプリング

オルフェの遺言
Le Testament d'Orphée（*1960*） 裏カバー
[監][脚]ジャン・コクトー[出]ジャン・コクトー，エドゥアール・デルミット，マリア・カザレス，フランソワ・ペリエ，ジャン・マレエ

折れた矢 Broken Arrow（*1950*） 203, 225
[監]デルマー・デイヴィス[出]ジェームズ・スチュアート，ジェフ・チャンドラー，デブラ・

パジェット

折れた槍　Broken Lance (*1954*)　209
[監]エドワード・ドミトリク[出]スペンサー・トレイシー，ロバート・ワグナー，リチャード・ウィドマーク

俺は善人だ
The Whole Town's Talking (*1935*)　90
[監]ジョン・フォード[出]エドワード・G・ロビンソン，ジーン・アーサー

お若いデス
You're Never Too Young (*1955*)　168
[監]ノーマン・タウログ[出]ジェリー・ルイス，ディーン・マーティン，レイモンド・バー

女海賊アン
Anne of the Indies (*1951*)　211
[監]ジャック・ターナー[出]ジーン・ピータース，ルイ・ジュールダン

女だけの都
La Kermesse héroïque (*1935*)　96
[監]ジャック・フェデル[出]フランソワーズ・ロゼー，ジャン・ミュラ，ルイ・ジューヴェ

女の一生　Une vie (*1958*)　224
[監]アレクサンドル・アストリュック[原]ギー・ド・モーパッサン[出]マリア・シェル，クリスチャン・マルカン，アントネラ・ルアルディ，パスカル・プティ

「女の小箱」より　夫が見た (*1964*)　219
[監]増村保造[出]若尾文子，田宮二郎，岸田今日子

女は男のふるさとヨ→喜劇・女は男のふるさとヨ

女は度胸→喜劇・女は度胸

カーネギー・ホール
Carnegie Hall (*1947*)　373
[監]エドガー・G・ウルマー[出]マーシャ・ハント，アルトゥール・ルビンスタイン，レオポルド・ストコフスキー，ハリー・ジェイムズ

海外特派員　Foreign Correspondent (*1940*)
276, 352, 353, 375
[監]アルフレッド・ヒッチコック[出]ジョエル・マクリー，ラレイン・デイ，ハーバート・マーシャル

怪獣ウラン　X the Unknown (*1956*)　16
[監]レスリー・ノーマン[出]ディーン・ジャガー

海賊バラクーダ
The Spanish Main (*1945*)　193
[監]フランク・ボザーギ[出]ポール・ヘンリード，モーリン・オハラ，ウォルター・スレザック

怪談お岩の亡霊 (*1961*)　148
[監][脚]加藤泰[原]鶴屋南北[出]若山富三郎，近衛十四郎，桜町弘子，藤代佳子

回転木馬　Carousel (*1956*)　51
[監]ヘンリー・キング[出]ゴードン・マクレー，シャーリー・ジョーンズ

快盗ルビイ (*1988*)　352, 357, 364
[監][脚]和田誠[原]ヘンリイ・スレッサー[出]小泉今日子，真田広之

画家とモデル
Artists and Models (*1955*)　218
[監][脚]フランク・タシュリン[出]ジェリー・ルイス，ディーン・マーティン，ドロシー・マローン，シャーリー・マクレーン

隠し砦の三悪人 (*1958*)　306
[監]黒澤明[出]三船敏郎，千秋実，藤原釜足，上原美佐，藤田進

革命児サパタ　Viva Zapata (*1952*)　211
[監]エリア・カザン[脚]ジョン・スタインベック[出]マーロン・ブランド，ジーン・ピータース，ジョゼフ・ワイズマン，アンソニー・クイン

火刑の部屋
La Chambre ardente (*1962*)　89
[監]ジュリアン・デュヴィヴィエ[原]ジョン・デ

ィクスン・カー(出)ナジャ・ティラー，ジャン＝クロード・ブリアリ

カサブランカ
Casablanca（*1942*） 115, 296, 372
(監)マイケル・カーティス(出)ハンフリー・ボガート，イングリッド・バーグマン，ポール・ヘンリード，クロード・レインズ

華氏451 Fahrenheit 451（*1966*） 269
(監)フランソワ・トリュフォー(原)レイ・ブラッドベリ(出)オスカー・ウェルナー，ジュリー・クリスティ

火星地球を攻撃す Flash Gordon's Trip to Mars（*1938*） 10, 11, 22
(監)フォード・ビーブ，ロバート・ヒル(原)アレックス・レイモンド(出)バスター・クラブ

風と共に去りぬ
Gone with the Wind（*1939*） 110
(監)ヴィクター・フレミング(出)クラーク・ゲーブル，ヴィヴィアン・リー，レスリー・ハワード，オリヴィア・デ・ハヴィランド

風と共に散る
Written on the Wind（*1956*） 218
(監)ダグラス・サーク(出)ローレン・バコール，ロック・ハドソン，ロバート・スタック，ドロシー・マローン

学校（*1993*） 349
(監)山田洋次(照)熊谷秀夫(出)西田敏行，田中邦衛，萩原聖人，中江有里，裕木奈江

勝手にしやがれ
À bout de souffle（*1960*） 296, 裏カバー
(監)(脚)ジャン＝リュック・ゴダール(案)フランソワ・トリュフォー(出)ジャン＝ポール・ベルモンド，ジーン・セバーグ(特)ジャン＝ピエール・メルヴィル

カプリコン・1
Capricorn One（*1977*） 204
(監)(脚)ピーター・ハイアムズ(出)ジェームズ・ブローリン，エリオット・グールド

剃刀の刃 The Razor's Edge（*1946*） 192
(監)エドマンド・グールディング(原)サマセット・モーム(出)ジーン・ティアニー，アン・バクスター，タイロン・パワー，ジョン・ペイン，クリフトン・ウェッブ

かも（*1965*） 222
(監)関川秀雄(出)梅宮辰夫，緑魔子

ガリヴァー旅行記
Gulliver's Travels（*1939*） 126
(製)マックス・フライシャー(監)デイヴ・フライシャー

カリブの嵐 The Scarlet Buccaneer／Swashbuckler（*1976*） 113
(監)ジェームズ・ゴールドストーン(出)ロバート・ショウ，ジュヌヴィエーヴ・ビュジョルド

ガルシアの首 Bring Me Head of Alfredo Garcia（*1974*） 35
(監)サム・ペキンパー(出)ウォーレン・オーツ，イセラ・ベガ，ギグ・ヤング，ロバート・ウェバー

カルメン故郷に帰る（*1951*） 380
(監)(脚)木下惠介(音)木下忠司，黛敏郎(出)高峰秀子，小林トシ子，望月優子

華麗なるギャツビー
The Great Gatsby（*1974*） 260
(監)ジャック・クレイトン(原)F・スコット・フィッツジェラルド(出)ロバート・レッドフォード，ミア・ファロー

可愛い配当
Father's Little Dividend（*1951*） 189
(監)ヴィンセント・ミネリ(出)スペンサー・トレイシー，エリザベス・テイラー，ドン・テイラー，ジョーン・ベネット

カンカン Can-Can（*1960*） 50, 151
(監)ウォルター・ラング(歌)コール・ポーター(出)フランク・シナトラ，シャーリー・マクレーン，モーリス・シュヴァリエ

歓呼の球場
The Kid from Cleveland（*1949*） 188
（監）ハーバート・クライン（出）ラス・タンブリン，ジョージ・ブレント

雁の寺（*1962*） 219
（監）川島雄三（原）水上勉（出）若尾文子，三島雅夫，高見国一，木村功，中村鴈治郎

がんばれ！ベアーズ
The Bad News Bears（*1976*） 186, 189, 199
（監）マイケル・リチー（脚）ビル・ランカスター（出）ウォルター・マッソー，テイタム・オニール

キー・ラーゴ Key Largo（*1948*） 230
（監）ジョン・ヒューストン（原）マックスウェル・アンダーソン（脚）リチャード・ブルックス，ジョン・ヒューストン（出）ハンフリー・ボガート，ローレン・バコール，エドワード・G・ロビンソン

喜劇・男は愛嬌（*1970*） 223
（監）森﨑東（出）渥美清，倍賞美津子，沖山秀子，寺尾聡，花沢徳衛

喜劇・女は男のふるさとヨ（*1971*） 223
（監）森﨑東（出）森繁久彌，中村メイコ，倍賞美津子，緑魔子，河原崎長一郎

喜劇・女は度胸（*1969*） 223
（監）森﨑東（出）渥美清，倍賞美津子，沖山秀子，清川虹子，花沢徳衛

危険がいっぱい
Les félins／The Lave Cage（*1964*） 250
（監）ルネ・クレマン（出）アラン・ドロン，ジェーン・フォンダ，ローラ・オルブライト

危険な関係
Les Liaisons Dangereuses（*1959*） 379
（監）（脚）ロジェ・ヴァディム（原）ピエール・ショデルロ・ド・ラクロ（音）セロニアス・モンク，バルネ・ウィラン他（出）ジェラール・フィリップ，ジャンヌ・モロー

ギター弾きの恋
Sweet and Lowdown（*1999*） 382
（監）（脚）ウディ（ウッディ）・アレン（音）ディック・ハイマン（出）ショーン・ペン，サマンサ・モートン

北ホテル Hôtel du Nord（*1938*） 92
（監）マルセル・カルネ（出）ルイ・ジューヴェ，アナベラ，アルレッティ，ジャン＝ピエール・オーモン

キッスで殺せ
Kiss Me Deadly（*1955*） 263
（監）ロバート・アルドリッチ（原）ミッキー・スピレイン（出）ラルフ・ミーカー，ギャビー・ロジャース

絹の靴下 Silk Stockings（*1957*） 49, 50
（監）ルーベン・マムーリアン（出）シド・シャリッス（チャリシー），フレッド・アステア

気分を出してもう一度 Voulez-vous danser avec moi？（*1959*） 213, 216
（監）ミシェル・ボワロン（出）ブリジット・バルドー，アンリ・ヴィダル，ドーン・アダムス

君も出世ができる（*1964*） 379
（監）須川栄三（音）黛敏郎（出）フランキー堺，雪村いづみ，高島忠夫

君よ憤怒（ふんど）の河を渉れ（*1976*） 223
（監）佐藤純彌（原）西村寿行（出）高倉健，原田芳雄，中野良子，倍賞美津子

逆転 The Prize（*1963*） 374
（監）マーク・ロブスン（原）アーヴィング・ウォレス（脚）アーネスト・レーマン（出）ポール・ニューマン，エドワード・G・ロビンソン，エルケ・ソマー

彼奴（きゃつ）は顔役だ！
The Roaring Twenties（*1939*） 277, 379
（監）ラオール・ウォルシュ（出）ジェームズ・キャグニー，ハンフリー・ボガート，プリシラ・レイン

彼奴（きゃつ）を殺（け）せ

Un témoin dans la ville (*1959*) 379
[監]エドゥアール・モリナロ[音]バルネ・ウィラン[出]リノ・ヴァンチュラ，ジャック・ベルティエ，サンドラ・ミーロ，フランコ・ファブリッツィ

キャバレー Cabaret (*1972*) 34
[監]ボブ・フォッシー[出]ライザ・ミネリ，マイケル・ヨーク，ジョエル・グレイ

キャメロット Camelot (*1967*) 50
[監]ジョシュア・ローガン[出]リチャード・ハリス，ヴァネッサ・レッドグレーヴ，フランコ・ネロ

キャリー Carrie (*1976*) 292
[監]ブライアン・デ・パルマ[原]スティーヴン・キング[出]シシー・スペイセク，パイパー・ローリー

吸血鬼ドラキュラ Dracula (*1958*) 172, 297
[監]テレンス・フィッシャー[原]ブラム・ストーカー[出]クリストファー・リー，ピーター・カッシング

吸血ゾンビ
The Plague of the Zombies (*1966*) 172
[監]ジョン・ギリング[出]アンドレ・モレル

牛乳屋→ダニー・ケイの牛乳屋

教授と美女 Ball of Fire (*1941*) 369, 370
[監]ハワード・ホークス[脚]チャールズ・ブラケット，ビリー・ワイルダー[出]ゲイリー・クーパー，バーバラ・スタンウィック，ダナ・アンドリュース

恐怖の報酬
Le Salaire de la Peur (*1953*) 31
[監]アンリ＝ジョルジュ・クルーゾー[出]イヴ・モンタン，シャルル・ヴァネル，フォルコ・ルリ，ペーター・ファン・アイク，ヴェラ・クルーゾー

恐怖のメロディ
Play Misty for Me (*1971*) 295
[監]クリント・イーストウッド[原]ジョー・ヘイムズ[出]クリント・イーストウッド，ジェシカ・ウォルター

恐怖のワニ人間
The Alligator People (*1959*, Ⓣ) 163
[監]ロイ・デル・ルース[出]ビヴァリー・ガーランド，ロン・チャニー・ジュニア，ブルース・ベネット

巨人ゴーレム Le Golem (*1936*) 88
[監]ジュリアン・デュヴィヴィエ[出]アリ・ボール，ロジェ・カルル，ジェルメーヌ・オーセ

巨星ジーグフェルド
The Great Ziegfeld (*1936*) 30
[監]ロバート・Z・レナード[出]ウィリアム・パウエル，ルイゼ・ライナー，マーナ・ロイ，フランク・モーガン

霧の夜の戦慄
The Upturned Glass (*1947*) 103, 104
[監]ローレンス・ハンティントン[原]ジョン・P・モナハン[製]ジェームズ・メイスン[出]ジェームズ・メイスン，ロザムンド・ジョン，パメラ・ケリノ，モアランド・グレアム

霧の夜の戦慄 Jack the Ripper (*1959*) 104
[監]ロバート・S・ベイカー，モンティ・バーマン[脚]ジミー・サングスター[出]リー・パターソン，エディ・バーン

疑惑の影 Shadow of a Doubt (*1943*) 131
[監]アルフレッド・ヒッチコック[脚]ソーントン・ワイルダー他[出]ジョゼフ・コットン，テレサ・ライト

キング・オブ・ジャズ
King of Jazz (*1930*) 378
[監]ジョン・マレイ・アンダーソン[出]ポール・ホワイトマン，ジョン・ボールズ，ビング・クロスビー

キング・コング King Kong (*1933*) 156, 157
[監]メリアン・C・クーパー，アーネスト・B・シェードザックⓈウィリス・オブライエン

[出]フェイ・レイ，ロバート・アームストロング，ブルース・キャボット

キングコング King Kong (*1976*) 157, 158
[監]ジョン・ギラーミン[出]ジェシカ・ラング，ジェフ・ブリッジス

禁断の惑星 Forbidden Planet (*1956*) 161
[監]フレッド・M・ウィルコックス[出]ウォルター・ピジョン，アン・フランシス，レスリー・ニールセン

銀嶺セレナーデ
Sun Valley Serenade (*1941*) 60
[監]H・ブルース・ハンバーストン[出]ソニア・ヘニー，ジョン・ペイン

くたばれ！ヤンキース
Damn Yankees (*1958*) 53, 188
[監]スタンリー・ドーネン，ジョージ・アボット[振]ボブ・フォッシー[出]グウェン・ヴァードン，タブ・ハンター，レイ・ウォルストン，ロバート・シェイファー

暗くなるまでこの恋を
La Sirène du Mississipi (*1969*) 287, 376
[監]フランソワ・トリュフォー[原]ウィリアム・アイリッシュ[出]カトリーヌ・ドヌーヴ，ジャン＝ポール・ベルモンド

狂った本能
L'Île du Bout du Monde (*1959*) 213
[監]エドモン・T・グレヴィル[出]クリスチャン・マルカン，ドーン・アダムス，ロッサナ・ポデスタ，マガリ・ノエル

狂へる悪魔 The Strange Case of Dr. Jekyll and Mr. Hyde (*1920*) 164
[監]ジョン・S・ロバートソン[原]ロバート・ルイス・スティーヴンソン[出]ジョン・バリモア，ニタ・ナルディ，ルイス・ウォルハイム

グレン・ミラー物語 The Glenn Miller Story (*1954*) 149, 173, 198, 200, 368, 374, 380
[監]アンソニー・マン[出]ジェームズ・スチュアート，ジューン・アリスン，ハリー・モーガン，バートン・マクレーン[特]ベン・ポラック，ルイ・アームストロング，ライオネル・ハンプトン

黒い絨毯
The Naked Jungle (*1954*) 263
[製]ジョージ・パル[監]バイロン・ハスキン[出]チャールトン・ヘストン，エレノア・パーカー

黒い罠 Touch of Evil (*1958*) 124
[監][脚]オーソン・ウェルズ[撮]ラッセル・メティ[出]チャールトン・ヘストン，オーソン・ウェルズ，ジャネット・リー，エイキム・タミロフ

黒水仙 Black Narcissus (*1947*) 86
[製][監][脚]マイケル・パウエル，エメリック・プレスバーガー[原]ルーマ・ゴッデン[出]デボラ・カー，デヴィッド・ファラー，ジーン・シモンズ

黒薔薇昇天 (*1975*) 290
[監][脚]神代辰巳[原]藤本義一[出]谷ナオミ，岸田森，芹明香

激突！ Duel (*1971*) 24
[監]スティーヴン・スピルバーグ[原][脚]リチャード・マシスン[出]デニス・ウィーヴァー

下宿人 The Lodger (*1927*, [未]) 57
[監]アルフレッド・ヒッチコック[出]イヴォー・ノヴェロ，ジューン・メリー・オールト

血闘（スカラムーシュ）
Scaramouche (*1952*) 374
[監]ジョージ・シドニー[出]スチュワート・グレンジャー，メル・ファーラー，ジャネット・リー

けんかえれじい (*1966*) 141, 222
[監]鈴木清順[原]鈴木隆[脚]新藤兼人[出]高橋英樹，川津祐介，浅野順子，松尾嘉代

原子人間
The Quatermass Xperiment (*1955*) 162
[監]ヴァル・グェスト[出]ブライアン・ドンレヴ

ィ，リチャード・ワーズワース

拳銃往来 Station West (*1948*) 115
[監]シドニー・ランフィールド[出]ディック・パウエル，ジェーン・グリア，アグネス・ムーアヘッド

拳銃の報酬 Odds Against Tomorrow (*1959*) 234, 235, 379
[監]ロバート・ワイズ[出]ロバート・ライアン，ハリー・ベラフォンテ，シェリー・ウィンタース，エド・ベグリー

拳銃の町 Tall in the Saddle (*1944*) 240
[監]エドウィン・L・マリン[出]ジョン・ウェイン，エラ・レインズ，ワード・ボンド

拳銃無宿
Angel and the Badman (*1947*) 115, 211
[監][脚]ジェームズ・エドワード・グラント[製]ジョン・ウェイン[出]ジョン・ウェイン，ゲイル・ラッセル

現金に体を張れ The Killing (*1956*) 104
[監][脚]スタンリー・キューブリック[原]ライオネル・ホワイト[出]スターリング・ヘイドン，コーリン・グレイ，エリシャ・クック・ジュニア

恋路 Une Histoire d'Amour (*1951*) 97
[監]ギー・ルフラン[出]ルイ・ジューヴェ，ダニー・ロバン，ダニエル・ジェラン

恋のエチュード Les Deux Anglaises et le Continent (*1971*) 288
[監]フランソワ・トリュフォー[原]アンリ＝ピエール・ロシェ[出]ジャン＝ピエール・レオー，キカ・マーカム，ステーシー・テンデター

恋の大冒険 (*1970*) 137
[監]羽仁進[美]和田誠[出]ピンキー（今陽子）とキラーズ，前田武彦

恋の手ほどき Gigi (*1958*) 49
[監]ヴィンセント・ミネリ[原]コレット（「ジジ」）[出]レスリー・キャロン，ルイ・ジュールダン，モーリス・シュヴァリエ

恋は青空の下 Riding High (*1950*) 40
[監]フランク・キャプラ[出]ビング・クロスビー，コーリン・グレイ，チャールズ・ビックフォード

恋人よ帰れ！わが胸に
The Fortune Cookie (*1966*) 177
[監]ビリー・ワイルダー[脚]I・A・L・ダイアモンド，ビリー・ワイルダー[出]ジャック・レモン，ウォルター・マッソー，ジュディ・ウェスト

皇太子の初恋
The Student Prince (*1954*) 212
[監]リチャード・ソープ[原]ウィルヘルム・マイアー・フェルスター（「アルト・ハイデルベルク」）[音]シグムンド・ロンバーグ[歌]マリオ・ランザ[出]エドマンド・パーダム，アン・ブライス，ベタ・セント・ジョン

皇帝円舞曲
The Emperor Waltz (*1948*) 40, 105
[監]ビリー・ワイルダー[脚]チャールズ・ブラケット，ビリー・ワイルダー[出]ビング・クロスビー，ジョーン・フォンテーン

荒野の女たち 7 Women (*1965*) 206
[監]ジョン・フォード[出]アン・バンクロフト，スー・リオン，マイク・マズルキ，マーガレット・レイトン

荒野の決闘
My Darling Clementine (*1946*) 116-118, 247
[監]ジョン・フォード[出]ヘンリー・フォンダ，ヴィクター・マチュア，リンダ・ダーネル，ウォルター・ブレナン，キャシー・ダウンズ，ジョン・アイアランド，ティム・ホルト

荒野を歩け
Walk on the Wild Side (*1962*) 249
[監]エドワード・ドミトリク[出]ローレンス・ハーヴェイ，アン・バクスター，キャプシーヌ，ジェーン・フォンダ

コールガール　Klute（*1971*）　253
[監]アラン・J・パクラ[出]ジェーン・フォンダ，ドナルド・サザーランド

黒衣の花嫁
La mariée était en noir（*1968*）　287, 376
[監]フランソワ・トリュフォー[原]コーネル・ウールリッチ（ウィリアム・アイリッシュ）[出]ジャンヌ・モロー，ジャン＝クロード・ブリアリ，シャルル・デネル

国民の創生
The Birth of a Nation（*1915*）　273
[監]D・W・グリフィス[出]リリアン・ギッシュ，ヘンリー・B・ウォルソール，エルマー・クリフトン，ミリアム・クーパー

地上より永遠に（ここ・とわ）
From Here to Eternity（*1953*）　236, 239, 381
[監]フレッド・ジンネマン[出]バート・ランカスター，デボラ・カー，モンゴメリー・クリフト，フランク・シナトラ，ドナ・リード

こころ（*1955*）　152
[監]市川崑[原]夏目漱石[出]森雅之，安井昌二，新珠三千代

腰抜け二挺拳銃
The Paleface（*1948*）　60, 120
[監]ノーマン・Z・マクロード[脚]エドマンド・ハートマン，フランク・タシュリン[出]ボブ・ホープ，ジェーン・ラッセル

ゴジラ（*1954*）　155
[監]本多猪四郎[S]円谷英二[出]宝田明，河内桃子，平田昭彦

ゴッドファーザー
The Godfather（*1972*）　108, 205
[監]フランシス・フォード・コッポラ[出]マーロン・ブランド，ジェームズ・カーン，アル・パチーノ，リチャード・コンテ

コットンクラブ
The Cotton Club（*1984*）　382
[監]フランシス・フォード・コッポラ[出]リチャード・ギア，グレゴリー・ハインズ，ダイアン・レイン

五本の指　5 Fingers（*1952*）　228
[監]ジョゼフ・L・マンキウィッツ[出]ジェームズ・メイスン，ダニエル・ダリュー

小間使の日記　The Diary of a Chambermaid（*1946*, [未]）　101
[監]ジャン・ルノワール[原]オクターヴ・ミルボー[出]ポーレット・ゴダード，バージェス・メレディス，ハード・ハットフィールド

コルドリエ博士の遺言　Le Testament du Docteur Cordelier（*1959*, [未]）　165
[監][脚]ジャン・ルノワール[原]ロバート・ルイス・スティーヴンソン[出]ジャン＝ルイ・バロー，ミシュリーヌ・ギャリ，ミシェル・ヴィトルド

殺しのドレス
Dressed to Kill（*1980*）　290, 292
[監][脚]ブライアン・デ・パルマ[出]マイケル・ケイン，アンジー・ディキンソン，ナンシー・アレン

怖がる人々（*1994*）　338, 341, 357, 358, 363
[監][脚]和田誠[原]椎名誠，日影丈吉，筒井康隆，平山蘆花[撮]前田米造[出]真田広之，原田美枝子，熊谷真実，斎藤晴彦，小林薫，渡辺えり子

コンチネンタル
The Gay Divorcee（*1934*）　373
[監]マーク・サンドリッチ[出]フレッド・アステア，ジンジャー・ロジャース

コンドル
Only Angels Have Wings（*1939*）　47
[製][原][監]ハワード・ホークス[出]ケイリー・グラント，ジーン・アーサー，リタ・ヘイワース

サイコ　Psycho（*1960*）　275, 290, 292, 297
[製][監]アルフレッド・ヒッチコック[原]ロバート・ブロック[出]アンソニー・パーキンス，ヴェラ・マイルズ，ジャネット・リー

最後の銃撃　The Last Hunt（*1956*）　225
[監]リチャード・ブルックス[出]ロバート・テイラー，スチュアート・グレンジャー，デブラ・パジェット

サイレント・ムービー
Silent Movie（*1976*）　173, 289
[監]メル・ブルックス[出]メル・ブルックス，マーティ・フェルドマン，アン・バンクロフト

サウンド・オブ・ミュージック
The Sound of Music（*1965*）　51
[監]ロバート・ワイズ[出]ジュリー・アンドリュース，クリストファー・プラマー

砂塵　Destry Rides Again（*1939*）　203
[監]ジョージ・マーシャル[出]ジェームズ・スチュアート，マレーネ・ディートリッヒ，ブライアン・ドンレヴィ

さすらいのカウボーイ
The Hired Hand（*1971*）　246
[監]ピーター・フォンダ[出]ピーター・フォンダ，ウォーレン・オーツ，ヴェルナ・ブルーム

さすらいの航海
Voyage of the Damned（*1976*）　31
[監]スチュアート・ローゼンバーグ[出]フェイ・ダナウェイ，オスカー・ウェルナー，キャサリン・ロス

さすらいの二人　Professione: reporter／The Passenger（*1975*）　281
[監]ミケランジェロ・アントニオーニ[撮]ルチアーノ・トヴォリ[出]ジャック・ニコルソン，マリア・シュナイダー

殺人狂想曲
L'Homme à l'imperméable（*1957*）　89
[監]ジュリアン・デュヴィヴィエ[原]ジェームズ・ハドリー・チェイス[出]フェルナンデル，ベルナール・ブリエ

ザッツ・エンタテイメント Part2
That's Entertainment Part2（*1976*）　48
[監]ジーン・ケリー[特]ジーン・ケリー，フレッド・アステア

ザッツ・エンタテインメント
That's Entertainment!（*1974*）　24, 48, 55, 122
[製][監][脚]ジャック・ヘイリー・ジュニア[特]ジーン・ケリー，フレッド・アステア，フランク・シナトラ，エリザベス・テイラー

座頭市海を渡る（*1966*）　110
[監]池広一夫[脚]新藤兼人[出]勝新太郎，安田道代，三島雅夫，山形勲

座頭市兇状旅（*1963*）　143
[監]田中徳三[脚]犬塚稔，星川清司[出]勝新太郎，高田美和，安部徹

座頭市喧嘩旅（*1963*）　143, 145
[監]安田公義[脚]犬塚稔[出]勝新太郎，藤村志保，島田竜三，沢村宗之助

座頭市千両首（*1964*）　143, 145
[監]池広一夫[脚]浅井昭三郎，太田昭和[出]勝新太郎，坪内ミキ子，島田正吾，城健三朗

座頭市物語（*1962*）　142
[監]三隅研次[原]子母沢寛[脚]犬塚稔[出]勝新太郎，天知茂，万里昌代

砂糖菓子が壊れるとき（*1967*）　218
[監]今井正[原]曾野綾子[脚]橋田壽賀子[出]若尾文子，田村高廣，船越英二，津川雅彦

真田幸村の謀略（*1979*）　363
[監]中島貞夫[出]松方弘樹，萬屋錦之介，片岡千恵蔵

砂漠の鬼将軍　The Desert Fox（*1951*）　119
[監]ヘンリー・ハサウェイ[脚]ナナリー・ジョンソン[出]ジェームズ・メイスン，サー・セドリック・ハードウィック

ザ・メン→男たち

猿の惑星
Planet of the Apes（*1968*）　75, 82, 143
[監]フランクリン・J・シャフナー[出]チャール

トン・ヘストン，キム・ハンター，リンダ・ハリソン

サン・アントニオ　San Antonio（*1945*）193
[監]デヴィッド・バトラー，ロバート・フローレイ[出]エロール・フリン，ヴィクトル・フランサン

山河遙かなり　The Search（*1948*）　236
[監]フレッド・ジンネマン[出]モンゴメリー・クリフト，ヤルミラ・ノヴォトナ，イワン・ヤンドル

三十九夜　The 39 Steps（*1935*）　128, 279
[監]アルフレッド・ヒッチコック[出]ロバート・ドーナット，マデリン・キャロル，ウィリー・ワトスン

三銃士
The Three Musketeers（*1948*）　59, 81
[監]ジョージ・シドニー[原]アレクサンドル・デュマ[出]ジーン・ケリー，ジューン・アリスン，ラナ・ターナー，ヴァン・ヘフリン，ヴィンセント・プライス

三銃士
The Three Musketeers（*1973*）　113
[監]リチャード・レスター[原]アレクサンドル・デュマ[出]マイケル・ヨーク，オリヴァー・リード，チャールトン・ヘストン，フェイ・ダナウェイ，ラクエル・ウェルチ

サンセット大通り
Sunset Boulevard（*1950*）　105, 178, 179
[監]ビリー・ワイルダー[脚]チャールズ・ブラケット，ビリー・ワイルダー[出]ウィリアム・ホールデン，グロリア・スワンソン，エーリッヒ・フォン・シュトロハイム

幸福（しあわせ）の黄色いハンカチ（*1977*）　34
[監]山田洋次[出]高倉健，倍賞千恵子，武田鉄矢，桃井かおり

GIブルース　G.I. Blues（*1960*）　51
[監]ノーマン・タウログ[出]エルヴィス・プレスリー，ジュリエット・プラウズ

ジーグフェルド・フォリーズ
Ziegfeld Follies（*1946*）　55
[監]ヴィンセント・ミネリ[製]アーサー・フリード[出]フレッド・アステア，ルシル・ボール，ジュディ・ガーランド，エスター・ウィリアムズ，ジーン・ケリー，ウィリアム・パウエル，シド・シャリッス（チャリシー）

シェーン　Shane（*1953*）　265
[監]ジョージ・スティーヴンズ[出]アラン・ラッド，ヴァン・ヘフリン，ジーン・アーサー

ジェキル博士とハイド氏
Dr. Jekyll and Mr. Hyde（*1941*）　151, 164
[監]ヴィクター・フレミング[原]ロバート・ルイス・スティーヴンソン[出]スペンサー・トレイシー，イングリッド・バーグマン，ラナ・ターナー，バートン・マクレーン

シェナンドー河　Shenandoah（*1965*）　203
[監]アンドリュー・V・マクラグレン[出]ジェームズ・スチュアート，グレン・コーベット，パトリック・ウェイン，キャサリン・ロス

ジェラルド・マクボイン・ボイン→マクボイン・ボイン遊星へ行く

潮騒（*1975*）　359
[監]西河克己[原]三島由紀夫[撮]萩原憲治[出]山口百恵，三浦友和

ジキル博士とハイド氏
Dr. Jekyll and Mr. Hyde（*1931*）　164
[監]ルーベン・マムーリアン[原]ロバート・ルイス・スティーヴンソン[出]フレドリック・マーチ，ミリアム・ホプキンス

ジキル博士の二つの顔
The Two Faces of Dr. Jekyll（*1960*）　164
[監]テレンス・フィッシャー[原]ロバート・ルイス・スティーヴンソン[出]ポール・マッシー，クリストファー・リー，ドーン・アダムス

死刑台のエレベーター
Ascenseur pour l'échafaud（*1957*）　379, 380
[監]ルイ・マル[音]マイルス・デイヴィス[出]ジャ

ンヌ・モロー，モーリス・ロネ，リノ・ヴァンチュラ

地獄に堕ちた勇者ども
The Damned／Les Dammés（*1969*） 34
(監)ルキノ・ヴィスコンティ(出)ダーク・ボガード，イングリット・チューリン，ヘルムート・バーガー，シャーロット・ランプリング

地獄の黙示録
Apocalypse Now（*1979*） 281, 289
(監)フランシス・フォード・コッポラ(撮)ヴィットリオ・ストラーロ(出)マーロン・ブランド，マーティン・シーン，ロバート・デュヴァル

地獄への道 Jesse James（*1939*） 122
(監)ヘンリー・キング(脚)ナナリー・ジョンソン(出)タイロン・パワー，ヘンリー・フォンダ，ランドルフ・スコット

自殺への契約書 Marie-Octobre（*1959*） 89
(監)ジュリアン・デュヴィヴィエ(出)ダニエル・ダリュー，セルジュ・レジアニ，ポール・ムーリッス，リノ・ヴァンチュラ

私生活 Vie Privée（*1962*） 216
(監)ルイ・マル(出)ブリジット・バルドー，マルチェロ・マストロヤンニ

7人の愚連隊 Robin and the 7 Hoods（*1964*） カバー, 53, 55
(監)ゴードン・ダグラス(出)フランク・シナトラ，ディーン・マーティン，サミー・デイヴィス・ジュニア，ピーター・フォーク

七年目の浮気 The Seven Years Itch（*1955*） 35, 213, 214, 238
(監)(脚)ビリー・ワイルダー(出)トム・イーウェル，マリリン・モンロー

十戒
The Ten Commandments（*1956*） 263
(製)(監)セシル・B・デミル(出)チャールトン・ヘストン，ユル・ブリンナー

しとやかな獣（*1962*） 219
(監)川島雄三(脚)新藤兼人(出)若尾文子，川畑愛光，浜田ゆう子

死の接吻
Kiss of Death（*1947*） 206, 207, 210
(監)ヘンリー・ハサウェイ(出)ヴィクター・マチュア，リチャード・ウィドマーク

死の谷 Colorado Territory（*1949*） 116
(監)ラオール・ウォルシュ(出)ジョエル・マクリー，ヴァージニア・メイヨ，ドロシー・マローン

忍びの者（*1962*） 146, 148
(監)山本薩夫(原)村山知義(出)市川雷蔵，伊藤雄之助，藤村志保，城健三朗

死美人の復讐→フランケンシュタイン／死美人の復讐

ジプシー Gypsy（*1962*） 30
(監)マーヴィン・ルロイ(出)ナタリー・ウッド，ロザリンド・ラッセル

姉妹と水兵
Two Girls and a Sailor（*1944*） 60, 372
(監)リチャード・ソープ(出)ヴァン・ジョンソン，ジューン・アリスン，グロリア・デ・ヘイヴン

島の女 Boy on a Dolphin（*1957*） 192
(監)ジーン・ネグレスコ(出)ソフィア・ローレン，アラン・ラッド，クリフトン・ウェッブ

市民ケーン
Citizen Kane（*1941*） 124, 134, 136
(監)オーソン・ウェルズ(撮)グレッグ・トーランド(音)バーナード・ハーマン(出)オーソン・ウェルズ，ドロシー・カミンガー，ジョゼフ・コットン，アグネス・ムーアヘッド，エヴァレット・スローン

ジャズ・シンガー
The Jazz Singer（*1927*） 377-379
(監)アラン・クロスランド(原)サムソン・ラファエルソン(出)アル・ジョルスン，メイ・マカヴ

ォイ，ワーナー・オーランド

ジャズ・シンガー
The Jazz Singer（*1980*） 377
㊏リチャード・フライシャー㊎ニール・ダイアモンド，ローレンス・オリヴィエ，ルーシー・アーナス

ジャックと豆の木（*1941*） 257
㊊㊏㊌荒井和五郎㊍福田宗吉

ジャックと豆の木
Jack and the Beanstalk（*1955*） 256, 257
㊏ロッテ・ライニガー

邪魔者は殺せ Odd Man Out（*1947*） 103
㊏キャロル・リード㊎ジェームズ・メイスン，キャスリン・ライアン

ジャングル・ブック Rudyard Kipling's Jungle Book（*1942*） 110, 111
㊏ゾルタン・コルダ㊋アレクサンダー・コルダ㊎サブウ，ローズマリー・デ・キャンプ，パトリシア・オルウク

十字砲火 Crossfire（*1947*, Ⓣ） 232
㊏エドワード・ドミトリク㊎ロバート・ミッチャム，ロバート・ライアン，ロバート・ヤング，グロリア・グレアム

獣人雪男（*1955*） 226
㊏本多猪四郎㊎宝田明，河内桃子，根岸明美

終着駅 Stazione Termini ／ Terminal Station（*1953*） 122
㊏ヴィットリオ・デ・シーカ㊍チェーザレ・ザヴァッティーニ，トルーマン・カポーティ㊎ジェニファー・ジョーンズ，モンゴメリー・クリフト

終電車 Le Dernier métro（*1980*） 287
㊏フランソワ・トリュフォー㊎カトリーヌ・ドヌーヴ，ジェラール・ドパルデュー

十二人の怒れる男
12 Angry Men（*1957*） 248
㊏シドニー・ルメット㊍レジナルド・ローズ㊎ヘンリー・フォンダ，リー・J・コッブ，エド・ベグリー，マーティン・バルサム，E・G・マーシャル

出獄 Call Northside 777（*1948*） 203-205
㊏ヘンリー・ハサウェイ㊎ジェームズ・スチュアート，リチャード・コンテ，リー・J・コッブ

ジュラシック・パーク
Jurassic Park（*1993*） 351
㊏スティーヴン・スピルバーグ㊊マイケル・クライトン㊎サム・ニール，ローラ・ダーン，ジェフ・ゴールドブラム

ジュリア Julia（*1977*） 220, 239, 241, 244, 254
㊏フレッド・ジンネマン㊊リリアン・ヘルマン㊎ジェーン・フォンダ，ヴァネッサ・レッドグレーヴ，ジェースン・ロバーズ

将軍月光に消ゆ
I'll Met by Moonlight（*1957*） 86
㊋㊏㊍マイケル・パウエル，エメリック・プレスバーガー㊎ダーク・ボガード，デヴィッド・オクスリー，マリウス・ゴーリング

商船テナシチー
Le Paquebot Tenacity（*1934*） 181
㊏ジュリアン・デュヴィヴィエ㊎アルベール・プレジャン，ユベール・プレリエ，マリー・グローリー

情熱の狂想曲（ラプソディ）
Young Man With a Horn（*1950*） 370, 372
㊏マイケル・カーティス㊎カーク・ダグラス，ドリス・デイ，ホーギー・カーマイケル

情婦
Witness for the Prosecution（*1957*） 153
㊏ビリー・ワイルダー㊊アガサ・クリスティ（「検事側の証人」）㊎マレーネ・ディートリッヒ，タイロン・パワー，チャールズ・ロートン，エルサ・ランチェスター

ショウ・ボート Show Boat（*1951*） 55

[監]ジョージ・シドニー[出]ハワード・キール，キャスリン・グレイスン，エヴァ・ガードナー，ジョー・E・ブラウン

ショウほど素敵な商売はない　There's No Business Like Show Business（*1954*）35, 52
[監]ウォルター・ラング[音]アーヴィング・バーリン[出]エセル・マーマン，ドナルド・オコナー，マリリン・モンロー，ダン・デイリー，ミッツィ・ゲイナー

上流社会　High Society（*1956*）380, 381
[監]チャールズ・ウォルターズ[出]ビング・クロスビー，グレース・ケリー，フランク・シナトラ，ルイ・アームストロング

JAWS・ジョーズ　Jaws（*1975*）20
[監]スティーヴン・スピルバーグ[出]リチャード・ドレイファス，ロイ・シェイダー，ロバート・ショウ

女優志願　Stage Struck（*1958*）248
[監]シドニー・ルメット[出]ヘンリー・フォンダ，スーザン・ストラスバーグ，クリストファー・プラマー

ジョルスン再び歌う
Jolson Sings Again（*1949*）189
[監]ヘンリー・レヴィン[出]ラリー・パークス，バーバラ・ヘイル，ウィリアム・デマレスト

ジョルスン物語　The Jolson Story（*1946*）25, 26, 29, 56, 133, 264, 303, 374, 375, 377, 378
[監]アルフレッド・E・グリーン[出]ラリー・パークス，イヴリン・キース，ウィリアム・デマレスト，ルドヴィグ・ドナス

白雪姫　Snow White and the Seven Dwarfs（*1937*）126
[製]ウォルト・ディズニー[監]デイヴィッド・ハンド

知りすぎていた男　The Man Who Knew Too Much（*1956*）131, 258, 278
[製][監]アルフレッド・ヒッチコック[原]チャールズ・ベネット，D・B・ウィンダム＝ルイス[出]ジェームズ・スチュアート，ドリス・デイ，ダニエル・ジェラン

白い恐怖　Spellbound（*1945*）136
[監]アルフレッド・ヒッチコック[脚]ベン・ヘクト[音]ミクロシュ・ロージャ[美]サルバドール・ダリ[出]イングリッド・バーグマン，グレゴリー・ペック，レオ・G・キャロル

次郎長三国志 第三部・次郎長と石松（*1953*）31
[監]マキノ雅弘[出]森繁久彌，久慈あさみ，小泉博，小堀明男

シンガポール珍道中
Road to Singapore（*1940*）181
[監]ヴィクター・シャーツィンガー[出]ビング・クロスビー，ボブ・ホープ，ドロシー・ラムーア

仁義　Le Cercle Rouge（*1970*）128
[監][脚]ジャン＝ピエール・メルヴィル[出]アラン・ドロン，イヴ・モンタン，ブールヴィル，ジャン・マリア・ヴォロンテ，フランソワ・ペリエ

仁義なき戦い（*1973*）119
[監]深作欣二[脚]笠原和夫[出]菅原文太，金子信雄，松方弘樹，梅宮辰夫

人工衛星X号→宇宙原水爆戦 人工衛星X号

新サイコ→メル・ブルックス／新サイコ

新・座頭市物語（*1963*）143
[監]田中徳三[脚]犬塚稔，梅林貴久夫[出]勝新太郎，坪内ミキ子，河津清三郎

紳士は金髪がお好き　Gentlemen Prefer Blondes（*1953*）47, 214
[監]ハワード・ホークス[出]マリリン・モンロー，ジェーン・ラッセル

人生模様
O. Henry's Full House（*1952*）211, 338
[原]O・ヘンリー

第1話〈警官と讃美歌〉(監)ヘンリー・コスター(出)チャールズ・ロートン，マリリン・モンロー
第2話〈クラリオン・コール新聞〉(監)ヘンリー・ハサウェイ(出)リチャード・ウィドマーク，デイル・ロバートソン
第3話〈最後の一葉〉(監)ジーン・ネグレスコ(出)アン・バクスター，グレゴリー・ラトフ，ジーン・ピータース
第4話〈赤酋長の身代金〉(監)ハワード・ホークス(出)オスカー・レヴァント，フレッド・アレン
第5話〈賢者の贈り物〉(監)ヘンリー・キング(出)ファーリー・グレンジャー，ジーン・クレイン

寝台の秘密　Secrets d'Alcôve (*1954*)　212
第1話〈宿泊許可証〉(監)アンリ・ドコワン(出)ジャンヌ・モロー，リチャード・トッド
第2話〈離婚〉(監)ジャンニ・フランチオリーニ(出)ドーン・アダムス，ヴィットリオ・デ・シーカ
第3話〈リヴィエラ急行トラック〉(監)ラルフ・アビブ(出)フランワーズ・アルヌール，ムールジ
第4話〈ポンパドゥール夫人の寝台〉(監)ジャン・ドラノワ(出)マルティーヌ・キャロル，ベルナール・ブリエ

シンドバッド虎の目大冒険　Sinbad and the Eye of the Tiger (*1977*)　121
(監)サム・ワナメーカー(製)Ⓢレイ・ハリーハウゼン(出)パトリック・ウェイン

新兵さん→ダニー・ケイの新兵さん

深夜の告白
Double Indemnity (*1944*)　105, 238
(監)ビリー・ワイルダー(原)ジェームズ・M・ケイン(脚)レイモンド・チャンドラー，ビリー・ワイルダー(出)バーバラ・スタンウィック，フレッド・マクマレー，エドワード・G・ロビンソン

深夜の銃声　Mildred Pierce (*1945*, Ⓣ)　239
(監)マイケル・カーティス(原)ジェームズ・M・ケイン(出)ジョーン・クロフォード，ザカリー・スコット，アン・プライス

人類SOS
The Day of the Triffids (*1963*)　16
(監)スティーヴ・セクリー(出)ハワード・キール，ニコール・モーレイ

人類学入門→「エロ事師たち」より　人類学入門

スイングの少女
A Date with Judy (*1948*)　122
(監)リチャード・ソープ(出)ジェーン・パウエル，ウォーレス・ビアリー，エリザベス・テイラー，ロバート・スタック

スイング・ホテル　Holiday Inn (*1942*)　60
(監)マーク・サンドリッチ(音)アーヴィング・バーリン(出)ビング・クロスビー，ブレッド・アステア

スカーレット・ストリート
Scarlet Street (*1945*, (未))　裏カバー
(監)フリッツ・ラング(出)エドワード・G・ロビンソン，ジョーン・ベネット，ダン・デュリエ

スタア (*1986*)　364
(監)内藤誠(原)筒井康隆(出)原田大二郎，水沢アキ，峰岸徹，筒井康隆

スター・ウォーズ
Star Wars (*1977*)　10, 11, 24, 252, 289, 351
(監)(脚)ジョージ・ルーカスⓈジョン・ダイクストラ，ジョン・スティアーズ，リチャード・エドランド(出)マーク・ハミル，キャリー・フィッシャー，ハリソン・フォード，アレック・ギネス，ピーター・カッシング

スタア誕生
A Star Is Born (*1954*)　185, 186, 380
(監)ジョージ・キューカー(出)ジュディ・ガーランド，ジェームズ・メイスン

スティング　The Sting (*1973*)　75, 107, 260

[監]ジョージ・ロイ・ヒル[出]ポール・ニューマン，ロバート・レッドフォード，ロバート・ショウ

素直な悪女
Et Dieu...créa la femme（*1956*） 214
[監][脚]ロジェ・ヴァディム[出]ブリジット・バルドー，クルト・ユルゲンス，クリスチャン・マルカン，ジャン＝ルイ・トランティニャン

素晴らしき哉、人生／
It's a Wonderful Life（*1946*） 38, 39, 197, 198
[監]フランク・キャプラ[出]ジェームズ・スチュアート，ドナ・リード，ライオネル・バリモア，ヘンリー・トラヴァース

素晴しき放浪者
Boudu sauvé des eaux（*1932*） 95
[監]ジャン・ルノワール[出]ミシェル・シモン，シャルル・グランヴァル，マルセル・エーニア，ジャン・ダステ

スプラッシュ Splash（*1984*） 260
[監]ロン・ハワード[出]ダリル・ハンナ，トム・ハンクス

スミス夫妻
Mr.& Mrs.Smith（*1941*） 277, 279
[監]アルフレッド・ヒッチコック[原][脚]ノーマン・クラスナ[出]キャロル・ロンバード，ロバート・モンゴメリー

スミス都へ行く Mr. Smith Goes to Washington（*1939*） 197, 198
[監]フランク・キャプラ[出]ジェームズ・スチュアート，ジーン・アーサー，クロード・レインズ，トマス・ミッチェル，ハリー・ケリー

スリーパー Sleeper（*1973*） 176
[監][脚]ウッディ・アレン[出]ウッディ・アレン，ダイアン・キートン

聖衣 The Robe（*1953*） 212
[監]ヘンリー・コスター[出]リチャード・バートン，ジーン・シモンズ，ヴィクター・マチュア，ベタ・セント・ジョン

世紀の謎・空飛ぶ円盤地球を襲撃す
Earth vs. the Flying Saucers（*1956*） 16
[監]フレッド・シアーズⓈレイ・ハリーハウゼン[出]ヒュー・マーロウ，ジョーン・テイラー

成功の甘き香り
Sweet Smell of Success（*1957*） 379, 380
[監]アレクサンダー・マッケンドリック[出]バート・ランカスター，トニー・カーティス，スーザン・ハリソン

征服されざる人々
Unconquered（*1947*） 106
[監]セシル・B・デミル[出]ゲイリー・クーパー，ポーレット・ゴダード，ボリス・カーロフ

西部魂
Western Union（*1941*） 81, 115, 122
[監]フリッツ・ラング[原]ゼイン・グレイ[出]ロバート・ヤング，ランドルフ・スコット

世界詐欺物語 Les Plus Belles Escroqueries du monde（*1964*） 223
第1話〈真珠の首飾り〉[監]堀川弘通[出]浜美枝

絶海の嵐
Reap the Wild Wind（*1942*） 106
[監]セシル・B・デミル[出]レイ・ミランド，ジョン・ウェイン，ポーレット・ゴダード，レイモンド・マッセイ，ロバート・プレストン，スーザン・ヘイワード

雪原の追跡
Dangerous Mission（*1954*） 212
[監]ルイス・キング[出]ヴィクター・マチュア，パイパー・ローリー，ヴィンセント・プライス，ベタ・セント・ジョン

絶対の危機→マックイーンの絶対の危機

絶壁の彼方に
State Secret（*1950*） 69, 70, 80, 374
[監]シドニー・ギリアット[製]フランク・ローンダー[脚]シドニー・ギリアット[出]ダグラス・フェアバンクス・ジュニア，グリニス・ジョーンズ，ジャック・ホーキンス，ハーバート・

ロム

せむしのこうま
Konyok Gorbunok (*1947*) 126
㊗I・イワノフ＝ワノ

007は二度死ぬ
You Only Live Twice (*1967*) 223
㊗ルイス・ギルバート㊗イアン・フレミング㊗ショーン・コネリー，浜美枝，若林映子，カリン・ドール

千一夜物語・魔法のランプ
A Thousand and One Night (*1945*) 29
㊗アルフレッド・E・グリーン㊗コーネル・ワイルド

戦艦シュペー号の最後 The Battle of the River Plate (*1956*) 86
㊗㊗㊗マイケル・パウエル，エメリック・プレスバーガー㊗ピーター・フィンチ，アンソニー・クエイル

戦場を駆ける男
Desperate Journey (*1942*) 374
㊗ラオール・ウォルシュ㊗エロール・フリン，ロナルド・レーガン，ナンシー・コールマン

戦略空軍命令
Strategic Air Command (*1955*) 188, 200
㊗アンソニー・マン㊗ジェームズ・スチュアート，ジューン・アリスン

総長賭博→博奕打ち・総長賭博

双頭の殺人鬼 The Split (*1959*) 170, 171
㊗ジョージ・ブレイクストン，ケネス・G・クレーン㊗ピーター・ダインリー，中村哲，ジェリー伊藤

壮烈カイバー銃隊
King of the Khyber Rifles (*1953*) 212
㊗ヘンリー・キング㊗タイロン・パワー，テリー・ムーア

続・激突！カージャック
The Sugarland Express (*1974*) 24
㊗スティーヴン・スピルバーグ㊗ベン・ジョンソン，ゴールディ・ホーン

続・座頭市物語 (*1962*) 219
㊗森一生㊗犬塚稔㊗勝新太郎，水谷良重，城健三朗

底抜けシンデレラ野郎
Cinderfella (*1960*) 170
㊗㊗フランク・タシュリン㊗ジェリー・ルイス㊗ジェリー・ルイス，エド・ウィン，アンナ・マリア・アルバゲッティ

底抜け大学教授
The Nutty Professor (*1963*) 165, 166, 170
㊗㊗ジェリー・ルイス㊗ロバート・ルイス・スティーヴンソン㊗ジェリー・ルイス，ステラ・スティーヴンス

底抜けびっくり仰天
Scared Stiff (*1953*) 184
㊗ジョージ・マーシャル㊗ジェリー・ルイス，ディーン・マーティン，リザベス・スコット

そして誰もいなくなった And Then There Were None (*1945*) 101
㊗ルネ・クレール㊗アガサ・クリスティ㊗ダドリー・ニコルズ㊗ルイス・ヘイワード，ウォルター・ヒューストン，バリー・フィッツジェラルド

卒業 The Graduate (*1967*) 206
㊗マイク・ニコルズ㊗サイモン＆ガーファンクル㊗ダスティン・ホフマン，アン・バンクロフト，キャサリン・ロス

空かける強盗団
The Great Bank Robbery (*1969*) 217
㊗ハイ・アヴァーバック㊗キム・ノヴァク，クリント・ウォーカー，ゼロ・モステル

空飛ぶ円盤地球を襲撃す→世紀の謎・空飛ぶ円盤地球を襲撃す

空の大怪獣ラドン (*1956*) 155

(監)本多猪四郎ⓢ円谷英二(出)佐原健二，平田昭彦，白川由美

ターザンの復讐
Tarzan and His Mate（*1934*）　226
(監)セドリック・ギボンズ(原)エドガー・ライス・バロウズ(出)ジョニー・ワイズミュラー，モーリン・オサリヴァン

大アマゾンの半魚人　Creature from the Black Lagoon（*1954*）　161
(監)ジャック・アーノルド(出)ジュリー・アダムス，リチャード・カールソン，リコウ・ブラウニング

大運河
Sait-On Jamais...（*1957*）　127, 251, 379
(監)(脚)ロジェ・ヴァディム(音)ジョン・ルイス&MJQ (出)フランソワーズ・アルヌール，クリスチャン・マルカン，ロベール・オッセン

大砂塵　Johnny Guitar（*1954*）　240
(監)ニコラス・レイ(出)スターリング・ヘイドン，ジョーン・クロフォード，マーセデス・マッケンブリッジ，スコット・ブラディ

第3逃亡者
Young and Innocent（*1937*）　129, 278
(監)アルフレッド・ヒッチコック(出)デリック・デ・マーニー，ノヴァ・ピルビーム，パーシー・マーモント

第三の男　The Third Man（*1949*）　81, 239
(監)キャロル・リード(脚)グレアム・グリーン(出)ジョゼフ・コットン，オーソン・ウェルズ，アリダ・ヴァリ

第十七捕虜収容所　Stalag 17（*1953*）　372
(製)(監)ビリー・ワイルダー(脚)ビリー・ワイルダー，エドウィン・ブラム(出)ウィリアム・ホールデン，ドン・テイラー，ロバート・ストラウス，オットー・プレミンジャー

第七のヴェール
The Seventh Veil（*1945*）　103
(監)コンプトン・ベネット(製)(脚)シドニー・ボックス(出)ジェームズ・メイスン，アン・トッド，ハーバート・ロム

第二の機会（チャンス）　Second Chance（*1953*）　375
(監)ルドルフ・マテ(出)ロバート・ミッチャム，リンダ・ダーネル，ジャック・パランス

大平原
Union Pacific（*1939*）　10, 115, 121, 193
(監)セシル・B・デミル(出)ジョエル・マクリー，バーバラ・スタンウィック，ロバート・プレストン，ブライアン・ドンレヴィ

ダイヤルMを廻せ！
Dial M for Murder（*1954*）　283, 353
(製)(監)アルフレッド・ヒッチコック(原)(脚)フレデリック・ノット(出)グレース・ケリー，レイ・ミランド

太陽に向って走れ
Run for the Sun（*1956*）　374
(監)ロイ・ボールティング(原)リチャード・コネル(出)リチャード・ウィドマーク，ジェーン・グリア，トレヴァー・ハワード，ピーター・ヴァン・アイク

たくましき男たち
The Tall Men（*1955*）　41
(監)ラオール・ウォルシュ(出)クラーク・ゲーブル，ロバート・ライアン，ジェーン・ラッセル

打撃王
The Pride of the Yankees（*1942*）　186
(監)サム・ウッド(出)ゲイリー・クーパー，テレサ・ライト，ウォルター・ブレナン

竹の家→東京暗黒街・竹の家

たそがれの情事（*1972*）　358
(監)西村昭五郎(撮)前田米造(出)白川和子，原英美，美田陽子

戦うロビン・フッド　The Bandit of Sherwood Forest（*1946*）　193
(監)ジョージ・シャーマン，ヘンリー・レヴィ

ン(出)コーネル・ワイルド，アニタ・ルイス，ヘンリー・ダニエル

脱出
To Have and Have Not (*1944*) 47, 370
(監)ハワード・ホークス(原)アーネスト・ヘミングウェイ(脚)ウィリアム・フォークナー，ジュールズ・ファースマン(出)ハンフリー・ボガート，ローレン・バコール

脱走山脈 Hannibal Brooks (*1969*) 186
(監)マイケル・ウィナー(出)オリヴァー・リード，マイケル・J・ポラード

ダニー・ケイの牛乳屋
The Kid from Brooklyn (*1946*) 61
(監)ノーマン・Z・マクロード(出)ダニー・ケイ，ヴァージニア・メイヨ，ヴェラ＝エレン

ダニー・ケイの新兵さん
Up in Arms (*1944*) 61
(監)エリオット・ニュージェント(出)ダニー・ケイ，ダイナ・ショア，ダナ・アンドリュース

他人の家 House of Strangers (*1949*) 209
(監)ジョゼフ・L・マンキウィッツ(出)エドワード・G・ロビンソン，リチャード・コンテ，ルーサー・アドラー，スーザン・ヘイワード

旅路の果て
La Fin du Jour (*1939*) 88, 89, 97, 99
(監)ジュリアン・デュヴィヴィエ(脚)シャルル・スパーク，ジュリアン・デュヴィヴィエ(出)ルイ・ジューヴェ，ミシェル・シモン，ヴィクトル・フランサン

W の悲劇 (*1984*) 325
(監)澤井信一郎(原)夏樹静子(撮)仙元誠三(出)薬師丸ひろ子，三田佳子，世良公則

タワーリング・インフェルノ
The Towering Inferno (*1974*) 24
(製)アーウィン・アレン(監)ジョン・ギラーミン(出)ポール・ニューマン，スティーヴ・マックィーン，フェイ・ダナウェイ

断崖 Suspicion (*1941*) 279, 280
(監)アルフレッド・ヒッチコック(原)フランシス・アイルズ(出)ケイリー・グラント，ジョーン・フォンテイン

丹下左膳／続丹下左膳 (*1953*) 142
(監)マキノ雅弘(出)大河内傳次郎，水戸光子，澤村國太郎

タンスと二人の男
Dwaj ludzie z szafą (*1958*) 380
(監)(脚)ロマン・ポランスキー(出)ヤクプ・ゴルドベルク，ヘンリク・クルバ，ロマン・ポランスキー

団地妻・昼下りの情事 (*1971*) 358
(監)西村昭五郎(撮)小柳深志（安藤庄平）(出)白川和子，浜口竜哉，南条マキ

地下室のメロディー
Mélodie en sous-sol (*1963*) 289
(監)アンリ・ヴェルヌイユ(出)アラン・ドロン，ジャン・ギャバン

地下水道 Kanał (*1957*) 12
(監)アンジェイ・ワイダ(出)テレサ・イジェフスカ，タデウシュ・ヤンチャル，ヴィンチェスワフ・グリンスキ

地下鉄のザジ
Zazie dans le Métro (*1960*) 138
(監)ルイ・マル(原)レーモン・クノー(出)カトリーヌ・ドモンジョ，フィリップ・ノワレ

チキ・チキ・バン・バン
Chitty Chitty Bang Bang (*1968*) 53
(監)ケン・ヒューズ(原)イアン・フレミング(出)ディック・ヴァン・ダイク，サリー・アン・ホーズ，ゲルト・フレーベ

地球の静止する日
The Day Earth Stood Still (*1951*) 16, 17
(監)ロバート・ワイズ(出)マイケル・レニー

地上最大のショウ
The Greatest Show on Earth (*1952*) 263

(製)(監)セシル・B・デミル(出)チャールトン・ヘストン，ベティ・ハットン

地中海の虎
The Pirates of Capri（*1949*） 374
(監)エドガー・G・ウルマー(出)ルイス・ヘイワード，ビニー・バーンズ，アラン・カーティス

血とバラ Et mourir de plaisir／Blood and Roses（*1960*） 251
(監)ロジェ・ヴァディム(出)アネット・ヴァディム，エルサ・マルティネリ，メル・ファラー

チャップマン報告（レポート）
The Chapman Report（*1962*） 249
(監)ジョージ・キューカー(出)シェリー・ウィンタース，クレア・ブルーム，グリニス・ジョーンズ，ジェーン・フォンダ，エフレム・ジンバリスト・ジュニア

チャップリンの黄金狂時代
The Gold Rush（*1925*） 106, 257
(監)(脚)(音)チャールズ・チャップリン(出)チャールズ・チャップリン，ジョージア・ヘール

超人対火星人
Flash Gordon（*1936*） 10, 11, 22
(監)フレデリック・ステファニー(原)アレックス・レイモンド(出)バスター・クラブ，ジーン・ロジャース

血を吸うカメラ Peeping Tom（*1960*） 87
(製)(監)マイケル・パウエル(出)カール・ベーム，モイラ・シアラー

追跡 Pursued（*1947*） 115
(監)ラオール・ウォルシュ(脚)ナイヴン・ブッシュ(出)ロバート・ミッチャム，テレサ・ライト，ディーン・ジャガー

追跡者 Lawman（*1971*） 115, 236
(監)マイケル・ウィナー(出)バート・ランカスター，ロバート・ライアン，リー・J・コッブ

追想 Le Vieux Fusil（*1975*） 158
(監)ロベール・アンリコ(出)フィリップ・ノワレ，ロミー・シュナイダー

月蒼くして
The Moon Is Blue（*1953*） 212
(監)オットー・プレミンジャー(出)ウィリアム・ホールデン，マギー・マクナマラ，ドーン・アダムス，デヴィッド・ニヴン

月夜の宝石 Les Bijoutiers du Clair de Lune（*1958*） 251
(監)ロジェ・ヴァディム(出)ブリジット・バルドー，スティーヴン・ボイド

椿三十郎（*1962*） 286
(監)黒澤明(脚)菊島隆三，小国英雄，黒澤明(出)三船敏郎，仲代達矢

テキサス魂
The Cheyenne Social Club（*1970*） 248
(監)ジーン・ケリー(出)ジェームズ・スチュアート，ヘンリー・フォンダ，シャーリー・ジョーンズ

凸凹探偵の巻 Who Done It？（*1942*） 120
(監)アール・C・ケントン(出)バッド・アボット，ルウ・コステロ

鉄腕ターザン Tarzan and the Great Goddess（*1938*） 106
(監)エドワード・カル(出)ハーマン・ブリクス

天国と地獄（*1963*） 107
(監)黒澤明(原)エド・マクベイン（「キングの身代金」）(出)三船敏郎，仲代達矢，山﨑努

天国への階段
A Matter of Life and Death（*1946*） 81, 86
(製)(監)(脚)マイケル・パウエル，エメリック・プレスバーガー(出)デヴィッド・ニヴン，キム・ハンター，ロバート・クート，マリウス・ゴーリング

天井桟敷の人々
Les Enfants du Paradis（*1945*） 264
(監)マルセル・カルネ(脚)ジャック・プレヴェー

ル㊞ジャン＝ルイ・バロー，アルレッティ，ピエール・ブラッスール，マリア・カザレス，マルセル・エラン，ガストン・モド

東京暗黒街・竹の家
House of Bamboo（*1955*） 234, 235
㊙サミュエル・フラー㊞ロバート・ライアン，ロバート・スタック，山口淑子，早川雪洲

東京オリンピック（*1965*） 140
㊙市川崑㊙和田夏十，白坂依志夫，谷川俊太郎，市川崑

逃走迷路 Saboteur（*1942*） 276
㊙アルフレッド・ヒッチコック㊞ロバート・カミングス，プリシラ・レイン，オットー・クルーガー

道頓堀川（*1982*） 316
㊙深作欣二㊙宮本輝㊞松坂慶子，真田広之

逃亡者 The Fugitive（*1947*） 248
㊙ジョン・フォード㊙グレアム・グリーン（「権力と栄光」）㊞ヘンリー・フォンダ，ドロレス・デル・リオ，ペドロ・アルメンダリス

逃亡地帯 The Chase（*1966*） 249
㊙アーサー・ペン㊙リリアン・ヘルマン㊙ホートン・フート㊞マーロン・ブランド，アンジー・ディッキンソン，ジェーン・フォンダ，ロバート・レッドフォード，ジェームズ・フォックス

東北の神武（ずんむ）たち（*1957*） 152
㊙市川崑㊙深沢七郎㊞芥川比呂志，浪花千栄子

遠い国 The Far Country（*1954*） 198, 203
㊙アンソニー・マン㊞ジェームズ・スチュアート，ルース・ロマン，コリンヌ・カルヴェ

都会の牙 D.O.A（*1950*） 375
㊙ルドルフ・マテ㊞エドモンド・オブライエン，パメラ・ブリットン，ルーサー・アドラー

都会の叫び
Cry of the City（*1948*） 205, 206
㊙ロバート・シオドマク㊞リチャード・コンテ，ヴィクター・マチュア，シェリー・ウィンタース

ドクター・モローの島
The Island of Dr. Moreau（*1977*） 75
㊙ドン・テイラー㊙H・G・ウェルズ㊞バート・ランカスター，マイケル・ヨーク，バーバラ・カレラ

毒薬と老嬢
Arsenic and Old Lace（*1944*） 40, 277
㊙フランク・キャプラ㊞ケイリー・グラント，プリシラ・レーン，ジョゼフィン・ハル，ジーン・アディア，レイモンド・マッセイ，ピーター・ローレ

独立愚連隊（*1959*） 358
㊙㊙岡本喜八㊞佐藤允，雪村いづみ，中丸忠雄，中谷一郎

独立愚連隊西へ（*1960*） 358
㊙岡本喜八㊙関沢新一，岡本喜八㊞佐藤允，加山雄三，フランキー堺

突撃 Paths of Glory（*1957*） 34, 125
㊙スタンリー・キューブリック㊞カーク・ダグラス，ラルフ・ミーカー，アドルフ・マンジュー

怒濤の果て
Wake of Red Witch（*1948*） 211
㊙エドワード・ルドウィグ㊞ジョン・ウェイン，ゲイル・ラッセル，ルーサー・アドラー

ドノバン珊瑚礁
Donovan's Reef（*1963*） 202
㊙ジョン・フォード㊞ジョン・ウェイン，リー・マーヴィン，エリザベス・アレン

トパーズ Topaz（*1969*） 285
㊙㊙アルフレッド・ヒッチコック㊙レオン・ユリス㊞フレデリック・スタフォード，ダニー・ロバン，カリン・ドール

虎鮫（タイガー・シャーク）
Tiger Shark（*1932*） 20
[監]ハワード・ホークス[出]エドワード・G・ロビンソン，リチャード・アーレン

寅次郎夕焼け小焼け→男はつらいよ　寅次郎夕焼け小焼け

虎の尾を踏む男達（*1952*） 306
[監][脚]黒澤明[出]大河内傳次郎，藤田進，榎本健一

鳥　The Birds（*1963*） 152, 154, 156, 274
[製][監]アルフレッド・ヒッチコック[原]ダフネ・デュ・モーリア[脚]エヴァン・ハンター[出]ティッピ・ヘドレン，ロッド・テイラー

トリュフォーの思春期
L'Argent de poche（*1976*） 288
[監]フランソワ・トリュフォー[出]ジャン＝フランソワ・ステヴナン，ジョリー・ド・ジヴレー

泥の河（*1981*） 323
[監]小栗康平[原]宮本輝[撮]安藤庄平[出]田村高廣，藤田弓子，朝原靖貴

泥棒成金
To Catch a Thief（*1955*） 136, 270, 280, 290
[製][監]アルフレッド・ヒッチコック[出]ケイリー・グラント，グレース・ケリー，シャルル・ヴァネル

ドン・カミロ頑張る
Le Retour de Don Camillo（*1953*） 89
[監]ジュリアン・デュヴィヴィエ[出]フェルナンデル，ジーノ・チェルヴィ

どん底　Les Bas-Fonds（*1936*） 92, 95, 96
[監]ジャン・ルノワール[原]マクシム・ゴーリキー[出]ジャン・ギャバン，ルイ・ジューヴェ，ジュニー・アストル，ロベール・ル・ヴィガン

どん底（*1957*） 94
[監]黒澤明[原]マクシム・ゴーリキー[出]三船敏郎，山田五十鈴，香川京子，中村鴈治郎

ナイアガラ
Niagara（*1953*） 210, 211, 213, 214
[監]ヘンリー・ハサウェイ[製][脚]チャールズ・ブラケット[出]ジョゼフ・コットン，ジーン・ピータース，マリリン・モンロー

泣き笑いアンパイヤ
Kill the Umpire（*1950*） 188
[監]ロイド・ベーコン[出]ウィリアム・ベンディックス，ウナ・マーケル

情無用の街
The Street with No Name（*1948*） 210, 235
[監]ウィリアム・キーリー[出]リチャード・ウィドマーク，ロイド・ノーラン，マーク・スティーヴンス

ナチュラル　The Natural（*1984*） 260
[監]バリー・レヴィンソン[出]ロバート・レッドフォード，バーバラ・ハーシー，グレン・クローズ

夏の夜は三たび微笑む
Sommarnattens Leende（*1955*） 96
[監][脚]イングマル・ベルイマン[出]グンナル・ビョルンストランド，エヴァ・ダールベック，ウッラ・ヤコブソン

夏目漱石のこころ→こころ

南部の人　The Southerner（*1945*） 101
[監]ジャン・ルノワール[出]ザカリー・スコット，ベティ・フィールド

南米珍道中
Road to Rio（*1947*） 120, 181, 183
[監]ノーマン・Z・マクロード[出]ビング・クロスビー，ボブ・ホープ，ドロシー・ラムーア

にあんちゃん（*1959*） 223
[監]今村昌平[出]長門裕之，松尾嘉代，北林谷栄

肉体と幻想　Flesh and Fantasy（*1943*） 89
[監]ジュリアン・デュヴィヴィエ[製]シャルル・

ボワイエ，ジュリアン・デュヴィヴィエ
第1話[出]ベティ・フィールズ，ロバート・カミングス
第2話[出]エドワード・G・ロビンソン，アンナ・リー
第3話[出]シャルル・ボワイエ，バーバラ・スタンウィック

肉体の門（*1964*） 222, 329
[監]鈴木清順[原]田村泰次郎[出]野川由美子，松尾嘉代，河西郁子，富永美沙子，宍戸錠

虹を摑む男 The Secret Life of Walter Mitty（*1947*） 61, 67, 185
[監]ノーマン・Z・マクロード[原]ジェームズ・サーバー[出]ダニー・ケイ，ヴァージニア・メイヨ，ボリス・カーロフ

2001年宇宙の旅
2001：A Space Odyssey（*1968*） 13
[監]スタンリー・キューブリック[脚]アーサー・C・クラーク，スタンリー・キューブリック ⓢダグラス・トランブル[出]ケア・ダリー，ゲイリー・ロックウッド

尼僧物語 The Nun's Story（*1959*） 239
[監]フレッド・ジンネマン[出]オードリー・ヘプバーン，ピーター・フィンチ

日曜日が待ち遠しい！
Vivement dimanche!（*1983*） 376
[監]フランソワ・トリュフォー[出]ファニー・アルダン，ジャン・ルイ・トランティニャン

日曜日には鼠を殺せ
Behold a Pale Horse（*1964*） 87, 239
[製][監]フレッド・ジンネマン[原]エメリック・プレスバーガー[出]グレゴリー・ペック，アンソニー・クイン，オマー・シャリフ

日本人の勲章
Bad Day at Black Rock（*1955*） 234
[監]ジョン・スタージェス[出]スペンサー・トレイシー，ロバート・ライアン，アン・フランシス，ジョン・エリクソン

二匹の牝犬（*1964*） 222
[監]渡辺祐介[出]小川真由美，緑魔子

ニューヨークの王様
A King in New York（*1957*） 212
[製][監][脚][音]チャールズ・チャップリン[出]チャールズ・チャップリン，ドーン・アダムス

ニューヨークの休日
Sunday in New York（*1963*） 250
[監]ピーター・チュークスベリー[出]ロッド・テイラー，ジェーン・フォンダ，クリフ・ロバートソン

紐育秘密結社
New York Confidential（*1955*） 205, 206
[監]ラッセル・ラウズ[出]リチャード・コンテ，ブロードリック・クロフォード，アン・バンクロフト，マリリン・マックスウェル

人形の家 A Doll's House（*1973*） 245, 253
[監]ジョゼフ・ロージー[原]ヘンリク・イプセン[出]ジェーン・フォンダ，デルフィーヌ・セーリグ，デヴィッド・ワーナー

にんじん Poil de Carotte（*1932*） 88
[監][脚]ジュリアン・デュヴィヴィエ[原]ジュール・ルナール[出]アリ・ボール，ロベール・リナン

沼地 Swamp Water（*1941*, [未]） 101
[監]ジャン・ルノワール[脚]ダドリー・ニコルズ[出]ダナ・アンドリュース，ウォルター・ヒューストン，アン・バクスター，ウォルター・ブレナン

ねえ！キスしてよ
Kiss me, Stupid（*1964*） 177, 178, 217
[監]ビリー・ワイルダー[脚]I・A・L・ダイアモンド，ビリー・ワイルダー[出]キム・ノヴァク，ディーン・マーティン，レイ・ウォルストン

熱砂の秘密
Five Graves to Cairo（*1943*） 178
[監]ビリー・ワイルダー[脚]チャールズ・ブラケット，ビリー・ワイルダー[出]フランチョット

・トーン，エーリッヒ・フォン・シュトロハイム

熱風の町　El Paso（*1949*）　212
[監]ルイス・R・フォスター[出]ジョン・ペイン，ゲイル・ラッセル，スターリング・ヘイドン

野菊の墓（*1981*）　307, 325
[監]澤井信一郎[原]伊藤左千夫[脚]宮内婦貴子[出]松田聖子，桑原正

ノックは無用
Don't Bother to Knock（*1952*）　213
[監]ロイ・ベイカー[出]リチャード・ウィドマーク，アン・バンクロフト，マリリン・モンロー

のっぽ物語　Tall Story（*1960*）　249
[監]ジョシュア・ローガン[出]アンソニー・パーキンス，ジェーン・フォンダ

野火（*1959*）　140
[監]市川崑[原]大岡昇平[脚]和田夏十[出]船越英二，ミッキー・カーチス

野良犬（*1949*）　140, 360
[監]黒澤明[出]三船敏郎，志村喬，木村功

ハーヴェイ　Harvey（*1950*）　198, 200, 202
[監]ヘンリー・コスター[出]ジェームズ・スチュアート，ジョゼフィン・ハル

バーバレラ　Barbarella（*1968*）　250–253
[監]ロジェ・ヴァディム[原]ジャン＝クロード・フォレ[衣]ジャック・フォントレー，パコ・ラバンヌ[出]ジェーン・フォンダ，デヴィッド・ヘミングス，ジョン・フィリップ・ロウ，アニタ・パレンベルグ

灰色の男　The Man in Grey（*1943*）　103
[監]レスリー・アーリス[出]ジェームズ・メイスン，マーガレット・ロックウッド，スチュアート・グレンジャー

廃墟の群盗　Yellow Sky（*1948*）　207
[監]ウィリアム・A・ウェルマン[出]グレゴリー・ペック，リチャード・ウィドマーク，アン・バクスター，ジョン・ラッセル，チャールズ・ケンパー

ハイ・ヌーン→真昼の決闘

ハエ男の恐怖　The Fly（*1958*, Ⓣ）　163
[監]カート・ニューマン[出]ハーバート・マーシャル，ヴィンセント・プライス，アル・ヘディソン

墓にツバをかけろ
J'irai cracher sur vos tombes（*1959*）　379
[監]ミシェル・ガスト[原]ボリス・ヴィアン[音]アラン・ゴラゲール[出]アントネッラ・ルアルディ，クリスチャン・マルカン

白鯨　Moby Dick（*1956*）　230
[監]ジョン・ヒューストン[原]ハーマン・メルヴィル[出]グレゴリー・ペック，リチャード・ベイスハート，レオ・ゲン，ハリー・アンドリュース，オーソン・ウェルズ

博奕打ち（*1967*）　148, 149
[監]小沢茂弘[脚]小沢茂弘，村尾昭，高田宏治[出]鶴田浩二，桜町弘子，河津清三郎，小池朝雄

博奕打ち・総長賭博（*1968*）　148
[監]山下耕作[脚]笠原和夫[出]鶴田浩二，若山富三郎，藤純子，金子信雄

白昼の決闘　Duel in the Sun（*1948*）　240
[監]キング・ヴィドア（ヴィダー）[製]デヴィッド・O・セルズニック[出]グレゴリー・ペック，ジェニファー・ジョーンズ，ジョゼフ・コットン，ライオネル・バリモア，リリアン・ギッシュ

白熱　White Heat（*1949*）　229, 235
[監]ラオール・ウォルシュ[出]ジェームズ・キャグニー，ヴァージニア・メイヨ，エドモンド・オブライエン，スティーヴ・コクラン

幕末太陽傳（*1957*）　362, 380
[監]川島雄三[録]橋本文雄[出]フランキー堺，左幸子，南田洋子，石原裕次郎

パジャマ・ゲーム
The Pajama Game（*1957*） 53
㊀スタンリー・ドーネン，ジョージ・アボット㊅ボブ・フォッシー㊄ドリス・デイ，ジョン・レイト，キャロル・ヘイニー

バス停留所 Bus Stop（*1956*） 166, 216
㊀ジョシュア・ローガン㊇ウィリアム・インジ㊄マリリン・モンロー，ドン・マレイ

ハスラー The Hustler（*1961*） 230, 297, 317
㊀ロバート・ロッセン㊄ポール・ニューマン，パイパー・ローリー，ジャッキー・グリースン，ジョージ・C・スコット

裸の島 Our Girl Friday（*1953*） 225
㊀ノエル・ラングリー㊄ケネス・モア，ジョーン・コリンズ，ジョージ・コール，ロバートソン・ヘア

ハタリ！
Hatari！（*1962*） 40, 43, 44, 47, 120, 370
㊀ハワード・ホークス㊄ジョン・ウェイン，エルサ・マルティネリ，レッド・バトンズ，ハーディ・クリューガー，ジェラール・ブラン

8½ Otto e mezzo（*1963*） 305
㊀フェデリコ・フェリーニ㊄マルチェロ・マストロヤンニ，アヌーク・エーメ，クラウディア・カルディナーレ

バッタ君町に行く
Mr. Bug Goes to Town（*1941*） 126
㊈マックス・フライシャー㊀デイヴ・フライシャー

波止場 On the Waterfront（*1954*） 184, 379
㊀エリア・カザン㊄マーロン・ブランド，ロッド・スタイガー，エヴァ・マリー・セイント

バナナ Bananas（*1971*, Ⓣ危機十三発！大逆転） 175
㊀㊕ウッディ・アレン㊄ウッディ・アレン，ルイズ・ラサー

花嫁の父 Father of the Bride（*1950*） 189
㊀ヴィンセント・ミネリ㊄スペンサー・トレイシー，エリザベス・テイラー，ジョーン・ベネット，ドン・テイラー

バベット戦争へ行く
Babette s'en va-t-en guerre（*1959*） 216
㊀クリスチャン＝ジャック㊄ブリジット・バルドー，ジャック・シャリエ

パラダイン夫人の恋
The Paradine Case（*1947*） 277
㊀アルフレッド・ヒッチコック㊈デヴィッド・O・セルズニック㊇ロバート・ヒッチェンズ㊄グレゴリー・ペック，アリダ・ヴァリ，アン・トッド，チャールズ・ロートン

ハリーの災難
The Trouble with Harry（*1955*） 217, 258
㊀アルフレッド・ヒッチコック㊇シャーリー・マクレーン，ジョン・フォーサイス，エドマンド・グエン

パリで一緒に
Paris When It Sizzles（*1964*） 88
㊀リチャード・クワイン㊇ジュリアン・デュヴィヴィエ，アンリ・ジャンソン㊄ウィリアム・ホールデン，オードリー・ヘプバーン

バリ島珍道中 Road to Bali（*1952*） 184
㊀ハル・ウォーカー㊄ビング・クロスビー，ボブ・ホープ，ドロシー・ラムーア

巴里のアメリカ人
An American in Paris（*1951*） 30, 48, 49
㊀ヴィンセント・ミネリ㊂ジョージ・ガーシュイン㊄ジーン・ケリー，レスリー・キャロン，オスカー・レヴァント

パリの恋人 Funny Face（*1957*） 49, 53
㊀スタンリー・ドーネン㊂ジョージ・ガーシュイン㊄フレッド・アステア，オードリー・ヘプバーン，ミシェル・オークレール

巴里の空の下セーヌは流れる Sous le ciel de Paris coule la Seine（*1951*） 89

[監][脚]ジュリアン・デュヴィヴィエ[出]ブリジット・オーベール，ダニエル・イヴェルネル

巴里の屋根の下
Sous les toits de Paris（*1930*） 310
[監][脚]ルネ・クレール[出]アルベール・プレジャン，ポーラ・イルリ

バルカン超特急
The Lady Vanishes（*1938*） 裏カバー
[監]アルフレッド・ヒッチコック[脚]シドニー・ギリアット，フランク・ローンダー[出]マイケル・レッドグレーヴ，マーガレット・ロックウッド，デイム・メイ・ウィッティ

春の珍事
It Happens Every Spring（*1949*） 186, 187
[監]ロイド・ベーコン[出]レイ・ミランド，ジーン・ピータース，ポール・ダグラス

バワリイ The Bowery（*1933*） 379
[監]ラオール・ウォルシュ[出]ウォーレス・ビアリー，ジョージ・ラフト，ジャッキー・クーパー，フェイ・レイ

半魚人の復讐
Revenge of the Creature（*1955*） 161
[監]ジャック・アーノルド[出]ローリー・ネルソン，リコウ・ブラウニング

犯罪河岸 Quai des Orfèvres（*1947*） 97
[監]アンリ＝ジョルジュ・クルーゾー[出]ルイ・ジューヴェ，ベルナール・ブリエ

パンドラ Pandora and the Flying Dutchman（*1951*） 103
[監][脚]アルバート・ルーウィン[撮]ジャック・カーディフ[出]エヴァ・ガードナー，ジェームズ・メイスン

バンド・ワゴン
The Band Wagon（*1953*） 48, 49, 382
[監]ヴィンセント・ミネリ[振]マイケル・キッド[脚]ベティ・コムデン，アドルフ・グリーン[出]フレッド・アステア，シド・シャリッス（チャリシー），ジャック・ブキャナン，オスカー・レヴァント

番場の忠太郎（*1955*） 148
[監]中川信夫[原]長谷川伸（「瞼の母」）[出]山田五十鈴，若山富三郎

バンビ Banbi（*1942*） 125
[製]ウォルト・ディズニー[監]デイヴィッド・ハンド

蛮勇タルザン The Adventures of Tarzan（*1922*／サウンド版*1933*） 227
[監]ロバート・F・ヒル[原]エドガー・ライス・バロウズ[出]エルモ・リンカーン

ピアニストを撃て
Tirez sur le pianiste（*1960*） 376
[監]フランソワ・トリュフォー[原]デヴィッド・グーディス[出]シャルル・アズナブール，ニコール・ベルジェ，マリー・デュボワ

引き裂かれたカーテン
Torn Curtain（*1966*） 131, 269, 285, 293, 294
[製][監]アルフレッド・ヒッチコック[出]ポール・ニューマン，ジュリー・アンドリュース，ルドヴィグ・ドナス

ピクニック Partie de campagne（*1946*） 95
[監][脚]ジャン・ルノワール[原]ギー・ド・モーパッサン[出]シルヴィア・バタイユ

ピクニック Picnic（*1955*） 217
[監]ジョシュア・ローガン[原]ウィリアム・インジ[出]ウィリアム・ホールデン，キム・ノヴァク，スーザン・ストラスバーグ

ビッグ・ガン Big Guns（*1973*） 158, 205
[監]ドゥッチオ・テッサリ[出]アラン・ドロン，リチャード・コンテ，カルラ・グラヴィーナ

ビッグ・バッド・ママ
Big Bad Mama（*1974*） 246
[監]スティーヴ・カーヴァー[製]ロジャー・コーマン[出]アンジー・ディッキンソン

ヒット・パレード

A Song Is Born (*1948*) 47, 185, 368-370
[監]ハワード・ホークス[脚]ビリー・ワイルダー，トマス・モンロー[出]ダニー・ケイ，ヴァージニア・メイヨ，スティーヴ・コクラン

ひとりぼっちの青春 They Shoot Horses, Don't They ? (*1969*) 253
[監]シドニー・ポラック[原]ホレス・マッコイ[出]ジェーン・フォンダ，マイケル・サラザン，ギグ・ヤング，スザンナ・ヨーク，レッド・バトンズ

秘密殺人計画書 The List of Adrian Messenger (*1963*) 230
[監]ジョン・ヒューストン[出]バート・ランカスター，トニー・カーティス，ロバート・ミッチャム，フランク・シナトラ，ジョージ・C・スコット

ひも (*1965*) 222
[監]関川秀雄[出]梅官辰夫，緑魔子

100発100中 (*1965*) 223
[監]福田純[脚]都筑道夫，岡本喜八[出]宝田明，浜美枝，有島一郎

ピラミッド
Land of the Pharaohs (*1955*) 225
[製][監]ハワード・ホークス[脚]ウィリアム・フォークナー，ハリー・カーニッツ，ハロルド・ジャック・ブルーム[出]ジャック・ホーキンス，ジョーン・コリンズ，デューイ・マーティン

昼下りの情事
Love in the Afternoon (*1957*) 217
[監]ビリー・ワイルダー[脚]I・A・L・ダイアモンド，ビリー・ワイルダー[原]クロード・アネ[出]オードリー・ヘプバーン，ゲイリー・クーパー，モーリス・シュヴァリエ

ビルマの竪琴 (*1956*) 140
[監]市川崑[原]竹山道雄[脚]和田夏十[出]安井昌二，三國連太郎，北林谷栄

拾った女
Pickup on South Street (*1953*) 209-211
[監]サミュエル・フラー[出]リチャード・ウィドマーク，ジーン・ピータース

ファイヤークリークの決斗
Firecreek (*1968*) 248
[監]ヴィンセント・マッケビーティ[出]ヘンリー・フォンダ，ジェームズ・スチュアート，インガ・スティーヴンス

ファニー・ガール
Funny Girl (*1968*) 30, 51
[監]ウィリアム・ワイラー[出]バーブラ・ストライサンド，オマー・シャリフ

ファニー・フェイス→パリの恋人

ファミリー・プロット
Family Plot (*1976*) 280
[監][製]アルフレッド・ヒッチコック[原]ヴィクター・カニング[出]カレン・ブラック，ブルース・ダーン，バーバラ・ハリス

フィラデルフィア物語
The Philadelphia Story (*1940*) 198, 248
[監]ジョージ・キューカー[出]キャサリン・ヘプバーン，ケイリー・グラント，ジェームズ・スチュアート

プカドン交響楽 Toot, Whistle, Plunk and Boom (*1953*) 126
[製]ウォルト・ディズニー[監]ウォード・キンボール，チャールズ・A・ニコルズ

不思議な少年
My Brother Talks to Horses (*1947*) 236
[監]フレッド・ジンネマン[出]ピーター・ローフォード，ブッチ・ジェンキンス

二つの顔 Copie Conforme (*1947*) 90, 91
[監]ジャン・ドレヴィル[出]ルイ・ジューヴェ，シュジー・ドレール

豚と軍艦 (*1961*) 223
[監]今村昌平[出]長門裕之，吉村実子，丹波哲郎

舞踏会の手帖

Un Carnet de Bal（*1937*） 88, 98, 130, 338
[監]ジュリアン・デュヴィヴィエ[脚]アンリ・ジャンソン，ジュリアン・デュヴィヴィエ他[音]モーリス・ジョーベール[出]マリー・ベル
第1話[出]フランソワーズ・ロゼー
第2話[出]ルイ・ジューヴェ
第3話[出]アリ・ボール
第4話[出]ピエール・リシャール＝ウィルム
第5話[出]レーミュ
第6話[出]ピエール・ブランシャール
第7話[出]フェルナンデル

船乗りシンバッドの冒険
Sinbad the Sailor（*1947*） 121
[監]リチャード・ウォーレス[出]ダグラス・フェアバンクス・ジュニア，モーリン・オハラ

冬の華（*1978*） 223
[監]降旗康男[脚]倉本聰[出]高倉健，北大路欣也，池上季実子，藤田進，倍賞美津子

無頼の谷
Rancho Notorious（*1952*） 235, 240
[監]フリッツ・ラング[出]マレーネ・ディートリッヒ，アーサー・ケネディ，メル・ファラー

フラッシュ・ゴードン→超人対火星人，火星地球を攻撃す

フラッシュ・ゴードン宇宙を征服す Flash Gordon Conquers the Univers（*1940*,[未]） 10, 11, 22
[監]フォード・ビーブ，レイ・テイラー[原]アレックス・レイモンド[出]バスター・クラブ，キャロル・ヒューズ

フランケンシュタイン／死美人の復讐
Frankenstein Created Woman（*1967*） 172
[監]テレンス・フィッシャー[出]ピーター・カッシング，スーザン・デンバーグ

フランケンシュタインの逆襲 The Curse of Frankenstein（*1957*） 172
[監]テレンス・フィッシャー[出]ピーター・カッシング，クリストファー・リー

フランケンシュタインの復讐 The Revenge of Frankenstein（*1958*） 172
[監]テレンス・フィッシャー[出]ピーター・カッシング

ブリガドーン Brigadoon（*1954*） 50
[監]ヴィンセント・ミネリ[振]ジーン・ケリー[出]ジーン・ケリー，シド・シャリッス（チャリシー），ヴァン・ジョンソン

プリティ・ベビー Pretty Baby（*1978*） 382
[監]ルイ・マル[出]ブルック・シールズ，キース・キャラダイン，スーザン・サランドン

ブルースの誕生
Birth of the Blues（*1941*） 295, 381
[監]ビクター・シャーツィンガー[出]ビング・クロスビー，メアリー・マーティン，ブライアン・ドンレヴィ

ブレージングサドル
Blazing Saddles（*1974*） 173, 289
[監]メル・ブルックス[出]クリーボーン・リトル，ジーン・ワイルダー

フレッシュ・ゴードン SPACE WARS
Flesh Gordon（*1974*） 11, 21, 22
[監]マイケル・ベンヴェニステ，ハワード・ジーム[出]ジェーソン・ウィリアムズ，スザンヌ・フィールズ

フレンジー Frenzy（*1972*） 129, 153, 281
[製][監]アルフレッド・ヒッチコック[出]ジョン・フィンチ，バリー・フォスター，アンナ・マッシー，アレック・マッコーエン

ブロードウェイ Broadway（*1929*） 60
[監]パウル・フェヨシュ[原]ジョージ・アボット，フィリップ・ダニング[出]グレン・トライオン，イヴリン・ブレント，マーナ・ケネディ，ガス・アーンハイム楽団

ベーブ・ルース物語
The Babe Ruth Story（*1948*） 188
[監]ロイ・デル・ルース[出]ウィリアム・ベンディックス，クレア・トレヴァー

ベニイ・グッドマン物語 The Benny Goodman Story (*1956*) 368, 370, 372
[監][脚]ヴァレンタイン・デイヴィース[出]スティーヴ・アレン，ドナ・リード，ハーバート・アンダーソン，サミー・ディヴィス・シニア

蛇女の脅怖 The Reptile (*1966*) 171
[監]ジョン・ギリング[出]ジャクリーン・ピアス

ベラクルス→ヴェラ・クルス

ペンチャー・ワゴン
Paint Your Wagon (*1969*) 50
[監]ジョシュア・ローガン[出]リー・マーヴィン，クリント・イーストウッド，ジーン・セバーグ，レイ・ウォルストン

望郷 Pépé le Moko (*1937*) 88
[監]ジュリアン・デュヴィヴィエ[出]ジャン・ギャバン，ミレーユ・バラン，リーヌ・ノロ

放射能X Them! (*1954*) 21, 155, 156
[監]ゴードン・ダグラス[出]エドマンド・グウェン，ジョーン・ウェルドン，ジェームズ・ホイットモア

暴力行為
Act of Violence (*1949*) 230, 236, 238
[監]フレッド・ジンネマン[出]ロバート・ライアン，ヴァン・ヘフリン，ジャネット・リー

ボー・ジェスト Beau Geste (*1939*) 121
[監]ウィリアム・A・ウェルマン[出]ゲイリー・クーパー，ロバート・プレストン，レイ・ミランド

ボギー！俺も男だ
Play It Again, Sam (*1972*) 174
[監]ハーバート・ロス[原][脚]ウッディ・アレン[出]ウッディ・アレン，ダイアン・キートン，ジェリー・レイシー

ポギーとベス Porgy and Bess (*1959*) 51
[監]オットー・プレミンジャー[音]ジョージ・ガーシュイン[出]シドニー・ポワチエ，ドロシー・ダンドリッジ，サミー・デイヴィス・ジュニア

北西騎馬警官隊
North West Mounted Police (*1940*) 106
[監]セシル・B・デミル[出]ゲイリー・クーパー，マデリン・キャロル，ポーレット・ゴダード，ロバート・プレストン

北北西に進路を取れ North by Northwest (*1959*) 128, 137, 258, 274, 279, 284
[製][監]アルフレッド・ヒッチコック[脚]アーネスト・レーマン[出]ケイリー・グラント，エヴァ・マリー・セイント，ジェームズ・メイスン

ポケット一杯の幸福
Pocketful of Miracles (*1961*) 39
[監]フランク・キャプラ[出]グレン・フォード，ホープ・ラング，ベティ・デイヴィス，アン＝マーグレット

誇り高き男 The Proud Ones (*1956*) 234
[監]ロバート・D・ウェッブ[出]ロバート・ライアン，ジェフリー・ハンター，ロバート・ミドルトン

星の王子さま
The Little Prince (*1974*) 53, 59
[監]スタンリー・ドーネン[原]サン＝テグジュペリ[出]スティーヴン・ワーナー，リチャード・カイリー

ポセイドン・アドベンチャー
The Poseidon Adventure (*1972*) 24
[製]アーウィン・アレン[監]ロナルド・ニーム[出]ジーン・ハックマン，アーネスト・ボーグナイン，シェリー・ウィンタース

焔の女
The Flame of New Orleans (*1941*) 101
[監]ルネ・クレール[出]マレーネ・ディートリッヒ，ローランド・ヤング，ブルース・キャボット

ポパイと船乗りシンドバッド Popeye the Sailor Meets Sinbad the Sailor (*1935*) 125
[製]マックス・フライシャー[監]デイヴ・フライ

シャー

ホフマン物語
The Tales of Hoffmann（*1951*） 86, 87
[製][監][脚]マイケル・パウエル，エメリック・プレスバーガー[原][音]オッフェンバック[出]モイラ・シアラー，リュドミラ・チェリーナ

幌馬車 Wagon Master（*1950*） 118, 122
[監]ジョン・フォード[出]ベン・ジョンソン，ハリー・ケリー・ジュニア，ジョーン・ドルー，ジェーン・ダーウェル

ホワイト・クリスマス
White Christmas（*1954*） 372, 380
[監]マイケル・カーティス[音]アーヴィング・バーリン[出]ビング・クロスビー，ダニー・ケイ，ローズマリー・クルーニー，ヴェラ＝エレン

ホンドー Hondo（*1953*） 275
[監]ジョン・ファロー[出]ジョン・ウェイン，ジェラルディン・ペイジ，ワード・ボンド

麻雀放浪記（*1984*）
256, 302, 306, 311, 325, 329, 333, 352
[監]和田誠[原]阿佐田哲也[脚]和田誠，澤井信一郎[出]真田広之，大竹しのぶ，鹿賀丈史

マイ・フェア・レディ
My Fair Lady（*1964*） 50, 53, 81, 224
[監]ジョージ・キューカー[出]レックス・ハリスン，オードリー・ヘプバーン，スタンリー・ホロウェイ，ウィルフリッド・ハイド＝ホワイト

マクボイン・ボイン遊星へ行く
Gerald McBoing! Boing! on Planet Moo（*1956*） 127
[製]スティーヴン・ボサストウ[監]ロバート・キャノン

マタンゴ（*1963*） 163
[監]本多猪四郎[S]円谷英二[出]久保明，水野久美

間違えられた男
The Wrong Man（*1957*） 276
[製][監]アルフレッド・ヒッチコック[原]マクスウェル・アンダーソン，ハーバート・ブリーン[出]ヘンリー・フォンダ，ヴェラ・マイルズ

マックイーンの絶対の危機
The Blob（*1958*） 16
[監]アーヴィン・イヤワース・ジュニア[出]スティーヴ・マックイーン，アニタ・コルソー

摩天楼 The Fountainhead（*1949*） 107
[監]キング・ヴィドア（ヴィダー）[出]ゲイリー・クーパー，パトリシア・ニール，レイモンド・マッセイ

窓 The Window（*1949*） 375
[監]テッド・テツラフ[原]コーネル・ウールリッチ[出]ボビー・ドリスコル，バーバラ・ヘイル，アーサー・ケネディ

真昼の決闘（ハイ・ヌーン）
High Noon（*1952*） 239, 240
[監]フレッド・ジンネマン[出]ゲイリー・クーパー，グレース・ケリー，トマス・ミッチェル

魔法のランプ→千一夜物語・魔法のランプ

幻の女 Phantom Lady（*1944*） 238, 375, 376
[監]ロバート・シオドマク[原]ウィリアム・アイリッシュ[出]フランチョット・トーン，エラ・レインズ

真夜中まで Entre onze heures et minuit（*1949*） 91, 383, 384
[監]アンリ・ドコワン[出]ルイ・ジューヴェ，マドレーヌ・ロバンソン

真夜中まで（*2001*）
368, 370–372, 374, 375, 381, 383
[監]和田誠[脚]長谷川隆，和田誠[出]真田広之，ミッシェル・リー，岸部一徳，笹野高史

マルタの鷹
The Maltese Falcon（*1941*） 229, 230
[監][脚]ジョン・ヒューストン[原]ダシール・ハメット[出]ハンフリー・ボガート，メリー・アスター，シドニー・グリーンストリート，ピー

ター・ローレ

マンハッタン殺人ミステリー
Manhattan Murder Mystery (*1993*) 382
㊏ウディ（ウッディ）・アレン㊍ウディ・アレン，ダイアン・キートン，アラン・アルダ，アンジェリカ・ヒューストン

ミシシッピーの賭博師
The Mississippi Gambler (*1953*) 212
㊏ルドルフ・マテ㊍タイロン・パワー，ジュリー・アダムス，パイパー・ローリー

見知らぬ乗客
Strangers on a Train (*1951*) 291
㊎㊏アルフレッド・ヒッチコック㊊パトリシア・ハイスミス㊍ファーリー・グレンジャー，ロバート・ウォーカー，ルース・ロマン，レオ・G・キャロル

ミスタア・ロバーツ
Mister Roberts (*1955*) 248
㊏ジョン・フォード，マーヴィン・ルロイ㊍ヘンリー・フォンダ，ジェームズ・キャグニー，ジャック・レモン

水の中のナイフ Nóż w wodzie (*1962*) 380
㊏ロマン・ポランスキー㊌クシシュトフ・コメダ㊍レオン・ニェムチク，ヨランタ・ウメツカ，ズィグムント・マラノヴィチ

道 La Strada (*1954*) 330
㊏フェデリコ・フェリーニ㊍アンソニー・クイン，ジュリエッタ・マシーナ

未知との遭遇 Close Encounters of the Third Kind (*1977*) 12-14, 18, 21, 24, 263
㊏㊋スティーヴン・スピルバーグⓈダグラス・トランブル㊍リチャード・ドレイファス，フランソワ・トリュフォー

三つ数えろ The Big Sleep (*1946*) 218, 370
㊎㊏ハワード・ホークス㊊レイモンド・チャンドラー（「大いなる眠り」）㊋ウィリアム・フォークナー，リー・ブラケット，ジュールズ・ファースマン㊍ハンフリー・ボガート，ローレン・バコール，ドロシー・マローン

三つの恋の物語
The Story of Three Loves (*1953*) 339
㊏ヴィンセント・ミネリ，ゴットフリー・ラインハート㊋ジョン・コリアー，ジャン・ラスティグ，ジョージ・フローシェル
〈嫉妬深い恋人〉㊍ジェームズ・メイソン，モイラ・シアラー
〈マドモアゼル〉㊍レスリー・キャロン，ファーリー・グレンジャー
〈均衡〉㊍カーク・ダグラス，ピア・アンジェリ

ミッドナイトクロス
Blow Out (*1981*) 289-293
㊏㊋ブライアン・デ・パルマ㊍ジョン・トラボルタ，ナンシー・アレン，ジョン・リスゴー

密輸空路 Calcutta (*1947*) 211
㊏ジョン・ファロー㊍アラン・ラッド，ゲイル・ラッセル

皆殺しのトランペット
Pete Kelly's Blues (*1955*) 383
㊏ジャック・ウェッブ㊍ジャック・ウェッブ，ジャネット・リー，エドモンド・オブライエン，リー・マーヴィン，ペギー・リー

南太平洋 South Pacific (*1958*) 51, 52
㊏ジョシュア・ローガン㊍ロッサノ・ブラッツィ，ミッツィ・ゲイナー，ジョン・カー

ミルドレッド・ピアース→深夜の銃声

魅惑の巴里 Les Girls (*1957*) 52
㊏ジョージ・キューカー㊌コール・ポーター㊍ジーン・ケリー，ケイ・ケンドール，ミッツィ・ゲイナー，タイナ・エルグ

無宿者 Along Came Jones (*1945*) 206
㊏スチュアート・ヘイスラー㊎ゲイリー・クーパー㊋ナナリー・ジョンソン㊍ゲイリー・クーパー，ロレッタ・ヤング，ダン・デュリエ

名犬ウォン・トン・トン　Won Ton Ton, the Dog who Saved Hollywood（*1976*）　184
[監]マイケル・ウィナー[出]ブルース・ダーン，マデリン・カーン

女狐　Gone to Earth（*1950*）　86
[監][脚]マイケル・パウエル，エメリック・プレスバーガー[原]メアリー・ウェッブ[出]ジェニファー・ジョーンズ，デヴィッド・ファラー

めまい
Vertigo（*1958*）　124, 258, 270, 276, 292, 343
[製][監]アルフレッド・ヒッチコック[原]ボワロー＝ナルスジャック[出]ジェームズ・スチュアート，キム・ノヴァク

メリー・ポピンズ
Mary Poppins（*1964*）　53
[監]ロバート・スティーヴンソン[出]ジュリー・アンドリュース，ディック・ヴァン・ダイク

メル・ブルックス／新サイコ
High Anxiety（*1977*）　288
[製][監]メル・ブルックス[出]メル・ブルックス，マデリン・カーン，クロリス・リーチマン

メロディ　Melody（*1953*）　126
[製]ウォルト・ディズニー[監]チャールズ・ニコルズ，ウォード・キンボール

妄執の影（愛の迷路）
Obsession（*1954*）　375
[監]ジャン・ドラノワ[原]ウィリアム・アイリッシュ[出]ミシェル・モルガン，ラフ・ヴァローネ

燃えつきた地図（*1968*）　144
[監]勅使河原宏[原][脚]安部公房[出]勝新太郎，市原悦子，中村玉緒，渥美清

モダン・タイムス
Modern Times（*1936*）　94, 95
[監][脚][音]チャールズ・チャップリン[出]チャールズ・チャップリン，ポーレット・ゴダード

モホークの太鼓
Drums Along the Mohawk（*1939*）　122
[監]ジョン・フォード[出]ヘンリー・フォンダ，クローデット・コルベール

モンパルナスの夜
La Tête d'un Homme（*1933*）　88
[監]ジュリアン・デュヴィヴィエ[原]ジョルジュ・シムノン[出]インキジノフ，アリ・ボール

山羊座のもとに
Under Capricorn（*1949*, [未]）　277, 281
[製][監]アルフレッド・ヒッチコック[出]イングリッド・バーグマン，ジョゼフ・コットン

夜行列車　Pociąg（*1959*）　380
[監]イェジー・カワレロヴィチ[出]ルツィーナ・ヴィンニツカ，レオン・ニェムチク，ズビグニエフ・ツィブルスキ

野性の少年　L'Enfant Sauvage（*1970*）　18
[監]フランソワ・トリュフォー[出]ジャン＝ピエール・カルゴル，フランソワ・トリュフォー

殺（や）られる
Des Femmes Disparaissent（*1959*）　379
[監]エドゥアール・モリナロ[音]アート・ブレイキー[出]ロベール・オッセン，マガリ・ノエル

野郎どもと女たち
Guys and Dolls（*1955*）　51
[監]ジョゼフ・L・マンキウィッツ[振]マイケル・キッド[出]マーロン・ブランド，ジーン・シモンズ，フランク・シナトラ

柔らかい肌
La Peau douce（*1964*）　269, 287, 291
[監]フランソワ・トリュフォー[出]ジャン・ドサイ，フランソワーズ・ドルレアック

ヤンキー・ドゥードル・ダンディー
Yankee Doodle Dandy（*1942*, [未]）　裏カバー
[監]マイケル・カーティス[出]ジェームズ・キャグニー，ジョーン・レスリー，ウォルター・ヒューストン，ジョージ・トビアス，ジーン・キャグニー

ヤング・アンド・イノセント→第3逃亡者

ヤング・フランケンシュタイン
Young Frankenstein (*1974*) 173, 289
(監)メル・ブルックス(脚)ジーン・ワイルダー，メル・ブルックス(出)ジーン・ワイルダー，マデリン・カーン，ピーター・ボイル，マーティ・フェルドマン，クロリス・リーチマン

遊星よりの物体Ｘ The Thing from Another World (*1951*) 16, 21
(製)ハワード・ホークス(監)クリスチャン・ナイビー(出)マーガレット・シェリダン，ケネス・トビー

夕陽よ急げ Hurry Sundown (*1967*) 249
(監)オットー・プレミンジャー(出)マイケル・ケイン，ジェーン・フォンダ

愉快な家族 Sitting Pretty (*1948*) 189
(監)ウォルター・ラング(出)ロバート・ヤング，モーリン・オハラ，クリフトン・ウェッブ

雪之丞変化 (*1963*) 140, 141, 144, 151, 152
(監)市川崑(原)三上於菟吉(脚)伊藤大輔，衣笠貞之助(出)長谷川一夫，山本富士子，中村鴈治郎，若尾文子，市川雷蔵

陽気なドン・カミロ Le Petit Monde de Don Camillo (*1951*) 89
(監)ジュリアン・デュヴィヴィエ(出)フェルナンデル，ジーノ・チェルヴィ

妖女ゴーゴン The Gorgon (*1964*) 172
(監)テレンス・フィッシャー(出)ピーター・カッシング，クリストファー・リー

妖婦 The Wicked Lady (*1945*) 103
(監)レスリー・アーリス(出)マーガレット・ロックウッド，ジェームズ・メイスン

夜霧の恋人たち Baisers volés (*1968*) 353
(監)フランソワ・トリュフォー(出)ジャン＝ピエール・レオー，クロード・ジャド

欲望という名の電車
A Streetcar Named Desire (*1951*) 82, 309
(監)エリア・カザン(原)テネシー・ウィリアムズ(出)ヴィヴィアン・リー，マーロン・ブランド，カール・マルデン，キム・ハンター

夜ごとの美女
Les Belles de Nuit (*1952*) 319
(監)(脚)ルネ・クレール(出)ジェラール・フィリップ，マルティーヌ・キャロル，ジーナ・ロロブリジダ

四つの恋の物語 (*1947*) 339
第1話〈初恋〉(監)豊田四郎(出)池部良，久我美子
第2話〈別れも愉し〉(監)成瀬巳喜男(出)木暮実千代，沼崎勲
第3話〈恋はやさし〉(監)山本嘉次郎(出)榎本健一，若山セツ子
第4話〈恋のサーカス〉(監)衣笠貞之助(出)河野秋武，浜田百合子

世にも怪奇な物語
Histoires extraordinaires／**第1話〈黒馬の哭く館〉** Metzengertein (*1968*) 250
(監)ロジェ・ヴァディム(原)エドガー・アラン・ポー(出)ジェーン・フォンダ，ピーター・フォンダ

甦える熱球
The Stratton Story (*1949*) 186, 188, 198, 200
(監)サム・ウッド(出)ジェームズ・スチュアート，ジューン・アリスン，アグネス・ムアヘッド

夜の終りに
Niewinni czarodzieje (*1960*) 380
(監)アンジェイ・ワイダ(音)クシシュトフ・コメダ(出)タデウシュ・ウォムニツキ，ズビグニエフ・ツィブルスキ，クリスティナ・スティプウコフスカ

夜は千の眼を持つ
Night Has a Thousand Eyes (*1947*) 212
(監)ジョン・ファロー(原)コーネル・ウールリッチ(出)エドワード・G・ロビンソン，ゲイル・ラッセル

ラウンド・ミッドナイト
Round Midnight (*1986*) 383
㊎ベルトラン・タヴェルニエ㊌ハービー・ハンコック㊍デクスター・ゴードン，フランソワ・クリューゼ，ハービー・ハンコック

ラグタイム Ragtime (*1981*) 261
㊎ミロス・フォアマン㊍ジェームズ・キャグニー，エリザベス・マックガヴァン

羅生門 (*1950*) 360
㊎黒澤明㊊芥川龍之介㊍三船敏郎，森雅之，京マチ子，志村喬

らせん階段
The Spiral Staircase (*1946*) 238, 376
㊎ロバート・シオドマク㊍ドロシー・マクガイア，エセル・バリモア，ロンダ・フレミング，ジョージ・ブレント

ラドン→空の大怪獣ラドン

ラブド・ワン The Loved One (*1965*) 186
㊎トニー・リチャードソン㊋クリストファー・イシャウッド，テリー・サザン㊍ロバート・モース，アンジャネット・カマー，ロッド・スタイガー

ララミーから来た男
The Man from Laramie (*1965*) 198, 203
㊎アンソニー・マン㊍ジェームズ・スチュアート，アーサー・ケネディ，ドナルド・クリスプ，キャシー・オドンネル

RAMPO (*1994*) 339
㊎黛りんたろう㊊江戸川乱歩㊍本木雅弘，竹中直人，羽田美智子 ＊奥山和由（プロデューサー）が再編集・再撮影した〈奥山監督版〉も同時公開された

リオ・グランデの砦
Rio Grande (*1950*) 118
㊎ジョン・フォード㊍ジョン・ウェイン，モーリン・オハラ，クロード・ジャーマン・ジュニア

リオ・ブラボー
Rio Bravo (*1959*) カバー, 40-42, 44, 207, 247
㊎ハワード・ホークス㊍ジョン・ウェイン，ディーン・マーティン，アンジー・ディッキンソン，リッキー・ネルソン，ウォルター・ブレナン

リオ・ロボ Rio Lobo (*1970*) 44
㊎ハワード・ホークス㊍ジョン・ウェイン，ホルヘ・リベロ，クリス・ミッチャム，ジェニファー・オニール

リップスティック
Lipstick (*1976*) 158, 206
㊎ラモント・ジョンソン㊍マーゴ・ヘミングウェイ，アン・バンクロフト，マリエル・ヘミングウェイ

リバティ・バランスを射った男 The Man Who Shot Liberty Valance (*1962*) 45
㊎ジョン・フォード㊍ジョン・ウェイン，ジェームズ・スチュアート，ヴェラ・マイルズ，リー・マーヴィン

掠奪された七人の花嫁 Seven Brides for Seven Brothers (*1954*) 53
㊎スタンリー・ドーネン㊏マイケル・キッド㊍ハワード・キール，ジェーン・パウエル，ラス・タンブリン

リラの門
Porte des Lilas (*1957*) 319, 320
㊎ルネ・クレール㊊ルネ・ファレ㊍ピエール・ブラッスール，ジョルジュ・ブラッサンス，アンリ・ヴィダル，ダニー・カレル

輪舞 La Ronde (*1964*) 250
㊎ロジェ・ヴァディム㊊アルトゥール・シュニッツラー㊍アンナ・カリーナ，ジャン＝クロード・ブリアリ，モーリス・ロネ，ジェーン・フォンダ，カトリーヌ・スパーク

ルビイ Ruby Gentry (*1952*) 263
㊎キング・ヴィドア（ヴィダー）㊍ジェニファー・ジョーンズ，チャールトン・ヘストン

レイダース　失われた聖櫃（アーク）
Raiders of the Lost Ark（*1981*）　261-263, 281
(製)ジョージ・ルーカス(監)スティーヴン・スピルバーグ(出)ハリソン・フォード，カレン・アレン

レッド・ムーン
The Stalking Moon（*1968*）　225
(監)ロバート・マリガン(出)グレゴリー・ペック，エヴァ・マリー・セイント

レベッカ
Rebecca（*1940*）　79, 133-135, 279, 280, 282
(監)アルフレッド・ヒッチコック(原)ダフネ・デュ・モーリア(出)ローレンス・オリヴィエ，ジョーン・フォンテーン

恋愛準決勝戦　Royal Wedding（*1951*）　58
(監)スタンリー・ドーネン(出)フレッド・アステア，ジェーン・パウエル，ピーター・ローフォード

浪人街（*1957*）　142
(監)マキノ雅弘(原)山上伊太郎(脚)村上元三，マキノ雅弘(出)近衛十四郎，藤田進，河津清三郎，高峰三枝子

老兵は死なず　The Life and Death of Colonel Blimp（*1943*）　86
(製)(監)(脚)マイケル・パウエル，エメリック・プレスバーガー(出)アントン・ウォルブルック，デボラ・カー

ロープ
Rope（*1948*）　129, 130, 258, 259, 275, 281, 297
(製)(監)アルフレッド・ヒッチコック(出)ジェームズ・スチュアート，ファーリー・グレンジャー

ロスト・ワールド
The Lost World（*1925*）　159
(監)ハリー・O・ホイト(原)サー・アーサー・コナン・ドイル(S)ウィリス・オブライエン(出)ベッシー・ラヴ，ロイド・ヒューズ，ルイス・ストーン，ウォーレス・ビアリー

ロビンフッドの冒険　The Adventures of Robin Hood（*1938*）　106, 110, 111
(監)マイケル・カーティス，ウィリアム・キーリー(出)エロール・フリン，オリヴィア・デ・・ハヴィランド，ベイジル・ラスボーン，クロード・レインズ，ユージン・ポーレット

ロマンシング・ストーン　秘宝の谷
Romancing the Stone（*1984*）　260, 262
(監)ロバート・ゼメキス(出)キャスリーン・ターナー，マイケル・ダグラス，ダニー・デビート

ワーロック　Warlock（*1959*）　246
(監)エドワード・ドミトリク(出)ヘンリー・フォンダ，リチャード・ウィドマーク，アンソニー・クイン，ドロシー・マローン

ワイルド・マン・ブルース
Wild Man Blues（*1998*）　382
(監)バーバラ・コップル(出)ウディ・アレンとニューオーリンズ・ジャズバンド

若き獅子たち　The Young Lions（*1958*）　41
(監)エドワード・ドミトリク(出)マーロン・ブランド，モンゴメリー・クリフト，ディーン・マーティン

わが心に歌えば
With a Song in My Heart（*1952*）　33
(監)ウォルター・ラング(出)スーザン・ヘイワード，ロリー・カルホーン

我輩は新入生　Mr. Belvedere Goes to College（*1949*）　189, 190
(監)エリオット・ニュージェント(出)クリフトン・ウェッブ，シャーリー・テンプル

我が家の楽園
You Can't Take It with You（*1938*）　198
(監)フランク・キャプラ(出)ジェームズ・スチュアート，ジーン・アーサー，ライオネル・バリモア，エドワード・アーノルド，アン・ミラー

私は告白する　I Confess（*1953*）　277

[製][監]アルフレッド・ヒッチコック[原]ポール・アンテルム[出]モンゴメリー・クリフト，アン・バクスター，カール・マルデン

罠 The Set-up（*1949*） 234, 240
[監]ロバート・ワイズ[出]ロバート・ライアン，オードリー・トッター

我等の生涯の最良の年
The Best Years of Our Lives（*1946*） 236
[監]ウィリアム・ワイラー[脚]ロバート・E・シャーウッド[出]フレドリック・マーチ，テレサ・ライト，マーナ・ロイ，ダナ・アンドリュース，ヴァージニア・メイヨ

我等の仲間 La Bell Equipe（*1936*） 88
[監]ジュリアン・デュヴィヴィエ[脚]シャルル・スパーク，ジュリアン・デュヴィヴィエ[出]ジャン・ギャバン，シャルル・ヴァネル，ヴィヴィアーヌ・ロマンス，レーモン・エーモス

ワン・ツー・スリー／ラブ・ハント作戦
One, Two, Three（*1961*） 177
[監]ビリー・ワイルダー[脚]I・A・L・ダイアモンド，ビリー・ワイルダー[出]ジェームズ・キャグニー，ホルスト・ブーフホルツ，パメラ・ティフィン